经典德国汽车理论与技术丛书

德国汽车理论

第 2 版

耿 彤 编著

机械工业出版社

《德国汽车理论》第 2 版重点介绍了汽车基本理论和基本概念，是"经典德国汽车理论与技术丛书"的技术基础部分，也为丛书后几册做了知识上的铺垫和准备工作。本书主要内容包括汽车的基本功能及其发展、汽车基本理论和概念、车辆空气动力学、汽车声学和振动学、车辆热力学、车辆行驶特性和行驶动力学。本书内容全面且丰富，基本涵盖了所有汽车理论相关知识点，介绍了目前的总体技术发展状态和主要研究方向，注重理论体系的完整，概念清晰、语言精炼、图文并茂，内容由浅入深。在丛书的后几册中会继续将有关汽车理论的更具体、更深入的运用知识贯穿于全书。

图书在版编目（CIP）数据

德国汽车理论/耿彤编著. —2 版. —北京：机械工业出版社，2019.3
（经典德国汽车理论与技术丛书）
ISBN 978-7-111-62610-7

Ⅰ. ①德… Ⅱ. ①耿… Ⅲ. ①汽车–理论–德国 Ⅳ. ①U461

中国版本图书馆 CIP 数据核字（2019）第 080507 号

机械工业出版社（北京市百万庄大街 22 号　邮政编码 100037）
策划编辑：连景岩　孟　阳　责任编辑：孟　阳
责任校对：王　欣　　　　　封面设计：鞠　杨
责任印制：孙　炜
保定市中画美凯印刷有限公司印刷
2019 年 7 月第 2 版第 1 次印刷
169mm×239mm・20.25 印张・5 插页・309 千字
0 001—2 500 册
标准书号：ISBN 978-7-111-62610-7
定价：69.00 元

电话服务	网络服务
客服电话：010-88361066	机 工 官 网：www.cmpbook.com
010-88379833	机 工 官 博：weibo.com/cmp1952
010-68326294	金 书 网：www.golden-book.com
封底无防伪标均为盗版	机工教育服务网：www.cmpedu.com

再 版 说 明

《德国汽车理论》自 2011 年出版以来，得到业界的一致好评。笔者才疏学浅，承蒙各界大方学者之厚爱，深感荣幸。书中很多学术性问题必然挂一漏万，限于篇幅无法深入详细介绍。

近年来，中国汽车工业发展更加迅速，自主品牌汽车在销量和质量上都有很大提高。更多的汽车技术人员亟需更多的专业参考资料，故笔者决定对本书进行修订再版，主要修正了一些编辑和印刷错误，以及一些技术表达方式。

汽车基础理论是非常重要的，无论是对传统燃油车辆还是新能源车辆，是传统驱动方案还是混合动力驱动方案，经典的车辆热力学、声学、行驶动力学、空气动力学、运动学、行驶特性等都贯穿于整个设计过程，也是指导设计的重要依据。

混合动力车辆所涉及的内容非常广泛，在控制、驱动、安全性、行驶特性上与传统燃油车辆有很大不同，限于篇幅在本书中不做过多论述，有兴趣的朋友可参阅笔者的译作《混合动力汽车技术》。

随着计算机技术及实验手段的不断进步，多体运动学和多体动力学近年来也有长足发展，同时，弹性元件的精准设计手段也日益丰富。笔者在修订中对此进行了介绍。

汽车设计就是实践—理论—再实践—总结的不断完善的过程，笔者能力有限，希望各位读者、专家不吝赐教，共同提高。

耿彤
2018 年于上海

前　言

随着我国经济的快速发展，国内汽车研发和生产水平有了很大提高，汽车保有量也有了成倍的增长。在巨大的社会需求推动下，汽车技术获得了长足的进步，自主品牌汽车产品百花齐放。在我国汽车工业取得巨大成就的今天，纵观国内现状，仍然是引进多，消化少；生产投入多，研发投入少；外来品牌多，自主品牌少；指导汽车维修的书多，探索汽车理论的书少。这种现象是发展的必然过程。我们应与时俱进，业界应投入更多的财力和人力，大力开展汽车的研发工作，创造出过硬的自主品牌。只有如此，才能保证我国汽车工业的持续发展，稳固确立汽车强国的地位。

为提高我国的汽车技术水平，促进自主品牌发展，在国内尚未建立起系统且独立的现代汽车理论体系之前，熟悉欧美发达国家的汽车理论与技术经验是必要的。俗话说："他山之石，可以攻玉"。借鉴别人的经验，有益于自己的创造。这方面的工作，许多学术前辈和同行都已做出了相当大的成绩。

笔者旅德多年，对欧系汽车，特别是德国的汽车理论与技术，有较系统的学习与研究，也做过一些考察和试验，略有心得，在汽车企业和研究所工作时曾收集了不少相关资料。现把收集到的资料和自己的心得，编撰成书，主要介绍德国的经典汽车理论和完整的道路车辆知识体系，供汽车研发设计人员和大专院校师生参考。这也算是笔者对国家汽车工业发展尽的一点心力。本套丛书共分四册：《德国汽车理论》第2版（基本理论、基本概念及汽车物理）、《汽车动力与驱动系统技术》（动力来源、动力传递、驱动链计算和设计）、《汽车车身、底盘理论及制造技术》（金属塑性加工基础、车身理论和加工工艺、底盘理论）、《商用车和竞技车辆技术》（货车和巴士车辆技术、运动车辆和竞赛车辆技术）。

为方便读者学习应用，本书在编写过程中注重图文并茂、基本理论与实用技术并举，尽量避免大量公式的推导和繁缛的论述，注重知识的深度和广度，尽量扩大相关知识面。书中引用了若干文献和图表，其出处可查阅本书的参考文献。

由于本书涉及的专业面广，篇幅较长，加之笔者水平有限，疏漏和谬误之处在所难免，诚望读者、专家批评指正。

耿彤

于德国斯图加特

目　　录

再版说明
前言
第1章　汽车的基本功能及其发展 ································ 1
  1.1　概述 ·· 1
  1.2　汽车分类和基本尺寸 ······································ 3
  1.3　汽车发展简史 ··· 8
第2章　汽车基本理论和概念 ······································ 17
  2.1　车身 ·· 17
  2.2　驱动方式 ··· 37
  2.3　车辆能源消耗 ··· 51
  2.4　功率提供 ··· 59
  2.5　功率需求 ··· 61
  2.6　行驶功率 ··· 82
  2.7　行驶极限 ··· 89
  2.8　车轮和轮胎 ·· 96
  2.9　制动 ·· 110
  2.10　动力传递 ··· 125
  2.11　底盘和转向机构 ·· 135
第3章　车辆空气动力学 ·· 147
  3.1　概述 ·· 147
  3.2　车辆空气动力学发展简史 ······························ 150
  3.3　流体力学的基础问题 ····································· 161
  3.4　绕流 ·· 163
  3.5　过流 ·· 175

3.6 个人乘用车空气动力学 ⋯⋯⋯⋯⋯⋯⋯⋯⋯⋯⋯⋯⋯⋯⋯⋯⋯⋯⋯⋯⋯⋯⋯⋯⋯⋯⋯⋯ 178

3.7 商用车空气动力学 ⋯⋯⋯⋯⋯⋯⋯⋯⋯⋯⋯⋯⋯⋯⋯⋯⋯⋯⋯⋯⋯⋯⋯⋯⋯⋯⋯⋯⋯ 201

3.8 风洞技术 ⋯⋯⋯⋯⋯⋯⋯⋯⋯⋯⋯⋯⋯⋯⋯⋯⋯⋯⋯⋯⋯⋯⋯⋯⋯⋯⋯⋯⋯⋯⋯⋯⋯⋯ 212

第4章 汽车声学和振动学 ⋯⋯⋯⋯⋯⋯⋯⋯⋯⋯⋯⋯⋯⋯⋯⋯⋯⋯⋯⋯⋯⋯⋯⋯⋯⋯ 219

4.1 汽车声学概述 ⋯⋯⋯⋯⋯⋯⋯⋯⋯⋯⋯⋯⋯⋯⋯⋯⋯⋯⋯⋯⋯⋯⋯⋯⋯⋯⋯⋯⋯⋯⋯ 219

4.2 行驶噪声 ⋯⋯⋯⋯⋯⋯⋯⋯⋯⋯⋯⋯⋯⋯⋯⋯⋯⋯⋯⋯⋯⋯⋯⋯⋯⋯⋯⋯⋯⋯⋯⋯⋯⋯ 220

4.3 发动机噪声 ⋯⋯⋯⋯⋯⋯⋯⋯⋯⋯⋯⋯⋯⋯⋯⋯⋯⋯⋯⋯⋯⋯⋯⋯⋯⋯⋯⋯⋯⋯⋯⋯⋯ 222

4.4 滚动噪声 ⋯⋯⋯⋯⋯⋯⋯⋯⋯⋯⋯⋯⋯⋯⋯⋯⋯⋯⋯⋯⋯⋯⋯⋯⋯⋯⋯⋯⋯⋯⋯⋯⋯⋯ 227

4.5 风噪声 ⋯⋯⋯⋯⋯⋯⋯⋯⋯⋯⋯⋯⋯⋯⋯⋯⋯⋯⋯⋯⋯⋯⋯⋯⋯⋯⋯⋯⋯⋯⋯⋯⋯⋯⋯ 228

4.6 电子设备声 ⋯⋯⋯⋯⋯⋯⋯⋯⋯⋯⋯⋯⋯⋯⋯⋯⋯⋯⋯⋯⋯⋯⋯⋯⋯⋯⋯⋯⋯⋯⋯⋯⋯ 230

4.7 外部噪声 ⋯⋯⋯⋯⋯⋯⋯⋯⋯⋯⋯⋯⋯⋯⋯⋯⋯⋯⋯⋯⋯⋯⋯⋯⋯⋯⋯⋯⋯⋯⋯⋯⋯⋯ 230

4.8 振动舒适性 ⋯⋯⋯⋯⋯⋯⋯⋯⋯⋯⋯⋯⋯⋯⋯⋯⋯⋯⋯⋯⋯⋯⋯⋯⋯⋯⋯⋯⋯⋯⋯⋯⋯ 232

第5章 车辆热力学 ⋯⋯⋯⋯⋯⋯⋯⋯⋯⋯⋯⋯⋯⋯⋯⋯⋯⋯⋯⋯⋯⋯⋯⋯⋯⋯⋯⋯⋯⋯⋯ 235

5.1 车辆热力学概述 ⋯⋯⋯⋯⋯⋯⋯⋯⋯⋯⋯⋯⋯⋯⋯⋯⋯⋯⋯⋯⋯⋯⋯⋯⋯⋯⋯⋯⋯⋯ 235

5.2 发动机冷却系统 ⋯⋯⋯⋯⋯⋯⋯⋯⋯⋯⋯⋯⋯⋯⋯⋯⋯⋯⋯⋯⋯⋯⋯⋯⋯⋯⋯⋯⋯⋯ 235

5.3 乘员室的加热和冷却 ⋯⋯⋯⋯⋯⋯⋯⋯⋯⋯⋯⋯⋯⋯⋯⋯⋯⋯⋯⋯⋯⋯⋯⋯⋯⋯⋯⋯ 239

第6章 车辆行驶特性和行驶动力学 ⋯⋯⋯⋯⋯⋯⋯⋯⋯⋯⋯⋯⋯⋯⋯⋯⋯⋯⋯⋯⋯ 243

6.1 引言 ⋯⋯⋯⋯⋯⋯⋯⋯⋯⋯⋯⋯⋯⋯⋯⋯⋯⋯⋯⋯⋯⋯⋯⋯⋯⋯⋯⋯⋯⋯⋯⋯⋯⋯⋯⋯ 243

6.2 行驶特性 ⋯⋯⋯⋯⋯⋯⋯⋯⋯⋯⋯⋯⋯⋯⋯⋯⋯⋯⋯⋯⋯⋯⋯⋯⋯⋯⋯⋯⋯⋯⋯⋯⋯⋯ 243

6.3 轮胎特性对行驶动力学的影响 ⋯⋯⋯⋯⋯⋯⋯⋯⋯⋯⋯⋯⋯⋯⋯⋯⋯⋯⋯⋯⋯⋯ 247

6.4 悬架系统对车辆行驶稳定性的影响 ⋯⋯⋯⋯⋯⋯⋯⋯⋯⋯⋯⋯⋯⋯⋯⋯⋯⋯⋯ 253

6.5 横向动力学 ⋯⋯⋯⋯⋯⋯⋯⋯⋯⋯⋯⋯⋯⋯⋯⋯⋯⋯⋯⋯⋯⋯⋯⋯⋯⋯⋯⋯⋯⋯⋯⋯⋯ 280

6.6 垂直动力学 ⋯⋯⋯⋯⋯⋯⋯⋯⋯⋯⋯⋯⋯⋯⋯⋯⋯⋯⋯⋯⋯⋯⋯⋯⋯⋯⋯⋯⋯⋯⋯⋯⋯ 293

参考文献 ⋯⋯⋯⋯⋯⋯⋯⋯⋯⋯⋯⋯⋯⋯⋯⋯⋯⋯⋯⋯⋯⋯⋯⋯⋯⋯⋯⋯⋯⋯⋯⋯⋯⋯⋯⋯⋯⋯ 307

第 1 章
汽车的基本功能及其发展

1.1 概述

运动是自然界的永恒主题,帕斯卡说:我们的自然界属于运动,完全不动的只有死亡。长久以来,人们都希望能快速移动,像鸟一样飞翔、像鱼一样游泳、像猎豹一样奔跑……随着技术的不断进步,人们探索世界的领域越来越广,本领越来越强。通过风帆驱动船只,通过畜力驱动车辆。125 年前,伟大的交通工具——汽车发明了,新的交通时代到来了。今天,汽车作为运用最广泛的灵活交通工具,可以在任意时刻,到达地表几乎所有人们想去的地方。今日德国的私人交通,80% 以上依赖于汽车。

汽车的德文表达为 Automobil,其字根源于希腊语,auto = selbst,意为自己的,mobilis 意为移动。定义为:自行驶的交通工具,不依赖于轨道,不需要人力、畜力驱动,自身带有驱动装置在道路上行驶。这个定义也适用于二轮摩托车,但通常指多轮迹的个人乘用车。

现在的汽车基本由三大系统组成:
1) 发动机、驱动、动力传递等,综合为动力系统。
2) 轮胎、轴、转向系统、弹簧、减振等,综合为底盘系统。
3) 车身、座椅、内部设备等,综合为车身系统。

上述三大系统组成了汽车行驶所必须具备的动力性、安全性和舒适性。

乘用者关注车辆的主要因素是:功率和运载能力、安全性、价格、可靠性和质量、废气和噪声、舒适性、油耗、回收性。

这同时也是汽车设计者和制造商要时刻关注的问题,其中更详细的有以下几点:

1) 舒适性：

① 转向柱可调节；

② 伺服转向；

③ 座椅可调节、加热、通风；

④ 自动档驱动；

⑤ 空调；

⑥ 速度控制和距离保持系统；

⑦ 主动减振。

2) 安全性：

① 辅助制动系统；

② ABS、EDS、ESP 等；

③ 雨量传感器；

④ 视野和灯光、动态前照灯、转向随动前照灯；

⑤ 行驶轨迹保持；

⑥ 儿童座椅；

⑦ 辅助停车系统；

⑧ 冲击安全性。

3) 通信功能：

① RDS、TMC；

② 动态导航；

③ 防盗；

④ 紧急呼救等。

对整车来说，很多共性的东西是需要加以定义和标准化的，由此众多跨国生产厂商制定了几个大的设计分类原则，如车身基本形状分类、车身尺寸分类、驱动和设备布置方式分类。

对汽车设计师来说，采用何种分类原则并确定设计方案，必须综合考虑影响车辆设计的各种因素，如市场竞争（现在和将来的市场定位）、使用条件（休闲、商用、运动、旅游、越野）、车型柔性生产、冲击实验下的耐冲击性、座位数、人机工程、设备通用性和驱动方案等。

1.2 汽车分类和基本尺寸

根据德国工业标准 DIN 70010，在道路上行驶的车辆分为动力车辆、车辆综合体、挂车、其他道路行驶车辆四大类，如图 1-1 所示。

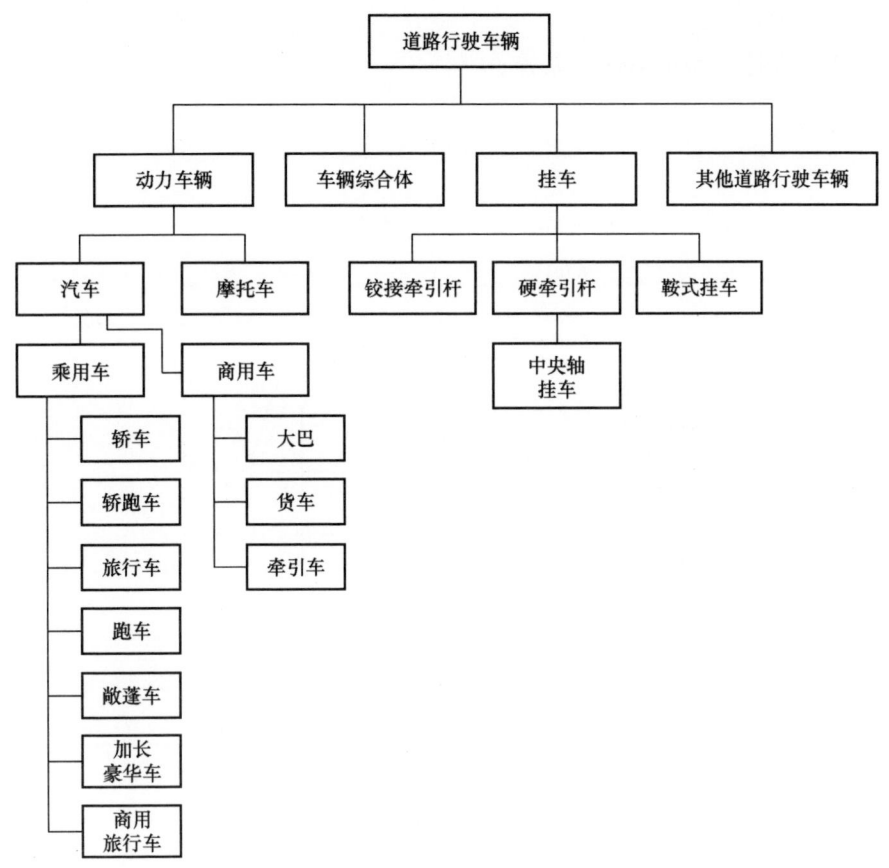

图 1-1 根据德国工业标准 DIN 70010 的汽车分类

本书中除非特别指出，一般的车辆和汽车的概念指乘用车，大部分情况是指轿车。

图 1-2、图 1-3 给出具体车辆外形定义尺寸，以说明乘用车几何尺寸的定义，及车辆的长、宽、高、轴距等作为分类依据的常用数据。这些都是汽车设计的最基本定义参数。H、L、W 及其下标（图中未绘出）是有固定含义的，为国际通用定义。

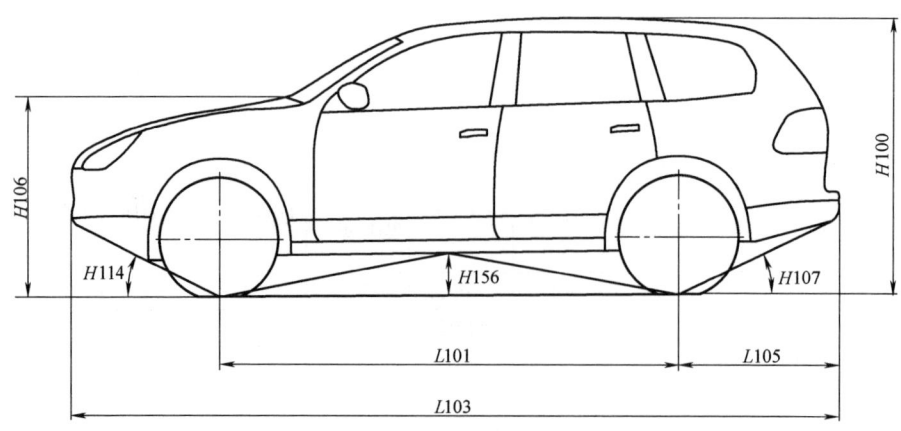

图 1-2　车辆在 X/Z 方向上的外形定义尺寸

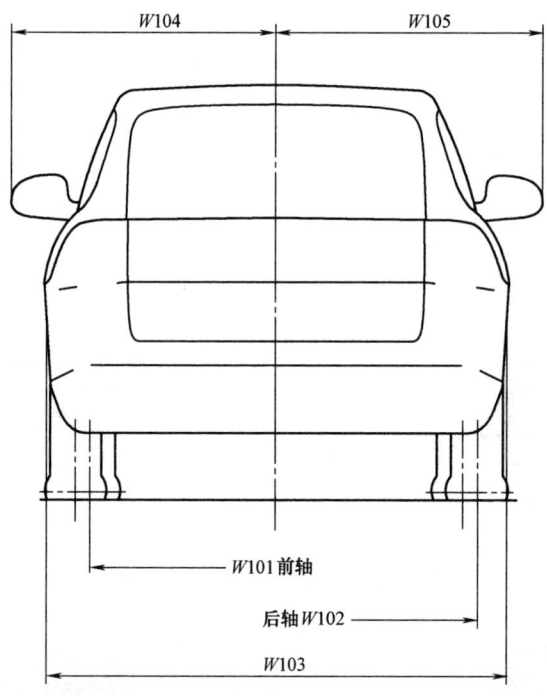

图 1-3　车辆在 Y 方向上的外形定义尺寸

表 1-1 说明各级别乘用车的几何尺寸分类数据，并列举了与之对应的常见代表车型。

表 1-1 相应的乘用车型分类数据

车辆级别	MINI 车	紧凑型	中低级	中级	中高级	豪华车	Van	SUV
举例	菲亚特 seicento 奔驰 smart 大众 lupo	丰田 Yaris 菲亚特 punto 大众 polo	奔驰 A 级 欧宝 Astra 福特福克斯	福特蒙迪欧 奔驰 C 级 宝马 3 系	欧宝 Omega 宝马 5 系 奔驰 E 级 奥迪 A6	捷豹 XJ 宝马 7 系 大众辉腾	菲亚特 Ulysse 大众夏朗	宝马 X5 奔驰 MLK 保时捷 Cayenne
座位数	4/2	5/2	5/2	5/2	5/2	5/2	7/2	5/2
外形尺寸								
长（$L103$）/mm	2500~3600	3600~3900	3900~4400	4300~4600	4500~4900	4800~5200	4600~5000	4400~4900
宽（$W103$）/mm	1500~1650	1550~1670	1670~1740	1670~1770	1770~1850	1800~1900	1800~1950	1800~1950
高（$H100$）/mm	1330~1550	1350~1480	1330~1440	1360~1430	1360~1450	1400~1500	1500~2000	1650~1950
轴距（$L101$）/mm	1800~2400	2350~2500	2400~2700	2500~2800	2600~2900	2700~3200	2700~3200	2700~3000
离地间隙 $H156$/mm	100~150	100~150	100~150	100~150	110~150	110~150	120~170	170~250
接近角 $H114$/(°)	12~50	15~20	12~20	12~20	12~20	12~20	12~20	24~35
离去角 ($H167$)/(°)	15~50	15~20	15~20	12~70	12~20	12~20	12~20	14~35

下面用线框图举例说明各类乘用车的内部和外部尺度。

1）MINI 车（微型车）。图 1-4 所示为奔驰（Benz）Smart 系列微型车。

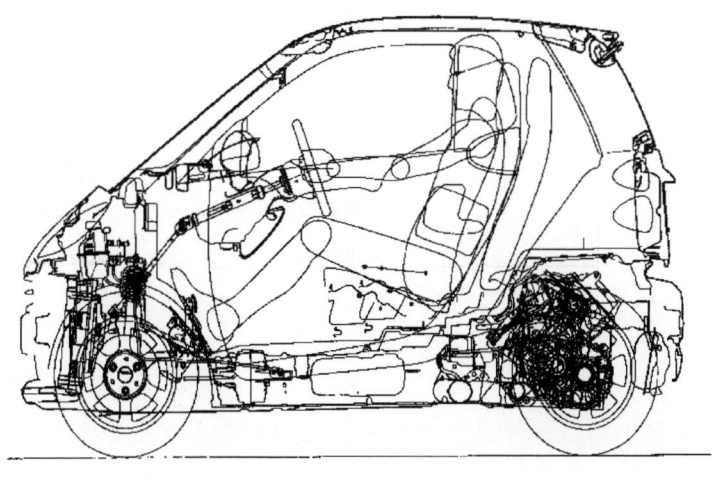

图 1-4 奔驰 Smart 系列微型车

2）中低级车。图 1-5 所示为奔驰 A 级中低级车。

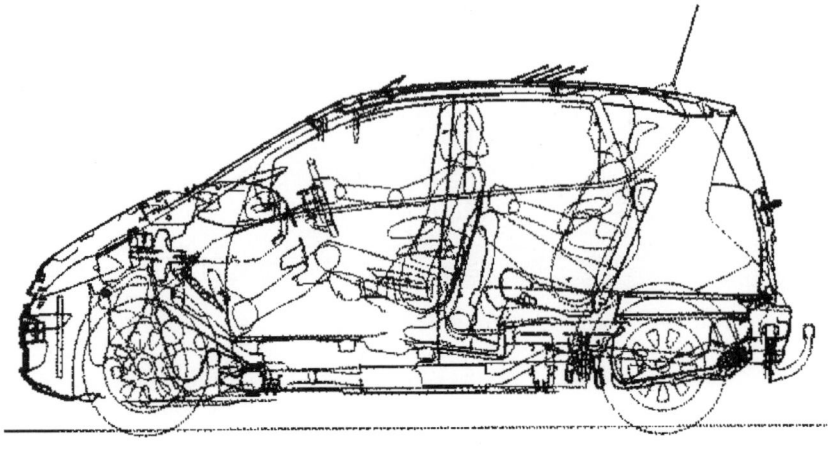

图 1-5　奔驰 A 级中低级车

3）中级车。图 1-6 所示为宝马（BMW）3 系中级车。

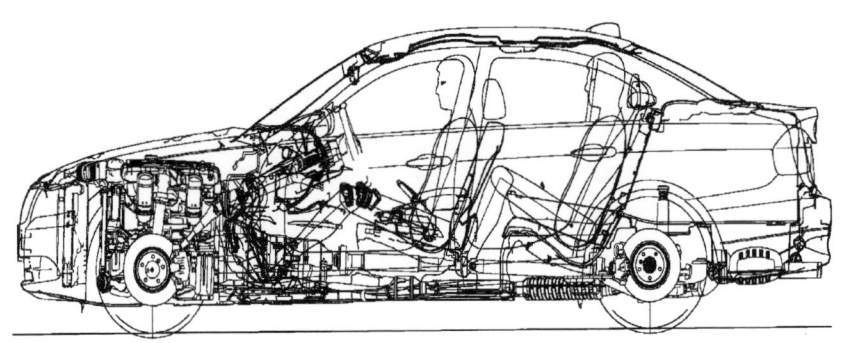

图 1-6　宝马 3 系中级车

4）中高级车。图 1-7 所示为奥迪（Audi）A6 中高级车。

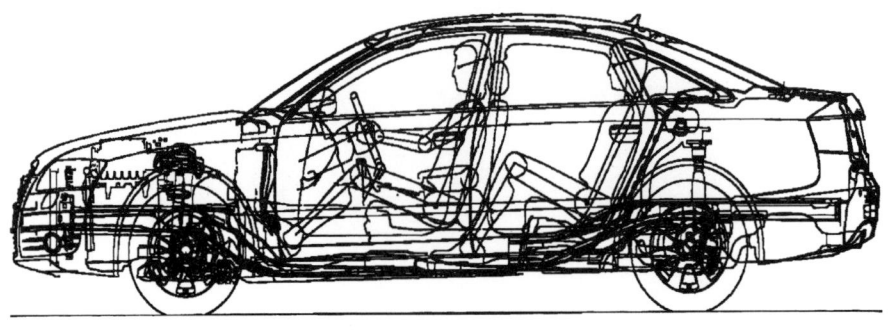

图 1-7　奥迪 A6 中高级车

5)豪华车。图1-8所示为迈巴赫（Maybach）62豪华车。

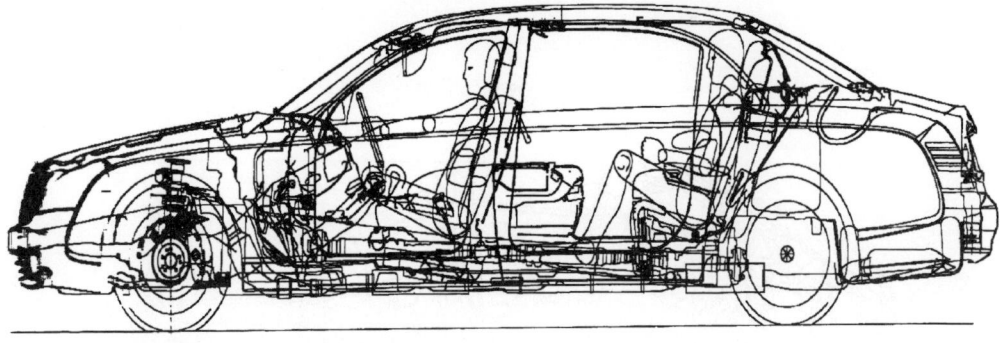

图1-8　迈巴赫62豪华车

6）SUV。图1-9所示为保时捷（Porsche）Cayenne Turbo SUV。

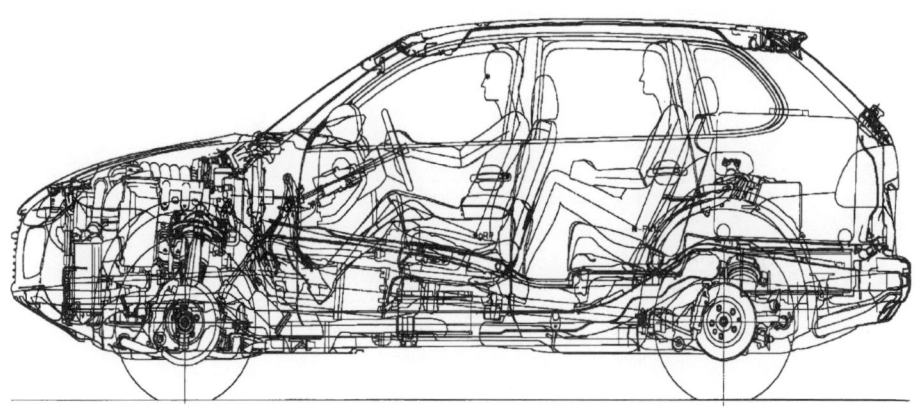

图1-9　保时捷Cayenne Turbo SUV

7）Van。图1-10所示为大众（Volkswagen）夏朗Van。

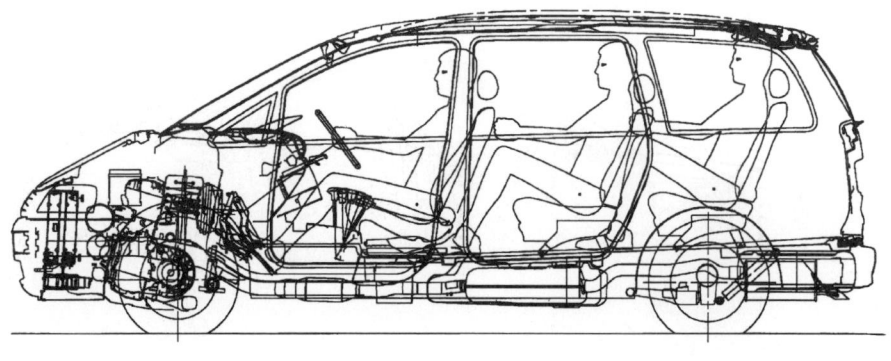

图1-10　大众夏朗Van

在讨论汽车理论前，先简略回顾一下汽车发展的道路。

1.3 汽车发展简史

下文简要介绍汽车技术的发展史，并介绍一些汽车发展史上的重要人物。正是这些伟大的先驱们开创了近现代汽车理论，并引导了那个时代的实践活动，加上无数工程师付出的心血和努力，才有了我们今天汽车业的成就和发展。

按照年代顺序，我们记录了汽车发展史上的一些标志性发明和大事：

1769 年　蒸汽机。

1845 年　充气轮胎（Thomson）。

1867 年　煤气机（Otto）。

1876 年　四冲程煤气机（Otto）。

1885 年　动力自行车带快速运转发动机和点火装置（Daimler）。

1886 年　电子点火的三轮车（Benz）。

1897 年　柴油机。

1908 年　Henry Ford 的 T 型车，15000000 辆。

1924 年　货车用柴油机（Benz-MAN）。

1934 年起　德国开始兴建高速公路网。

1936 年　汽油喷射技术。

1950 年　带涡轮驱动。

1954 年　量产车带水平控制。

1959 年　NSU-汪克尔-汽车。

1955~1965 年　货车用柴油机直喷技术。

1961 年　加利福尼亚排放法规。

约 1965 年　美国安全法规。

1971~1972 年　安全实验车。

1975 年　欧洲汽车噪声法规。

1983 年　无铅汽油。

2003 年　加州 10% 的汽车实现零排放。

2005年　德国二氧化碳排放比1990年减少25%～30%。

这二百余年间诞生了很多具有非凡影响力的科学家、工程师和技师，正是他们前赴后继地推动了整个汽车工业的发展。图1-11～图1-21所示为一些重要人物和他们的主要成就。

欧根·朗根(Eugen Langen)

尼古拉斯·奥托(Nicolaus Otto，汽油机发明者)

图1-11　朗根和奥托（二人合作建立 N. A. Otto & Cie 公司）

卡尔·本茨(Karl Benz)

G.戴姆勒(G.Daimler)

W.迈巴赫(W.Maybach)

图1-12　汽车发展史上最伟大的三位人物

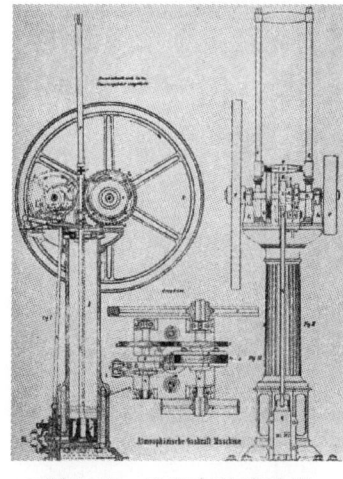
图1-13　1864年的汽油机

图1-14　1874年的汽油机

9

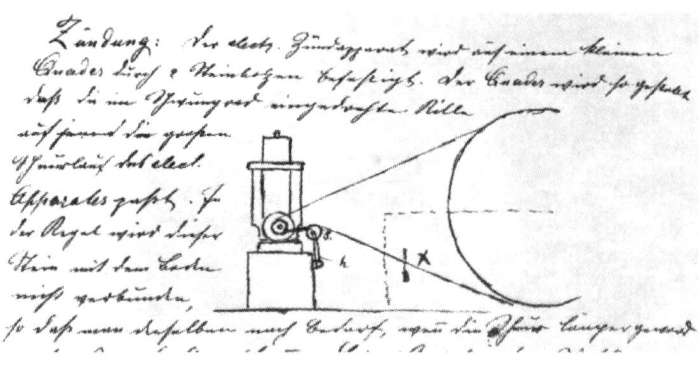

图1-15 1882年本茨先生关于二冲程发动机的电点火实验文稿

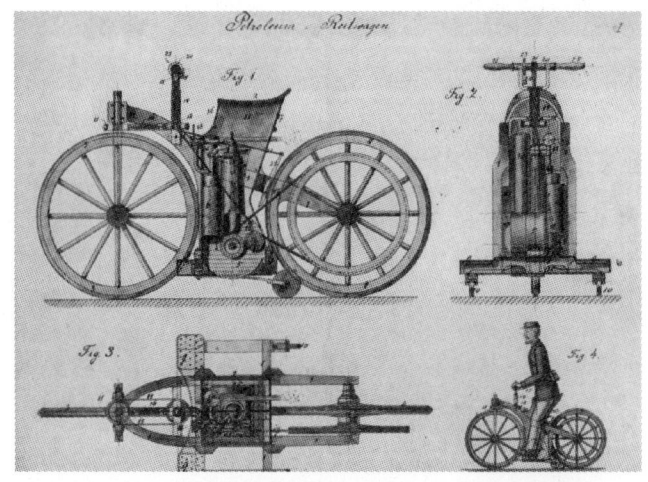

图1-16 1885年戴姆勒和迈巴赫的二轮车专利图

图1-17 奔驰的三轮车,世界上第一台汽车

1886年1月29日,专利号DRP 37.435,意味着第一台汽车的正式方案

已经成形，该车带制动系统、化油器和差速器，安装的是戴姆勒发动机。

图 1-18　笛塞尔博士（Dr. Diesel）　　图 1-19　1893 年以笛塞尔博士命名的柴油机

卡姆教授(Prof.W.Kamm)　　埃弗林教授(Prof.Everling)　　保罗·雅雷(Paul Jaray)

图 1-20　汽车空气动力学的先驱人物

图 1-21　1925 年空气动力学专家埃德蒙·伦普勒教授（Dr. Edmund Rumpler，左）
　　　　 在一个水滴形实验车前

除上述个人外,当年德国的很多高等院校和机构也进行了大量实践活动,极大推动了汽车工业的进步,如图1-22~图1-33所示。

图1-22　1911年柏林高等技术大学的汽车实验车间

图1-23　1911年100马力⊖的奔驰赛车在实验台上

这些图片说明汽车技术的发展是一个渐进的过程。数学工具和计算机技术的发展,使我们可以方便地模拟和计算车辆在各种路况下的反应。材料学的发展和加工工艺的进步,使设计师具有更大的发挥余地。这些相关学科的进步都将会影响汽车设计和制造,说不定哪一天就会出现各种"新型汽车",例如:真正意义上的水陆两用汽车、无人驾驶汽车、真正的新能源驱动汽车、会飞的汽车、可以改变自身形状的汽车……就如同很多人童年时看过的一本小说《小灵通漫游未来》,在今天看来,当年的那些科学幻想绝大多数都已经成为现实。我们所要做的就是为追逐自己的梦想而不断努力。用一句

⊖　1马力=735W。

第1章 汽车的基本功能及其发展

图1-24　1923年的奔驰货车装有柴油发动机和全铝车轮

图1-25　埃弗林教授1935年设计的流线形大巴

图1-26　1966年大众甲壳虫车型在做冲击实验

图1-27　1981年大众高尔夫车型在轮胎实验台上

图1-28　1990年的液压冲击实验台

挂在奔驰公司总部墙上的话作为本章的结语：我们今天的成就，源于我们曾经的梦想。

a) 1976年

图1-29　不同年代的模拟驾驶

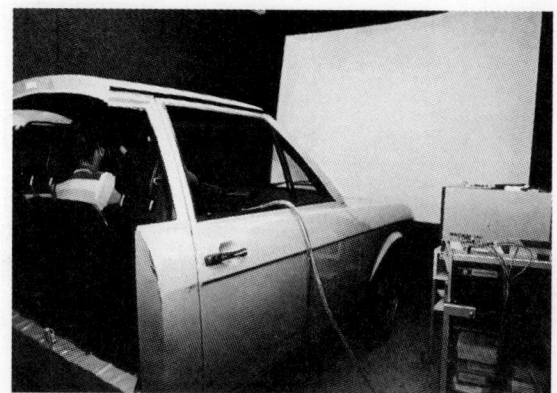

b) 1986年

c) 当代

图1-29 不同年代的模拟驾驶（续）

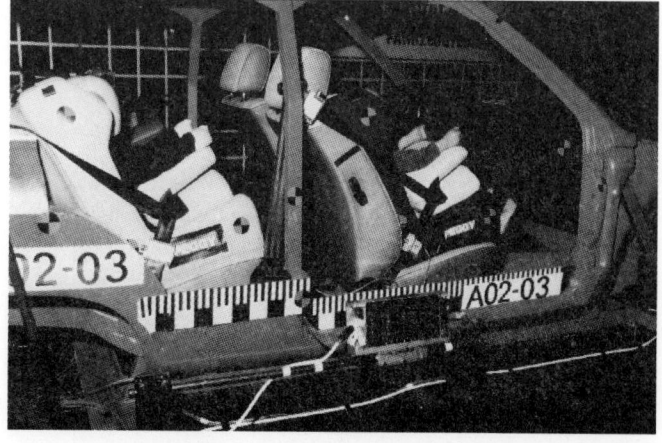

图1-30 1995年，儿童座椅冲击实验

图1-31　1954年奔驰S级轿车控制面板和操作界面

图1-32　现在奔驰S级轿车的中央命令控制系统

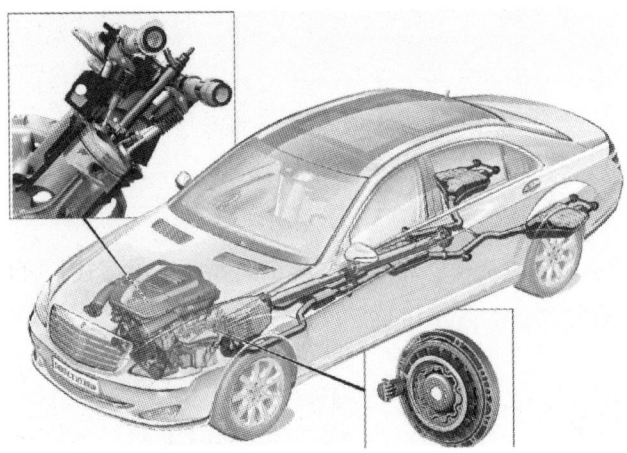

图1-33　电控喷射汽油机带附加发电机的混合动力车辆

第 2 章

汽车基本理论和概念

本章讲述关于汽车的基本理论和概念，主要内容为车身技术、安全性，以及汽车物理中的力学问题、声学问题和热力学相关问题等。其中，力学问题主要介绍行驶功率、制动问题和动力传递等，同时介绍汽车空气动力学的相关内容，以及常用车辆各大机构。

2.1 车身

在车辆技术发展初期，车身或者说车厢，是真正与车架连接在一起的箱体，今天的很多货车和越野车仍然采用这种形式。

车辆车身的主要功能是承载和围护。在轿车中，车身除提供力学特性外，还提供保护乘客的功能。可以创造舒适的乘坐小环境，如减少颠簸、隔声隔振、在恶劣天气下安全行驶。通风和空调系统提供了驾乘的舒适度，信号系统和碰撞保护装置与安全性密切相关。近几年欧美国家还把行人保护提到一个较重要的层次，关于行人保护的问题将在丛书中的《汽车车身、底盘理论及制造技术》的车身技术相关章节中进行深入论述。

2.1.1 车身分类

车身从构造上分三大类：车架式、半车架式（半承载式）、自承载式。其中，车架式和自承载式是目前汽车市场上运用最多的形式，图 2-1 所示为车身结构分类图。

1. 车架式车身

在车辆技术发展初期，建造一辆车先要建造承重框架，在上面固定行驶机构和驱动机构，并安装车身。承重框架采用框形式样，发动机、悬架和其

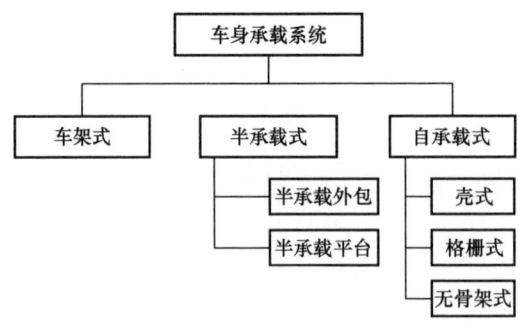

图 2-1 车身结构分类

他设备在该框架上都有结合点。简单的承重架保证了足够的弯曲-扭转刚度，同时部分吸收了来自地面的振动，使其不能直接传递到车身。有时车架上还可以固定吸声板。

这样的车架可以用在不同的车型上，今天仍然用在货车和很多越野车上，如图2-2所示。

图 2-2 奔驰 G 级越野车的车架形式

2. 自承载式车身

与所有车架式车身一样，自承载式车身的车身结构主要有以下作用：

1）传递所有的力和力矩。

2）构成驾驶室。

3）划分能量转换区间。

4）接纳所有的驱动设置和轴系统。

自承载式车身分为前车段、驾驶室和后车段三大结构段。设计上也分为壳式、格栅框架式和无骨架式。

（1）壳式车身 当今大部分自承载式车身都是壳式的（图2-3），即基本由金属薄板、凹进式薄板和复合板材组成了车身强度和质量。结构件的蒙皮就像壳体一样覆盖在车身上，通过高阻力矩的横截面，达到了较高的车身刚度，这样就可以很好地避免自振。对这类车身来说，外界的振动是直接传递到车身上的，因此必须要有高刚度。

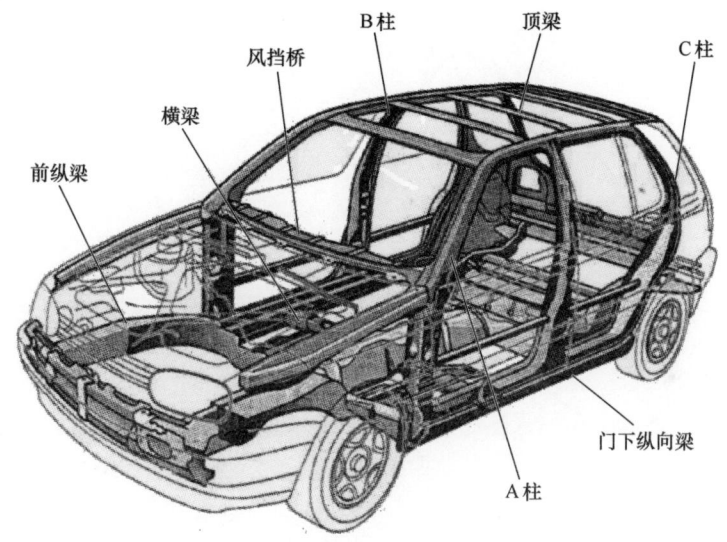

图2-3 壳式自承载车身

历史上，欧宝公司1935年的Olympia车型采用了德国第一批量产的自承载式全钢车身。

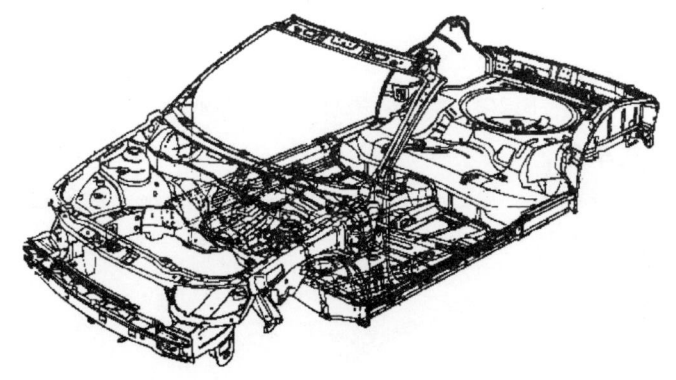

图2-4 尚未安装车顶和侧围的自承载式白车身

图 2-4 所示为尚未安装车顶和侧围的自承载式白车身。可以看出，除需要安装发动机等动力装置外，还需要安装门和座椅等功能件，同时必须有吸能区，在车身的侧面、前面都有结构上的相关设计。车辆最前段的缓冲区可以通过焊接或螺栓连接。前段在事故中损毁后，纵向和横向的大框架还会继续部分变形，进一步吸收能量，A 柱等部位也是由高强度钢制造的，以保证事故后的乘员生存空间。

图 2-5 所示为白车身底板的局部放大图，可以看出，前段主要用于安装动力系统、座椅和缓冲区，通过加强板提高刚度。后段也具有纵横方向的空

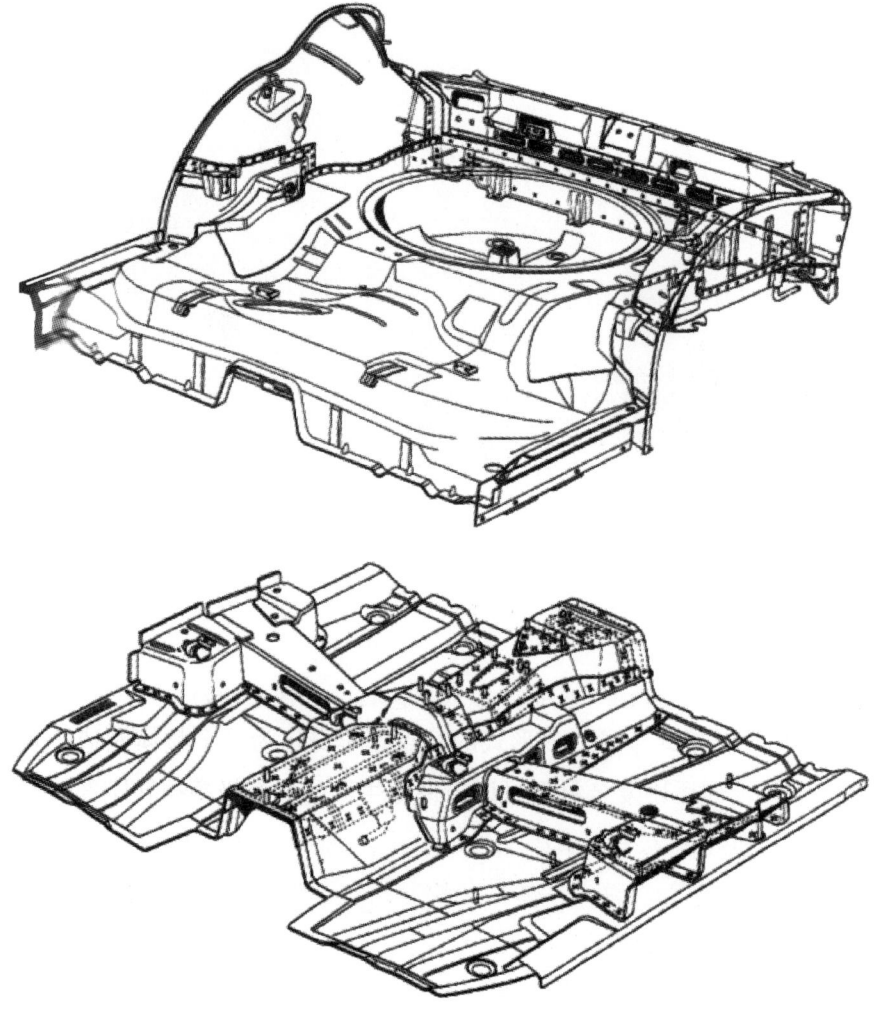

图 2-5　白车身底板的局部放大图

间承载结构。同时要说明的是，后段座椅处的挠度不能太小，因为在受到后半部的冲击时，要能保证乘员生存空间。后半段直接与门槛连在一起，提高了整车的刚度。后防撞梁在安全性上也是非常重要的部件，不能省略。

（2）格栅框架式车身　该形式又称空间式框架，可以节约能源消耗，其空间形式可以在同等刚度下最多节约40%的车身重量（与全钢车身相比）。代表车型是奥迪A2和奥迪A8，如图2-6和图2-7所示。它通过构造节点联结起来，外蒙皮、门等外包部件固定在框架上，形成了空间的力学形式，这些在节点上的薄板作为切向应力的承受面。这类空间结构最适合采用轻型材料，同时可以降低连接件的数量，加快生产周期。结构件之间的连接可以采用激光焊、气体保护焊和铆接等方式。

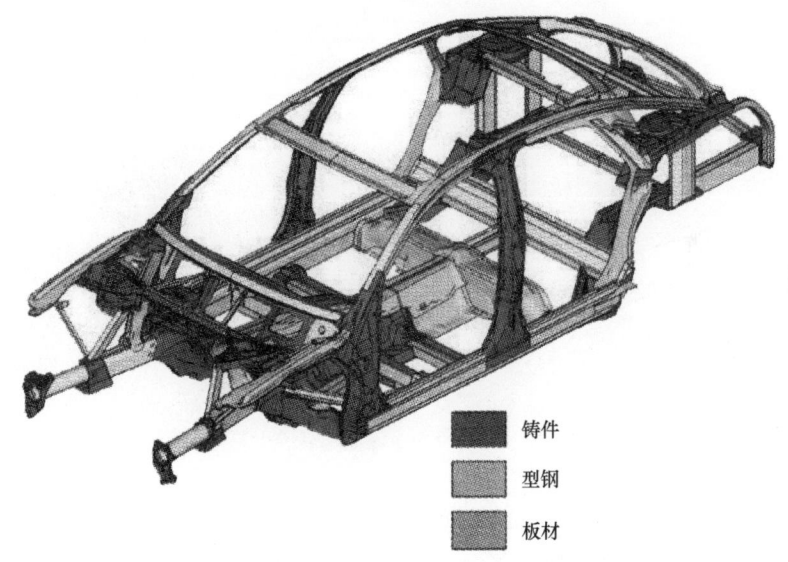

图2-6　空间框架式（奥迪A2）（彩图见书后）

（3）无骨架式车身　该形式的特点是车身作为一个整体制造。通过现代材料工艺，如运用复合材料可以方便地生产出具有极高扭转刚度的整体车身，缺点是对工艺要求很高，只能运用在运动车型等小批量产品上，如图2-8所示。对敞篷车来说，整体车身较难制造，因为其车体不封闭，必须要安装附加的刚度增强件。

在实际运用中，除上述车身外，还有一些中间形式的车身形式，如半车架、副车架和三明治结构。

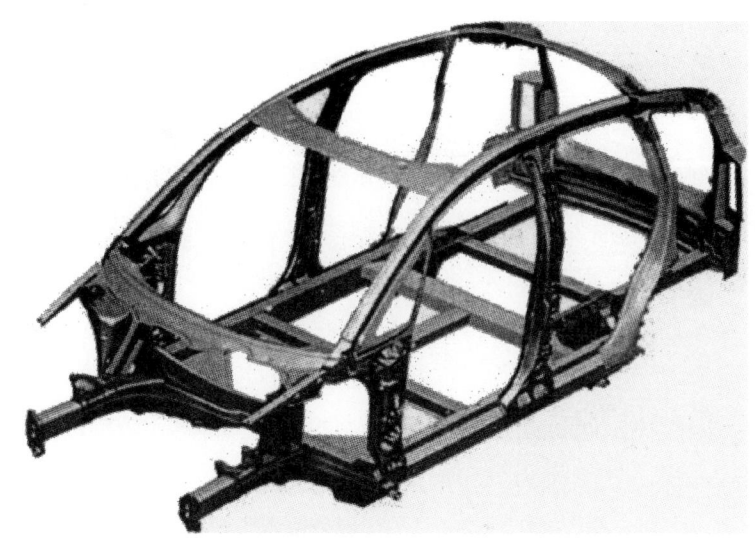

图 2-7　空间框架式（奥迪 A8）

图 2-8　无骨架式自承载车身（奔驰 SLR）

1）半车架的形式由自承载车身加一个底部框架构成，车身承担部分整体框架的功能，优点是可以较方便地在框架上布置多种车身类型。这种方案目前主要用在大巴上，在轿车上运用很少，如图 2-9 所示。

2）副车架起到了框架和自承载的双重作用，图 2-10 所示副车架可以用在前后轴上，通过隔声板与车身连接，并在其上安装驱动链。副车架的优点是具有较高的结构刚度，还能减少振动。

3）三明治结构车身指由三层结构层组成的车身，即最上面是钢制自承载车身，中间是结构受力框架，最下面是底板。受力框架上安装发动机和驱动装置。

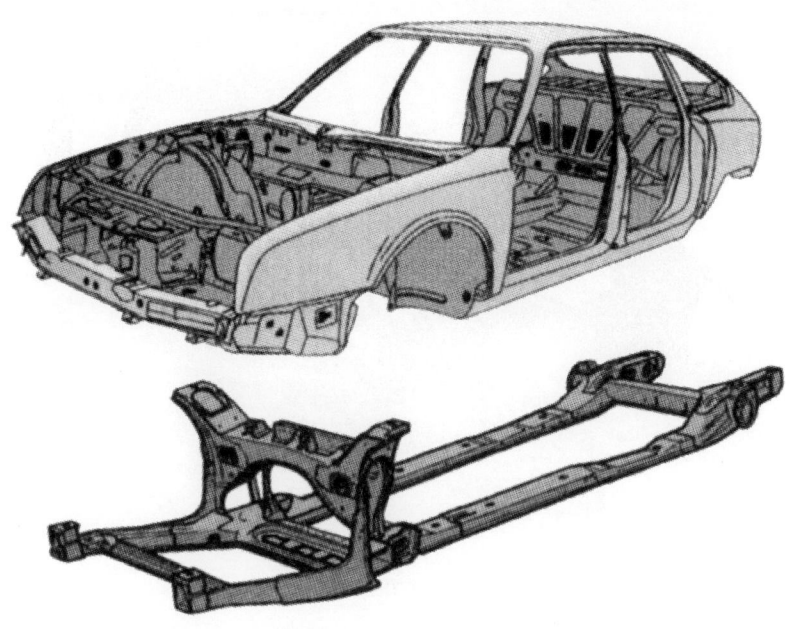

图 2-9 半车架结构车身

图 2-10 副车架结构车身（奔驰 R 级）

这种结构的优点是具有较高的安全系数和较大的利用空间，如图 2-11 所示。

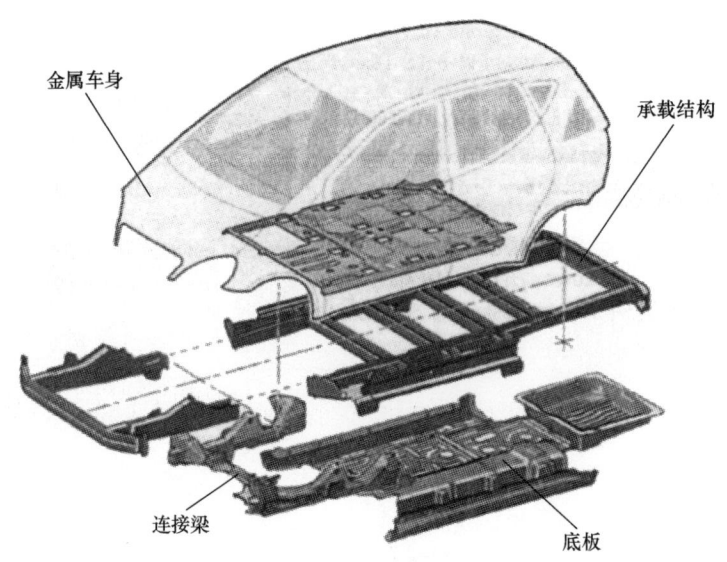

图 2-11　三明治结构车身

2.1.2　车身的设计和研究

1. 开发平台

汽车作为交通运输工具，除动力机构外，车身的开发时间也很早。今天，车身的设计仍然是消费者购买时的主要考虑因素。汽车设计的主要目的是满足顾客对功能上的要求，同时满足美学上的要求。基本的设计尺寸有长、宽、高、轮距、轴距等几何尺寸，还有车窗倾斜度等其他技术参数。设计中同时要吸收上一代车型的成功之处，改进一些不足。

汽车设计的初始工作是外表的线形设计，同时也要对内部进行设计。驾驶人的操作空间也必须进行良好的设计，综合考虑视线、座位、开关的布设、转向盘的操作等。

出于节省投资和延续设计风格的考虑，经常为车辆建立一种设计平台，可以使市场上已成熟的同一种发动机、驱动器等设备用在不同设计风格的车辆上。图 2-12 举例说明了大众汽车公司的开发平台。

下面讨论平台开发中有关乘员室的内容和常用依据。

无论车型如何发展变化，在若干年内，对车辆的某些基本要求是相对固定的。许多参数都是基本固定的，如设备的位置、灯光、座位尺寸和其他相

图 2-12 大众汽车公司的开发平台

关法规要求的部件都是相对不变的，或仅做局部变更与细化。

与开发平台相关的汽车布局粗略分为乘员室、前部（通常是发动机室）、后部（通常是行李箱）和底部。

为最大程度上发挥车辆的作用，乘员室必须适合不同的人群，例如座椅的位置、视野的大小、操作的便利性。

不同驾驶人的区别在于：性别、身高、年龄和国籍等，此外还要考虑特殊人群（儿童、孕妇和残疾人）。

在上述驾驶人区别的基础上，为使乘员室的设计相对简单且统一，又定义了男性组和女性组。该定义以所有身高组的参数作为采样模型基础，并与CAD 数据库相关。女性组定义：需考虑到 1% 的个子很矮的女性、5% 的个子较矮的女性、95% 的个子高的女性。男性组定义：需考虑到 5% 的个子较矮的男性、50% 的中等身高的男性、95% 的个子高的男性。

表 2-1 说明了 5% 的个子较矮的女性和 95% 的个子高的男性的身体参数。

表 2-1 5% 的女性和 95% 的男性的身体参数

身体参数/mm	5% 的女性	95% 的男性	身体参数/mm	5% 的女性	95% 的男性
身高	1500	1900	大腿长	375	475
大臂长	215	270	小腿长	365	460
小臂长	250	320	脚掌到踝骨距离	85	110
躯干长	420	535			

目前所有与人机工程相关的设计都必须考虑表 2-1 所示数据。

为直观说明问题，下面举例说明两种车型的乘员室布置形式，可以看出其内部空间大小、人与操作面的距离等，如图 2-13 所示。

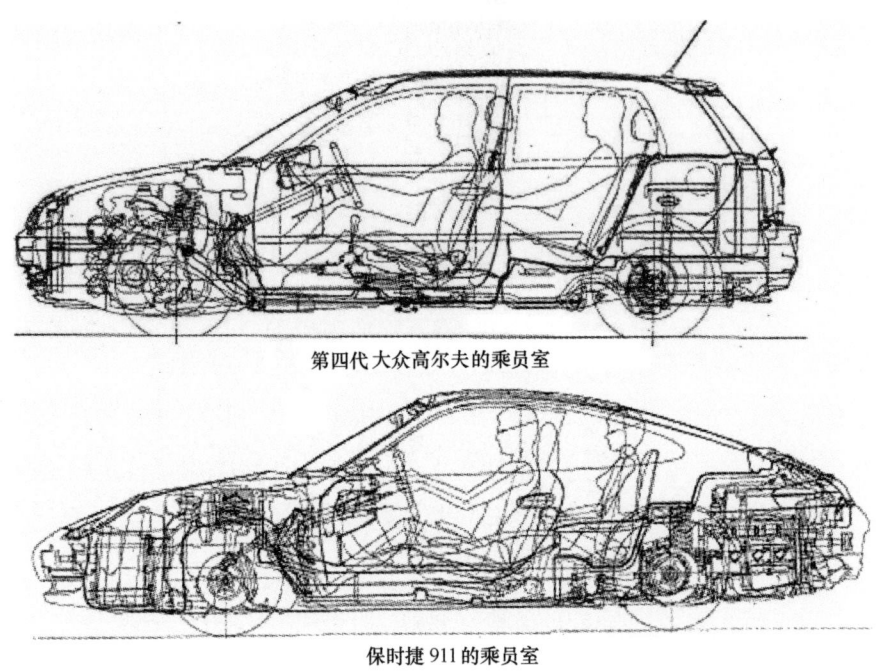

第四代大众高尔夫的乘员室

保时捷 911 的乘员室

图 2-13　第四代大众高尔夫和保时捷 911 的乘员室布置

2. 车身轻型化

随着人们对车辆安全性和舒适性要求的日益提高，法规要求的不断完善，以及使用功能的增加，现在的车辆自重也在不断增加，图 2-14 所示为车辆重量随年代变化的关系。

为减少能耗就必须降低车辆重量。减小空气阻力和优化传动链虽然也是一个有效的办法，但效果有限。为降低平均油耗和二氧化碳的排放量，就必须使车辆轻型化。

实现轻型化有不同的途径，要从技术、经济等方面进行取舍。目前的轻型化主要有四种途径：方案的轻型化、形式的轻型化、工艺的轻型化、材料的轻型化。

1）方案的轻型化主要指通过负荷计算或模型分析，优化结构总成。

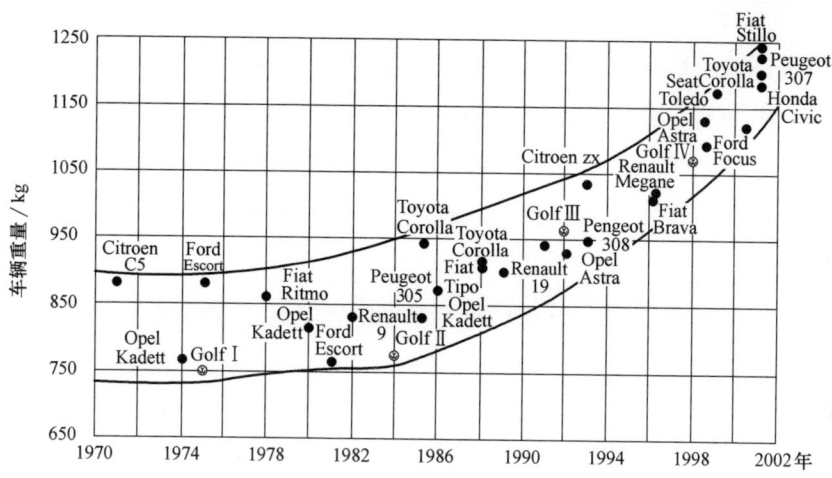

图 2-14 紧凑型车辆重量逐年增加

2）形式的轻型化指通过实验和计算来优化零部件的几何尺寸。

3）工艺的轻型化指革新制造过程，优化连接技术，如采用内部高压塑性加工、激光焊接、高强度粘接等手段。

4）材料的轻型化指研究新型材料，提高材料的性能，以更小的密度求得更好的力学性能，如高强度钢、铝合金、镁合金和工程塑料等。

图 2-15 所示为采用上述轻型化方案，紧凑型整车各部件减少的重量。

图 2-15 车身轻型化方案所减轻的部件重量

3. 安全性

对于各种防护措施的研究曾停滞于20世纪60年代。1960—1969年间，交通事故中的死亡者数量连续升高，整个德国仅1970年就因交通事故死亡21322人。比较而言，2004年交通事故死亡人数第一次低于6000人，主要原因是医疗和道路条件的改善，但最重要的还是得益于车辆的安全性措施日臻完善。

现代汽车制造商的一个重要任务就是发展主动安全性技术，减少撞击并减少撞击产生的能量。图2-16说明了汽车的安全性分类和措施。

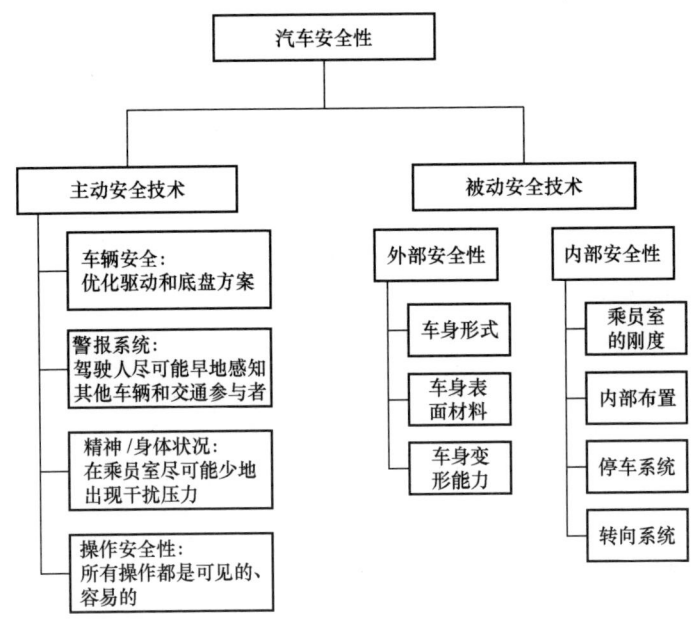

图2-16 汽车安全性分类和措施

安全性对车身制造的重要要求：

对于车辆安全性开发，一个重要的标准就是车身碰撞实验，该实验是很多法规，如德国标准StVZO、欧洲标准ECC和EG/EWG、美国标准FMVSS中的安全性标准基础之一，这些准则都是车辆在本国或国际道路上取得行驶许可的前提。这部分安全性法规的内容还包括有关车辆开发的其他技术领域，如对乘员保护、制动和视野等的约定。车辆的开发必须符合这些法规的要求，尽最大可能更好地解决问题。当然，为考虑普遍性，总体来说也有最低技术标准,这些是得到上路许可的必要条件。图 2-17 所示为轿车的安全性准则所涉及的范围。

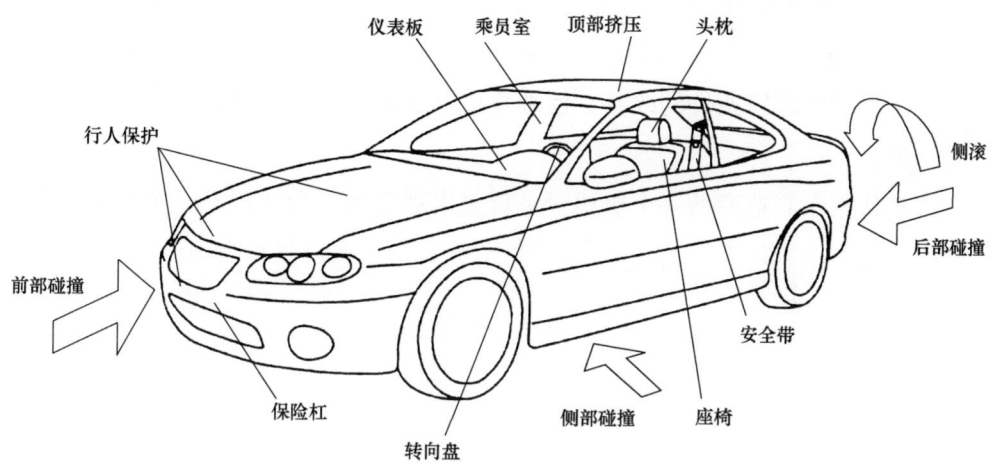

图 2-17　轿车的安全性准则范围

目前,欧美国家进一步提出了行人保护的问题,并已列入相关法规。15% 的车祸死亡者是行人,为保护行人就必须在法律上制定车辆的行人保护准则。2005 年开始是第一阶段,2010 年起是第二阶段,即实行较严厉的法规。人车碰撞的过程是比较复杂的,与人体面向汽车的身高、站立位置和角度有关,也与车辆的速度和对人体的碰撞点有关。不同的碰撞因素就造成各种行人运动学问题及不同的损伤程度。以统计的方法逐一检验不同的碰撞情况是非常耗费时间和金钱的,因此各国开发了共同认可的简化检测实验方法。

简化实验即采用不同的头颅模型来做实验,也对四肢、躯干等部位的受伤害情况做研究。研究重点主要是行人在车辆前部的碰撞情况。图 2-18 所示为具有不同质量的大人和儿童的头颅模型及腿部模型,以不同速度和角度被车身撞击时的情况。

对于人体的力学承受极限,如骨折、器官损伤和其他的伤害都有一个程度上的分类,该分类就是为研究行人保护而设定的。美国联邦交通安全法中对受伤害程度进行了分级,见表 2-2。

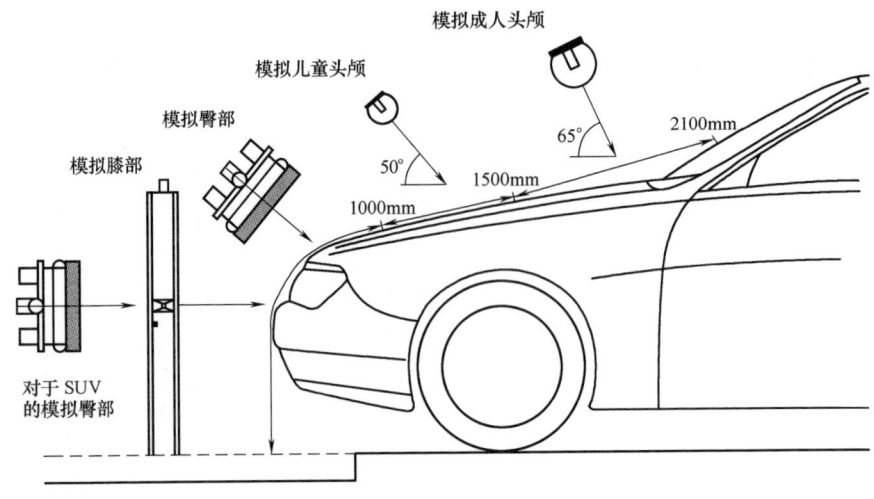

图 2-18　行人保护实验

表 2-2　美国交通事故伤害分级

等级	伤害等级描述
1	Leichte Verletzungen 轻微伤害 - Schürf- und Schnittwunden 擦伤和割伤 - Prellungen 擦伤
2	Mittelschwere Verletzungen 中等伤害 - tiefe Fleischwunden 深度擦伤 - Gehirnerschütterung mit Bewusstlosigkeit （<15min）脑震荡失去知觉<15min
3	Schwere Verletzungen 重伤 - Gehirnerschütterung mit Bewusstlosigkeit （<1h）脑震荡失去知觉<1h - Zwerchfellriss 横膈膜撕裂 - Verlust eines Auges 失去一个眼睛
4	Sehr schwere Verletzungen （lebensgefährlich）严重伤害（生命危险） - Hirnquetschung 头部受挤压 - Magenriss 胃撕裂 - Verlust von Gliedmaβen 失去四肢
5	Sehr schwere Verletzungen （niedrige Überlebenschance）非常严重的伤害（低存活率） - Hirnquetschung 头部受挤压 - Herzmuskelriss 心肌撕裂 - Rückenmarksverletzungen mit Querschnittslähmung 脊髓受损（瘫痪）
6	Sehr schwere Verletzungen （sehr niedrige Überlebenswahr scheinlichkeit, nicht behandelbar）非常严重的伤害（非常低的存活率不讨论） - Schädelzertrümmerung 死亡

　　单个人体的生理极限通过模拟和假人来推测，有时也可用人或动物来做轻微模拟实验。实验中的承受极限与年龄、性别、身体状况和体重密切相关。

一台整车的实际安全性应由事故数据来评价。为检测车辆的安全性，必须通过碰撞实验来模拟最真实的交通事故。不同的厂商开发了不同的测试条件和评价方法，因此测试的结果很难相互比较。

图 2-19 所示的 NCAP 冲击实验描述了不同碰撞法规对正面和侧面碰撞

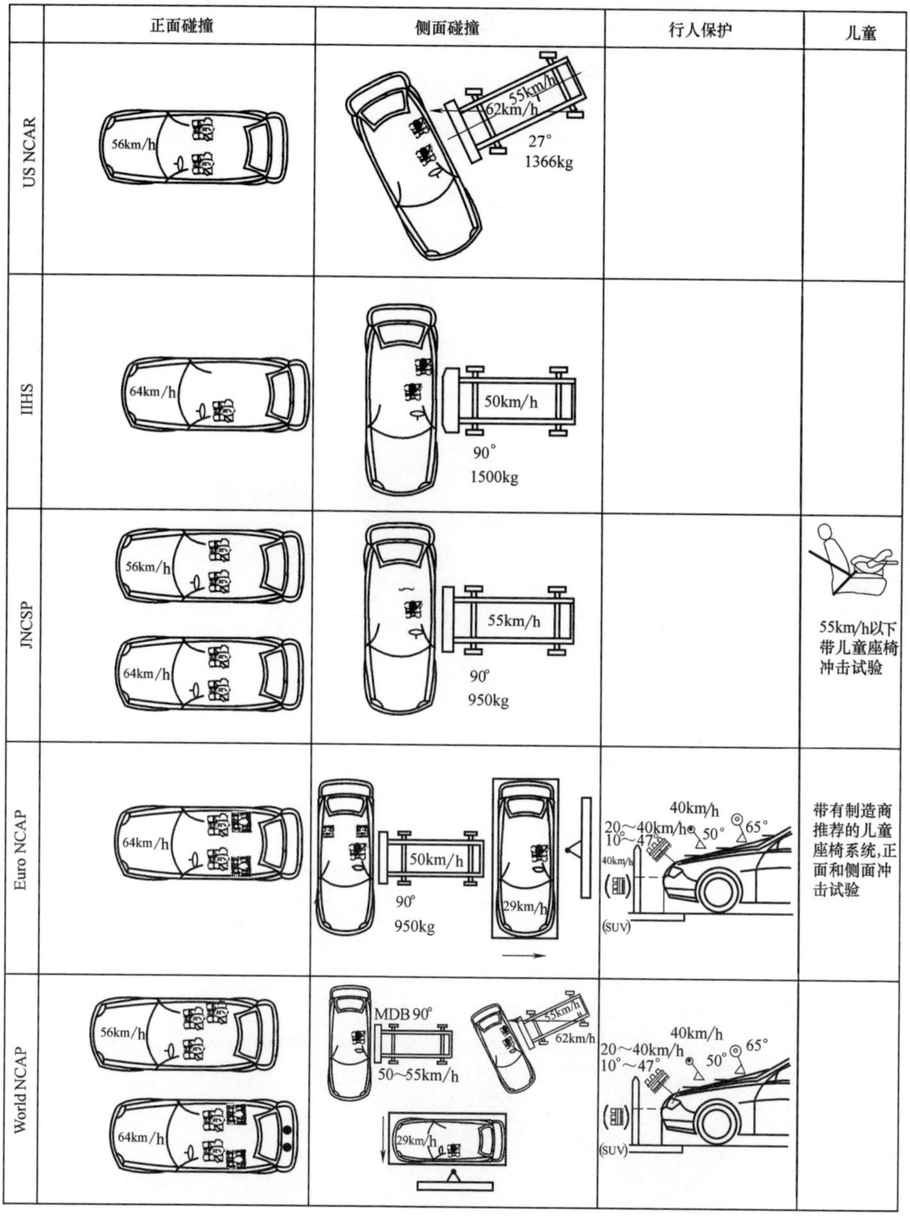

	正面碰撞	侧面碰撞	行人保护	儿童
US NCAR	56km/h	62km/h 55km/h 27° 1366kg		
IIHS	64km/h	50km/h 90° 1500kg		
JNCSP	56km/h 64km/h	55km/h 90° 950kg		55km/h 以下带儿童座椅冲击试验
Euro NCAP	64km/h	50km/h 90° 950kg 29km/h	40km/h 20~40km/h 50° 65° 10°~47° 40km/h (SUV)	带有制造商推荐的儿童座椅系统，正面和侧面冲击试验
World NCAP	56km/h	MDB 90° 55km/h 50~55km/h 62km/h 29km/h (SUV)	40km/h 20~40km/h 50° 65° 10°~47° (SUV)	

图 2-19 NCAP 冲击实验

的实验方法，可以看出各国采用了不同的碰撞速度、碰撞力和碰撞角度，相应的实际评价也有所不同，这些可以供我们参考。

与车辆主动安全性技术相对应的是被动安全性技术。车辆被动安全性与车身的制造相关，一旦车辆量产，其被动安全性也就基本固定了。通过实验和模拟可以看出，车身受到撞击时的变形是一个复杂的过程，变形过程持续50~150ms，通过弹性和塑性变形来描述。详细计算撞击过程也是比较困难的，因为在如此短的时间内，发生了很大的能量转化，产生很大的变形和很高的能量密度。局部车体所采用的材料特性极限和结构特性都会相互影响。

车祸中车身的塑性和弹性变形对乘员的伤害程度有很大影响，因此必须控制这种变形。为满足法规对交通事故中的乘员保护要求，汽车生产商必须通过所谓的受力梁（板）来减小变形加速度，这种构件可通过相关材料和其结构形式来解决。在设计中要注意的是，图 2-20 所示的前面的受力梁最

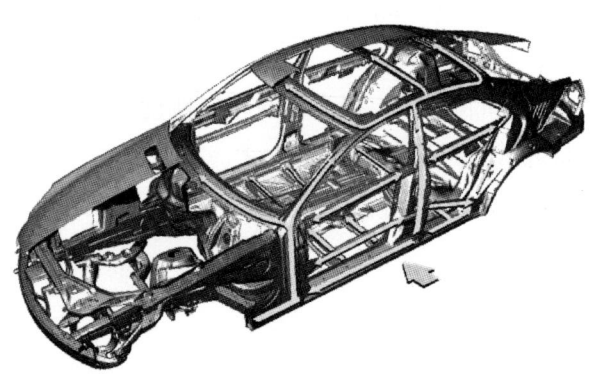

图 2-20　奔驰 CLS 的正面和侧面冲击路径

多可吸收70%的冲击能量，是一种常用的成熟方案。

设计中还应考虑到，相对坚硬的轴、发动机、蓄电池和其他部件应有足够的向后的变形区，以确保在事故中不挤入乘员室，减少对乘员的伤害。对短头的小车型来说，由于结构变形区间较小，要把发动机设计成在冲撞后向下滑落。图2-21所示为这一滑落式设计。

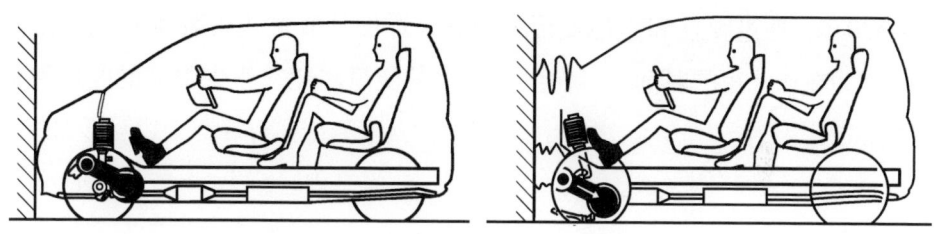

图2-21　奔驰A级的坚硬部件在碰撞后下滑

4. 样车车身的试验

样车的设计虽然有计算机来辅助，但总体技术要求是否符合设计预期值，仍需要做样车车身试验。样车车身的试验内容有刚度试验、声学试验、动态（行驶）强度试验等。在此仅进行简要介绍，具体试验方法属于车辆试验学的范围。

（1）刚度试验　为检验车辆的动态声学和行驶特性，主要检测车身的弯曲和扭转刚度。扭转试验表现为车身绕着一个轴，在一个力矩作用下的扭转，如图2-22所示。相当于检测路面的不平度引起的车身和安装部件的相对运动。目前汽车的扭转刚度要求能达到30000N·m/(°)或更高。车辆经过长期行驶后，车身刚度的下降对行驶特性也会产生影响，这点在行驶动力学里已经引起重视。

现在的车辆设计和制造中，提高车身扭转刚度有如下常用办法：

1）优化型材的截面过渡区和连接方式。

2）采用局部的加强肋（板）。

3）优化焊点布置。

4）采用高弹性模量的材料。

具体采用何种方式还必须考虑到制造成本。

（2）弯曲试验　主要描述在固定力的作用下，前后轴之间的车身的弯

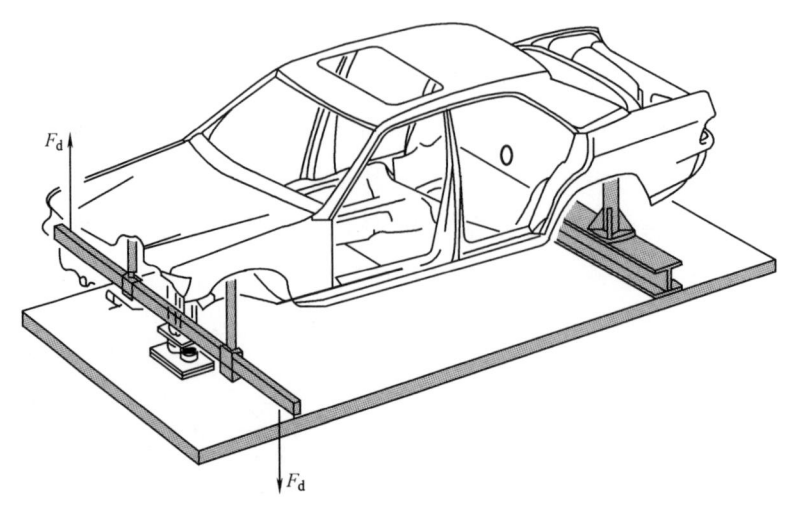

图 2-22　测定扭转刚度

曲下沉，模拟在行驶过程中通过的波浪形地面。高弯曲刚度通过增加型材高度和提高前后纵梁来实现。弯曲试验必须在白车身上进行，按照图 2-23 所示方法正确地布置受力和传导方式。

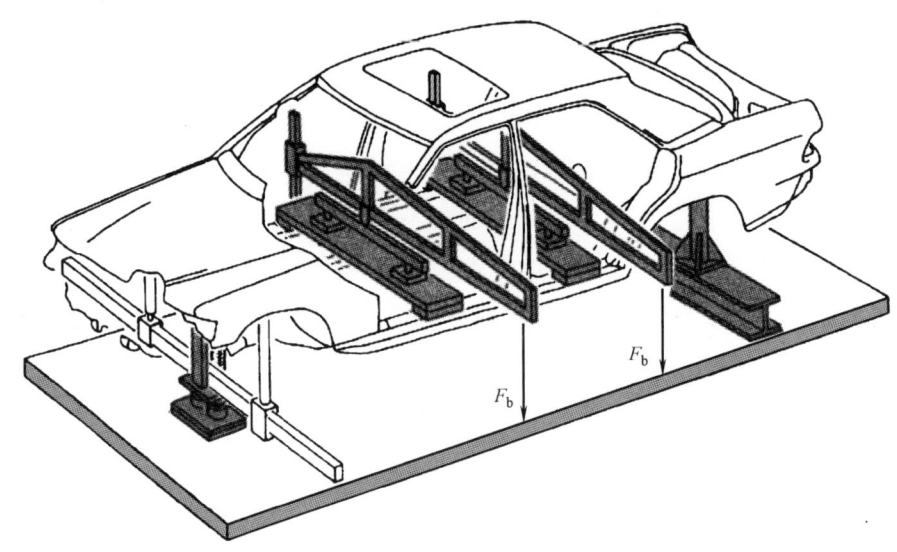

图 2-23　测定弯曲刚度

（3）声学试验　整车是一个极为复杂的振动系统，作为振动的激励，来源于不圆的旋转车轮、驱动器及路面不平度等。原则上讲，一辆轿车的固有频率不能与其他振动系统结合,要采取隔离措施。

减少车辆外部噪声对生态环境是有利的。同样,减少车辆内部噪声对驾乘人员也是有利的,可以集中精力,不易受到干扰,体现了车辆的舒适性,这也是市场竞争的结果。

车辆内部的噪声来源于空气声和固体声,空气声通过车体间隙向乘员室渗透,固体声通过车辆本身的结构向内传递,或通过空气声的激励使车身产生次级空气声,继续向内散射。具体传递途径如图2-24所示。

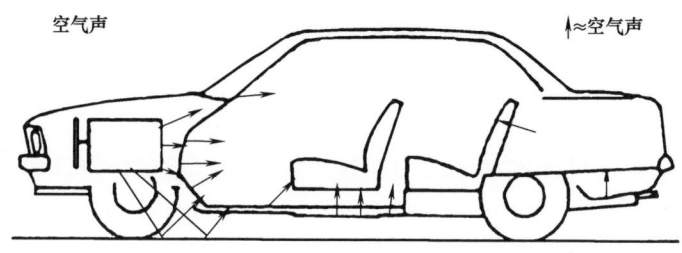

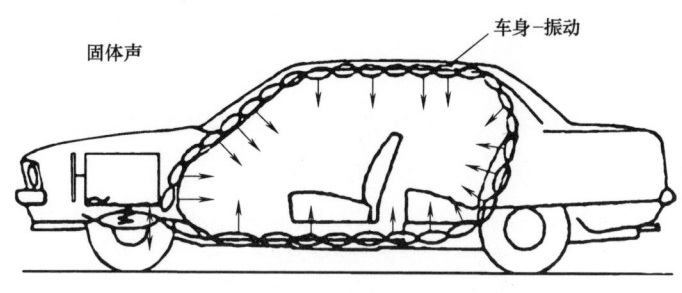

图2-24 空气声和固体声进入乘员舱

固体声的主要来源是发动机,当发动机转速从 900r/min 提高到 6000r/min 时,激励频率为 30~200Hz,形成一种令人烦躁的噪声。发动机诱导出的力和转矩,通过驱动链的支撑点进一步被诱导,最后引起车身的振动。为减少固体声的传递,在相关部件的悬置系统中采用了橡胶弹性元件(图2-25)。综合结果在很大程度上降低了噪声,同时改变了行驶动力学特性。关于弹性运动学的研究,将在《汽车车身、底盘理论及制造技术》中有关底盘技术的部分进行进一步介绍。笔者在斯图加特大学汽车和发动机研究所曾做过保时捷 Boxter 系列跑车的后轴弹性运动学研究,其结果在后面的相关章节中进行介绍。

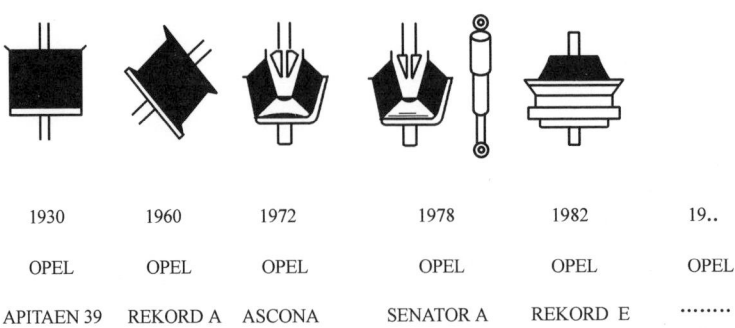

图 2-25 发动机弹性悬置的发展

（4）动态（行驶）强度试验　这项试验作为考验车辆短期和长期耐久性的手段，属于动力学试验的范畴。耐久性主要测试在交变载荷下的材料特性。可以通过耐久性的韦勒曲线图和具体的几何形状来分析。耐久性试验还必须提炼出材料和相关形状的共同特性，使复杂的耐久性试验变得简单，再根据可靠性理论进一步分析。相对长期载荷来说，有短期强度的概念，计算中主要参考 Manson-Coffin 关系图。该关系图与韦勒曲线的区别在于，短期强度研究的是较低载荷下的塑性变形及可靠性。

动态试验还涉及断裂力学和失效理论，研究零件的断裂失效和分布范围，也可以计算应力峰值，估算裂纹的发展。

车身的结构强度试验主要在液压冲击台上完成，如图 2-26 所示，该设

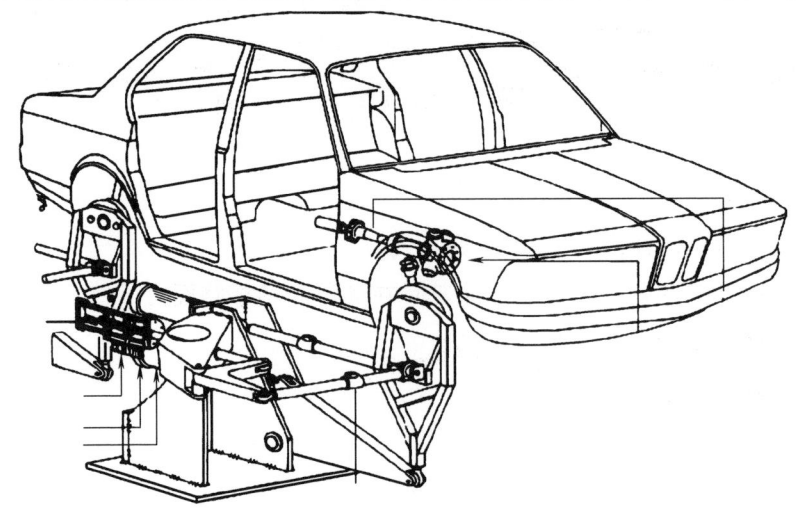

图 2-26　耐久性实验

备主要模拟复杂行驶条件下的应力集中。目前也有专用的试验场地，进行强化的、接近破坏性的动态试验。

2.2 驱动方式

目前量产车辆的驱动方式有内燃机驱动和混合动力驱动两大类，下面分别介绍。

2.2.1 内燃机驱动方式

内燃机带动的驱动链是经典的车辆动力传递方式，100多年前的汽车就开始采用内燃机来驱动，当年甚至有用花生油作燃料的发动机。内燃机的工作特点决定了其作为动力源的驱动特性。在今天的车辆工程中，新能源的利用率越来越高，但由于技术和经济上的原因，内燃机在目前及将来的一段时间内仍然是主要移动式动力源。以内燃机为动力源的汽车主要驱动方式布置及特性分组如图 2-27 和图 2-28 所示。

各种动力布置方案的优缺点比较如下：

1）前置发动机。发动机为前横置或前纵置，可带动以下类型的驱动方式：前驱、标准驱动（后驱）、直接传动轴方案和前后轴全驱。

这四种发动机前置方案的驱动方式优缺点如下：

① 前驱的优缺点：此时发动机、离合器、变速器、轴和同步驱动装置都作为驱动块放置在前部。

a. 优点

a）动力直接作用于驱动轮/转向轮。

b）有较高的行驶安全性，尤其是在潮湿和冬季路面。

c）轻载荷时有利于起步和爬坡。

d）有转向不足特性。

e）有侧风不敏感性。

f）后轴结构容易布置。

g）轴距长，且有由此带来的高舒适性。

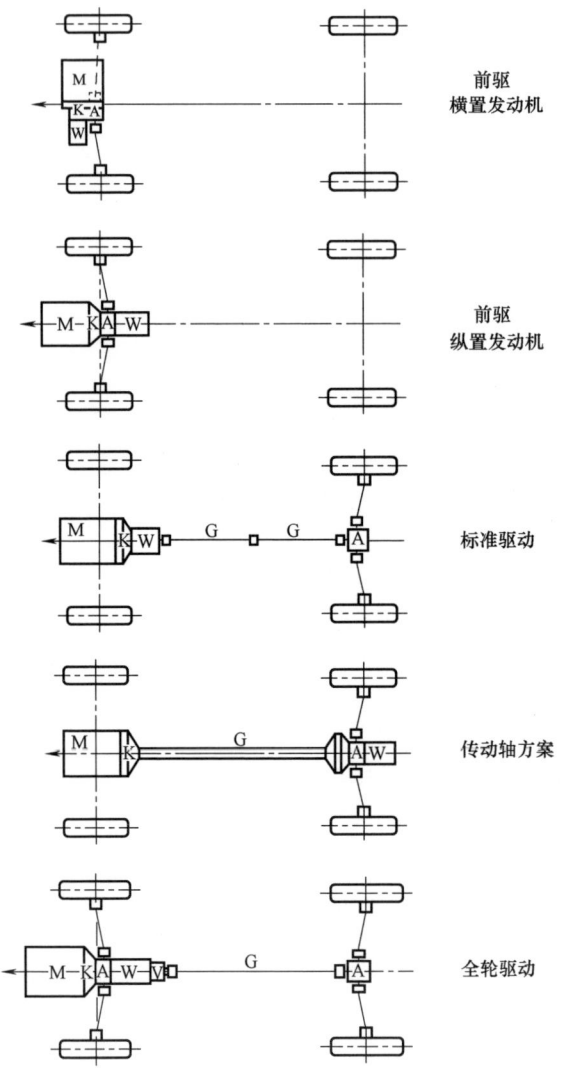

图 2-27 前置发动机车辆动力布置方案

M—发动机 W—变速器 K—离合器 A—轴端驱动 V—分动器 G—万向轴、驱动轴

h）动力传动线路短。

i）平滑的车身底部。

j）排气管容易布置。

k）大行李箱空间和较高的冲击强度。

l）油箱大。

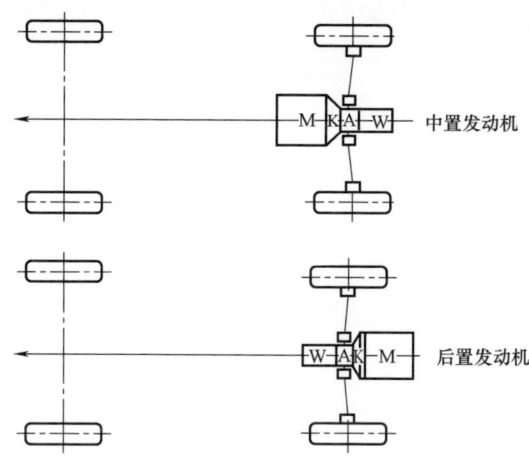

图 2-28 中置和后置发动机车辆动力布置方案

M—发动机　W—变速器　K—离合器　A—轴端驱动

b. 缺点

a）全负荷时影响起步和爬坡。

b）大体积发动机会影响转向，同时发动机难以布置。

c）较高的前轴负荷需要助力转向。

d）所需发动机支撑力必须能承担发动机转矩乘以总的变速比。

e）不易布置轮胎。

② 标准驱动：图 2-29 所示为轿车的标准驱动方式。

图 2-29 轿车的标准驱动方式

a. 优点

a) 发动机长度基本不受限制。

b) 附加的轴端驱动减少了发动机的悬置负担。

c) 发动机噪声容易隔离。

d) 全载荷时相对较多的重量分布在后轴。

e) 排气装置可以较长。

f) 对碰撞行为有利。

g) 前轴不受驱动力影响。

h) 轮胎的磨损相对均衡。

i) 直接档有良好的驱动效率。

b. 缺点

a) 理论上直线稳定性较差。

b) 在潮湿气候和冬季地面对驱动力有不利影响。

c) 有交变负荷反应。

d) 行李箱较小。

e) 车身底部有凸起通道。

f) 乘员室受限。

③ 直接传动轴方案：图 2-30 所示为直接传动轴方案，其发动机前置、变速器后置，当中是刚性传动轴，离合器也可以布置在后轴。

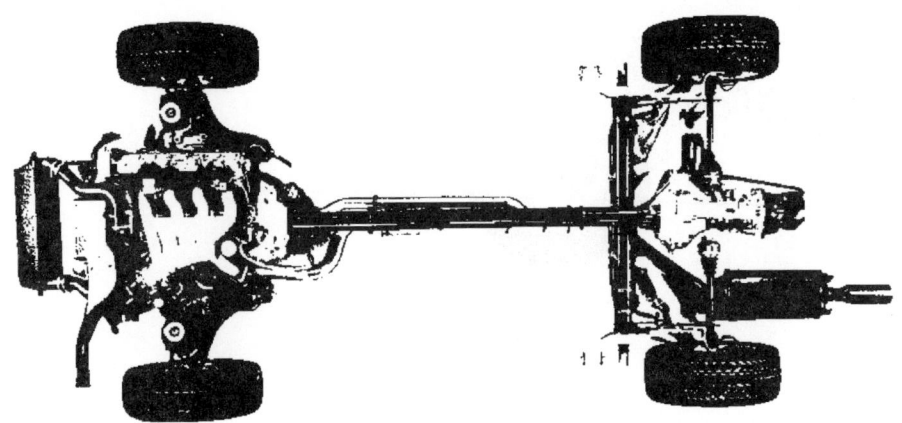

图 2-30　直接传动轴

a. 优点

a）有比前驱更好的轴载荷。

b）容易布置大发动机。

c）发动机悬置受力较小。

d）相比标准驱动，中间驱动轴更轻。

b. 缺点

a）行李箱较小。

b）发动机和变速器之间必须有传动轴。

c）底盘上有凸起通道。

d）乘员室空间受影响。

④ 全轮驱动：全轮驱动指所有车轮都是驱动轮，驱动力通过驱动器分配到车轮上。全轮驱动可以是全时的，也可以以切换的方式来驱动。全轮驱动的中央单元就是分动器，它把总驱动转矩科学地分配给两个车轴。图2-31所示为全轮驱动。

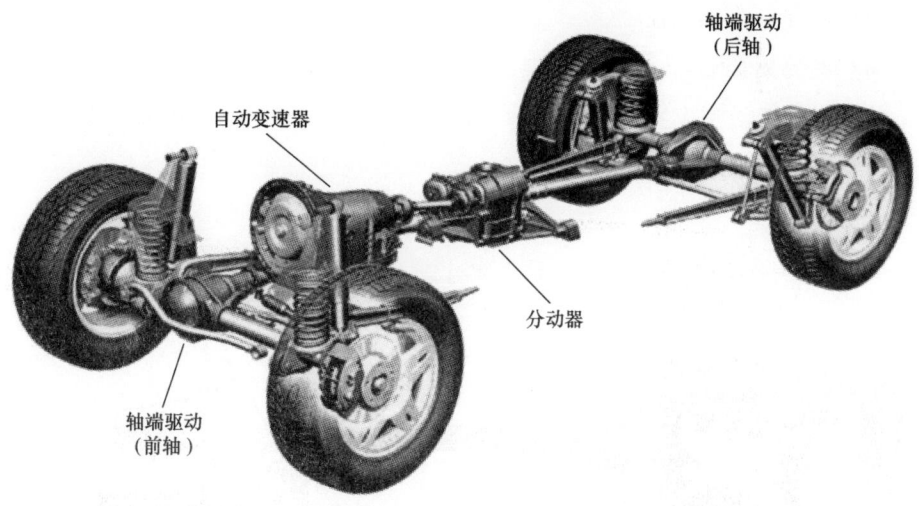

图 2-31 全轮驱动

a. 优点

a）有最佳的驱动力。

b）起步和爬坡几乎不受载荷的影响。

c）有能力挂拖车。

d）避免载荷交变反应。

e）轮胎磨损均匀。

b. 缺点

a）价格高。

b）增加了10%的车重。

c）驱动损失较大。

d）有更多的回转体。

e）最高速度受限，燃料消耗增加10%，有声学上的缺陷，加速度有限。

f）与前驱相比行李箱小。

2）发动机后置和中置。相对于发动机前置，还有发动机后置和中置的方案。早期后置发动机运用较多，如大众、雷诺、菲亚特，其变速器在发动机前。在车型上的典型运用就是保时捷911 Carrera。中置发动机主要运用在赛车上，因为空间的局限最多安排两个座位，如一级方程式赛车。

a. 优点

a）非常好的起步和爬坡能力。

b）传动链短。

c）前轴载荷较低，操纵容易。

d）制动能力较强。

e）底盘上没有或只有很小的凸起通道。

b. 缺点

a）削弱了直线行驶能力。

b）侧风敏感性强。

c）对后置发动机来说，有明显的转向过度。

d）发动机悬置必须承担总的转矩。

e）排气管路径短，难以布置。

f）热交换器的水路较长。

g）燃油箱小。

h）行李箱小。

除上述传统布置形式外，近年来还出现了其他布置形式，如发动机前置/地板布置（图 2-32）、发动机后置/地板布置（图 2-33）。

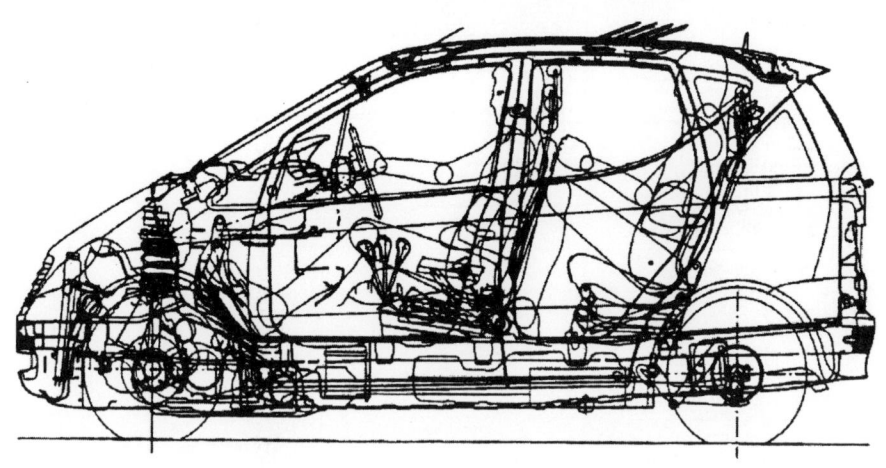

图 2-32　奔驰 A 级发动机前置/地板布置

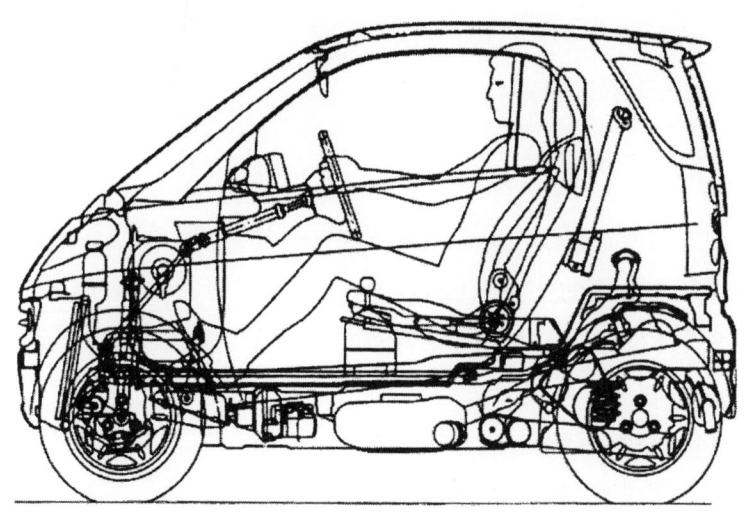

图 2-33　奔驰 Smart 发动机后置/地板布置

现对各种驱动布置方案做简单汇总，从驱动力、乘员室、噪声、制造成本等各方面做个"好、中、差"三级别的比较，见表 2-3。

表 2-3　不同驱动方式比较

	前置前驱	前置后驱	中置后驱	后置后驱
空载驱动力	+	-	+	+ +
有载荷时驱动力	-	+	+	+
轴布置	+	○	-	- -
乘员室大小	+ +	+ +	- -	○
行李箱大小	+ +	+	○	-
尾部设计变形可能性	+ +	+ +	-	- -
车身长度要求	+ +	○	-（○）	- -
前部冲击对车身影响	+ +	+ +	- -	- -
对乘员室热影响	-	- -	○	+
对乘员室噪声影响	+	+	○	+
全驱的能力	+（+ +）	-	- -	+ +
总重	+ +	○	+	+
管线长度	+ +	+ +	-	- -
制造成本	+ +	+	+	+

注："+"为良好；"-"为差；"○"为中等。

2.2.2　混合动力驱动链

混合动力的概念在于，除以常规的发动机作为驱动能量源外，还部分或全部地利用其他形式的能量来驱动。定义上最少有两个不同的能量转换装置，以及两个不同的能量存储器。目前主要是采用内燃机-电动机的混合驱动模式。

相对于内燃机驱动链，就出现了混合动力驱动链，电动机可作为第二驱动源，也可在车辆上采用大功率电动机和电子能量存储器的方案。

对混合动力车辆来说，电力的消耗是很大的，因为附属设备的能源消耗较大。对于电力的提供，采用由内燃机带动的独立发电机是比较好的方案，体积较小，有利于布置乘员室。

在车辆上可采用不同重量和大小的电子能量存储器，可采用蓄电池或短期存储器（超级电容），同时还可联合设计制动能量回收系统。

图 2-34 所示为一个新型混合动力车辆的例子。超级电容作为电子能量的存储器,安装在车身门槛处。助力转向、伺服制动和空调系统等设备的电力消耗来源于车辆本身自带的电动机,相应的电子驱动部件集成在总驱动器内。

图 2-34 混合动力车辆实例(宝马 X3 Concept Efficient Dynamics)

近年来,混合动力发展较快,很多国家都开发了混合动力车辆,其驱动方式也有不同。在常规设计上,混合动力的布局方式分为三种:串联、并联、混合。

总的来说,目前的混合动力驱动系统基本采用前置发动机的形式。中置、后置的形式也在考虑中。内燃机可以横置也可以纵置。驱动器可以安排为前轴、后轴或全轮驱动。

下面简要介绍三种混合动力驱动布局形式。

1. 串联式混合动力驱动

串联式混合动力驱动车辆需要较大的电子安装功率。轮边驱动是电力驱动的传统方式,只用内燃机来驱动是不可能的。在内燃机和驱动轮之间没有直接的力的连接,所需的驱动能量通过内燃机带动发电机来产生,电子能量存储器作为实时的内燃机和驱动轮之间的电子缓冲。内燃机输出的功率通过一个链来传递:电子/机械驱动(发电机)—电功率转化—电子能量存储器—电功率转化—电子机械驱动(电动机),这些都是串联在一起的。这就要求电子/机械驱动必须与内燃机功率相匹配。

发电机承担了所有的内燃机功率,电动机提供所有的车轮驱动功率。

图 2-35 和图 2-36 所示为两种不同的串联式混合动力驱动链。可以看出,对于车轮的驱动可以用一根驱动轴同时驱动两个后轮,也可以分别用轮边驱动的方式同时驱动四个车轮。共同点为:内燃机直接与发电机连接在一起,没有离合器。

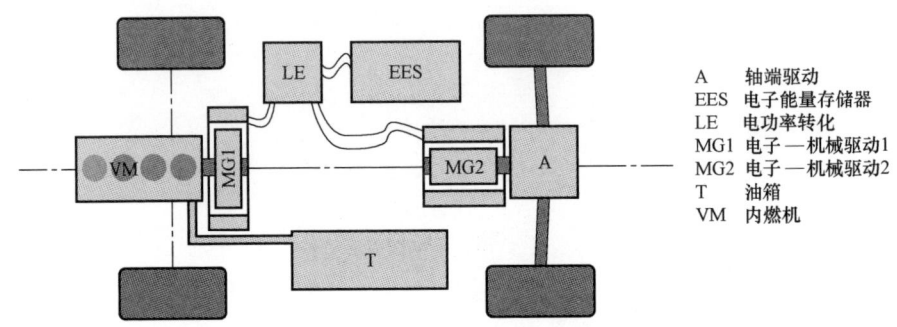

A 轴端驱动
EES 电子能量存储器
LE 电功率转化
MG1 电子—机械驱动1
MG2 电子—机械驱动2
T 油箱
VM 内燃机

图 2-35 串联式混合动力驱动方式(带中央驱动)

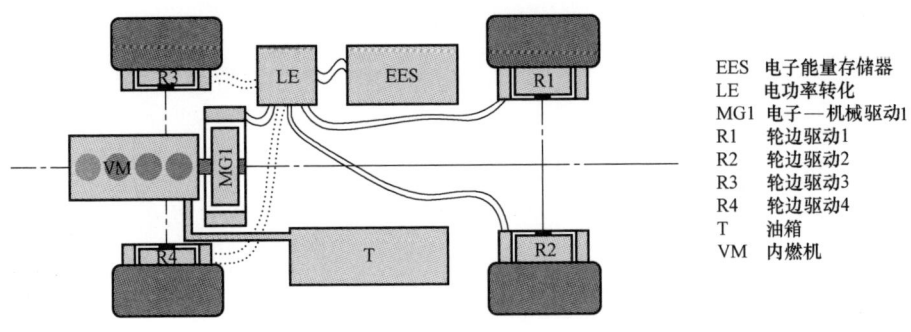

EES 电子能量存储器
LE 电功率转化
MG1 电子—机械驱动1
R1 轮边驱动1
R2 轮边驱动2
R3 轮边驱动3
R4 轮边驱动4
T 油箱
VM 内燃机

图 2-36 串联式混合动力驱动方式(带轮边驱动)

2. 并联式混合动力驱动

这种布局与串联式混合动力驱动的最大区别在于内燃机和车轮是有力学连接的。需要通过内燃机、电动机分别或联合驱动车轮。电动机可以做得比较小,内燃机也可以设计成较小的功率。

并联混合驱动采用了离合器和变速器,如图 2-37 所示,与内燃机驱动方式类似。这些布局都较适合对目前的传统驱动车辆进行改造,在设计上无需更多的新结构设计,可略降低总成本。

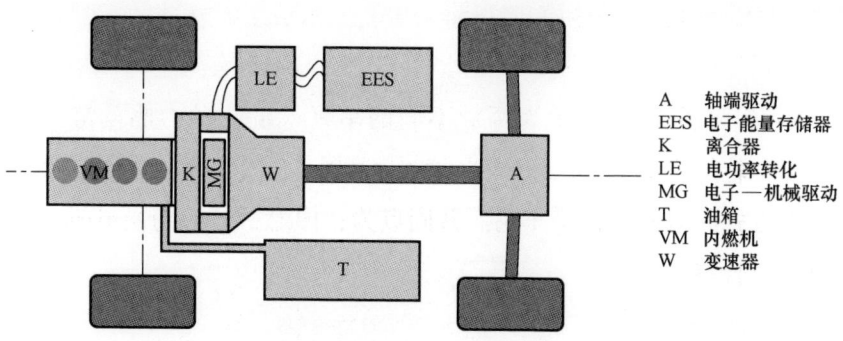

图 2-37　并联式混合动力驱动方式

3. 混合式混合动力驱动（分支式混合）

该方案采用重叠的驱动方式，内燃机和电动机同时输出驱动力到同一根轴。图 2-38 所示为混合式混合动力驱动方式的一个最简单例子。内燃机的输出功率分成电和力两路输出，通过行星齿轮系统，分别输出到发电机和电动机上。发动机产生的功率再叠加到输出轴上。在其他一些方案中采用了离合器，此方案采用的是减振阻尼。

这种布置的缺点在于需要设计较大的电子功率。另外最少需要两套电子—机械驱动，还必须使内燃机产生使行星齿轮系统运行所需要的反力矩。

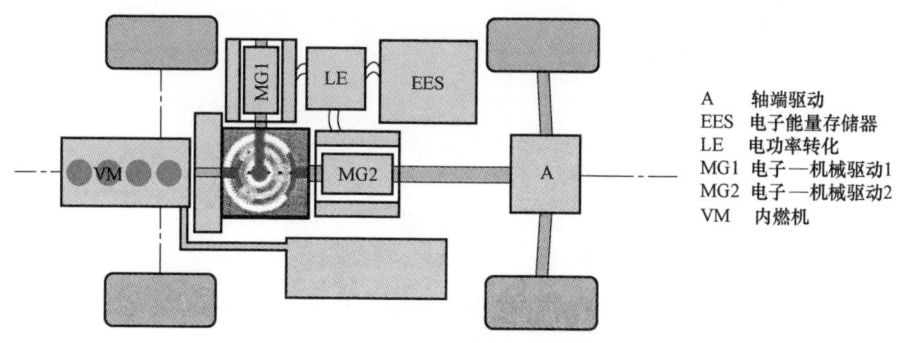

图 2-38　混合式混合动力驱动方式

量产车中采用该形式驱动的最著名例子是丰田的混合动力汽车普锐斯（Prius），如图 2-39 和图 2-40 所示。方案中，一个横向布置的系统集成了非常简单和紧凑的力学关系。该系统的设计特点是：行星齿轮系统具有固定的变速档位，电动机、发电机和内燃机三者共同组成了对转速的匹配系统。

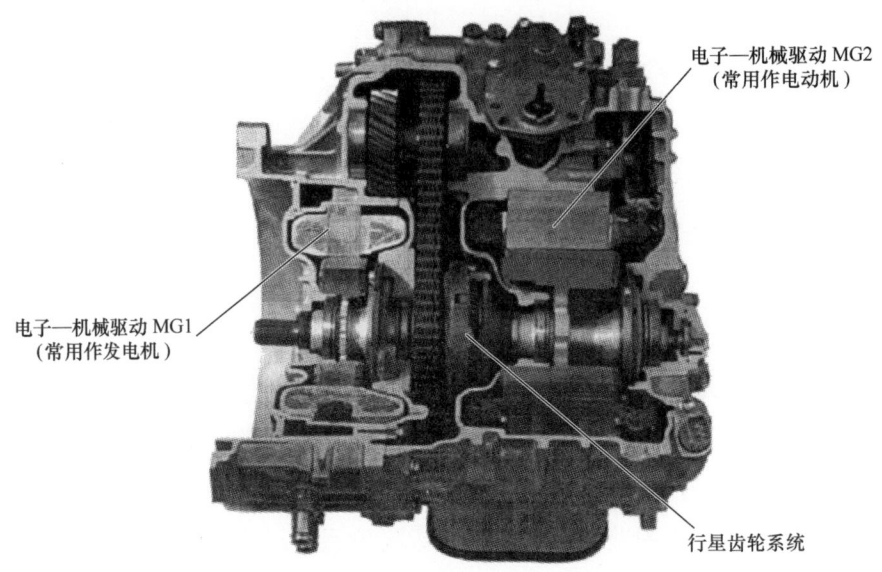

图 2-39　丰田普锐斯的叠加式驱动器

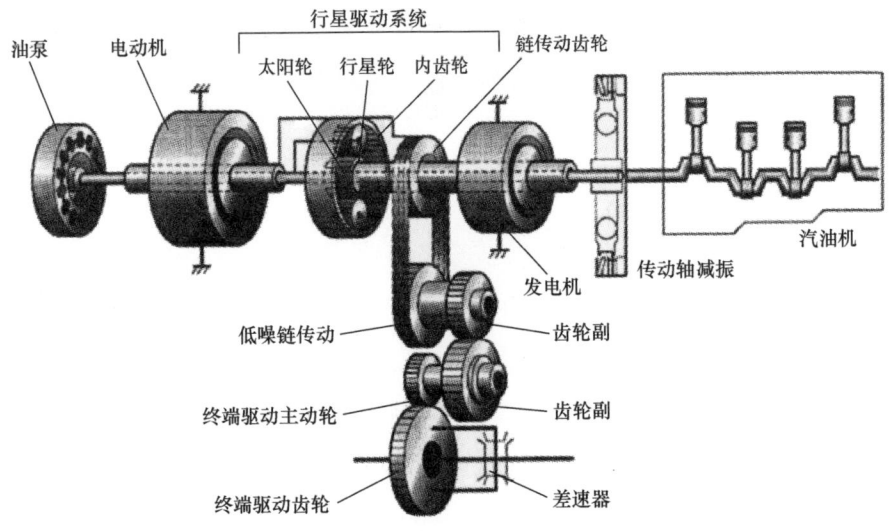

图 2-40　丰田普锐斯传动链示意图

新的结构设计补充了原叠加式设计的不足，增加了制动部件、离合器和变速档位，产生了更多的传动比，可实现更高的最高速度。通过附加的传动比，可以降低燃油消耗，但也增加了制造成本。总的来说，该系统的集成度大于并联方式。

还有一些特别的驱动方式，如纯轮边电力驱动和纯电力驱动轴，无真正意义上的变速器、离合器等，即车轮或车轴上自带同步电动机，通过中央控制系统同时控制两轮或四轮的驱动。这种结构非常紧凑，但增加了车辆的簧下质量。同时对布置制动系统不利，还要考虑如何保证轮边电动机在潮湿、振动条件下的正常运行，如图2-41所示。

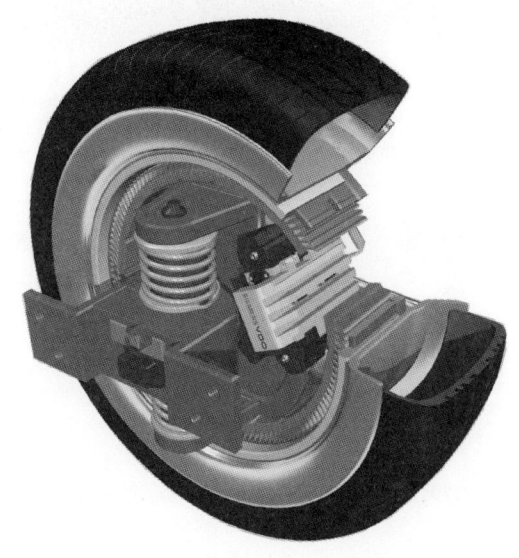

图2-41 轮边电动机独立驱动

作为近年来快速大力发展的驱动系统，混合动力系统具有节能和减排两大功能。从形式上分为串联、并联、混合等类型，从混合程度上分为微混合、中度混合、全混合及插电混合等类型。主要系统，即常说的三电系统包括电机、电控系统和电驱动系统，这是一个粗略的分类。发动机负荷点的提升、起停系统和能量回收，对混合动力系统的减排起了不同的作用。电机在混合动力系统中起到非常关键的作用，它既可作为驱动电机，也可作为发电机，具有双向功能。不同的电机，如交直流电机、同步异步电机、横磁通电机和开关磁阻电机等，具有不同的功率密度、效率、可控性及热过载能力，此外成本及技术成熟度也不同，具体参见表2-4和表2-5。

根据电驱动方式不同，驱动力的实施方式也有不同结构，如图2-42所示。热管理、电池重量引起的配载比例问题、燃料电池细节、电气控制策略，以及各种蓄能装置，可参考其他专业书籍。本书仅对常规经典理论进行介绍，更系统深入的混合动力系统介绍，可参阅笔者的译作《混合动力汽车技术》。

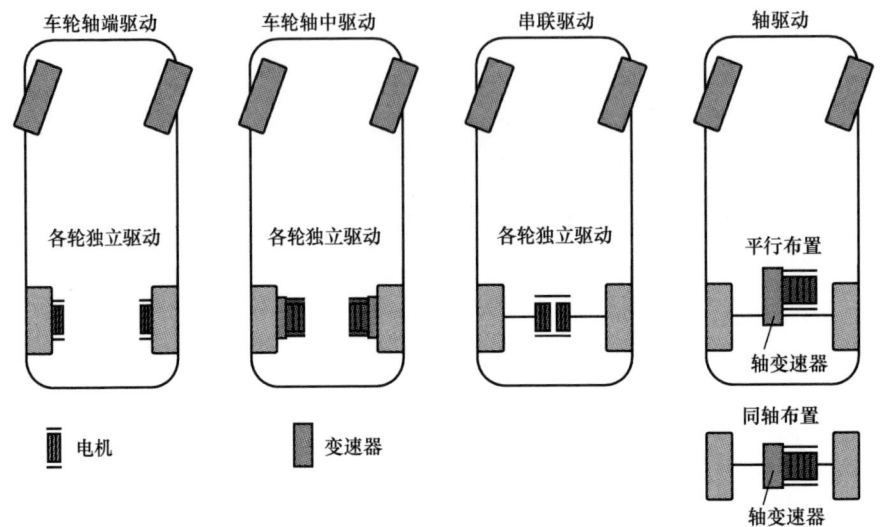

图 2-42　电驱动的不同结构（彩图见书后）

表 2-4　电机的评价矩阵

	直流电机	同步电机		异步电机	横磁通电机	开关磁阻电机
		外界激励	持续激励			
功率密度	－	○	＋＋	＋	＋	＋
效率	－	＋	＋＋	○	＋	＋
可控性	＋＋	＋	＋	○	＋	＋
噪声	－		＋＋	＋		－
理论过载能力		＋	○	＋＋		＋＋
价格				＋	－	＋＋
系统成本	＋	○	○	＋＋	－	＋
技术水平	＋＋		＋＋	＋＋		○
安全性	－	＋＋		＋＋	＋	＋＋

注："＋"为良好；"－"为差；"○"为中等。

表 2-5 电机的技术参数

功率标识	直流电机	同步电机 外界激励	同步电机 持续激励	异步电机	横磁通电机	开关磁阻电机
最高转速/（r/min）	7000	>10000	>10000	>10000	>10000	>10000
磁场弱化比例	3	3~7	3	3~7		2
单位持续转矩/N·m	0.7	0.6~0.75	0.95~1.72	0.6~0.8		0.8~1.1
单位持续功率/kW	0.15~0.25	0.15~0.25	0.3~0.95	0.2~0.55		0.2~0.62
电机最大效率	0.82~0.88	0.87~0.92	0.87~0.94	0.89~0.93	0.96	0.9~0.94
控制器最大效率	0.89~0.99	0.93~0.98	0.93~0.98	0.93~0.98	0.93~0.97	0.93~0.97
驱动系统最大效率	0.8~0.85	0.81~0.9	0.81~0.92	0.83~0.91		0.83~0.91

2.3 车辆能源消耗

2.3.1 功率平衡公式

汽车设计中经常涉及传动和驱动问题，任何行驶中的车辆都需要外界的能源支持，这类问题从能量的角度来说，一是转换，二是平衡。在车辆的功率提供和需求之间必须达成平衡，这就引出了所谓的汽车基本公式：

$$P_e = P_{vT} + P_S + P_R + P_{LW} + P_{St} + P_a$$

式中 P_e——等效发动机功率；

P_{vT}——驱动链功率损失；

P_S——滑动功率损失；

P_R——滚动阻力功率；

P_{LW}——空气阻力功率；

P_{St}——爬坡功率；

P_a——加速功率。

P_{vT}、P_S 属于内部损失，P_R、P_{LW}、P_{St}、P_a 属于外部损失。

对车轮来说，其名义功率为 P_N，有公式：

$$P_N = P_e - P_{vT} = P_e \eta_T \tag{2-1}$$

$$P_N = P_S + P_R + P_{LW} + P_{St} + P_a \tag{2-2}$$

$$P_N = F_Z v_{th} \tag{2-3}$$

引入传动链效率 η_T，换算为

$$\eta_T = \frac{P_e - P_{vT}}{P_e} \tag{2-4}$$

理论行驶速度 v_{th} 在式（2-3）中是按照车轮转速直接计算的。因为滑差的存在，真实的行驶速度要小于直接计算值。需要根据轮胎的动态周长 U_{dyn} 和转速 n_{Rad} 来计算 v_{th}。

$$v_{th} = U_{dyn} n_{Rad} \tag{2-5}$$

动态周长定义为

$$U_{dyn} = \frac{路径}{车轮转速} = 2\pi r_{dyn} \tag{2-6}$$

得出功率平衡为

$$P_N = \sum F v_{th}$$

$$P_N = \underbrace{\sum F(v_{th} - V_F)}_{P_S} + \underbrace{\sum F v_F}_{P_R + P_{LW} + P_{St} + P_a} = \underbrace{P_N \lambda_A}_{} + \underbrace{F_Z v_F}_{P_N - P_S} \tag{2-7}$$

其中，$P_S = P_N \lambda_A$，又因 $\lambda_A = \dfrac{v_{th} - v_F}{v_{th}}$（滑动差）

得出

$$F_Z v_F = P_R + P_{LW} + P_{St} + P_a \tag{2-8}$$

$$F_Z = \sum F_W \tag{2-9}$$

即驱动力等于各阻力之和。

2.3.2 燃油消耗

发动机的燃油消耗根据单位燃油消耗 b_e 和小时燃油消耗 B_h 来评价：

$$b_e = \frac{燃油质量}{功} \left[\frac{g}{kW \cdot h}\right]$$

$$B_h = \frac{燃油质量}{时间} \left[\frac{g}{h}\right] = b_e p_e$$

也可用行驶里程消耗 B_s 来计量：

$$B_s = \frac{燃油体积}{行驶里程} \left[\frac{L}{km}\right]$$

通过换算可得以下公式:

$$B_s = \frac{B_h \Delta t}{\rho \Delta s} = \frac{B_h}{\rho v_F} = \frac{b_e P_e}{\rho v_F} = \frac{\int b_e \frac{P_z}{\gamma_T} dt}{\rho \int v_F dt}$$

式中，P_e 为发动机功率需求，$P_e = P_{vT} + P_S + P_R + P_{LW} + P_{St} + P_a$（在稳态时，$P_a = 0$）；$\rho$ 为燃油密度；P_z 为牵引功率。

表 2-6 所示为常用燃油的密度和单位热值。

表 2-6 常用燃油的密度和单位热值

燃油	密度/（kg/L）	单位热值/（MJ/kg）
普通汽油	0.715 ~ 0.765	42.7
超级汽油	0.730 ~ 0.780	43.5
柴油	0.815 ~ 0.855	42.8

在世界范围内，石油产品的消耗日益增加，废气污染也同步增长。各国在汽车设计和生产中制定了很多政策法规，以求降低油耗，同时减少污染物。这些法规就是根据上述燃油消耗率等经济和技术指标制定的。要实现降低燃油消耗，可通过下面的几种思路来优化：

1）减少单位油耗（提高发动机效率）。

2）减少行驶阻力（车重、滚动阻力、空气阻力）。

3）提高动力传递的效率（减速器、差速器和轴承等）。

法规中重要的一条就是用城市工况循环法测量燃油消耗。

根据德国工业标准 DIN 70030 的第一部分，推断一辆车的燃油消耗，对轿车来说除 90km/h、120km/h 的等速油耗外，也可用模拟城市驾驶的工况来推断。

油耗测试过程大体如下：在功率实验台上，加载等效回转质量，同时限定边界条件（如胎压、载荷和燃油质量等），在预热过程后（一般是冷起动后五个循环）进行 195s 的循环模拟驾驶，以此来计算燃油消耗。一个完整循环包括：31% 时间的空驶、22% 时间的加速、29% 时间的匀速行驶和 18% 时间的减速。档位切换速度为 15km/h、35km/h 及最高速度 50km/h。图 2-43 所示为一个典型的城市工况循环曲线。

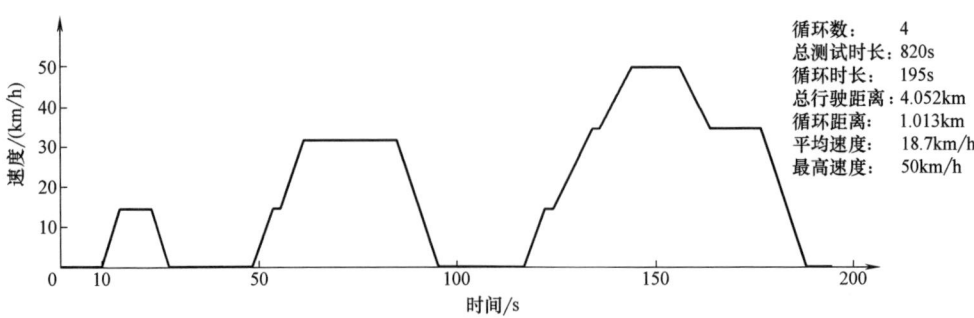

图 2-43 典型城市工况循环

图 2-44 所示为新欧洲循环法（NEFZ）的典型曲线，与旧欧洲循环法相比，除标准的最高速度 50km/h 外，还增加了最高到 120km/h 的较高速度测试。

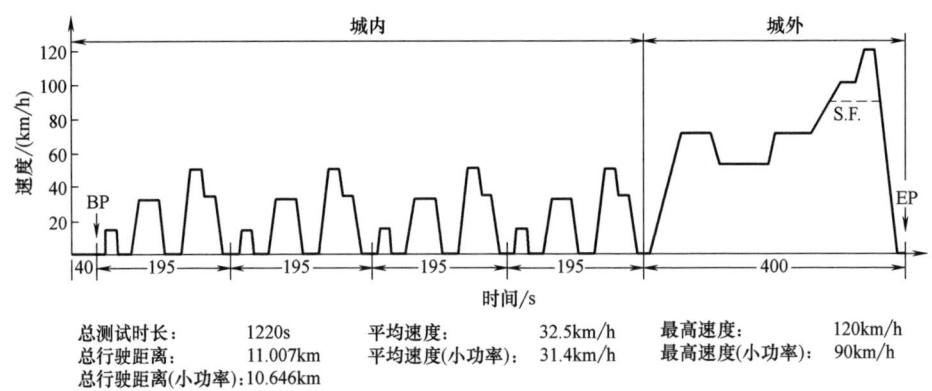

图 2-44 新欧洲循环法（NEFZ）的典型曲线

很多技术文献中都提到了所谓的油耗场图（图 2-45），它用于说明汽油机燃油消耗场。即一台汽油机在各运行点的单位燃油消耗，该场以一个等高线状的曲线来表示，与发动机的等效中值压力有关，此压力与内燃机转矩成比例关系。

其中，发动机的等效中值压力可根据图 2-46 得出。

$$p_{me} = \frac{P_e}{V_H n_M K} = p_{mi} \eta_m \tag{2-10}$$

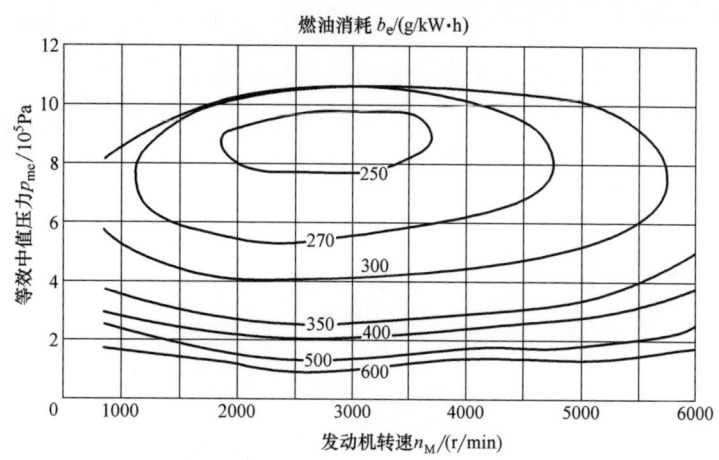

图 2-45 燃油消耗场图（2.0L 四缸四冲程汽油机）

式中 η_m——发动机机械效率；
V_H——发动机行程体积；
n_M——发动机转速；
p_mi——中值非直接压力；
P_e——等效发动机功率；
K——此参数，对于四冲程发动机 $K=0.5$，对于二冲程发动机 $K=1$。

根据 $P_\mathrm{e}=M_\mathrm{M}\omega_\mathrm{M}$（下标 M 指发动机）有以下关系式：

$$M_\mathrm{M}=\frac{P_\mathrm{e}}{\omega_\mathrm{M}}=\frac{P_\mathrm{e}}{2\pi n_\mathrm{M}}=\frac{p_\mathrm{me}V_\mathrm{H}n_\mathrm{M}K}{2\pi n_\mathrm{M}}=\frac{p_\mathrm{me}V_\mathrm{H}K}{2\pi}$$

(2-11)

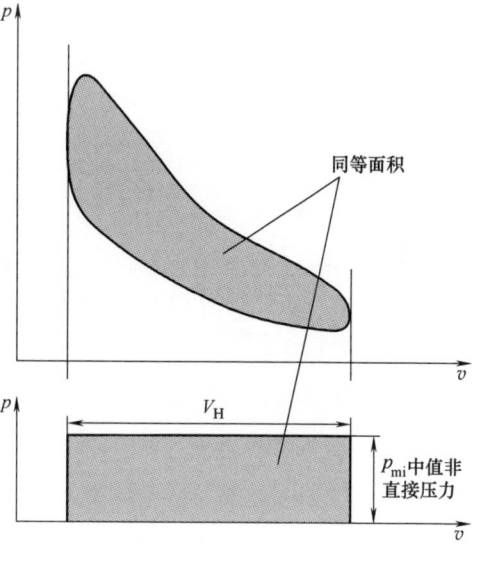

图 2-46 发动机的等效中值压力

图 2-47 是一幅 M—n 图，即转矩—转速的燃油消耗场图，又称燃油消耗贝壳图。曲线以百分比来表示，如 100%、105%……130%，最小消耗以 100% 为基准。最少消耗曲线也是最优消耗 $b_\mathrm{e}=b_\mathrm{e\,opt}$，通过点来连接，该点正切于双曲线，如 A 点。以 15kW 的等效功率来说，最佳消耗点的双曲线正切于 A，等于 118%。如果消耗量增大 2%，118%×1.02≈120.4%，也可以在贝壳图中反推此结果，即 B 点，120% 等于 1.02 倍的最佳消耗。也可以看

出，同样 15kW 的发动机，最低消耗点转速为 1700r/min。在较低和较高转速区，消耗都会增加，$b_e \neq b_{e\,opt}$。随着等效功率的提高，最佳消耗对应的转速是提高的，如 29kW 时对应的是 2500r/min。这些都对设计车辆的发动机和动力匹配有参考价值。

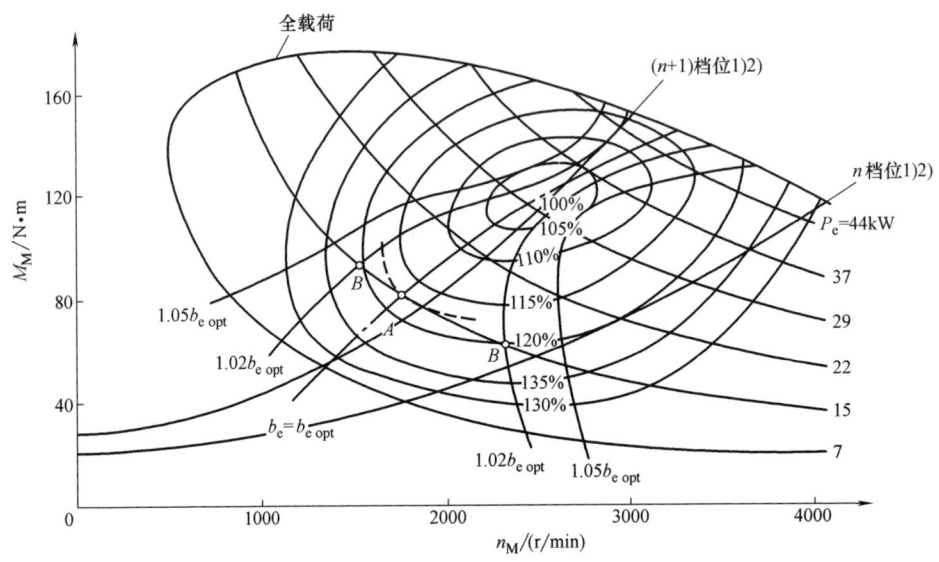

图 2-47　等效功率下燃油消耗贝壳图

从匹配角度讲，发动机转速与行驶速度是通过有级驱动装置（驱动装置或驱动器即通称的变速器）建立关系的。有级驱动的减速比、轴端减速比，对应于不同的行驶速度都可与发动机转速建立关系。如果忽略一些边界条件，如滑差、路面不平度和加速度等，可推导出每种驱动力下的发动机转矩及对应的最佳燃油消耗档位。

从图 2-48 中也可以看出，在 C 点有两条相交曲线，此时 1 档经济性好于 2 档（$1.02b_{e\,opt}$ 好于 $1.05b_{e\,opt}$）。在 D 点时也有两条相交线，但此时 2 档的经济性就要好于 1 档。

图 2-49 说明了不同传动比和车速下的百公里油耗曲线。可以看出，在中速行驶区间有较小的传动比，即高档位时有最小的油耗。档位越高，油耗越低。这点很容易理解，因此在行驶中单纯从降低消耗来讲，要尽快升到高档位行驶。

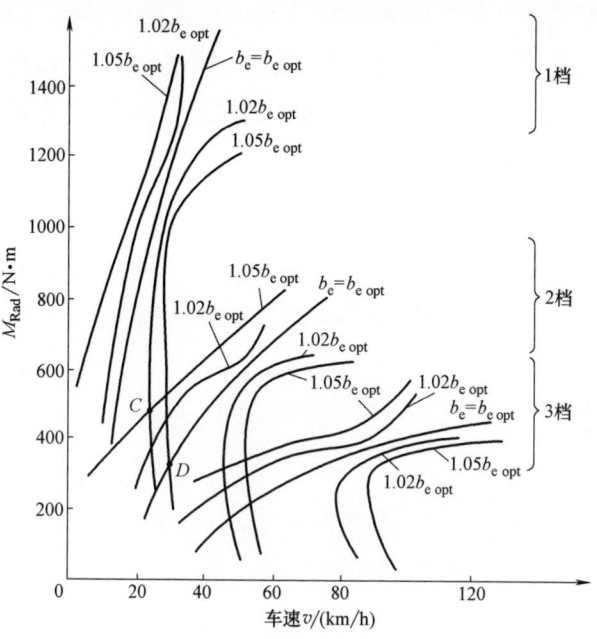

图 2-48　行驶状态和油耗表

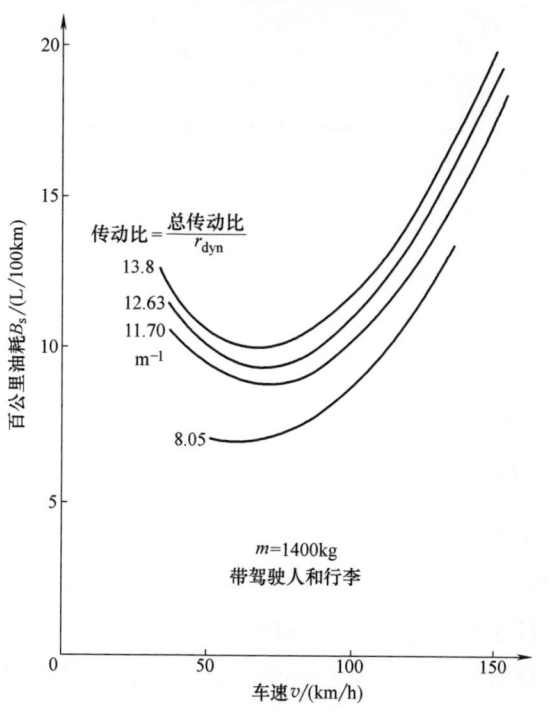

图 2-49　车速与油耗的关系

前文已讲到降低油耗的三种思路，其一是优化发动机，这是一个比较直接的方法。优化发动机效率就是提高发动机等效效率 η_e，图 2-50 所示为等效效率 η_e 场的概念。优化发动机效率常通过以下两点实现：

1) 接近全负荷曲线上的运行点，如较小的发动机和高集成的驱动。
2) 提高机械效率和指示功率。

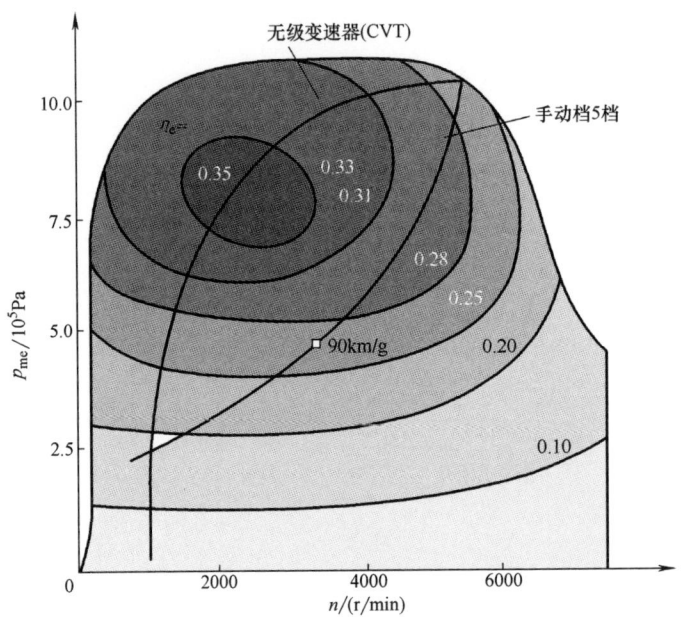

图 2-50　等效效率 η_e 场

图 2-51 所示为发动机在不同转速情况下的油耗场对比图。同样为 40kW 功率，在 1 点时，档位非常高、转速较低，$b_e \approx 245\text{g/kW} \cdot \text{h}$，具有良好的燃油经济性、较低的磨损和排放。在 2 点时，高速低档，$b_e \approx 340\text{g/kW} \cdot \text{h}$，具有较高功率储备，在不换档的情况下可提供更高功率。因此工程设计中需要综合考虑驱动力、车辆适用范围等条件，并加以具体分析。

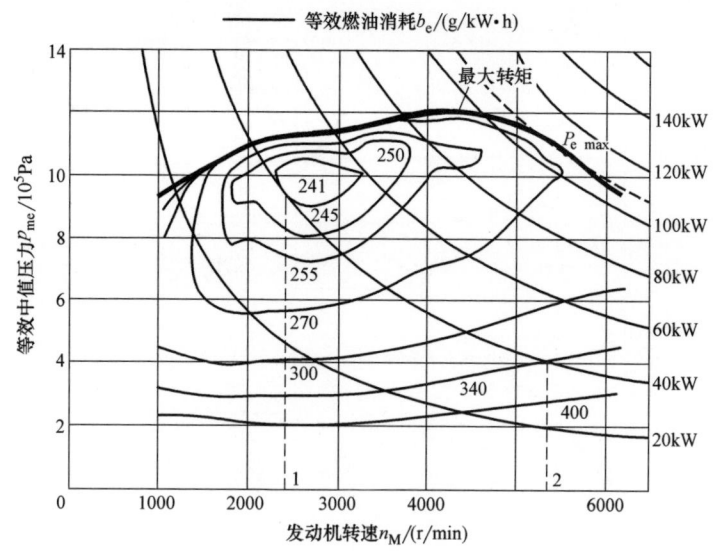

图 2-51 四冲程汽油机的油耗场对比图

2.4 功率提供

2.4.1 发动机曲线

在讨论功率传递前，先简单介绍功率提供。本书所讲功率仅指传统内燃机的输出功率，混合动力汽车的功率在此不讨论。

对内燃机来说

$$P_e = M_M \omega \tag{2-12}$$

$$P_e = M_M 2\pi n_M \tag{2-13}$$

式中　P_e——等效发动机功率；

　　　M_M——发动机转矩；

　　　ω——角速度；

　　　n_M——发动机转速。

式（2-13）是从计算角度来确定发动机输出功率的。

图 2-52 所示为两种不同发动机的全负荷曲线。

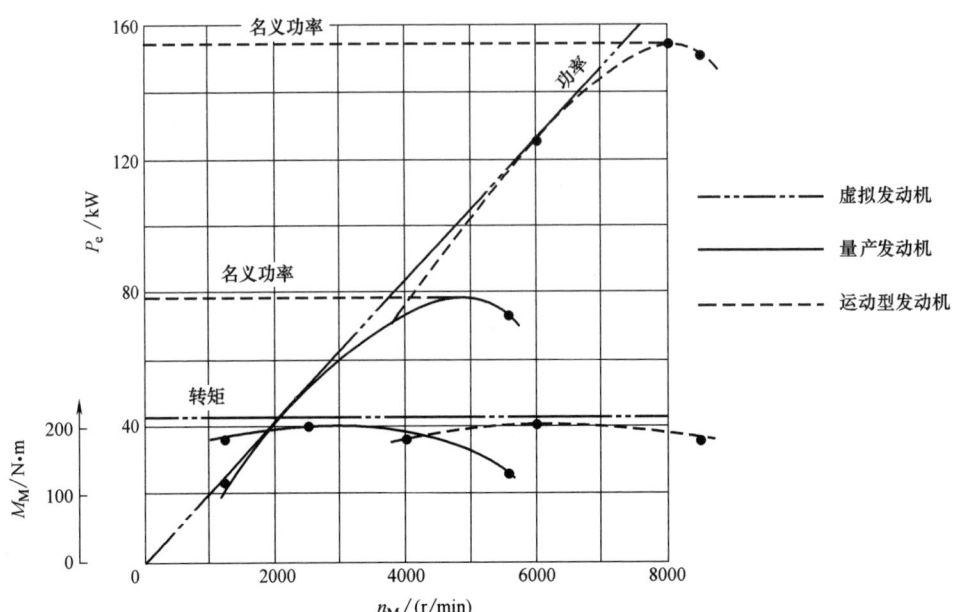

图 2-52　两种不同发动机的全负荷曲线

图 2-52 中假设了一个虚拟的发动机，该发动机具有完全线性的特性：随转速的增加，功率和转矩都恒定成比例增加。另外两种发动机的最大转矩仅在一个确定的转速下出现。运动型发动机的功率可以相对提升到很高的值，直到很高的转速才跌落，转矩也较平滑，可以延续到8000r/min 以上。而普通的量产发动机，功率和转矩到了一定的转速后则较快跌落。

2.4.2　驱动力图

所有汽车发动机的功率输出都只有一个目的：克服行驶阻力，其结果就是提供车辆行驶所需的驱动力和转矩。图 2-53 所示为车速和驱动力的关系图，概念性地展示了驱动力随车速升高的关系，以及爬坡能力的变化。图 2-53中的数字 2 部分是非稳定状态，此处阴影区越小越好，以保证动力传递的平滑。

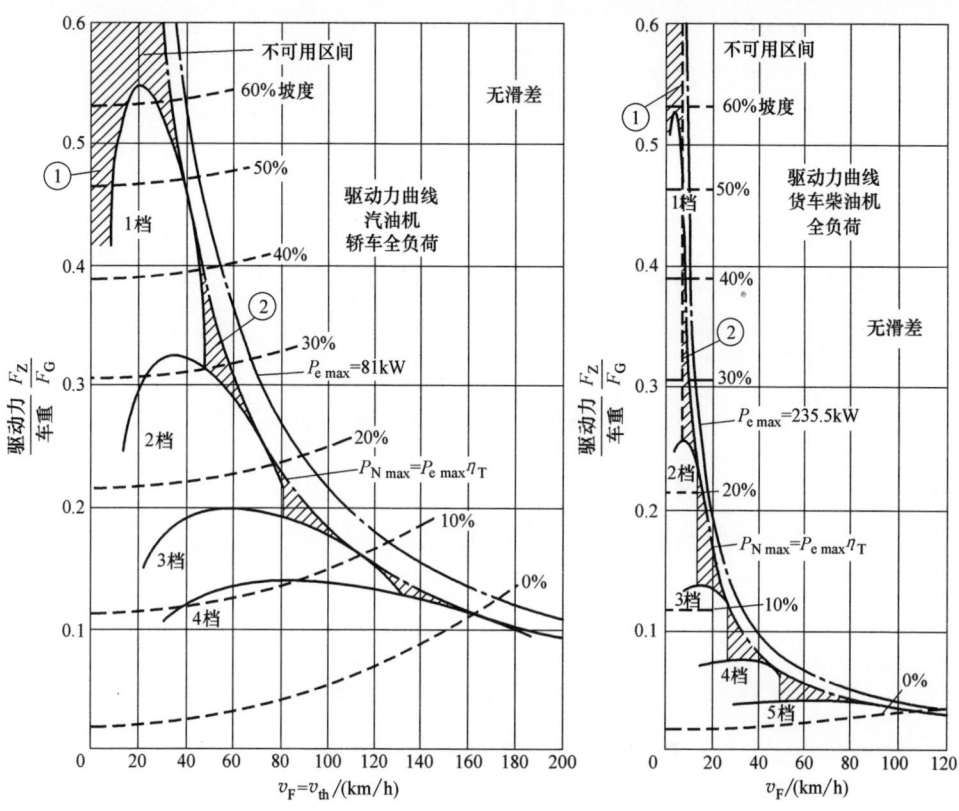

图 2-53　驱动力曲线
①—仅采用快速离合　②—非稳定状态

2.5　功率需求

2.5.1　汽车基本公式

前面已提过汽车基本公式为

$$P_e = P_{vT} + P_S + P_R + P_{LW} + P_{St} + P_a$$

式中　P_e——等效发动机功率；

P_{vT}——驱动链功率损失；

P_S——滑动功率损失；

P_R——滚动阻力功率；

P_{LW}——空气阻力功率；

P_{St}——爬坡功率；

P_a——加速功率。

P_{vT}、P_S属于内部损失，P_R、P_{LW}、P_{St}、P_a属于外部损失。所谓功率需求就是克服各种损失的最终平衡。

2.5.2 驱动链损失

对驱动链来说，最主要的部件是离合器、变速器（驱动器）、驱动轴、轴端驱动器和相关调整或控制系统。运行时，整个系统中各部件都会产生功率损失。具体的损失系统如图2-54所示。

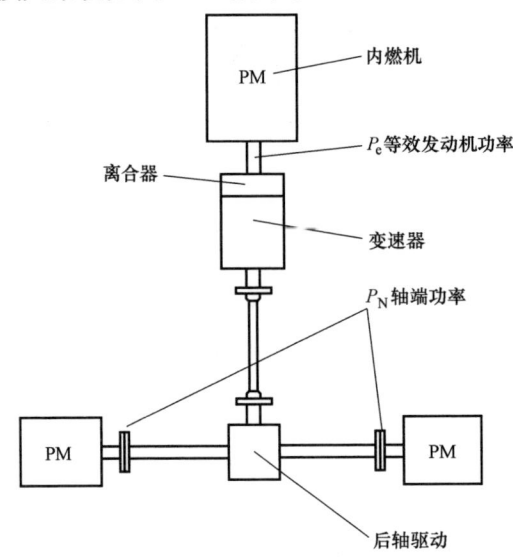

图 2-54 驱动链功率损失图

驱动链功率损失为
$$P_{vT} = P_e - P_N \quad (2\text{-}14)$$

式中 P_N——轴端功率。

驱动链效率为
$$\eta_T = \frac{P_N}{P_e} \quad (2\text{-}15)$$

得到
$$P_{vT} = P_N \left(\frac{1}{\eta_T} - 1 \right) \quad (2\text{-}16)$$

P_{vT}的改变与载荷和转速有关，如图2-55所示，发动机转速越高，在全负荷曲线下，P_{vT} 是接近线性地增加。

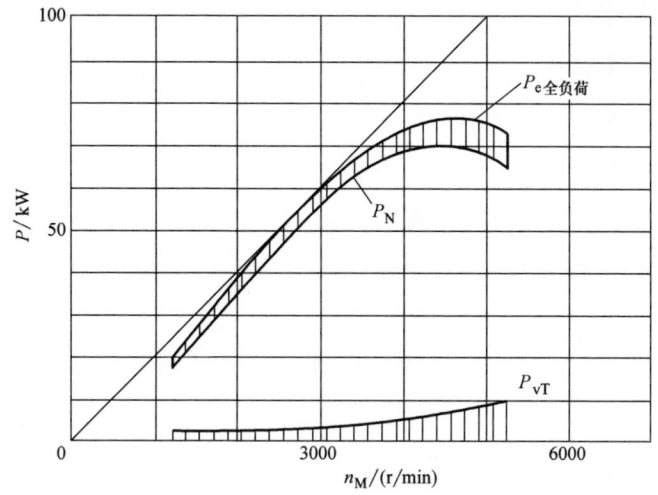

图 2-55　驱动链功率损失 P_{vT} 与发动机转速 n_M 的关系

对机械传动来说，下列情况也带来附加的功率损失。

1）搅油损失。

2）轴承和密封圈的摩擦损失。

3）空转齿轮的损失。

但这类功率损失在总损失中所占比例并不大。在车辆全负荷时，基本是 2% 的附加损失。一对齿轮副的效率约为 0.98，轴端驱动的效率约为 0.94～0.98，因此对一个完整的驱动链来说，忽略空气损失、离合器的滑差，总的效率为

$$\eta_T = \eta_G \eta_A \approx 0.9 \tag{2-17}$$

表 2-7 所示为一个手动变速器的驱动系统效率（在全负荷，$M_M = 170\text{N·m}$，$n_M = 2500 \text{ r/min}$ 时）。

表 2-7　驱动系统效率 η_G

油温/℃	η_G	
	4 档作为直接档	3 档传动比 $i = 1.48$
30	0.950	0.935
50	0.970	0.945
70	0.980	0.950

2.5.3 滑差损失

滑差损失存在于驱动和制动两种过程中。要判断车轮和地面之间的滑差，就必须观察相对于地面的速度 V_F 和理论速度 V_{th}。
没有滑差的理论速度为

$$V_{th} = 2\pi r_{dyn} n_{rad} \tag{2-18}$$

对驱动滑差 λ_A 来说

$$\lambda_A = \frac{V_{th} - V_F}{V_{th}} \tag{2-19}$$

对制动滑差 λ_B 来说

$$\lambda_B = \frac{V_F - V_{th}}{V_F} \tag{2-20}$$

滑差损失的功率为

$$P_S = \Sigma F(V_{th} - V_F) = F_Z(V_{th} - V_F) = F_Z V_{th} \lambda_A = P_N \lambda_A \tag{2-21}$$

图 2-56 所示为附着系数（传力系数）随滑差的变化。最大附着系数在所谓的临界滑差 $\lambda_{临界}$ 时到达，超过此点时，附着系数就接近于滑动系数。

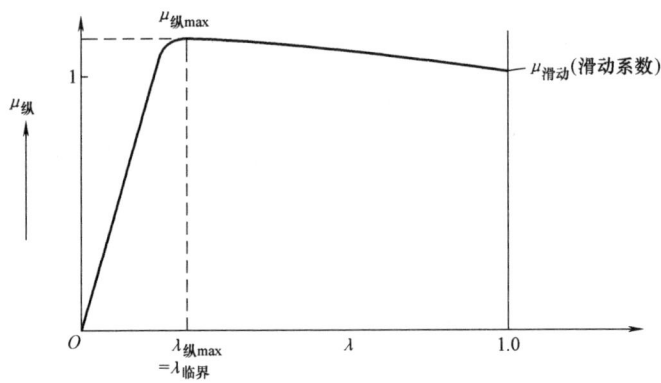

图 2-56 最大附着系数随滑差的变化

表 2-8 说明轿车和货车在不同速度下的滑差率，这些常用参数基本是通过实验方法得来的。

滑差在很多情况下可以忽略，$v_{th} \approx v_F$，当然也会对最大驱动力产生影响。

表 2-8　车辆滑差率数值

车　　辆	v_F/(km/h)	路面	$\mu_纵$	驱动轮滑差率
轿车	160	平路无坡度	—	0.8%
满载货车	80	平路无坡度	—	0.4%
满载货车加挂车	≪80	平路有坡度	0.4	5%
空载货车加满载挂车	≪80	平路有坡度	0.7~1.0	10%

图 2-57 所示为滑差与速度的关系。由于滑差的存在，实际行驶速度与理论速度是有差别的，且越靠高车速段，滑差越大，同时引起了驱动力的减少。高速时的滑差不应被忽略。

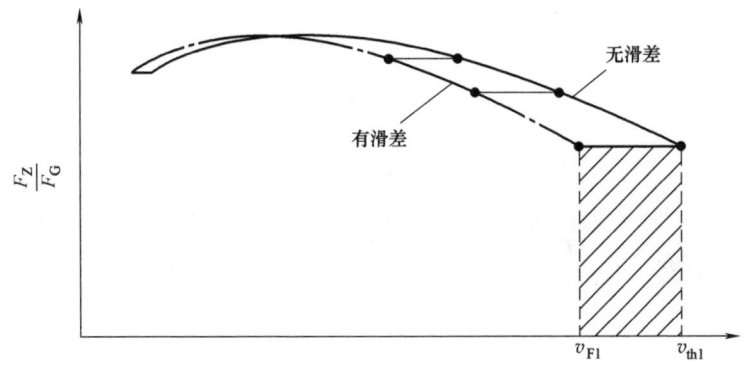

图 2-57　滑差与速度的关系

再看滑差与车轮圆周力的关系。从图 2-58 中可以看出，车轮对地面的正压力越大，临界的圆周力值（即最大圆周力）出现得越晚，即车轮越不容易打滑。

2.5.4　滚动阻力

滚动阻力来自于车轮和地面二者的变形。正常铺装路面的变形是相当微小的，大多数变形是由充气轮胎引起的，即可以近似地认为滚动阻力来自轮胎的变形。图 2-59 所示为带充气轮胎的车轮简化道路模型。

图 2-59 中，轮胎外层用一个圆毂替代，胎壁用一些振动学元件，如弹簧和减振器替代。当车轮进入轮胎接地印痕时，外毂被压缩，变成直线。弹

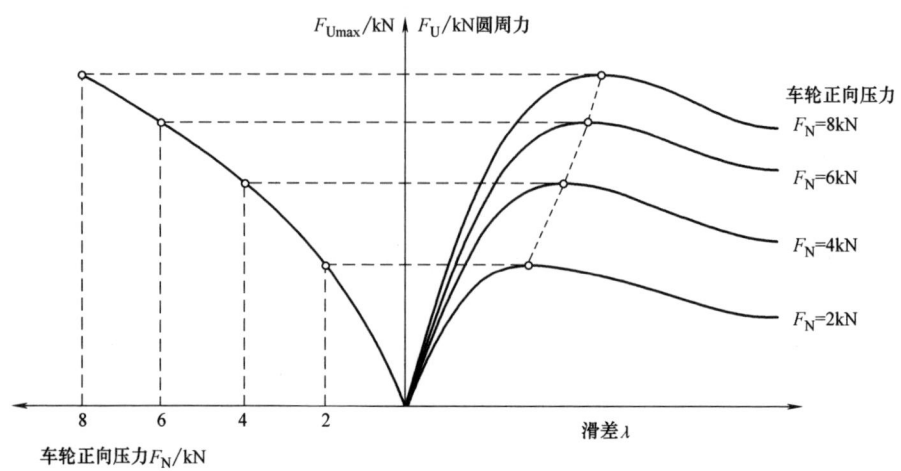

图 2-58　圆周力与滑差的关系（不同最大附着系数与轮胎正压力的关系）

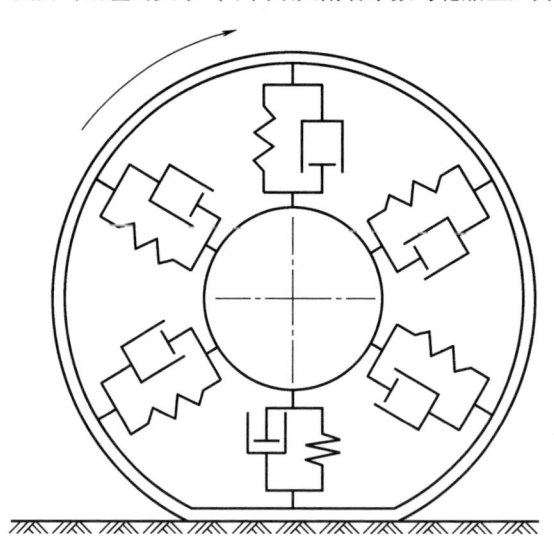

图 2-59　带充气轮胎的车轮简化道路模型

簧和减振器也被压缩，车轮离开接地印痕时，又恢复原状。这些不断的压缩和伸展，使部分机械能通过内摩擦转变为热能和噪声，这种能量损耗就产生了滚动阻力。

对常用的充气轮胎来说，滚动阻力 F_R 主要组成部分为：

1）轮胎材料在变形中产生的内摩擦，占总 F_R 的约 90% ~ 95%。阻尼阻力做功是因为减振的需要，而同时也产生了变形阻力。阻尼功还产生热，尤其是在高速行驶时，会产生更多的热量。

2) 与道路接触表面的摩擦和滑动，约占 F_R 的 5%~10%。

车轮的滚动阻力为

$$F_R = F_{Grad} f_R \tag{2-22}$$

式中，F_{Grad} 是车轮正压力；f_R 是滚动阻力系数。

车轮正压力也用车轮负载表示，一般仅考虑重力影响。

在平整路面上的车辆的滚动阻力为

$$F_R = F_G f_R \tag{2-23}$$

由此得出，车辆在平整路面上的滚动功率损失为

$$P_R = F_G f_R v_F \tag{2-24}$$

表 2-9 列举了一些实际设计中常用的滚动阻力系数。

表 2-9 滚动阻力系数

	滚动阻力系数 f_R
钢轮	
钢轨	0.001~0.002
充气轮胎在低速下	
水泥路面	0.01~0.015
柏油路面	0.015
较好铺石路面	0.015
压过的鹅卵石路面	0.02
土地	0.05
农田耕地	0.1~0.35
充气轮胎在低速下（特种轮胎）	
经济胎	<0.01
冬季胎	0.02~0.025

图 2-60、图 2-61 所示为变形功的产生原理和在实际轿车上的数值。

橡胶等弹性元件具有弹性迟滞现象，加载和卸载时，有不同的力和变形路线。对于功 $= \int F dx$，从图 2-60 中可以看出，垂直的阴影是吸收的变形功，而水平阴影是弹性滞后的损失功。

图 2-61 所示为一个轿车变形功的损失实例，消耗的变形功与回弹产生

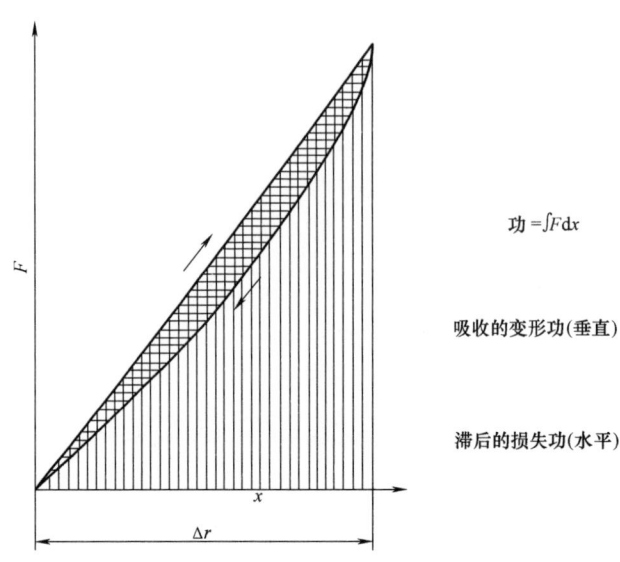

图 2-60 非完美弹性体的曲线

的变形功的差值,就是滚动阻力功。

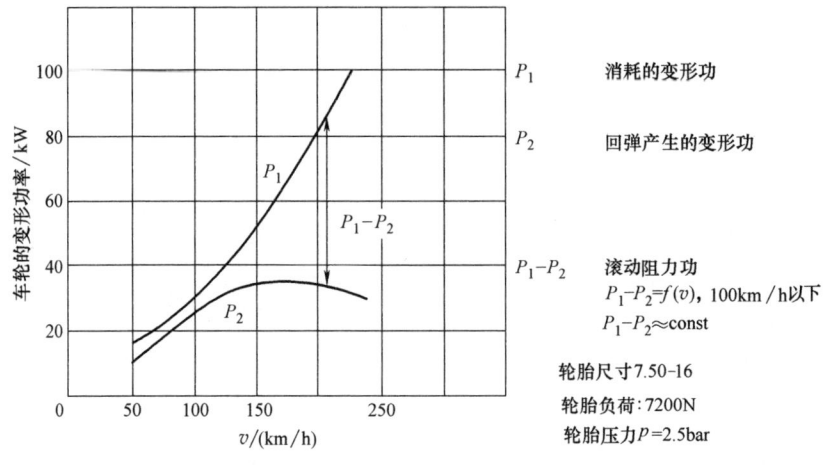

图 2-61 变形功的损失

图 2-62、图 2-63 是两张轮胎的压力分布图,有助于了解有载荷情况下的轮胎纵横方向上的压力分布。

滚动过程是一个比较复杂的过程,在此过程中,由于弹性元件的特性,会产生很多不同于非弹性体的力学问题,例如由于弹性迟滞,在轮胎上产生附加力矩。图 2-64 所示为一个向右行驶的轮胎上的力和滚动阻力。

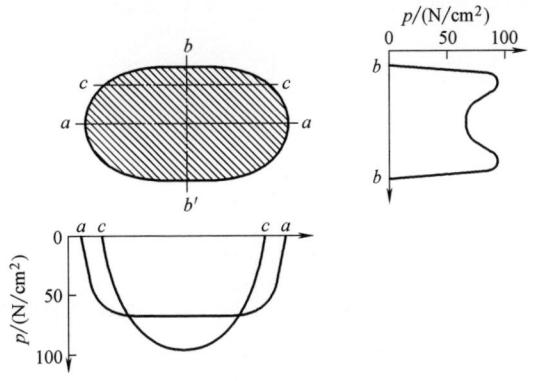

图 2-62 轮胎接触面上的压力分布

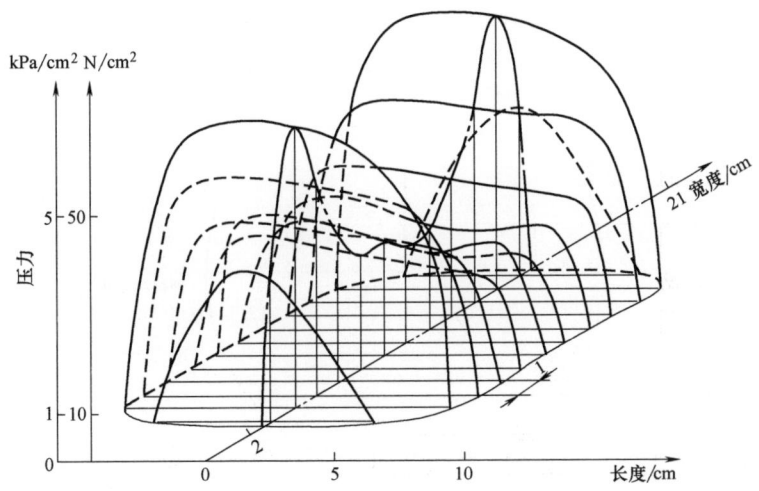

图 2-63 $v=60$ km/h 时的一个货车轮胎的压力分布（所谓的马鞍形分布）

由于在接触面上不对称的压力分布，使接触点的车轮载荷和轮轴中心有偏心距 e_R 产生。对于自由滚动的车轮，总的力学系统如图 2-65 所示，其中半径 r'_{dyn} 指车轮在有载荷滚动情况下，其中心线到地面的距离。与一般意义上的动态半径 r_{dyn} 不同，r_{dyn}' 指车轮在滚动时的参数。普通 r_{dyn} 可以是有载荷的，但处于静止站立状态。可以看出 $r_{dyn} > r_{dyn}'$。

转矩平衡得出
$$\sum M = 0 = F_U r_{dyn}' + F_N e_R \tag{2-25}$$

推导出
$$e_R = \frac{F_U}{F_N} r_{dyn}' \tag{2-26}$$

式中　F_U——圆周力。

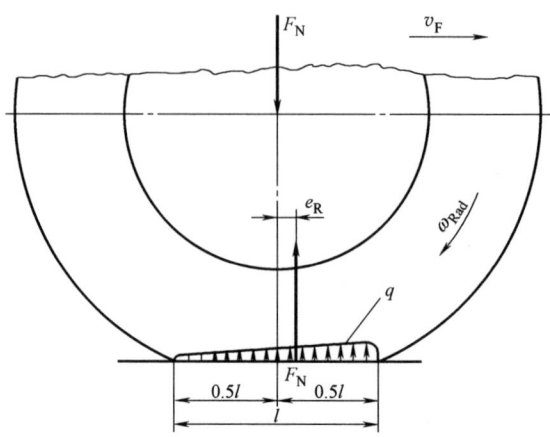

图 2-64 轮胎接触面的压力分布

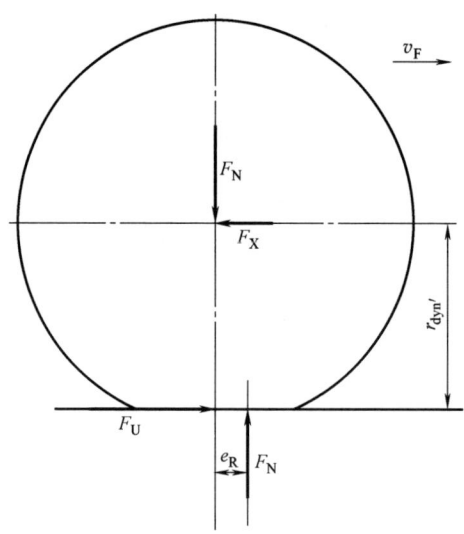

图 2-65 作用在自由滚动的车轮上的力

由于 $F_U = F_Z - F_R$，对没有加速的车轮来说，$F_U = -F_R$

得出
$$e_R = \frac{F_R}{F_N} r_{dyn}' \qquad (2\text{-}27)$$

典型的 e_R 值，对道路来说约为 $0.015 r_{dyn}$，轿车车轮对道路的 e_R 值约为 $4 \sim 5\text{mm}$，e_R 的存在对被驱动车轮来说，增加了驱动力矩，如图 2-66 所示。对于被动轮的力矩平衡为

$$\sum M = 0 = M_A - F_U r_{dyn}' - F_N e_R \qquad (2\text{-}28)$$

第 2 章 汽车基本理论和概念

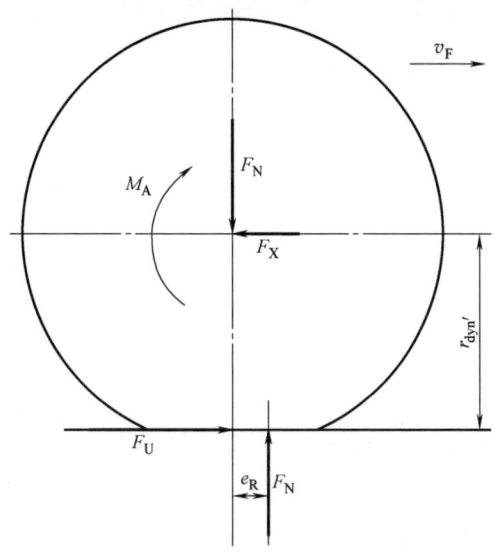

图 2-66 被驱动轮上的力和力矩

近似认为
$$M_A = (F_U + F_R) r_{dyn} \tag{2-29}$$

推导出
$$e_R = \frac{F_R r_{dyn} + F_U (r_{dyn} - r_{dyn}')}{F_N} \tag{2-30}$$

因为圆周力
$$F_U = F_Z - F_R$$

得出
$$e_R = \frac{F_R r_{dyn} + (F_Z - F_R)(r_{dyn} - r_{dyn}')}{F_N} \tag{2-31}$$

$$e_R = \frac{F_R r_{dyn}' + F_Z (r_{dyn} - r_{dyn}')}{F_N} \tag{2-32}$$

对于驱动过程 $F_Z > 0$：

$$e_{R(被驱动)} > e_{R(自由滚动)}$$

对于制动过程 $F_Z < 0$：

$$e_{R(自由滚动)} > e_{R(被制动)}$$

下面举例综合说明车轮载荷、轮胎压力、车速和轮胎类型对滚动阻力的影响，如图 2-67 所示。总体来说，轮胎压力增加，滚动阻力减小。在速度为 130km/h 以下时，滚动阻力基本是恒定的。在 130km/h 以上时，是进行性的增加。斜交纹轮胎与钢帘子布子午线轮胎相比，在同样充气压力下，滚动阻力更大。

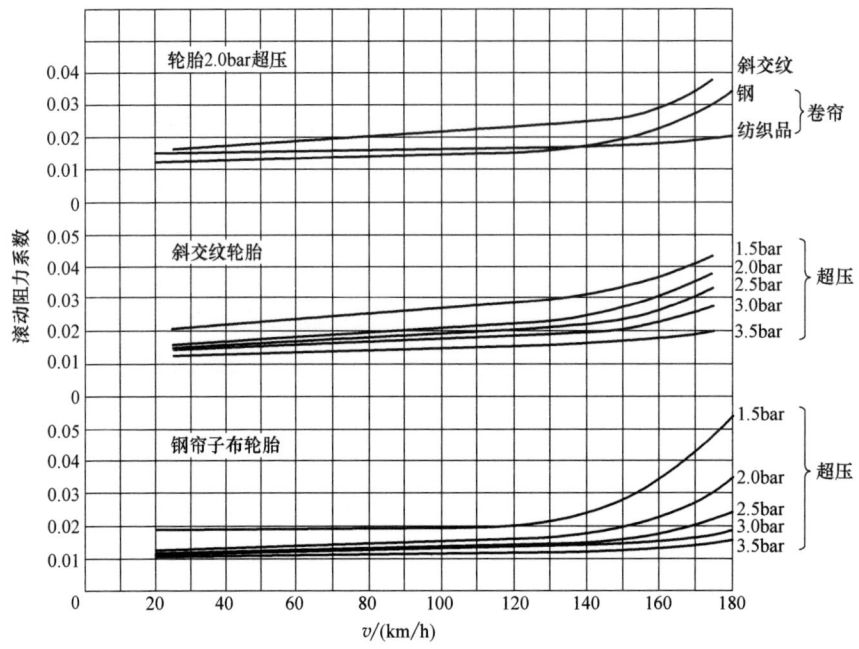

图 2-67　不同种类轮胎的滚动阻力系数（依赖于轮胎形式、胎压、车速）

2.5.5　空气阻力

与滚动阻力相似的，还有另一个外部阻力，就是常说的空气阻力，也占据了总阻力的很大部分，而且随着车辆平均车速的提高，其数值也会增大。这一节主要介绍空气阻力的基本概念，在后面的空气动力学章节里还有更详细的讨论。

陆上行驶的车辆具有如图 2-68 所示的周围气流分布情况。特点就是车辆贴近地面，因此有部分气流流过车身底部和路面之间的空隙。气流主要分两种：绕过车身的流体（简称绕流）和通过车辆内部的通过流体（简称过流，主要是为冷却发动机和调节乘员室的空气）。过流的阻力损失占总气流损失的10%，占主导地位的是绕流。绕流阻力又分压力阻力和摩擦阻力两部分。

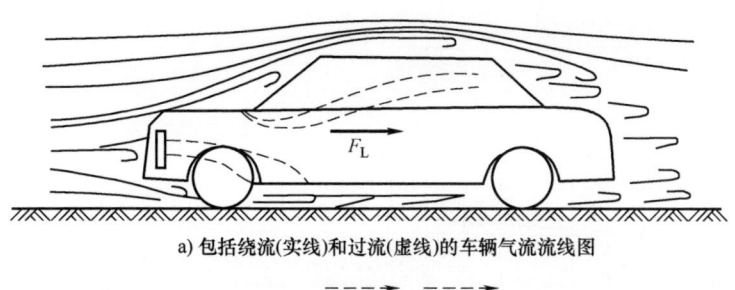

a) 包括绕流(实线)和过流(虚线)的车辆气流流线图

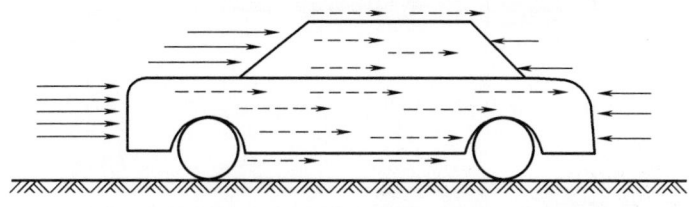

b) 由压力(行驶方向上的实箭头)和摩擦力(虚线箭头)构成的空气阻力

图 2-68　车辆周围的气流分布

空气阻力的公式为

$$F_{LW} = C_W A_{FX} \frac{\rho_L}{2} v_{rel}^2 \tag{2-33}$$

式中　F_{LW}——空气阻力；

　　　ρ_L——空气密度；

　　　A_{FX}——车辆投影面积（迎风面积）；

　　　C_W——空气阻力系数；

　　　v_{rel}——相对速度 = 行驶速度 ± 风速（顺风为"＋"和逆风为"－"）。

其中一个最重要的空气阻力系数 C_W 的发展就是空气动力学在车辆上的发展标志。图 2-69、图 2-70 大体说明了该系数的研究进程，图 2-68 说明了按年代排列的空气阻力系数发展历史，图 2-69 说明了各种车型的空气阻力系数发展进程。

公式（2-33）中，车辆的迎风面积 A_{FX}，是仅次于空气阻力系数的重要参数，对于减小空气阻力有重要意义。很多车辆在外形设计阶段对该参数有一定要求，图 2-71 是对该面积的定义简图。目前的汽车设计趋势是该面积

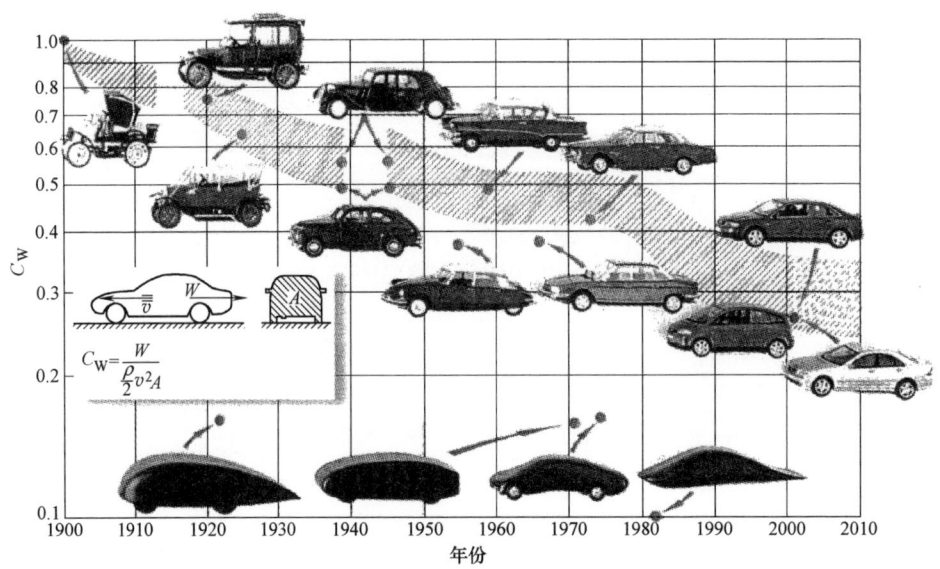

图 2-69　空气阻力系数发展过程

W—空气阻力　ρ—空气密度　v—行驶速度
A—迎风面积　C_W—空气阻力系数

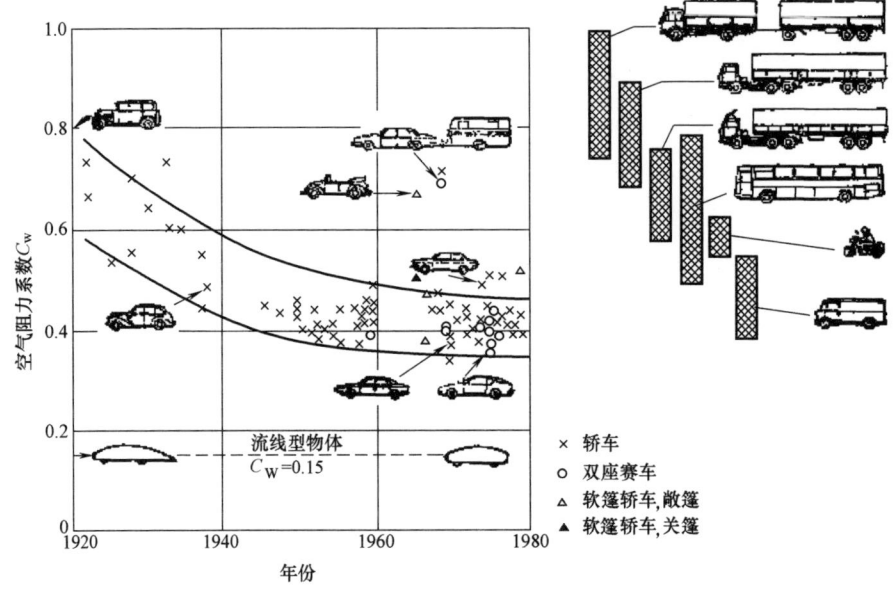

图 2-70　各种车型的空气阻力系数发展过程

有增加的倾向,以提高乘坐的舒适性,包含头部空间的提高等。同时,侧窗不能太过倾斜,因为必须要考虑夏天太阳的照射。将来的设计中可能还要考虑头部安全气囊,因此车辆的投影面积有可能还会增加。面积的增加必然会增加总空气阻力值。

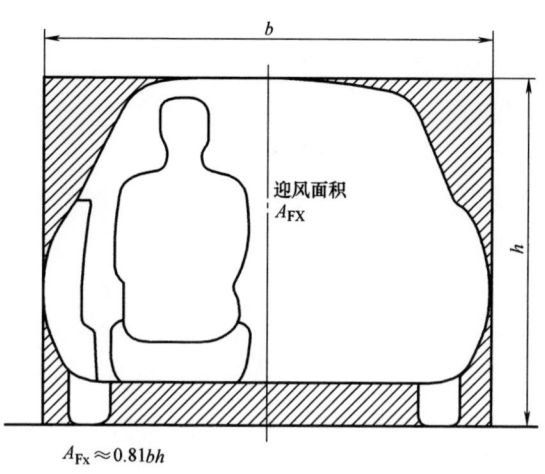

图 2-71　车辆迎风面积的计算

不同车型具有不同级别的迎风面积,具体见表 2-10。

表 2-10　各种车型的迎风面积

	轿车	货车 货车列车 鞍式汽车列车	带驾驶人 的摩托车
$A \pm$ 标准差（m^2）	1.87 ± 0.13	带篷　8.3～9.3 栏板式　6.9 厢式　8.6～9.7	0.73～0.82
$\dfrac{A}{bh}$	0.81 ± 0.02	带篷,栏板式　0.93 厢式　0.97	

注：b 为车辆总宽。

在轿车的设计中,还要根据级别对迎风面积做大体测评。表 2-11 给出了最近几年设计的轿车的迎风面积值。总的趋势是无论什么级别的轿车,迎风面积都是增大的。

表 2-11　近年来轿车的迎风面积值

	较早时期的 A_{FX}/m^2	最近时期的 A_{FX}/m^2
经济型轿车	1.8	2.0
中低级轿车	1.9	2.1
中高级轿车	2.0	2.2
高级轿车	2.1	2.3

表 2-12 所示为第一代到第五代高尔夫轿车的功率、空气阻力系数、迎风面积等发展过程，供大家设计时参考。C_{AV}、C_{AH} 分别表示前后轴的空气阻力系数。

表 2-12　高尔夫系列的空气动力学数值

车型	轮胎	功率/kW	C_W	A_{FX}/m^2	$C_W A_{FX}$	C_{AV}	C_{AH}
Golf I	155-13	37	0.42	1.83	0.77	0.08	0.11
Golf II	175/70-13	40	0.35	1.89	0.67	0.04	0.06
Golf III	175/70-13	44	0.34	1.98	0.67	0.03	0.11
Golf IV	195/65-15	55	0.33	2.11	0.69	0.03	0.10
Golf V	195/65-15	55	0.32	2.22	0.72	0.02	0.09

下面再看空气阻力的组成部分，目前公认的分类为：

1）形状阻力。通过基本形状确定，基本形状上没有外部的凸出形体，是光滑的表面，也没有升力的影响。

2）感应阻力。感应阻力又称诱导阻力，是三维的绕流过程，通过边界紊流系统的流体进入和脱离产生。

3）冷却阻力。通过冷却气体体积和冲量损失确定。

4）表面粗糙度阻力。与表面光滑程度有关，是摩擦阻力。

5）干扰阻力。存在于不同的车身部位的相互影响，如牵引车和挂车之间。

上述五种空气阻力的组成部分都对应于形状阻力和摩擦阻力，总结见表 2-13。

表 2-13 空气阻力分量

	压力阻力	摩擦阻力
形状阻力	✓	✓
感应阻力（诱导阻力）	✓	
冷却阻力	✓	✓
表面粗糙度阻力		✓
干扰阻力	✓	

对空气阻力的相关细节研究，如各种流体过程、减小阻力的方法、轿车和货车的空气阻力问题等，将在车辆空气动力学章节具体论述，在此不深入探讨。

2.5.6 爬坡阻力

汽车外阻力中还有一个爬坡阻力。爬坡阻力很容易理解，就是车辆为上坡行驶所必须克服的阻力。图 2-72 所示为爬坡阻力的分析。

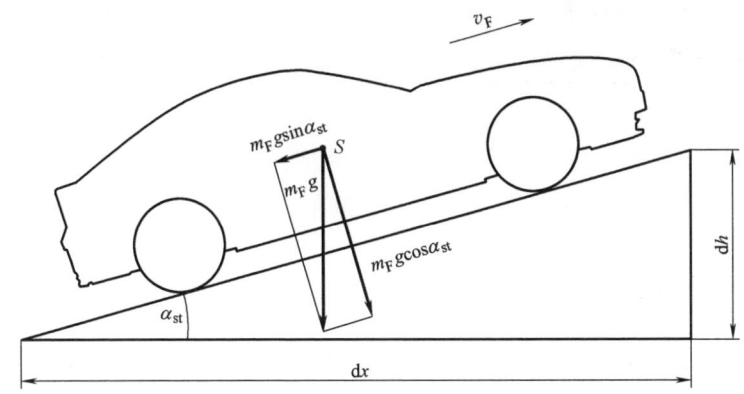

图 2-72 车辆在坡道上行驶

从图 2-72 中得出爬坡阻力为

$$F_{St} = m_F g \sin\alpha_{St} \tag{2-34}$$

用 $\dfrac{dh}{dx} = \tan\alpha$ 来表示就更直观，这里 $\tan\alpha_{St} \approx \sin\alpha_{St}$，故

$$F_{St} \approx m_F g \tan\alpha_{St} \tag{2-35}$$

当 α 小于 30°时，二者误差不超过 5%，该角度对应的坡度为 30%。对于普通路面，上述计算精度已经足够了，但对越野车来说，遇到较大的坡度就需要精确计算。表 2-14 给出一些典型道路的坡度值。

表 2-14 各种典型道路的坡度值

1. 郊区、市间道路		
设计车速[b] $v/$（km/h）	允许坡度 p（%）	所属道路等级[a]
40	10.0 ⎫	县道
60	6.5 ⎬	州道
80	5.0 ⎭	联邦公路
100	4.5 ⎫	
120	4.0 ⎬	联邦高速公路
140	4.0 ⎭	

2. 城市道路	
	允许坡度[a] p（%）
双车道和四车道的干线道路在工厂区和非建筑密集区	5（7）
居住区的双车道干线道路	6（10）
居住区支线道路	10（12）
居住小区内道路，可通行的	10（15）

3. 阿尔卑斯山区道路最大坡度	30%

道路坡度常用百分比表示，例如 4% 坡度就是在每 100m 的水平方向上的升程为 4m。此时爬坡阻力约为车重的 4%。

2.5.7 加速阻力

车辆的行驶性能中有一个很重要的指标，就是加速能力，其克服的阻力也是汽车行驶的外阻力之一，即加速阻力。车辆从稳定状态到非稳定状态，需要一个加速的过程，这就需要发动机提供更大的驱动力。该驱动力包含对下面两个部分的作用：对平移的加速，表现为车辆的提速行驶；对回转体的加速，表现为对驱动链上的回转质量的加速。其中，纯平移加速根据牛顿公式为

$$F_a = ma$$

得到平移加速功率为

$$P_{atrans} = F_a v_F \tag{2-36}$$

在平移加速时，同时也要对车辆的回转体加速，这就产生了必须要克服的回转阻力。为减少加速时的阻力，就要考虑回转质量，减少该质量就可以减少转动惯量。

对于回转体，有扭转定理：

$$M = J\ddot{\varphi} \tag{2-37}$$

式中　J——转动惯量；

　　　$\ddot{\varphi}$——角加速度。

对于回转加速功率有 $P_{arot} = M\omega = M\ddot{\varphi} = J\ddot{\varphi} \cdot \dot{\varphi}$ (2-38)

图 2-73 所示为驱动链中的回转体示意图。

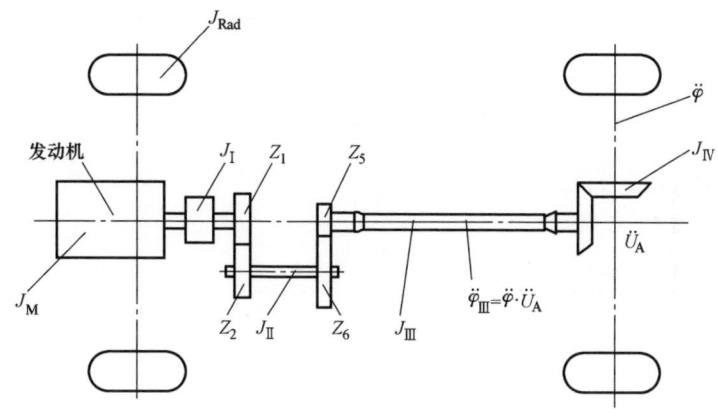

图 2-73　驱动链中的回转体

为方便观察，我们放大驱动链，图 2-74 所示为更详细的驱动链的回转体示意图。

从图 2-74 得出

$$M = 4J_{Rad}\ddot{\varphi} + M_{IV}$$
$$M_{IV} = M_{III}\ddot{U}_A + J_{IV}\ddot{\varphi}$$
$$M_{III} = J_{III}\ddot{\varphi}_{III} + \cdots$$
$$\ddot{\varphi}_{III} = \ddot{\varphi}\ddot{U}_A \quad 推导出$$

$$M = 4J_{Rad}\ddot{\varphi} + J_{IV}\ddot{\varphi} + J_{III}\ddot{U}_A^2\ddot{\varphi} + J_{II}\left(\frac{Z_5}{Z_6}\right)^2\ddot{U}_A^2\ddot{\varphi} + J_I\ddot{U}_G^2\ddot{U}_A^2\ddot{\varphi} + J_M\ddot{U}_G^2\ddot{U}_A^2\ddot{\varphi}$$

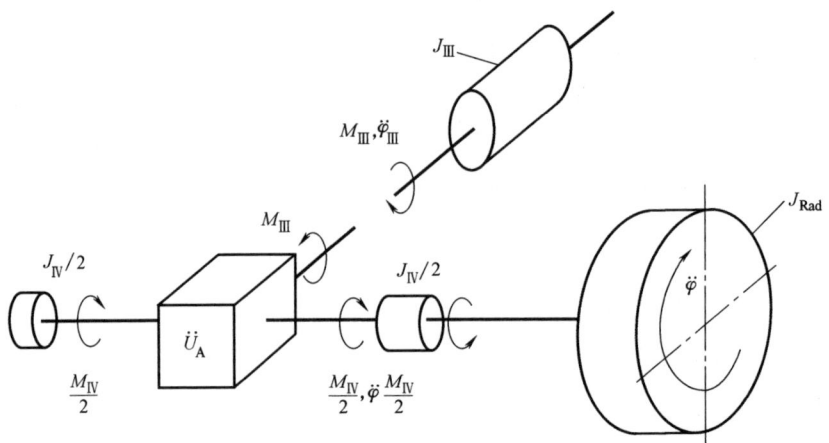

图 2-74 回转体系统（传动轴、轴驱动、轮）

$$= \left(4J_{Rad} + J_{IV} + J_{III}\ddot{U}_A^2 + J_{II}\left(\frac{Z_5}{Z_6}\right)^2 \ddot{U}_A^2 + J_I \ddot{U}_G^2 \ddot{U}_A^2 + J_M \ddot{U}_G^2 \ddot{U}_A^2\right)\ddot{\varphi}$$

回旋加速阻力 F_a 为

$$F_a = m_F a_F + \frac{M}{r_{dyn}}$$

$$F_a = m_F a_F + \frac{(J_{Räder} + J_{IV})\ddot{\varphi} + J_{III}\ddot{U}_A^2\ddot{\varphi} + J_{II}\left(\frac{Z_5}{Z_6}\right)^2 \ddot{U}_A^2\ddot{\varphi} + (J_1 + J_M)\ddot{U}_G^2 \ddot{U}_A^2 \ddot{\varphi}}{r_{dyn}}$$

最终推导出

$$F_a = m_F a_F + \frac{\sum J_{redRad}\ddot{\varphi}}{r_{dyn}} \tag{2-39}$$

J_{redRad} 为转动惯量。

同时 $P_a = \left(m_F + \dfrac{\sum J_{redRad}}{r_{dyn}^2}\right)a_F v_F = m_{rad} a_F v_F$

改写为 $m_{red} = m_F \left(1 + \dfrac{\sum J_{redRad}}{r_{dyn}^2 m_F}\right)$

用 kammern 表达为 $m_{red} = m_F e$

e 为质量系数，在驱动链上依赖于变速器的每个不同档位。

表 2-15 所示为常用的质量系数参考值。

表 2-15 质量系数参考值

车 型	档 位	质量系数 e
轿车	1 档	1.25 ~ 1.4
	直接档	1.04 ~ 1.07
货车	1 档	2

2.5.8 总阻力

综合前面几节所述，对车辆来说，建立了一个总的阻力公式：

$$\sum F = C_1 + C_2 v_F^2 \tag{2-40}$$

在公式中忽略了滚动阻力部分，并假设车辆是行驶在无风和无驱动力滑差的情况下。C_1 是滚动、爬坡、加速阻力的总合，C_2 是空气阻力。

得到总阻力功率为

$$\sum P_{阻力} = C_1 v_F + C_2 v_F^3 \tag{2-41}$$

如考虑风和滑差的影响，总阻力功率公式为：

$$\sum P_{阻力} = C_1 v_{th} + C_2 v_{rel}^2 v_{th} \tag{2-42}$$

式中，下标 rel 为相对的意思，th 是理论的意思。

由式（2-40）~式（2-42），可得到近似的图示（图 2-75），该图表示了外部阻力 F 和外部阻力功率 P 与车速的抛物线关系。

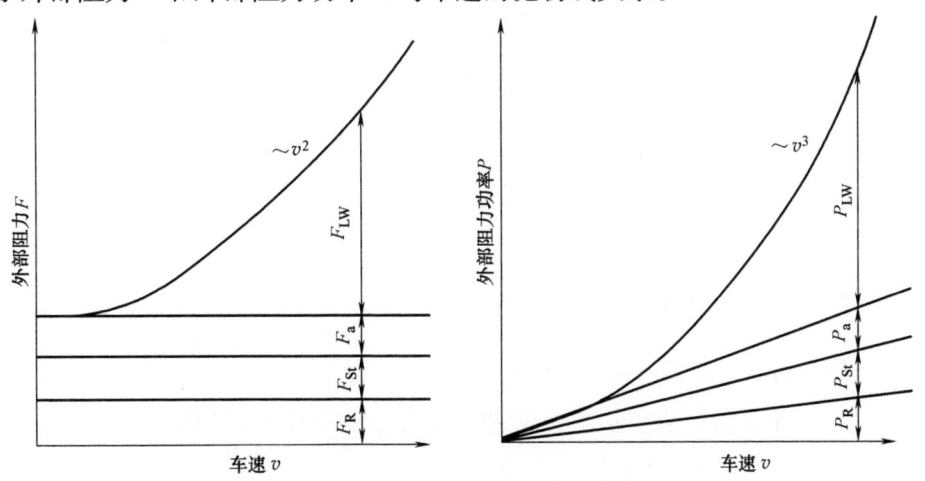

图 2-75 外部阻力和外部阻力功率与车速的抛物线关系

2.6 行驶功率

前面的各种行驶阻力是客观存在的外界影响,设计人员最关心的还是车辆在使用中,克服这些阻力后,能达到什么样的状态,能在发动机的驱动下实现什么样的"能力",这是车辆设计的主要目的。下面介绍车辆的各种"能力",如加速、爬坡、起步等。

2.6.1 驱动力曲线

首先看一张驱动力图,如图2-76所示。

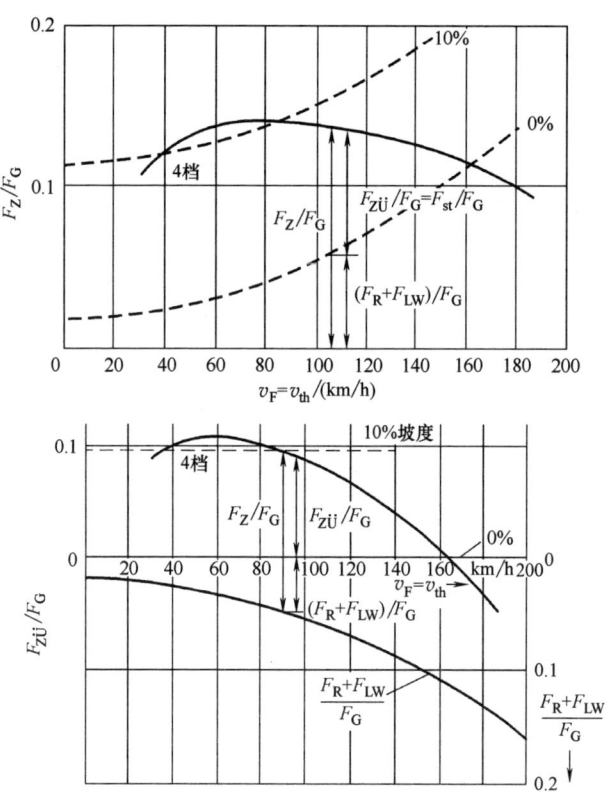

图2-76 在平坦路面和坡度上的驱动力图

图2-76中的曲线表示了驱动力与车速的关系,重要的是过余功率(过

余驱动力）在平路和10%的坡度时，相对爬坡力 F_{st} 的比例。可以看出，车速越高，过余驱动力的比例越小，滚动和空气阻力的比例越高。对于四档、平路车速160km/h时，已经无继续爬坡和加速的可能。在10%坡度时，到达80km/h已经无加速可能，因为无过余驱动力，已经处于力的平衡状态。

图2-77所示的驱动力曲线进一步说明，以汽油机驱动的车辆在不同坡度上，用何种档位可以行驶。这幅图在汽车设计中常称为驱动力-车速图。

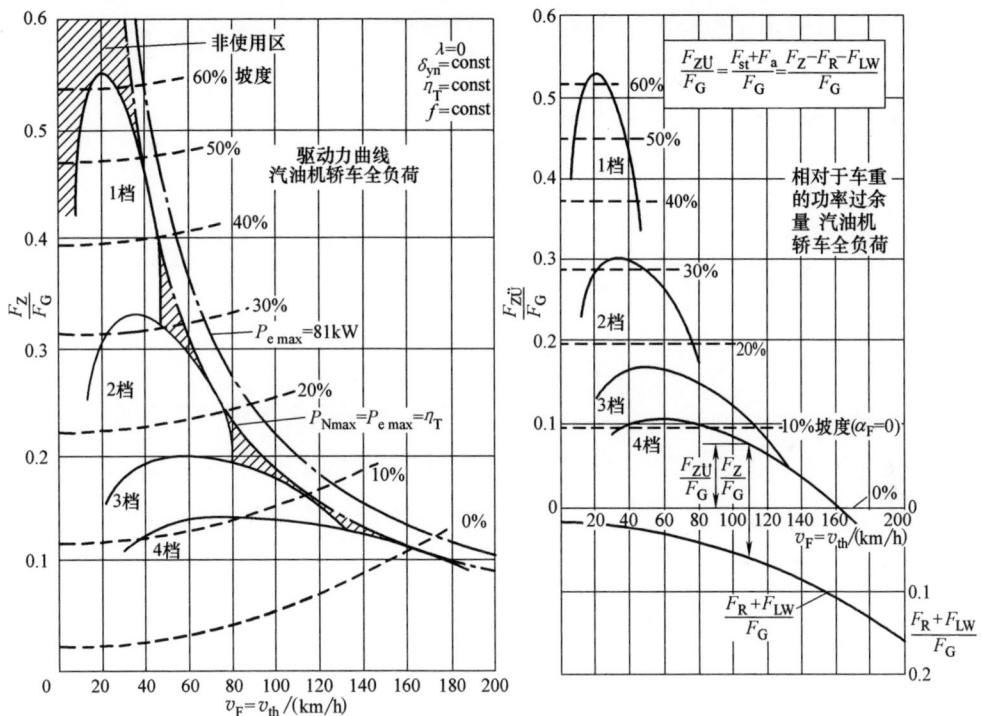

图2-77 驱动力、过余驱动力与车速的关系

与驱动力对应的是驱动功率，图2-78是某种轿车的功率曲线，图中抛物形虚线是功率需求线，该线上部是功率过余量，说明车辆在该档位的加速能力较强。总体来说，同样车速下，档位越低，驱动功率越大，加速能力越强。还可以在图中看出功率过余量的极限值在160km/h处，就是毫无过余的驱动功率，无加速能力。

2.6.2 最高车速

最高车速从功率角度讲取决于前文所述的过余功率，在机构上取决于变

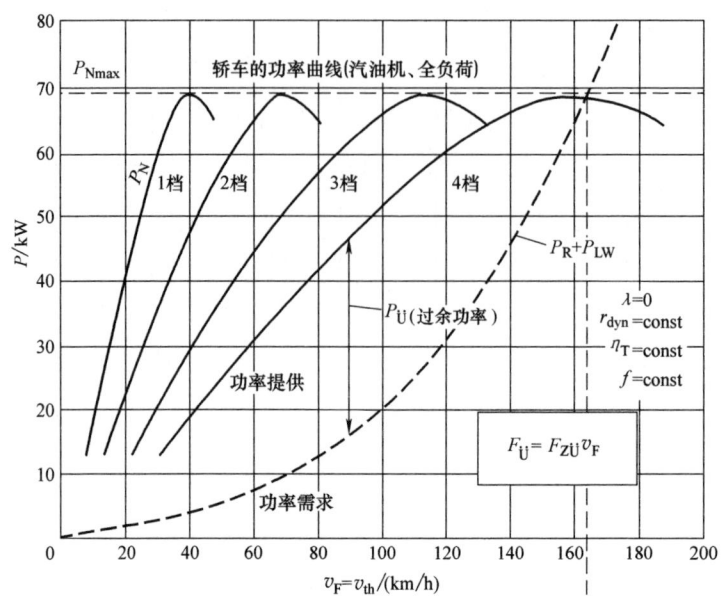

图 2-78 轿车功率曲线举例

速器和轴传动比的布置,即最高档的传动比。对于固定的变速器布置,可以设计成不同的目的,例如在最高档时追求最高的过余功率,或在高速区能提供最高车速或最低转速,以达到节油目的。下面简单比较几种机构配置方案。

1. 较高转速布置

这种布置如图 2-79 所示。最高车速时,n_M(发动机转速)$> n_{Mnenn}$(发动机名义转速),发动机提供的功率大于标称功率。

优点:过盈功率较高。

缺点:$v_{max} < v_{maxth}$,最高车速小于理论最高车速。

2. 最高车速布置

这种布置如图 2-80 所示。最高车速时,$n_M = n_{Mnenn}$,发动机提供的功率等于标称功率。

优点:$v_{max} = v_{maxth}$。

缺点:相对第一种方式来说,$P_{最高车速时过盈} > P_{过转速过盈}$。

3. 较低转速布置

这种布置如图 2-81 所示。最高车速时,$n_M < n_{Mnenn}$,发动机提供的功率

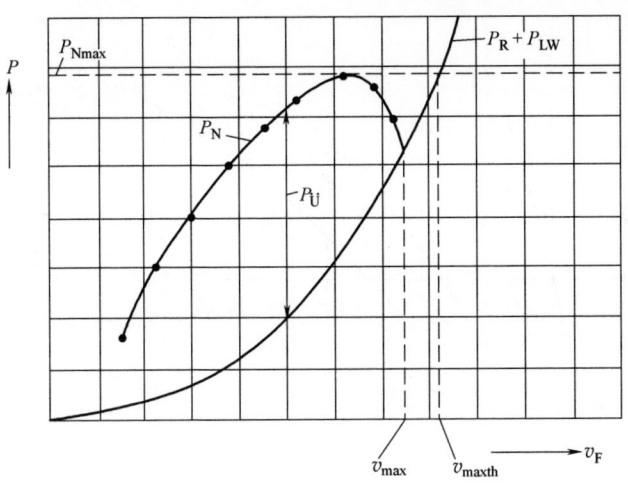

图 2-79　较高转速布置

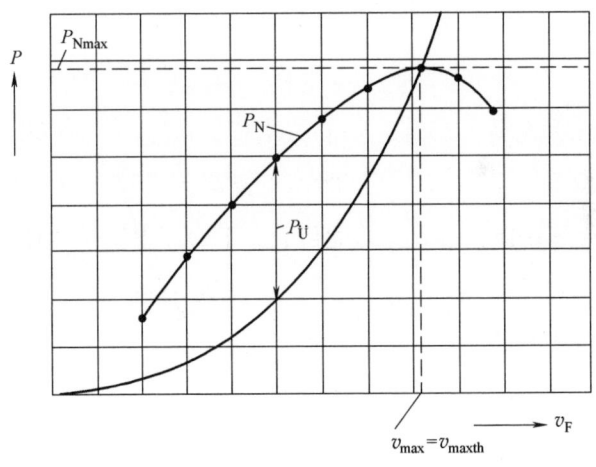

图 2-80　最高车速布置

小于标称功率。

优点：最高车速时，具有较低转速，可节省燃油、减轻磨损并降低噪声。

缺点：$v_{max} < v_{maxth}$。

总结为：$P_{低转速过盈} < P_{最高车速时过盈} < P_{过转速过盈}$。

4. 超速档

超速档是一种附加在变速器后的快速档。在五档加速踏板踩到底时，自

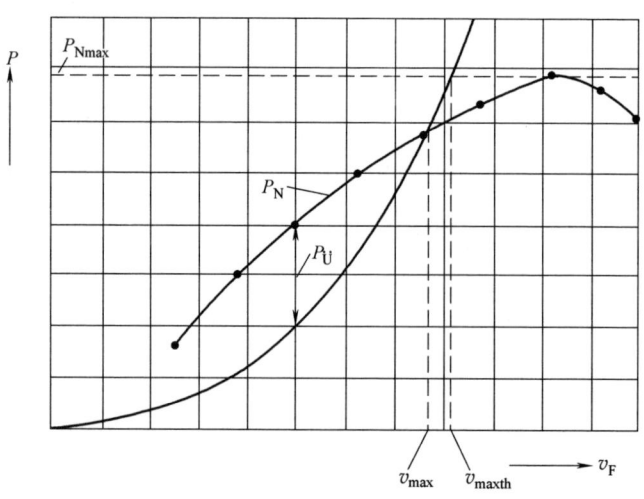

图 2-81　较低转速布置

动变速器的档位向四档回退，增加转矩，主要在超车时使用。

图 2-82 所示为不同变速器动力布置方案，比较了较低和较高转速布置的名义功率、过余功率。

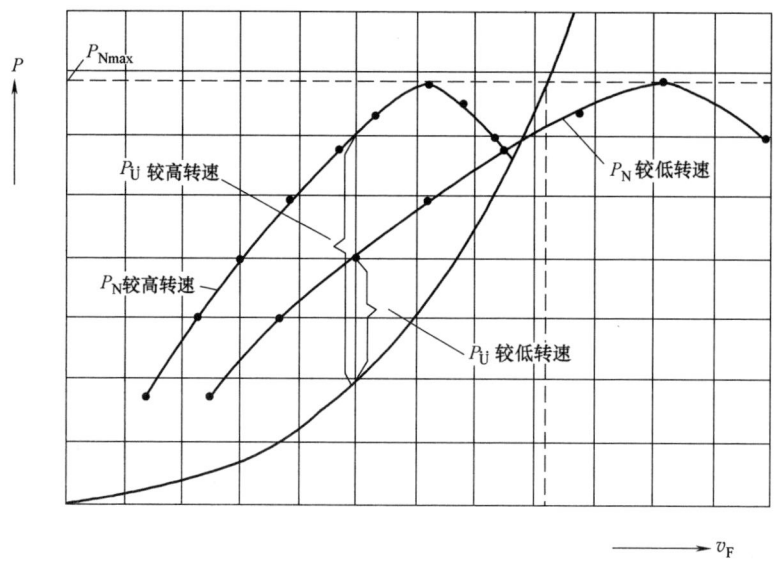

图 2-82　较低和较高转速布置的名义功率、过余功率比较

当然，不能一味地增加过余功率，还必须考虑燃油消耗，这是一对矛盾体。图 2-83 举例说明了两种发动机的燃油消耗比较。一种是运动型发动机，

一种是经济型发动机。对于经济型发动机，无论档位覆盖、转速、功率跳跃和换档车速都比运动型发动机的排列范围要宽。运动型发动机采用的是小传动比、小转速和较小的功率跳跃，以达到较高的最高车速。在第3、4档时明显比经济型发动机有更高过余功率和较大的功率储备，当然总体燃油消耗也更大。

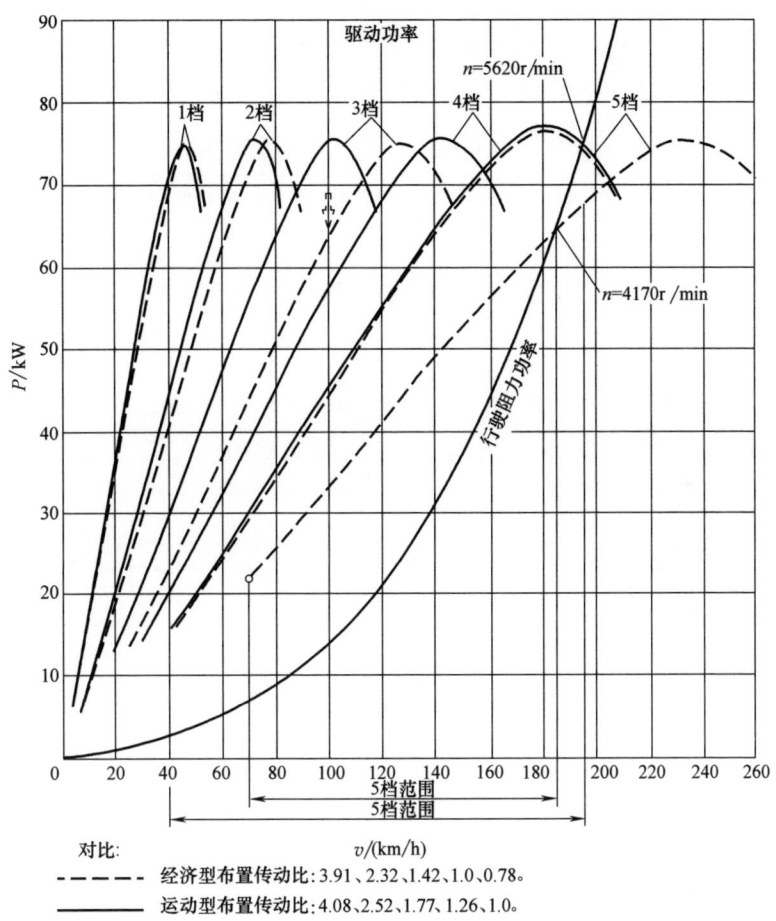

图 2-83　不同功率储备的五档驱动的比较

2.6.3　爬坡和加速能力

参考过余（或称过盈）驱动力，对于加速能力有公式：

$$a_F = \frac{F_{\text{过盈驱动力}} - F_G \sin\alpha_{St}}{m_F e} \quad (2\text{-}43)$$

无加速的最大爬坡能力：
$$\sin\alpha_{St} = \sin\alpha_{max} = \frac{F_{\text{过盈驱动力}}}{F_G} \quad (2\text{-}44)$$

平路加速能力：
$$a_{F\max\text{平路}} = \frac{g \sin\alpha_{St\max}}{e} \quad (2\text{-}45)$$

根据发动机理论，对于爬坡能力必须注意到：海拔每升高 1000m，空气密度降低 10%，发动机功率下降也接近 10%。当然也可以通过调整进气或喷射量来适应。对汽油机来说，电子喷射方式没有附加消耗。对于柴油机，增压器是个好的解决办法。对于高原行驶的车辆，这两种方法现在均可用在以上两种内燃机上。

对平原地区来说，民用车辆通常的爬坡能力为：

带额定负载轿车 $\tan\alpha_{St\max} \approx 0.30 \sim 0.60$；

带额定负载货车 $\tan\alpha_{St\max} \approx 0.19 \sim 0.27$。

下面举例具体说明常见的民用车型的加速能力，如图 2-84 所示为一些车辆的加速能力，与表 2-16 配合使用。

表 2-16 各种车型的加速能力和相关数值

Nr	车型	最大功率 P_{max}/kW	车重 $m_{F\,leer}$/kg	装载重量 /kg	最大车速 v_{max}/(km/h)	从静止行驶 1000m 所需时间/s
1	迈凯伦－奔驰 F1	588	600	ca. 155	ca. 350	—
2	保时捷 911 Turbo	265	1460	350	289	22.5
3	奔驰 C 280	142	1464	506	230	29.0
4	宝马 320i	110	1361	414	215	30.8
5	欧宝 Vectra 2.0i	85	1226	444	198	32.1
6	奔驰 C 180	90	1339	491	193	33.6
7	大众 高尔夫 CL 1.9 TD	55	1101	484	171	36.4
8	菲亚特 Cinquecento	29	751	399	143	40.6
9	宝马 Motorrad R1100RS（solo）	66	252	198	217	—

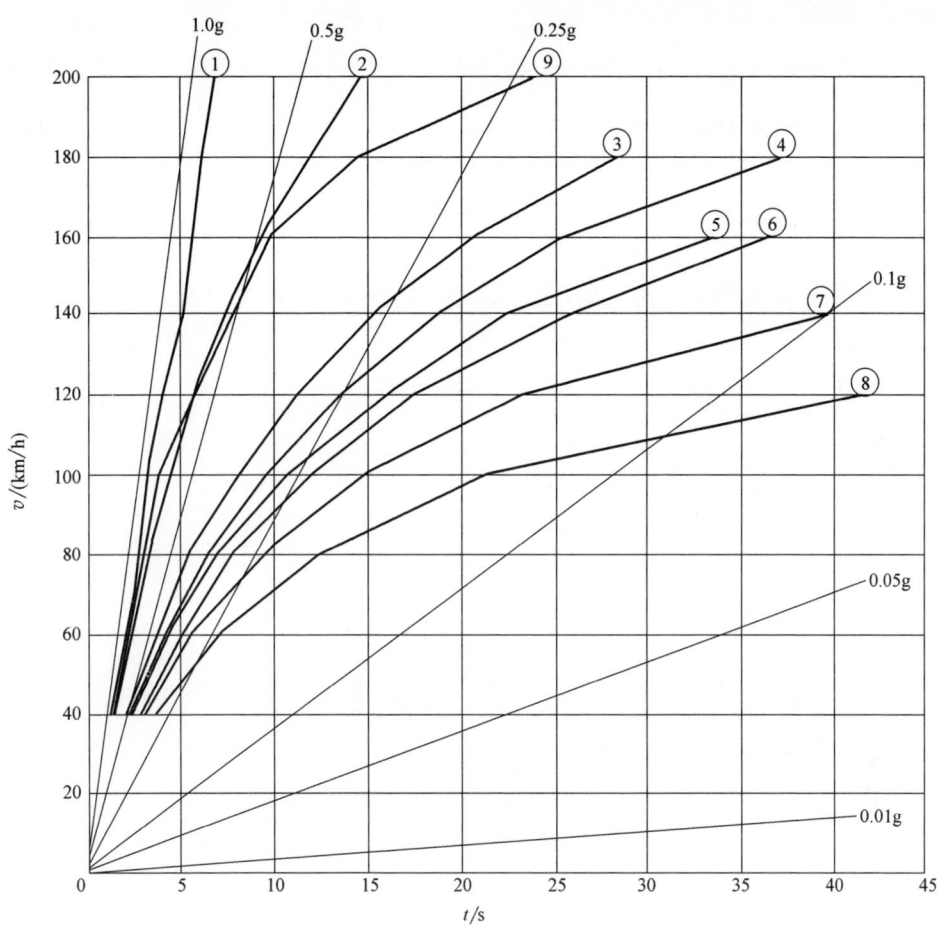

图 2-84　不同车型的加速能力（数字代表的车型见表 2-16）

2.7　行驶极限

所有功率传递都是有极限的，车辆的行驶也是有极限的，我们在这节就是研究这种极限的产生，以及到何种状态为极限。

2.7.1　静态轴载荷

前面章节都是从车辆本身及驱动系统的角度，来讨论最高车速、爬坡能力、加速能力等问题的。下面讨论车辆所产生的功率和转矩是否可以完全在路面上传递。

本书所讲内容都与"附着"概念有关,由此给定的极限一般称为行驶极限。静态轴载荷分布如图 2-85 所示。

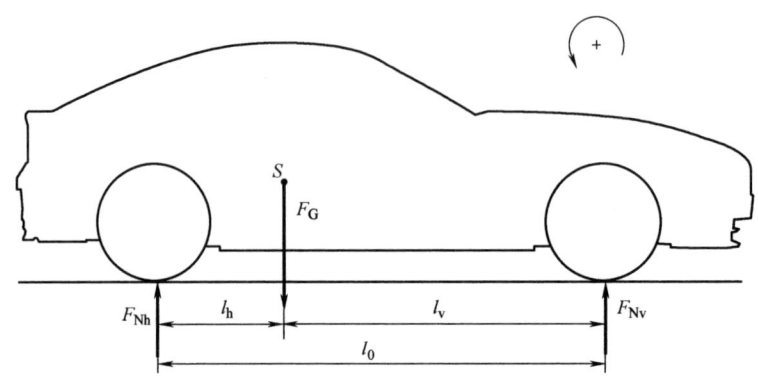

图 2-85 静态轴载荷分布

此时所有力都从重力而来,力都作为矢量考虑。

对后轴支撑点来说,转矩平衡表达为

$$\sum M = 0 = F_{Nv}l_0 - F_G l_h \tag{2-46}$$

推导出

$$F_{Nv} = F_G \frac{l_h}{l_0} \tag{2-47}$$

$$l_h = l_0 \frac{F_{Nv}}{F_G} \tag{2-48}$$

同样推导出对前轴的支撑点来说,转矩平衡表达为

$$\sum M = 0 = F_G l_v - F_{Nh} l_0 \tag{2-49}$$

$$F_{Nh} = F_G \frac{l_v}{l_0} \tag{2-50}$$

$$l_v = l_0 \frac{F_{Nh}}{F_G} \tag{2-51}$$

这时假设偏心距离 e_R 为零,因为它使重力线仅转移几毫米,车辆行驶时,不同的载荷、油箱重量的变化、减振等,所造成的重心偏移等于或大于该偏心距,所以在这里省略。

2.7.2 中值动态轴载荷

动态挂车的轴载荷分布如图 2-86 所示。与图 2-85 不同的是，车轮上都增加了驱动力，具有行驶速度。

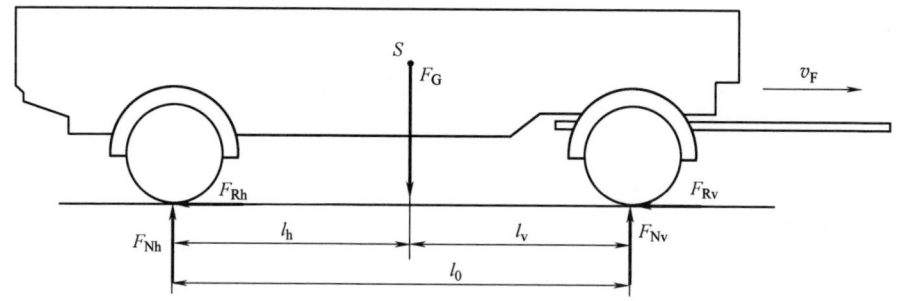

图 2-86 动态轴载荷分布（带驱动力）

为确定非恒定的中值，有下面的假设：车速不等于零；加速度不等于零；坡度不等于零；横向倾斜等于零；空气升力为零。

车辆重心 S 点影响了惯性力在行驶方向上的部分 F_m 和垂直于道路的部分 F_N。车轮着地点影响了正压力 F_{Nv} 及 F_{Nh}，另外还影响了空气阻力 F_{LW}（图 2-85 中未表示）和挂车牵引力 F_{AHK}（图 2-86 中表示）。

根据前面讲过的力学概念，得出

$$F_m = m_F(g\sin\alpha_{St} + a_F) \tag{2-52}$$

$$F_N = m_F g\cos\alpha_{St} \tag{2-53}$$

$$F_{Nv} = F_{Zv} - F_{Rv} - F_{Bv} \tag{2-54}$$

$$F_{Nh} = F_{Zh} - F_{Rh} - F_{Bh} \tag{2-55}$$

前轴的动态轴载荷为

$$F_{Nv} = \frac{1}{l_0}(F_N l - F_m h - F_{LW} h_{LW} - F_{AHK} h_{AHK}) \tag{2-56}$$

后轴的动态载荷为

$$F_{Nh} = \frac{1}{l_0}(F_N l_v + F_m h_S + F_{LW} h_{LW} + F_{AHK} h_{AHK}) \tag{2-57}$$

举一个简化的例子：对于一个自由滚动的货车，突然挂车制动差错，即挂车制动了，牵引车头没有制动，但通过牵引力 F_{AHK} 慢慢减速。滚动阻力

F_R、空气阻力 F_{LW} 和爬坡阻力 F_{St} 均忽略不计。图 2-87 可帮助分析本例子。

问题：对于车轮前后轴正压力 F_{Nv} 和 F_{Nh}，牵引车头如何作用？

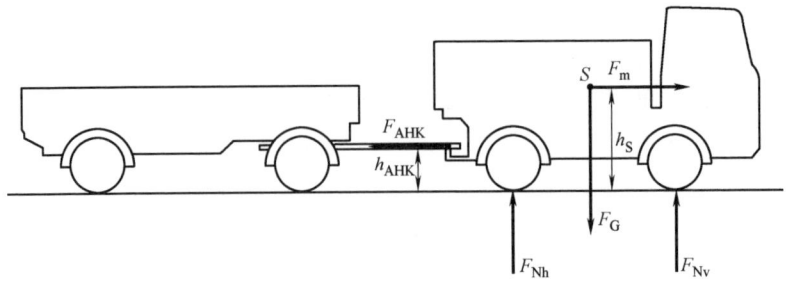

图 2-87 货车的力平衡图

因为惯性矩的方向不同，所以这里的 F_m 取绝对值得出公式：

$$F_{Nh} = \frac{1}{l_0}(F_G l_v - F_m h_S + F_{AHK} h_{AHK}) \tag{2-58}$$

$$|F_m| = F_{AHK} \tag{2-59}$$

由式（2-58）、式（2-59）推导出

$$F_{Nh} = \frac{1}{l_0}[(F_G l_v + F_{AHK}(h_{AHK} - h_S)] \tag{2-60}$$

当 $h_{AHK} < h_S$ 时，牵引力 F_{AHK} 会引起牵引车头的后轴卸载，即 F_{Nh} 减少，F_{Nv} 增加。

2.7.3 最大驱动力的附着力条件

1. 前轮驱动

由最大驱动力 F_{Zvmax} 得

$$F_{Uvmax} = F_{Zvmax} - F_{Rv} \tag{2-61}$$

$$F_{Uvmax} = \mu_{max} F_{Nv} \tag{2-62}$$

推导出

$$F_{Zvmax} = \mu_{max} F_{Nv} + f_R F_{Nv} \tag{2-63}$$

因为

$$F_m = F_{Zvmax} - F_{LW} - F_{AHK} - F_N f_R$$

得出结论

$$F_{Zvmax} = \frac{\mu_{max}}{l_0}[F_N l_h - (F_{vmax} - F_{LW} - F_{AHK} - F_N f_R)h_S - F_{LW} h_{LW} - F_{AHK}] + F_{Rv}$$

$$\tag{2-64}$$

考虑滚动阻力 F_R、空气阻力 F_{LW}、爬坡阻力 F_{St} 均忽略不计，经过一系列换算，得到最后结果：

$$F_{Zmax} = \frac{\mu_{max} l_h}{l_0 + \mu_{max} h_S} m_F g \cos\alpha_{St} \tag{2-65}$$

式（2-65）就是前轮驱动的最大驱动力值。

2. 后轮驱动

经过与前轮驱动类似的计算，得出结论为

$$F_{ZHmax} = \frac{\mu_{max} l_v}{l_0 - \mu_{max} h_S} m_F g \cos\alpha_{St} \tag{2-66}$$

式（2-66）就是后轮驱动的最大驱动力值。

3. 全轮驱动

在理想情况下，驱动力的分配和中值动态轴载荷一样，得出

$$F_{Uhmax} = \mu_{max} F_{Nh}$$

$$F_{Uvmax} = \mu_{max} F_{Nv}$$

推导出全轮驱动的最大驱动力为

$$F_{Zallmax} = (\mu_{max} + f_R) m_F g \cos\alpha_{St} \tag{2-67}$$

外界附加力的影响在上面的方程中都是忽略不计的，但实际行驶过程中这些力都存在。例如垂直方向，由于空气阻力的影响，会在轴上产生额外的升力或压力。在水平方向上也存在滚动阻力、加速阻力等。这些在精确计算时都要考虑。

2.7.4 制动过程的附着力条件

在行驶过程中，设计人员关心的是最大驱动力，以及有多少功率和转矩可以传递。而在制动过程中，设计人员关心的是最大制动减速度，即制动能力，就是使车辆可以尽快减速。同样还是分三种情况来讨论。

1. 前轮制动

无牵引挂车的前轮的最大制动加速度为

$$a_F = -a_{Bvmax} \tag{2-68}$$

导入条件式

$$F_{Uvmax} = -\mu_{max} F_{Nv}$$

$$F_{Uh} = -f_R F_{Nh}$$

根据前面的公式进一步推导出

$$-\frac{\mu_{max}}{l_0}(F_N l_h - F_m h_S - F_{LW} h_{LW}) = F_m + F_{LW} + \frac{f_R}{l_0}(F_N l_v + F_m h_S + F_{LW} h_{LW})$$

(2-69)

根据进一步的换算（这里不推导具体过程），得出结论：

前轮制动时的最大减速度为

$$a_{Bvmax} = \frac{1}{1 - \frac{h_S}{l_0}(\mu_{max} - f_R)} \left[\begin{array}{l} \frac{g\cos\alpha_{St}}{l_0}(l_v \mu_{max} + l_h f_R) + \\ g\sin\alpha_{St}\left(\left(1 - \frac{h_S}{l_0}(\mu_{max} - f_R)\right) + \frac{F_{LW}}{m_F}\left(1 - \frac{h_{LW}}{l_0}(\mu_{max} - f_R)\right)\right) \end{array} \right]$$

(2-70)

2. 后轮制动

同理推导，后轮制动时的最大减速度为

$$a_{Bhmax} = \frac{1}{1 + \frac{h_S}{l_0}(\mu_{max} - f_R)} \left[\begin{array}{l} \frac{g\cos\alpha_{St}}{l_0}(l_h \mu_{max} + l_v f_R) + \\ g\sin\alpha_{St}\left(\left(1 + \frac{h_S}{l_0}(\mu_{max} - f_R)\right) + \frac{F_{LW}}{m_F}\left(1 + \frac{h_{LW}}{l_0}(\mu_{max} - f_R)\right)\right) \end{array} \right]$$

(2-71)

3. 全轮制动

全轮制动时具有理想的制动力分配：

$$a_F = -a_{B\,all\,max}$$

$$F_{Uhmax} = -\mu F_{Nh}$$

$$F_{Uvmax} = -\mu_{max} F_{Nv}$$

推导出

$$-\mu_{max} g m_F \cos\alpha_{St} = m_F(g\sin\alpha_{St} - a_{B\,all\,max}) + F_{LW} \quad (2\text{-}72)$$

得出结论：全轮制动时的最大减速度为

$$a_{Ballmax} = \mu_{max} g\cos\alpha_{St} + g\sin\alpha_{St} + \frac{F_{LW}}{m_F} \quad (2\text{-}73)$$

2.7.5　爬坡能力的附着力条件

现在同样忽略空气阻力,且没有挂车负载,通过与上面几种力学推导相似的过程,得出最大爬坡能力。限于篇幅,这里不做详细推导,仅给出结论:

1) 前轮驱动的最大爬坡角度为

$$\tan\alpha_{\text{Stmax}} = \frac{l_h\mu_{\max} - l_v f_R}{l_0 + h_S(\mu_{\max} + f_R)} \quad (2\text{-}74)$$

2) 后轮驱动的最大爬坡角度为

$$\tan\alpha_{\text{Stmax}} = \frac{l_v\mu_{\max} - l_h f_R}{l_0 - h_S(\mu_{\max} + f_R)} \quad (2\text{-}75)$$

3) 全轮驱动的最大爬坡角度为

$$\tan\alpha_{\text{Stmax}} = \mu_{\max} \quad (2\text{-}76)$$

2.7.6　起步加速能力附着力条件

起步加速能力附着力条件同爬坡能力的设定,忽略空气阻力,无挂车负载,路面平坦。

1) 前轮驱动的最大加速度为

$$a_{\text{Avmax}} = \frac{l_h\mu_{\max} - l_v f_R}{l_0 + h_S(\mu_{\max} + f_R)}g \quad (2\text{-}77)$$

2) 后轮驱动的最大加速度为

$$a_{\text{Ahmax}} = \frac{l_v\mu_{\max} - l_h f_R}{l_0 - h_S(\mu_{\max} + f_R)}g \quad (2\text{-}78)$$

3) 全轮驱动的最大加速度为

$$a_{\text{Aallmax}} = \mu_{\max}g \quad (2\text{-}79)$$

2.7.7　轮胎和地面之间的附着力

如果对行驶中的轮胎具有较高的附着力要求,则要提高圆周力 F_U,减小可引导的侧向力 F_S。图2-88所示是Kamm摩擦力环,它表示了上述侧向力和圆周力的简单关系。实际上压力分布较复杂,因此实际情况比该图复杂。侧向力的分析将在行驶动力学中继续讨论。

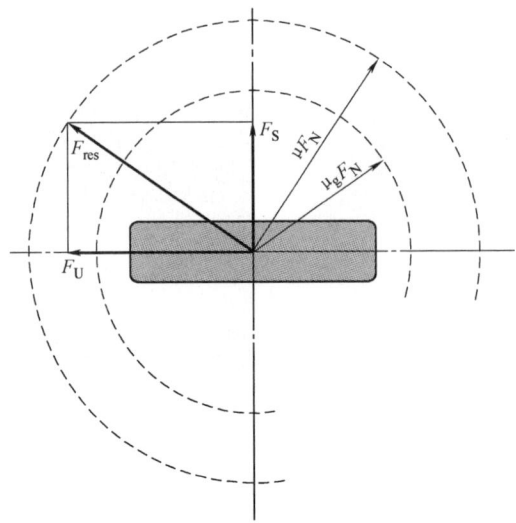

图 2-88 Kamm 摩擦力环（内环：滑动区；外环：附着区）

F_S—侧向引导力　F_{res}—合成摩擦力

F_U—圆周力（驱动力或制动力）

2.8 车轮和轮胎

2.8.1 概述

车轮的历史最早可以追溯到公元 4000 年左右，当时是用木头圆盘穿起一根轴组成了车轮。公元 3000 年左右出现了四轮车辆。约公元 1000 年，出现了外表包金属条的木车轮，减少了磨损。在工业革命时期的 1888 年出现了带钢轮辐的充气轮胎。1926 年，第一次在布加迪汽车上出现了铸铝车轮。现在的量产车轮都是用钢或铝制造轮毂。

轮毂的制造方法主要有：浇铸法（主要采用铝合金或镁合金）、模锻（采用铝或镁合金）、金属薄板塑性加工（例如冲压、冷轧法，采用钢或铝复合板）。

量产车轮要注意的是轮毂的重量、稳定性、刚度、防锈能力和制动冷却性。这些都对车辆的行驶动力学、安全性、经济性和油耗有很大影响。

图 2-89、图 2-90 所示为常用的钢制、铝制轮毂。

图 2-89　钢制盘式和辐条式轮毂

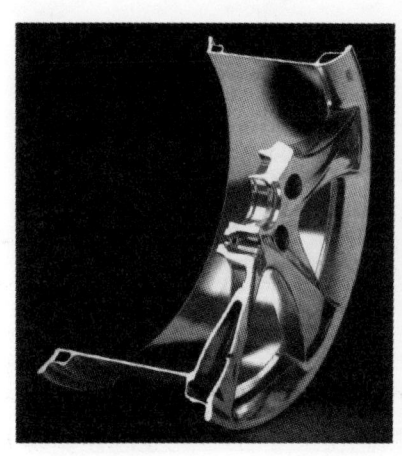 

图 2-90　铸铝轮毂及其断面

1845 年，威廉·托马斯申请的英国第 10990 号专利，是一种弹性橡胶和皮革制造的充气轮胎。1888 年，邓禄普进一步申请了充气橡胶轮胎的专利。1839 年固特异先生提出了硫化橡胶的工艺。当今子午线轮胎已经大行其道，斜交胎的使用已不多见，下文主要讲解子午线轮胎。

对轮胎功能上的要求主要有：

1）安全性：良好的附着力、在复杂的路况和气候下保持足够的行驶速度。

2）舒适性：较小的轮胎噪声。

3）经济性：较小滚动阻力、长寿命、较小的安装体积。

图 2-91、图 2-92 举例说明了轿车用轮胎的发展过程，可以看出近 40 年以来，同级别轿车的轮胎越来越宽，由斜交轮胎过渡到子午线轮胎，轮毂也由 14in 发展到 19in。可以更直观地看出，轮胎扁平比也越来越小，提高了附着力，强化了行驶特性。

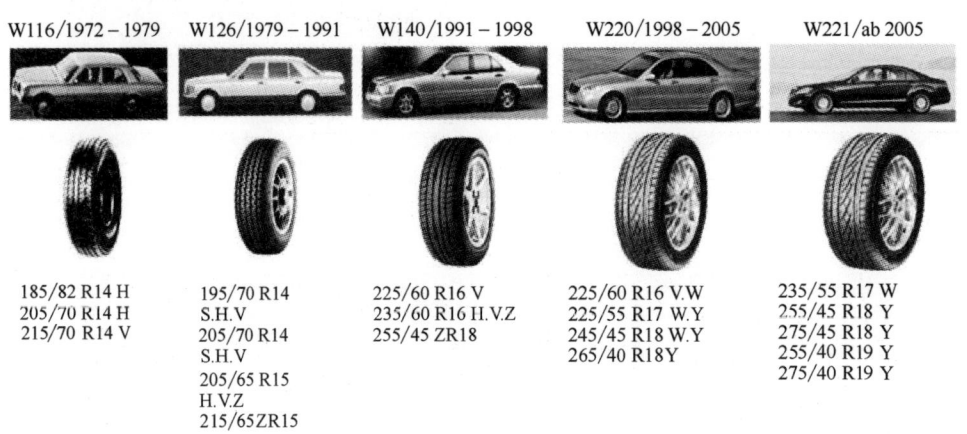

图 2-91　奔驰 S 级所用轮胎的发展过程

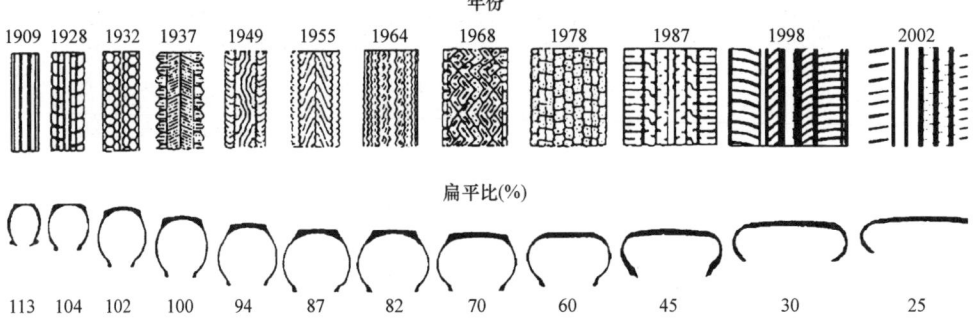

图 2-92　1909 年至 2002 年的轮胎扁平比

2.8.2 轮胎结构

轿车和货车用的轮胎结构基本相同,但又各有特点。图 2-93 所示为一个无内胎的轿车轮胎横截面图。

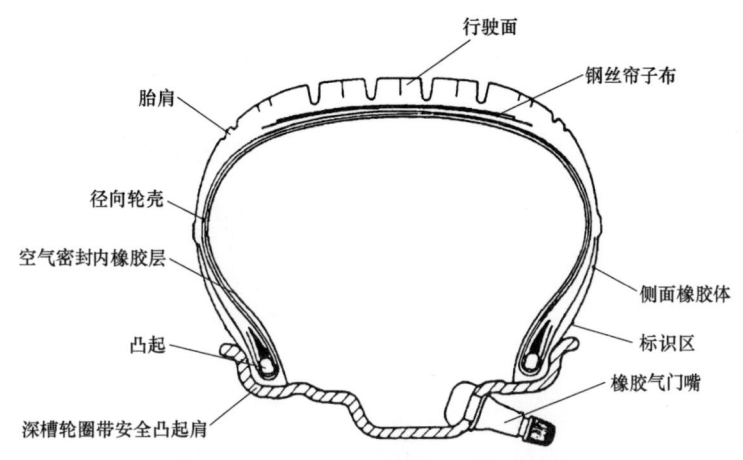

图 2-93 无内胎轿车轮胎横截面(扁平比70%)

从图 2-93 中可以看出,现代轮胎基本由承载区、密封区和定位区等部分构成。大部分的重量和制造成本来自于橡胶。在轮胎制造中,橡胶的特性非常重要,较软的橡胶具有良好的附着力,较硬的橡胶具有较长的寿命(例如货车和工程车辆用胎)。其次,轮胎花纹和胎壳的设计也比较重要。

1. 轮胎花纹

在干燥路面上行驶时,光滑的轮胎表面也具有良好的附着力,但在潮湿的路面上行驶时,车轮需要有排水效应。另外一种危险是所谓的滑水现象,当排水效应来不及将更多的水从胎面排出时,车轮会浮在水膜表面,进而被抬高,失去与地面之间的驱动力和制动力,以及操纵力。因此胎面花纹具有重要的意义。花纹形式和使用环境也有关系。

花纹的设计取决于对排水效应、磨损、经济、附着力和噪声的要求。图 2-94 描述了一个滚动中的轮胎带有不同胎面花纹时的声压级别。轮胎噪声主要由车轮在滚动时被拖入并积压的空气产生。

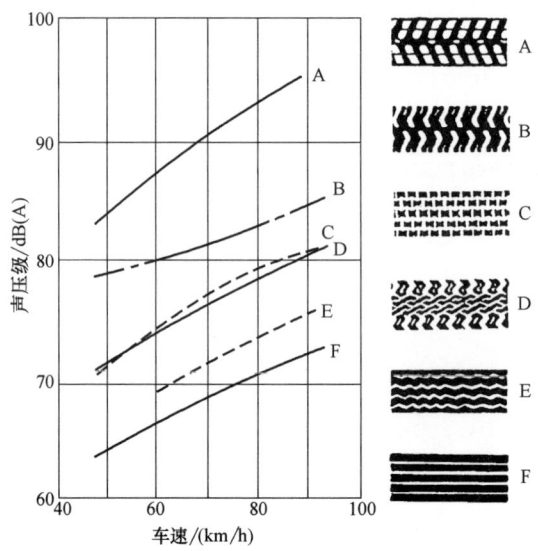

图 2-94　车速和轮胎花纹对滚动噪声的影响

2. 轮胎外壳

轮胎外壳是轮胎的承载部位，由多层帘子布和橡胶混合制成。帘子布一般由人造丝和聚酰胺纤维制造，货车为增加强度一般采用钢丝。纤维的交织具有一个角度，子午线轮胎的角度是 75°～90°，斜交轮胎（或称对角线）的角度为 35°～45°，如图 2-95 所示。

3. 轮肩凸起

轮肩凸起是轮胎和轮毂的接触区，如图 2-96 所示。该部位要承受离心

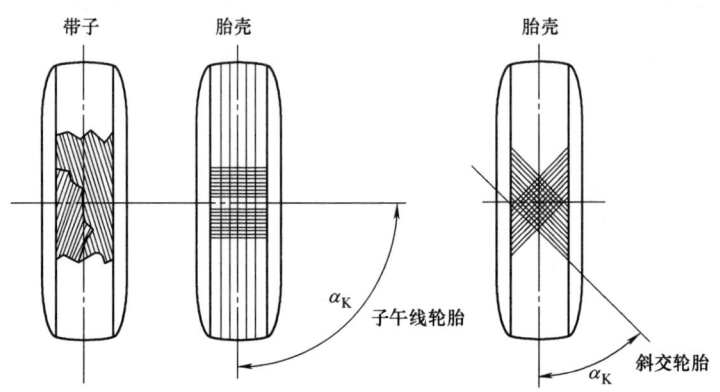

图 2-95　帘子布中纤维交织角度

力、轮胎压力,并起限位作用。对于无内胎轮胎,肩部还起密封作用。轮胎充气后,内部的高压气体顶住其边缘,使橡胶和轮毂紧密贴合在一起。

2.8.3 轮胎标识

为确保轮胎的互换性,制定了轮胎标识。欧盟 ECE-R30 法规定义的乘用车轮胎标识如图 2-97 所示。

与图 2-97 配套的有最高许用车速,标识为 S,见表 2-17。

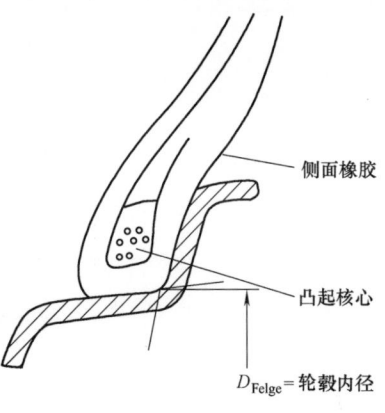

图 2-96 轮肩凸起局部图

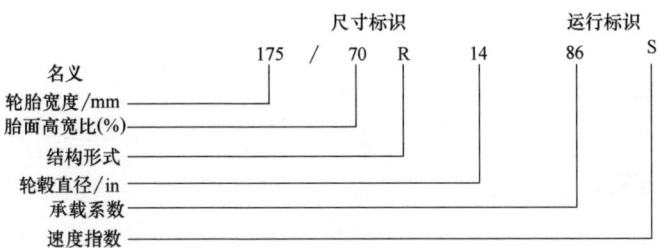

图 2-97 欧盟 ECE-R30 法规定义的某轿车用轮胎的标识含义

表 2-17 轿车轮胎许用最高车速

速度指数	最高行驶速度/(km/h)
P	150
Q	160
R	170
S	180
T	190
U	200
H	210
V	240
W	270
ZR	>270

另外还有轮毂标识,通过该标识,同样的轮毂可以配套不同级别的轮胎。图 2-98 所示为轮毂横截面和标识含义。

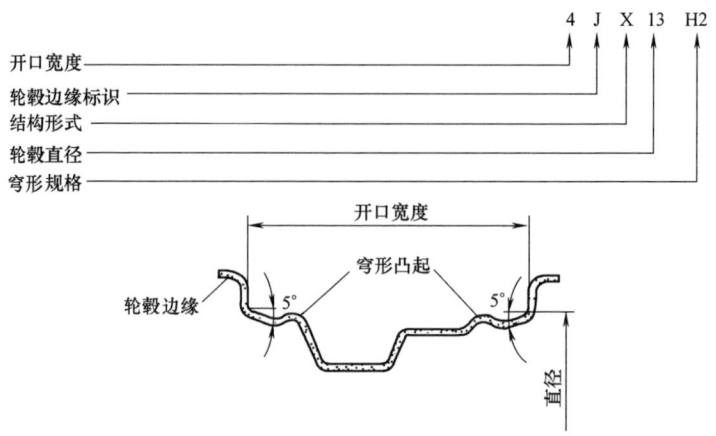

图 2-98 轮毂的横截面和标识含义

2.8.4 车轮在行驶中的使用

所有轮毂与轮胎都必须保持一定的动态平衡精度。经常对车轮进行平衡检查，对保持车辆的良好行驶特性具有积极意义。车速越高对平衡精度要求也越高。

轮胎及轮毂都不是旋转切削的产品，在制造中必然有重量上的偏差和不平衡，加上行驶中的污染和安装误差等，都会引起不均衡的重量分配。对于 14in 车轮，15g 的不平衡重量，在车速 60km/h 时引起的离心力达 14N，100km/h 时为 38N，160km/h 时就达到 100N。这在行驶中已经足以对动力学特性和稳定性产生影响。

与动平衡相对应，还有基本的静态不圆度要求，规定如下。

1）轮胎高度方向上：≤1.5mm。

2）轮胎侧面：≤1.5mm。

3）轮毂高度方向上：≤1.25mm。

常用的无内胎轮胎在行驶中必须充至规定压力值，并保持压力的稳定。所有厂家给出的轮胎气压值都是对冷胎而言，是根据轮胎在名义最大载荷时，允许以 160km/h 车速行驶时的最小气压值。此压力可根据路况和车速适当提高。行驶速度越高，胎压要求越高。从 160km/h 到 210km/h 时，车速每增加 10km/h，胎压就要增加 0.1bar（10kPa）。

一旦胎压降低到规定值以下,就会造成以下结果:强烈发热;较高滚动阻力;侧向稳定性降低;有穿脱危险;较严重且不均匀的磨损;较高的舒适性;在雪地和野外有较好的附着力。

下面介绍静止及行驶中轮胎的相关半径参数,在车辆技术计算中,经常需要确定轮胎的滚动周长和轮胎半径,这些参数统一了运动学和动力学上的设计概念。

下面定义为:

r——无载荷时轮胎半径。

r_{stat}——静态半径。车辆静止,轮胎具有载荷,轮胎与地面接触面到轮轴中心距离。

$r_{statDIN}$——德国工业标准中的静态半径。车辆静止,轮胎具有最大名义载荷及与之相适应的充气压力,轮胎与地面接触面到轴中心的距离。

r_{dyn}'——行驶过程中轮轴与地面的距离。

r_{dyn}——动态车轮半径,行驶中测得,与轮胎实际滚过的长度有关,与车速有关。

r_{dynDIN}——德国工业标准中的动态半径,以60km/h检测,带有相应载荷,该值与实际滚过的长度有关。

总的来说,在离心力的影响下:$r_{stat} < r_{dyn}' < r_{dyn} < r$。

2.8.5 轮胎与行驶道路之间的附着力

发动机提供的相关动力和转矩都通过轮胎传递到道路上。从微观角度讲,传递过程的物理含义与附着力相关。

1. 摩擦力

根据Kummer和Meyer的定义,轮胎与道路间的摩擦力分为两部分:

1)粘着力。它指材料相互间的附着力,是原子之间的力量,是两个很近的接触物体间产生的力。

2)迟滞部分。根据Kummer和Meyer的标准橡胶理论,今天普遍承认的,有以下公式:

橡胶摩擦系数为
$$\mu = \mu_a + \mu_h \qquad (2\text{-}80)$$

式中,μ_a为粘着部分;μ_h为迟滞部分。

图 2-99 所示为摩擦系数的粘着部分和迟滞部分。这两部分都是在有滑动的情况下测量的，说明在较小的滑动速度下，粘着摩擦力占总摩擦力的大部分。随着滑动速度的增加，迟滞部分 μ_h 增加，粘着部分 μ_a 下降。

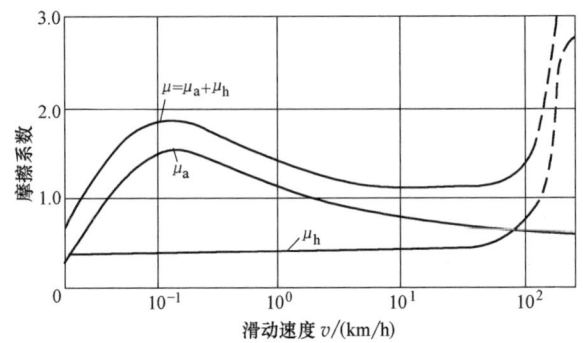

图 2-99　迟滞现象的摩擦系数

2. 滑差的产生

滑差是由两种情况引起的，一种是轮胎与道路之间的滑动，一种是轮胎自身变形产生的滑动。

如图 2-100 所示，除驱动时发生变形，制动也会导致轮胎变形。

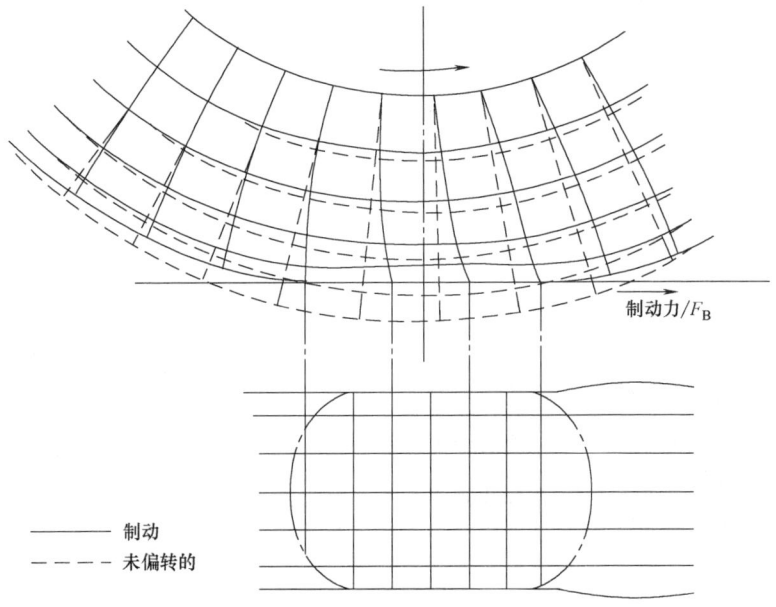

图 2-100　制动引起的轮胎变形

关于制动时的滑差，图 2-101 做了进一步说明。制动时，车速对轮胎的滑动是有影响的。制动附着系数的最大值对潮湿地面来说，基本上是在滑差率为 30% 时达到，之后随滑差率的增加，制动附着系数下降。

3. 不同附着系数的影响

附着力是由附着系数决定的。图 2-102 中的曲线说明了不同路况和轮胎的附着力、附着系数随滑差率的变化，总体变化趋势与图 2-101 类似。可以看出，车辆在光滑冰面上，附着系数比在干燥的水泥路面上要小很多，但随滑差率的增加，其改变并不明显。

除路面光滑度对附着力有影响外，附着力还与轮胎花纹密切相关，尤其是在带

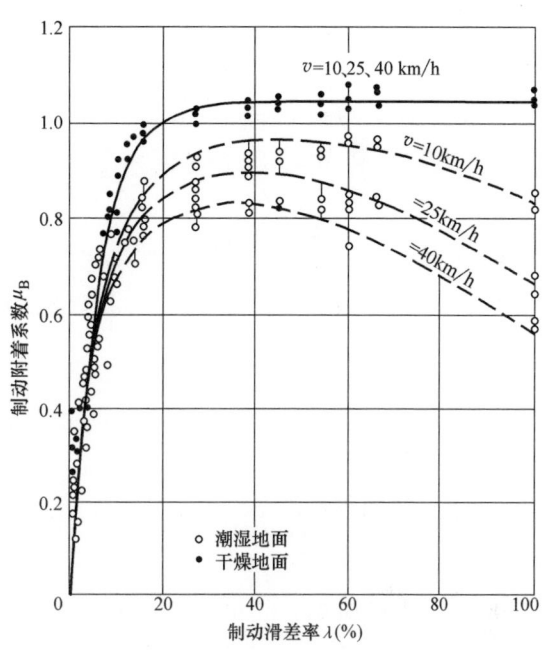

图 2-101 在干燥和潮湿路面上不同车速的制动滑差率

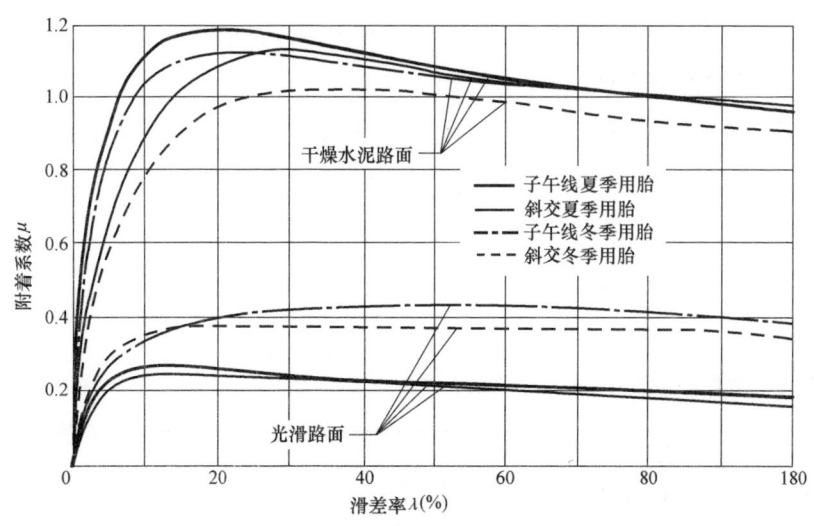

图 2-102 轿车附着系数与滑差率的函数关系

有水膜的路面上，花纹深度的微小偏差就能引起很大的附着力变化。

图 2-103 说明了不同深度轮胎花纹和水膜对附着力的影响，以及在不同路面条件下的附着系数。总体来说，无论何种路面，车速增加后，附着系数都是下降的。

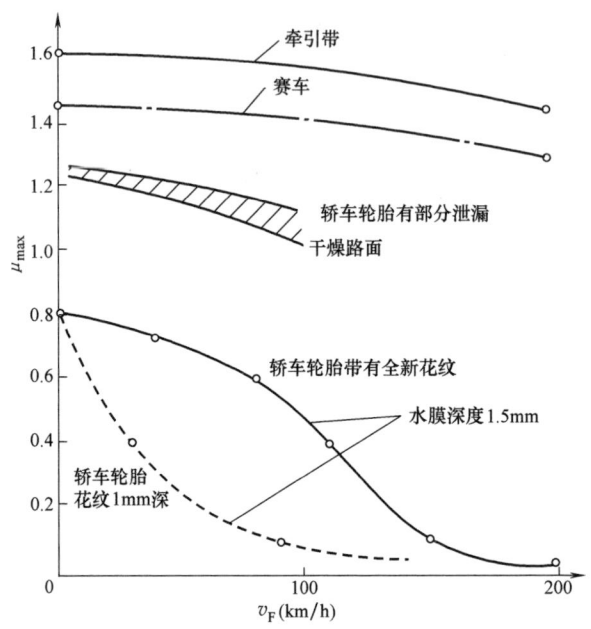

图 2-103　不同的路况和水膜深度对附着力的影响

4. 侧向力附着系数

除常说的行驶方向上的附着系数外，对于轮胎还有一个重要的参数，即侧向力附着系数。它与偏斜角有关，对弯道行驶有重要意义，对车辆的行驶稳定性也有很大影响。相关定义如图 2-104 所示。

图 2-105 所示的附着系数图说明了随着偏斜角的增加，侧向力附着系数 μ_S 增加。

5. 行驶方向的滑动和偏斜角的叠加

如同车辆的前束和偏斜角叠加一样，车辆行驶方向上的滑动和偏斜角也会产生叠加，其结果就是在轮胎接触地面区产生切向应力。摩擦系数的最大值与这种叠加有关，因为滑动和偏移角都会使轮胎在横向和纵向上产生位移。要具备较高的附着系数，就要提高行驶方向的力并减小侧向力。

图 2-106 描述了速度分量和轮毂平面,以及侧向分力的关系。转向盘的转动使车轮行驶方向改变,具有弹性的轮胎在转向摆动时,与地面的接触区产生侧向扭曲变形,并产生侧向力。因为有侧向分力,就有侧向的滑动。

对于全抱死的车轮,认为其滑差率为 100%,车轮全部是滑动,而没有滚动。此时通过偏移角的变化,在垂直于车轮的行驶方向已经没有力产生,这意味着在这

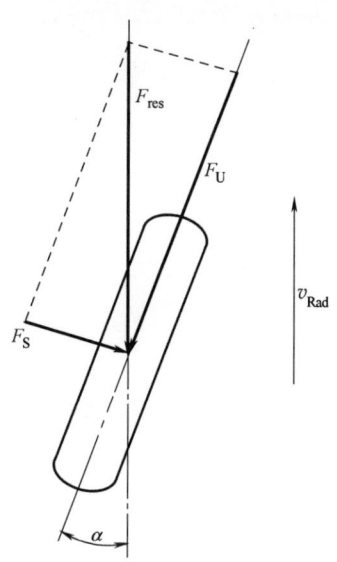

图 2-104　偏斜角与侧向力

α—偏斜角(介于轮胎速度和轮胎几何中线)　F_S—侧向力
v_{Rad}—轮胎行驶速度

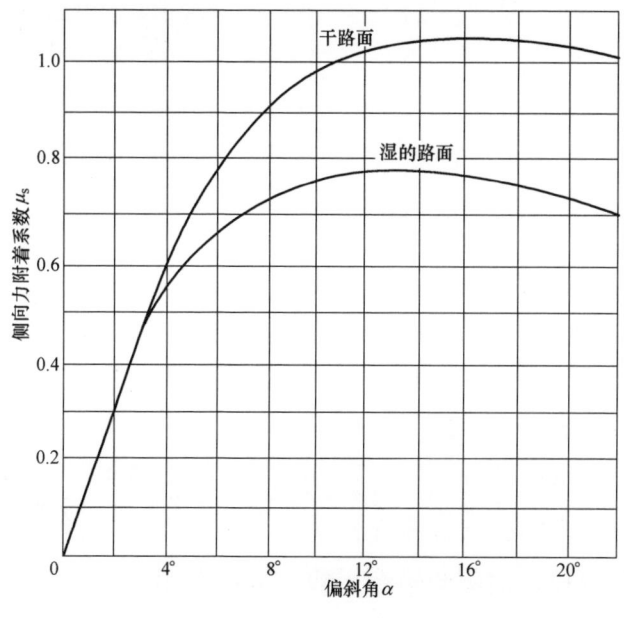

图 2-105　侧向力附着系数和偏斜角的关系

种情况下，抱死的车轮是不可能在弯道中行驶或转向的。因为改变行驶方向必须通过轮胎侧向力来实现。

轮胎的最大附着力只能出现在一个方向上。如图 2-107 所示的 Kamm 环，最大附着力在圆周方向和横向上是有固定差值的。合力相当于三角函数关系的斜边长度，得出公式

$$F_{res} = F_n \mu_{max} = \sqrt{F_S^2 + F_B^2} \text{（对于制动）}$$

其中，下标 B 为制动的意思，S 为侧向的意思。

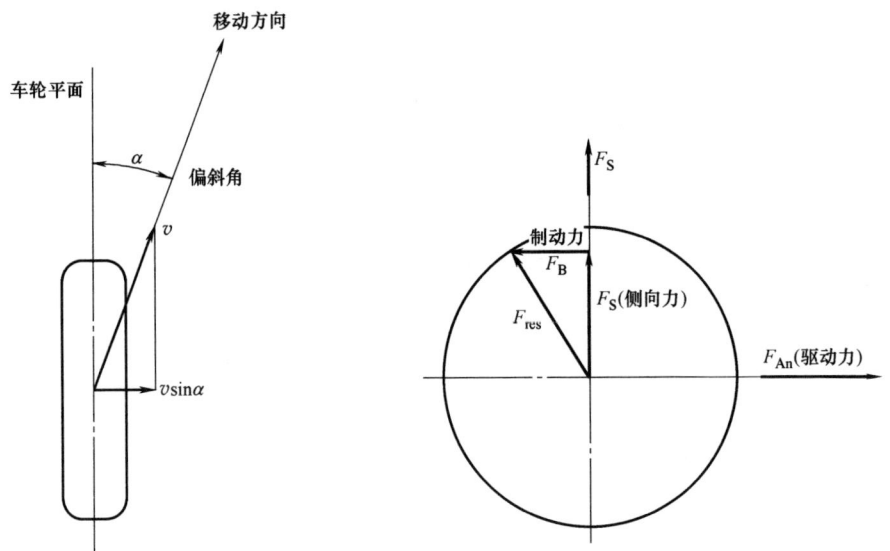

图 2-106　侧向力和侧向速度分量　　　　图 2-107　Kamm 环

图 2-108 所示为放大了的 Kamm 环，进一步说明了圆周力、侧向力及合力的关系。

通过图 2-109 可以判断，在不同偏斜角的情况下，随滑差率的增加，附着系数下降。可以验证前面提到的 100% 抱死情况（即滑差率为 1），当偏斜角不等于零时，附着系数 μ 几乎为零。在较小滑差率时，较大的偏斜角可以提供较大的侧向附着系数。对制动附着系数来说，只要滑差率稍有增加（大于 0.2~0.3 时），其值就是一直下降的。但当滑差率处于相对较小的区间时，轻微的滑差率反而会提高制动附着系数。

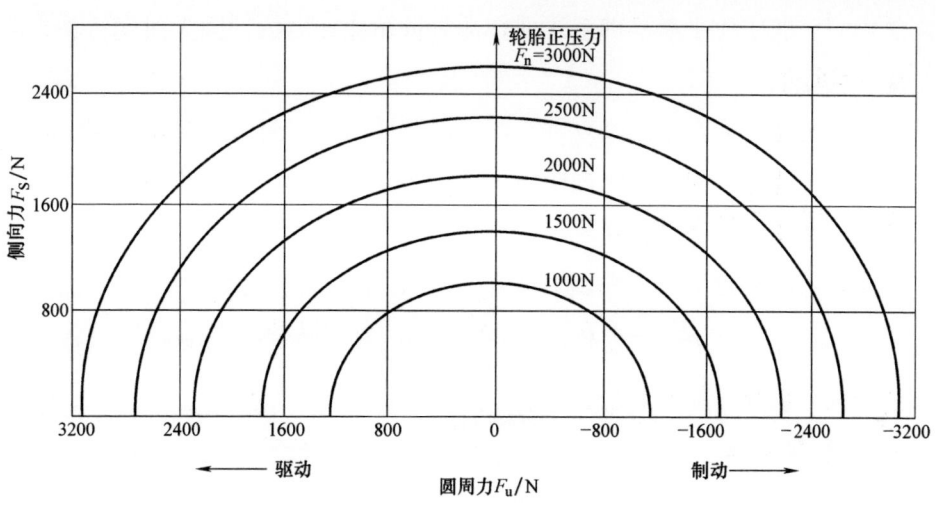

图 2-108 轮胎正压力 F_n 与合力的关系

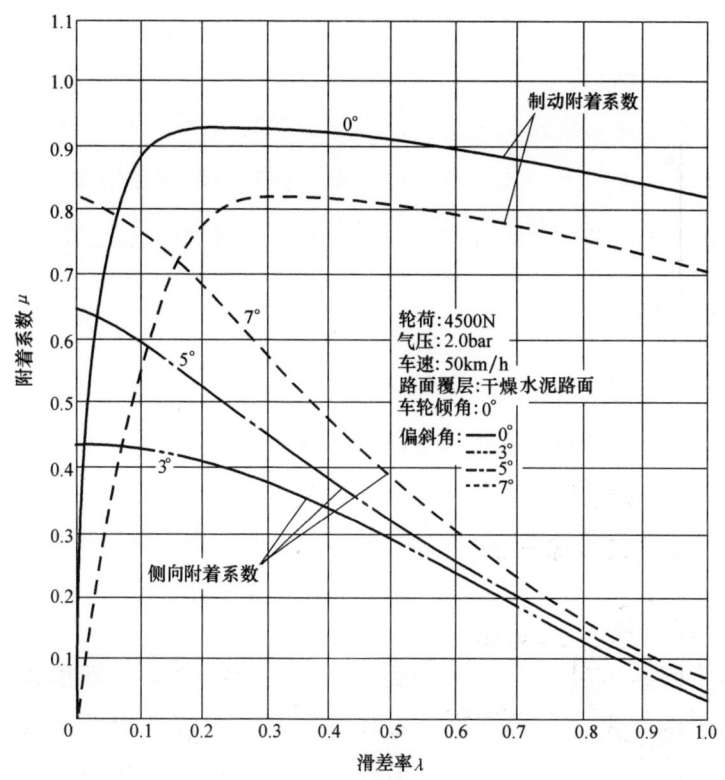

图 2-109 附着系数、制动附着系数、侧向附着系数与滑差率及偏斜角的关系

2.9 制动

2.9.1 制动系统功能

制动系统的定义：一种部件的总称，其作用是减慢行驶中的车辆的速度，或使其停止，或使其保持停止状态。制动设备包含控制系统、传递系统和制动执行系统。制动系统主要有以下功能：

1) 行驶制动。必须在任何速度和车辆载荷情况下，在任一坡度，都可以控制车辆，并使其安全、迅速地减速或停止。

2) 辅助制动。当行驶制动失效时，必须使车辆在一定距离内停止。

3) 驻车制动。必须保证车辆在有坡度时，可以保持停止状态。制动末端通过纯机械连接。

除此之外，还有特殊的缓速制动和稳定速度制动。一般都用在大型货车和大型客车上，用于下长坡道等特殊用途，例如电涡流和液力缓速器。

从结构上讲，制动器总体分为盘式和鼓式两大类型。

2.9.2 盘式制动系统

1. 分类和构造

盘式制动分为整盘制动和局部盘制动两类。

整盘制动设计采用一个整体环状制动摩擦片作为制动环，是环对环的接触。局部制动是仅有部分制动盘被制动摩擦片压住，如图 2-110 所示。整

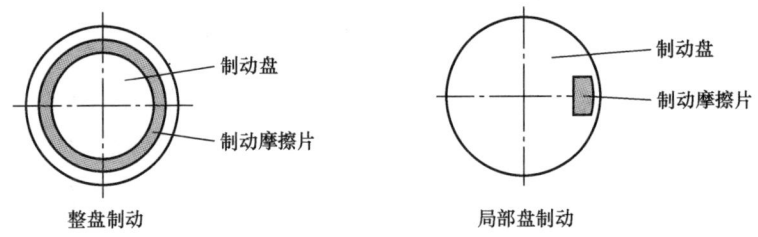

图 2-110　整盘和局部盘制动

盘制动一般用在农业机械上，而货车、轿车和摩托车一般使用局部盘制动方案，因为局部盘制动可以更好地通风冷却。

下面仅介绍运用最广的局部盘制动系统。盘式制动器主要由制动盘、制动钳及力学动作元件构成。制动钳又可分为二大类：固定制动钳、浮动式/游动式制动钳。

图 2-111 所示为采用固定式钳的盘式制动器，它有两个活塞，制动蹄块通过这两个活塞做相对运动，从两个侧面同时挤压制动盘，实现制动功能。

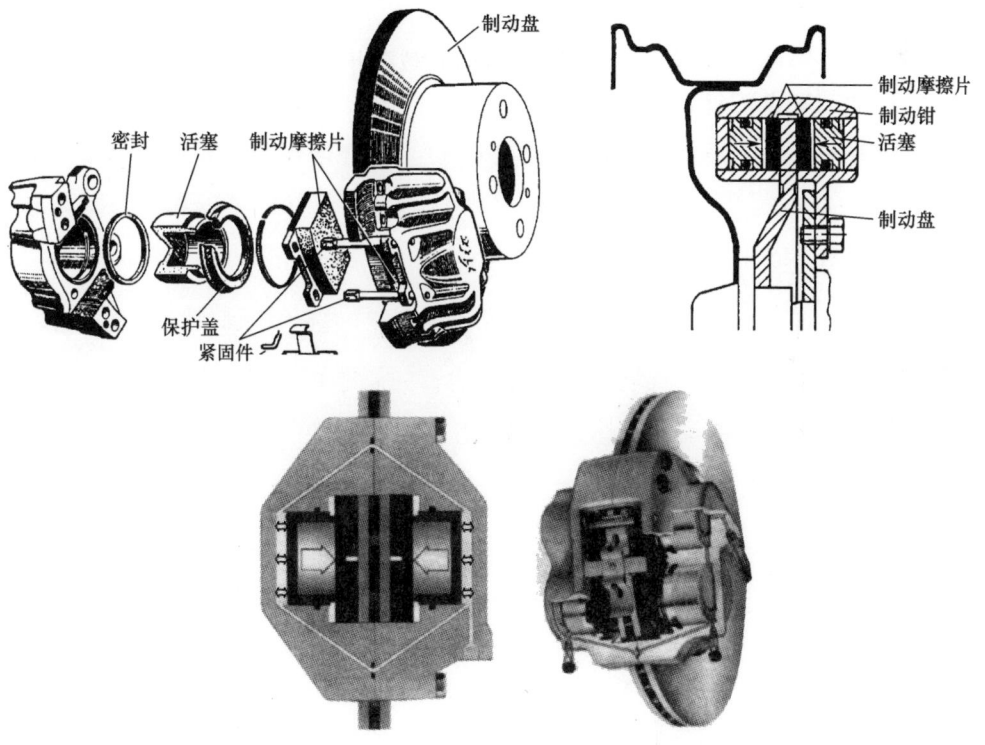

图 2-111　一种采用固定式钳的盘式制动器

图 2-112 所示为采用浮动式制动钳的盘式制动器，它与采用固定式制动钳的盘式制动器的不同之处在于仅有一个活塞。制动循环的力传递给该活塞，使其压向制动盘的一侧，另外一侧通过浮动的制动钳自动施加相对的反力，结果也是两个制动摩擦片从两边同时挤压制动盘。其优点是仅需较小的安装空间，因此在麦弗逊式悬架前轴和轮胎尺寸较大时有很多运用。

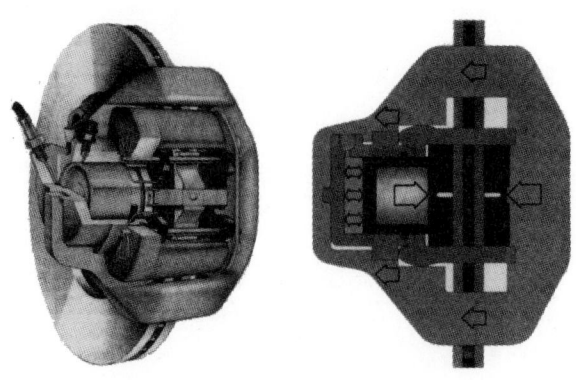

图 2-112 采用浮动式制动钳的盘式制动器

2. 盘式制动的计算

随着大量盘式制动器的运用,制动系统计算中的很多内容在于制动盘的计算。对盘式制动的划分通过系数 C^* 来确定,该系数是摩擦表面之间的圆周力与夹紧力的比值,如图 2-113 所示。

$$C^* = \frac{F_U}{F_{Sp}} \tag{2-81}$$

$$F_U = 2\mu F_{Sp} \tag{2-82}$$

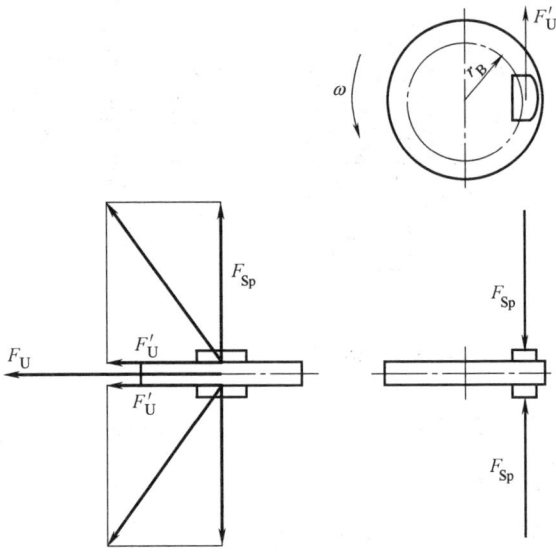

图 2-113 制动盘上的力

根据图 2-113 推导出

$$C^* = \frac{2\mu F_{Sp}}{F_{Sp}} = 2\mu \tag{2-83}$$

$$F_{Sp} = \frac{F_U}{2\mu} \tag{2-84}$$

$$F_U = 2F_{Sp}\mu = \frac{r'_{dyn}}{r_B}F_B \tag{2-85}$$

所能达到的最大制动功率（忽略滑差时）为

$$P_{Brems} = M_B\omega = F_B v_F = F_B r'_{dyn}\omega \tag{2-86}$$

因此只要知道一些条件，如制动需要的水平力、制动液压缸压力、车轮半径和制动摩擦片半径等，就可以计算出制动所需的制动功率、制动摩擦片工作面积。在校验取值时，对于盘式制动的热负荷，根据不同制动盘的工作方式分为：

1）传统盘式制动：4.5kW。

2）内通风式盘式制动：9kW。

3）内通风式盘式制动加优化的轮毂：18kW。

2.9.3 鼓式制动

鼓式制动是一种封闭的构造系统。通过制动蹄片向制动鼓的内壁扩张来制动，就是俗称的"涨刹"。鼓式制动的一个特点就是具有制动力自放大效应，使驾驶人可以施加较小的制动踏板力。其缺点是有抱死的倾向。

鼓式制动从结构上分为单蹄、双蹄和伺服蹄三大类。图 2-113 所示为典型的单蹄鼓式制动构造，其主要由两片制动蹄和一个液压控制元件组成。液压控制元件将制动蹄向制动鼓内表面上推，使车轮制动。制动过程结束时，制动蹄通过弹簧复位。

图 2-114 中还提到所谓的领蹄和从蹄，领蹄是与外鼓"对撞"的，从蹄是"顺从"于外鼓转动的。领蹄具有制动力放大作用，占制动功率的 70%，从蹄则只占 30%。

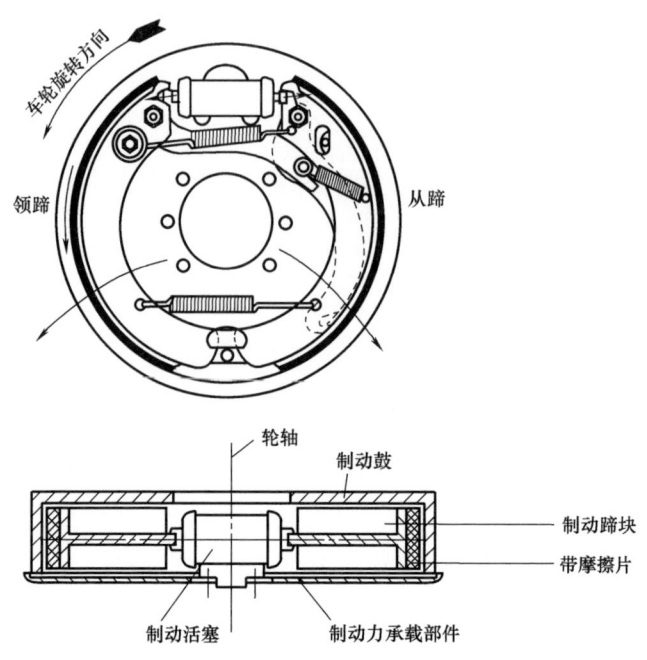

图 2-114 单蹄鼓式制动

图 2-115 所示是双蹄鼓式制动，有两个领蹄。在车轮正转时具有很强的制动放大效应，其制动效应是同样尺寸单蹄制动的 1.5 倍。缺点是需要两套液压元件，在反转时，由于两蹄块都起"顺从"作用，制动力反而下降。

图 2-116 所示为伺服蹄鼓式制动。正转时，领蹄根部的支持力通过浮动轴传递到从蹄，使从蹄打开，相当于具有两个领蹄的作用，自放大制动效应相当于同尺寸单蹄的 2~2.5 倍。反转时，与单蹄制动效果相当。

图 2-117 简化表示了几种鼓式制动蹄的作用原理。

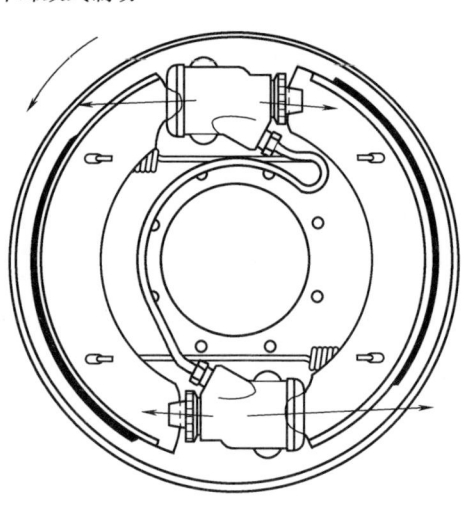

图 2-115 双蹄鼓式制动

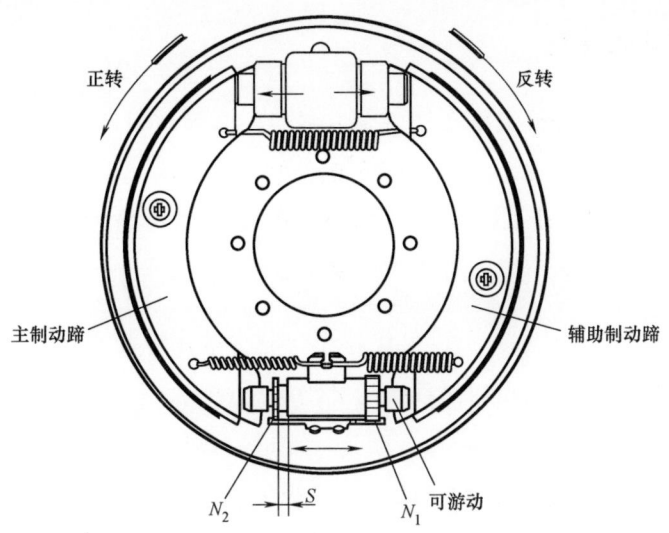

图 2-116 伺服蹄鼓式制动

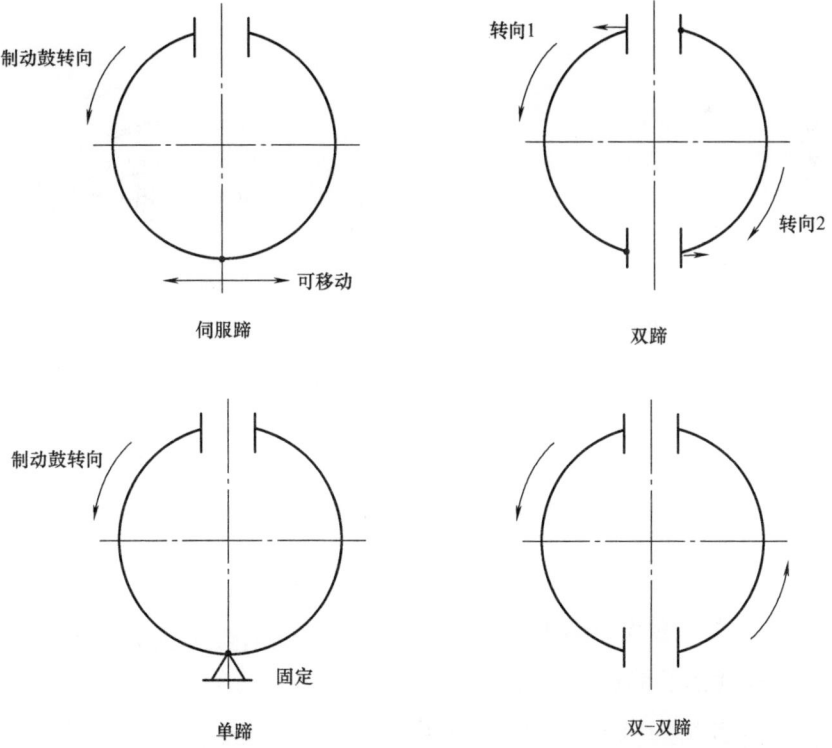

图 2-117 几种鼓式制动蹄的构造简图

2.9.4 制动敏感性

制动系统会不可避免地受到污染、锈蚀，这对制动盘和制动鼓都有很大影响。不同的制动器形式，在此影响下的制动效应改变也是不同的，这就是制动敏感性。在对制动系进行设计和选型时，都要参考该点加以分析。

制动敏感性定义为 C^* 值的改变：$\dfrac{\mathrm{d}C^*}{\mathrm{d}\mu}$，其中 $C^* = \dfrac{F_U}{F_{Sp}}$。实际就是研究摩擦系数改变时，$C^*$ 的改变。C^* 变化越小，制动效果越稳定。

图 2-118 所示为不同制动系统的制动敏感性。

从图 2-118 中可以看出，a、b、c 三种制动形式受外界影响（如温度、污染、潮湿），产生锈蚀而使 μ 值变化，极大影响了 C^*。当 μ 值减少且不大时，C^* 却大幅度下降。e 方案在理论上也是有利的设计，最好的是 d 方案的盘式制动，当其摩擦系数改变时，C^* 基本呈微小线性下降状态。

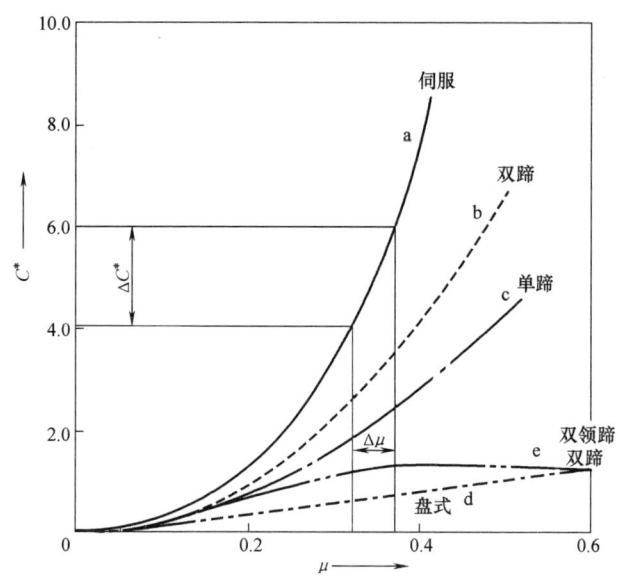

图 2-118　不同制动系统的制动敏感性

由于鼓式制动具有高敏感性，加之前轴处较易受污染，实际中很少运用在前轴。前轴多采用盘式制动，因为其所需制动功率较大，且盘式制动具有一定自清洁性。传统轿车中，考虑经济性因素可以在后轴采用鼓式制动。

2.9.5 盘式与鼓式制动的比较

(1) 盘式相对于鼓式的优点

1)较好冷却性,很少的热点蚀倾向。

2)均衡的制动效应(由于通过甩动和挤压实现制动,具备自清洁作用,没有自放大效应,因此 μ 下降时制动敏感性不高)。

3)制动盘磨损后自动调整(鼓式需要专门的调整装置)。

4)更换制动摩擦片不需要很长时间。

(2) 盘式相对于鼓式的缺点

1)制动盘外露容易被污染。

2)需要较高的夹紧力。

3)制动盘的磨损比鼓式的蹄块的磨损相对要大。

鼓式还有一个优点就是可以方便地与驻车制动设计在一起。

2.9.6 制动过程

根据德国工业标准 DIN 70012 规定,车辆必须有两路独立的制动装置,或一路制动装置,且必须两路独立控制、操纵。大型客车和货车必须具备附加的持续制动装置。

制动过程分下面三种:

1)减速制动。

2)匀速制动,保持速度恒定。

3)驻车制动,对于此类制动要求车辆能在 16% 的坡度上停止。

制动系统出故障时,必须保证车辆具有最低制动效力。用制动力和车重的比值来衡量最低制动效力,故引进系数 Z,$Z = \dfrac{\sum 车轮圆周方向制动力}{总车重}$。

表 2-18 说明了该系数的具体值。

表 2-18 DIN 70012 规定的最低标杆制动力

车型	最小标杆制动力	对应的制动踏板力
轿车	60%	500N
客车	51%	700N
货车	45%	400N

最低标杆制动力含义：对轿车而言，该制动力必须大于车辆总重的60%，能使车辆制动，作用在制动踏板上的最大力不超过500N。

下面对制动过程进行详细描述，重点在于制动力的分配和制动稳定性，即要安全、稳定、有效地制动。

1. 理想制动力分配过程

汽车基本理论中的一个非常重要的概念是理想制动力。"理想"的制动力分配意味着所有车轮上具有相同的附着力，就是说所有轮胎和地面之间的摩擦系数 μ 值是一样的。

$$\mu = \frac{F_B（制动力）}{F_N（正压力）} \tag{2-87}$$

假设忽略气动升力和阻力，则

$$F_B + F_R = \mu F_G \tag{2-88}$$

$$F_B = \mu F_G - F_R \tag{2-89}$$

式中　F_G——车辆总重力；

　　　F_R——滚动阻力。

如果忽略空气和滚动阻力，则可得

$$m_F a_B = \sum F_B = F_G \mu \tag{2-90}$$

式中　m_F——车辆质量；

　　　a_B——减速度。

进一步推导出　　$a_B = \mu g$（理想制动）　　(2-91)

对于干燥且平坦的路面，正常使用过的轮胎，$\mu_{max} = 0.9 \sim 1.1$，对于赛车可以达到1.3，就是说在排除驱动力因素的情况下，理想制动可以达到 $1.3g$ 的减速度。

2. 制动力分配曲线

要讨论制动系统的制动力分配问题，就要参考制动力分配曲线。如图2-119所示，横坐标是前轴的制动力与车重之比，纵坐标是后轴制动力与车重之比。图2-119中重粗线表示前后轴都具备理想制动力作用，这时制动力是理想分配的。从图2-119中还可以看出，如果前后轴的制动力是理想化配置，则 Z 值在前后轴上是相同的。

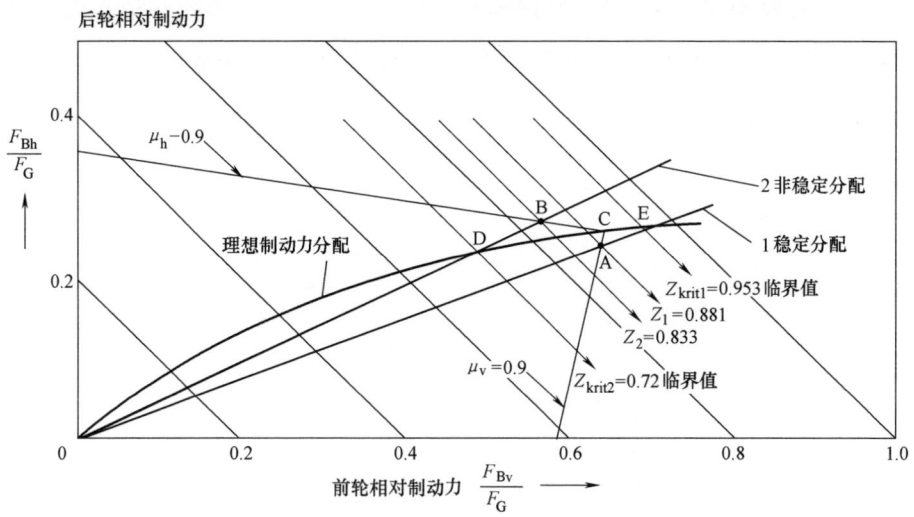

图 2-119 制动力分配曲线

在制动系统中,制动力的分配比例通常是固定的。在图 2-119 中表现为一条直线,没有完全达到理想特性。图 2-119 中有两条固定配置好的制动力分配,下面进一步讨论。

C 点:车辆有理想制动力分配,在该点时,附着力在前后轴上都相同。前后轴摩擦力系数 $\mu_v = \mu_h = 0.9$。C 点在固定的制动力分配直线 1 上。

A 点:制动过程中 $Z=0.881$,前轴上 $\mu_v = 0.9$,后轴上 μ_h 较小,制动行为是稳定的,因为前轴是过制动。

E 点:制动过程中 $Z=0.953$,理想制动力分配,前后轴 $\mu_v = \mu_h = Z = 0.953$。0.953 是第一个临界值,在直线 1 上直到该点都是稳定制动。

D 点:制动过程中 $Z=0.72$,是理想制动力分配。前后轴 $\mu_o = \mu_h$,$Z=0.72$。0.72 是第二个临界值。在直线 2 上直到该点都是稳定制动。

B 点:$Z=0.833$,后轴 $\mu_h = 0.9$,前轴 μ_V 较小,这时的制动过程是不稳定的,因为后轴过制动,引起甩尾。

不同轴的制动力分配必须引起极大注意,因为它与制动过程的行驶稳定性有关。另外为避免强烈制动造成的伤害,对轿车来说,根据 ECE 法规第 13 条规定,制动过程中保持行驶稳定的最大 Z 为 0.8。

下面分别举稳定和非稳定制动行为的例子:

（1）稳定制动行为　假设车辆前轴抱死，后轴尚未抱死或根本没制动。图 2-120 展示了稳定制动过程中轮胎上所传递的纵向力和横向力。

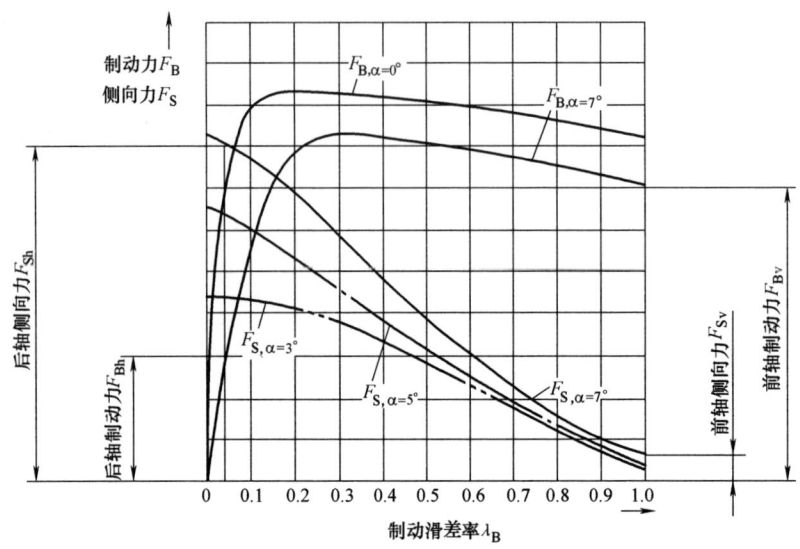

图 2-120　稳定制动过程

前轴抱死制动滑差率 $\lambda_B = 1$，前轮没有滚动而是纯滑动。前轴传递非常大的制动力 F_{Bv}，同时传递较小的前轴侧向力 F_{Sv}。后轴这时没有制动或轻微制动，具有较小的后轴制动力 F_{Bh}，和一个较大的后轴侧向力 F_{Sh}。车辆在弯道行驶时，如偏斜角为 7°，这时如果紧急制动，前轴抱死，则还是稳定制动行为，图 2-121 所示为单轨迹模式，可进一步说明此问题。

前轴抱死时，后轴产生较大侧向力，在重心 S 处产生旋转力矩，由于弯道驾驶的原因，前轴的偏斜角调整为更大的角度，产生了反力矩。综合两个力矩，总的车辆状态是保持稳定的，制动状态是稳定制动。

（2）非稳定制动行为　与上例相反，假设后轴抱死，前轴仅轻微制动或无制动。由于后轴滑差率为 1，产生很大的后轴制动力和较小的后轴侧向力，如图 2-122 所示。

这时前轴轻微制动或无制动，因此前轴制动力很微弱，而其侧向力占较大值，这时如果在弯道行驶，突然制动，车辆打转，则相当于强烈加大 α 角度，是不稳定制动过程（图 2-123）。

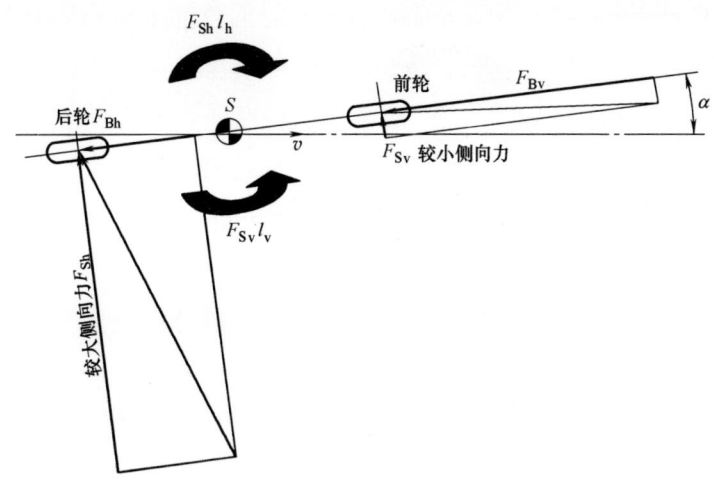

图 2-121 稳定制动的单轨迹模型

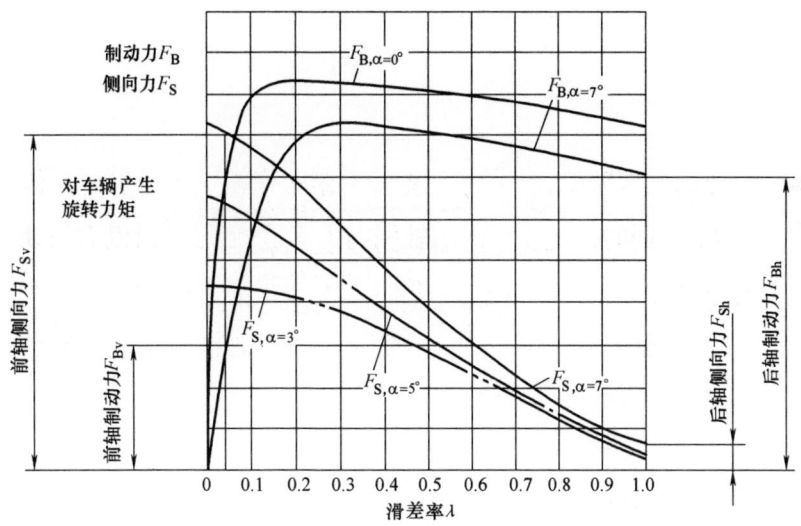

图 2-122 非稳定制动过程

3. 理想制动过程计算

上文定性地分析了理想制动和制动时的稳定性问题,接下来定量介绍制动过程的计算。为导出理想制动力分配必须先注意轴载荷的分配,如图 2-124 所示,假设为平直路面,没有空气阻力和滚动阻力。

前轴的力矩平衡为

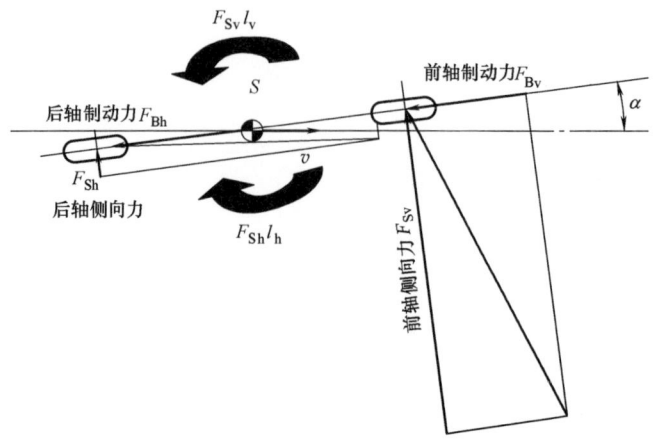

图 2-123 非稳定制动的单轨迹模型

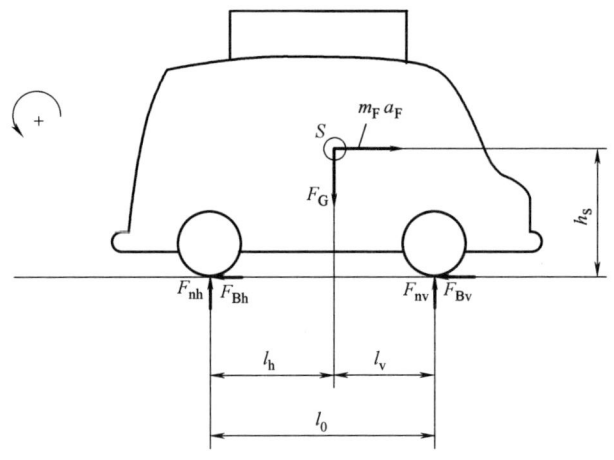

图 2-124 制动时的轴载荷分布

$$F_G l_v - F_{nh} l_0 - m_F a_F h_S = 0$$

$$F_{nh} = F_G \frac{l_v}{l_0} - m_F a_F \frac{h_S}{l_0}$$

对于水平路面 $F_G = gm_F$, $Z = \dfrac{a_F}{g}$, $F_R = F_{LW} = 0$

推导出：前轴的载荷为

$$F_{nv} = F_G \left(1 - \frac{l_v}{l_0} + z \frac{h_S}{l_0}\right) = F_G \left(\frac{l_h}{l_0} + z \frac{h_S}{l_0}\right) \qquad (2\text{-}92)$$

水平方向上力的总和为

$$F_{Bv} + F_{Bh} = m_F a_F = F_G z \tag{2-93}$$

又因为理想制动力分配有

$$F_{Bv} = F_{nv}\mu, \quad F_{Bh} = F_{nh}\mu$$

推导出

$$F_G z = (F_{nv} + F_{nh})\mu$$

$$z = \frac{F_{nv} + F_{nh}}{F_G}\mu$$

$$z = \mu$$

$$F_{Bv} = F_{nv} z$$

$$F_{Bh} = F_{nh} z$$

理想制动力分配的含义为：所有轴上的制动力对轴载荷的比值是一致的。

$$\frac{F_{Bv}}{F_{nv}} = \frac{F_{Bh}}{F_{nh}} = \mu = z \tag{2-94}$$

下面介绍一个制动设计中比较重要的评价值——制动距离 S_B 的计算。计算中考虑了滚动阻力和空气阻力，同时发动机切断动力，也意味着没有引入发动机制动，在 X 轴上力的平衡为

$$F_B + F_R + F_{LW} = m_F \frac{dv}{dt} \tag{2-95}$$

空气阻力为

$$F_{LW} = \frac{\rho_L}{2} A_{Fx} c_W v^2 = C\, v^2$$

进一步推导得

$$S_B = \int_{t_2}^{t_1} v\,dt = \int_{v_2}^{v_1} \frac{m_F v}{F_B + F_R + C\, v^2} dv$$

$$S_B = \frac{m_F}{2C} \ln \frac{F_B + F_R + C\, v_1^2}{F_B + F_R + C\, v_2^2}$$

式中　v_1——开始制动时车速；

v_2——制动结束时车速。

当 $v_2 = 0$ 时,

$$S_B = \frac{m_F}{2C} \ln \frac{F_B + F_R + C v_1^2}{F_B + F_R} \quad (2\text{-}96)$$

制动效果的最直接反应是制动距离 S_B 和制动时间 t_B。在此不详细推导 t_B,直接给出 t_B 的计算结论:

$$t_B = \int dt = \int_{v_2}^{v_1} \frac{m_F}{F_B + F_R + C v^2} dv$$

$$t_B = \frac{m_F}{\sqrt{(F_B + F_R)C}} \arctan\left[\sqrt{\frac{C}{F_B + F_R}} (v_1 - v_2) \frac{1}{1 + \frac{C}{F_B + F_R} v_1 v_2}\right] \quad (2\text{-}97)$$

设计制动盘时经常涉及制动功率问题。制动功率或制动功,在减速制动和匀速制动时是不同的。

对于减速制动,忽略滚动阻力和空气阻力,制动功率为

$$P_B = f(t) = F_B v \quad (2\text{-}98)$$

$$P_B = m_F \frac{dv}{dt} v = m_F \ddot{x} v \quad (2\text{-}99)$$

直接给出制动功的结论:

$$W_B = \int_{t_1}^{t_2} P_B dt = \int_{t_1}^{t_2} m_F \ddot{x} v dt$$

$$W_B = m_F \int_{v_1}^{v_2} \frac{v \ddot{x}}{\dot{x}} dv$$

$$W_B = \frac{m_F}{2}(v_2^2 - v_1^2) \quad (2\text{-}100)$$

匀速制动(下坡制动,滚动和空气阻力不计)的计算简图如图 2-125 所示。

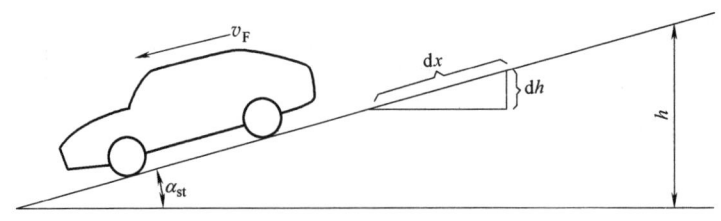

图 2-125 匀速制动的计算简图

能量守恒公式为

$$(W_{动} + W_{势})_{制动前} = (W_{动} + W_{势})_{制动后} + W_{制动} \quad (2\text{-}101)$$

对于总制动过程中均匀的车速，$v_1 = v_2 =$ 恒定，动能前后不变，有

$$W_{制动} = F_G h \quad (2\text{-}102)$$

$$P_B \approx F_G \tan\alpha_{st} v_F \quad (2\text{-}103)$$

2.10 动力传递

2.10.1 概述

迄今，在世界范围内，轿车的传统动力源是汽油机或柴油机。内燃机工作在一个固定的转速区间内的，下限是怠速，上限是最高转速。其输出轴旋转方向也是固定的。出于实际驾驶情况的复杂性，车辆需要一个与之相适应的变力、变矩器和起步装置。变速器就是一种转矩—转速转换器。变速器分有级和无级两种形式，也可从力的连接方式来区分，分为有动力传递中断的换档和无中断的换档。

为让发动机输出的功率完美地与驱动力相适应，就需要多种不同的传动比，因为发动机仅在一个较窄的转速范围内具有名义功率。轿车的档位数有 5~6 个，货车可以达到十几个。但有了级差，就会产生传动间隙，对于传统变速器，此间隙是无效区，要尽量减小。这种方式的驱动力在换档时是有中断的，如图 2-126 所示。

理想的变速器应具有无限多的变速比，即以无级的方式工作，驱动力无中断。常说的自动变速指在每档之间的速度跳跃通过液力耦合器来实现的，未必是无级的。

驱动链的总变速比，除变速器外，还需引入轴端驱动的传动比。

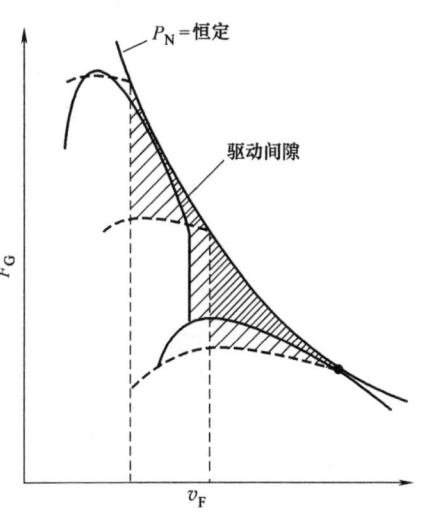

图 2-126 驱动力与车速关系

轴端驱动的传动比,对于装有汽油机的中型轿车来说:$i_A \approx 3.2 \sim 4.5$。

变速器的传动比指不含轴端传动比的传动比,举例说明:

$$\frac{i_1}{i_4} = 2.8 \sim 4.5 \text{(四档减速)};$$

$$\frac{i_1}{i_5} = 3.7 \sim 5.1 \text{(五档减速)}。$$

既然驱动是有级的,就必定有驱动级差。驱动级差 α_{mn} 定义为:同样车速下,相邻档位的发动机转速比。此级差是设计变速器的重要参数,等价定义为与车速无关的相邻档位传动比的比值。

$$\alpha_{mn} = \frac{n_{n-1}}{n_n} \qquad (2\text{-}104)$$

$$\alpha_{mn} = \frac{i_{n-1}}{i_n} \qquad (2\text{-}105)$$

2.10.2 推断减速比

下面讲解有关有级变速的计算:

1)最高档和轴端传动比。根据以下因素布置最高档和轴端传动比:最高车速、最高车速时的加速度、高速行驶时的较低油耗。

2)最低档。通常以爬坡能力作为选择标准,忽略低速时的空气阻力,有下面公式:

$$\frac{M_{Mmax} i_{T\_1档} \eta_T}{r_{dyn}} = F_{Gmax}(\sin\alpha_{Stmax} + f_R \cos\alpha_{Stmax}) \qquad (2\text{-}106)$$

式中　F_{Gmax}——车辆全部载荷;

　　　α_{Stmax}——最大发动机转矩能爬的最大坡度;

　　　M_{Mmax}——最大发动机转矩。

3)中间档。最简单的级差方式是几何级差。在这种布置中,所有档位差 α_{geo} 是恒定的,这种布置的缺点就是驱动间隙过大,以较高车速行驶时较不舒适。式(2-103)中下角标 z 为级差。

$$\alpha_{geo} = \frac{n_0}{n_u} = \frac{v_{zul\_z}}{v_{u\_z}} = \frac{v_{zul\_z}}{v_{zul\_z-1}}$$

$$\alpha_{geo} = \frac{i_{z-1}}{i_z} = \frac{i_{z-2}}{i_{z-1}} \qquad (2\text{-}107)$$

目前轿车上所用的档位基于 Jante 的设计。增加了跳跃因数 α_2，它乘在每一个档位上，经验值取 1.1~1.2。在高速区，每个档之间的转速差减小。在低速区，驱动间隙变大，但由于此时仅有较低的行驶阻力，舒适度还是可以接受的。

下面举例对比说明 Jante 的设计。

① 几何级差

例如：四档变速 $Z=4$，变速区间为

$$\frac{i_1}{i_4} = \frac{i_{z-3}}{i_z} = \frac{i_{z-3}}{i_{z-2}} \cdot \frac{i_{z-2}}{i_{z-1}} \cdot \frac{i_{z-1}}{i_z} = \alpha_{geo}^3 \quad (2\text{-}108)$$

$$i_1 = i_4 \alpha_{geo}^3$$

② Jante 的级差

表 2-19、表 2-20 所示计算方法为根据 Jante 法计算的四档、多档的传动比布置。

表 2-19 根据 Jante 法计算四档的传动比布置

档位	传动比 i_n	传动比级差	跳跃因数
Z（如 4 档）	1	α_1	
Z-1（3 档）	α_1	$\alpha_1 \ \alpha_2$	$1 \cdot \alpha_2$
Z-2（2 档）	$\alpha_1^2 \ \alpha_2$		
Z-3（1 档）	$\alpha_1^3 \ \alpha_2^3$	$\alpha_1 \ \alpha_2^2$	$1 \cdot \alpha_2$

表 2-20 根据 Jante 法计算多档的传动比布置

档位	传动比 i_n	传动比级差 $(i_{n-1}) \div i_n$	跳跃因数（>1）
z 档	$\alpha_1^0 \cdot \alpha_2^0 = 1$		
z-1	$\alpha_1^1 \cdot \alpha_2^0 = \alpha_1$	$\alpha_1 \cdot \alpha_2^0 = \alpha_1$	α_2
z-2	$\alpha_1^2 \cdot \alpha_2^1$	$\alpha_1 \cdot \alpha_2^1$	α_2
z-3	$\alpha_1^3 \cdot \alpha_2^3$	$\alpha_1 \cdot \alpha_2^2$	α_2
z-4	$\alpha_1^4 \cdot \alpha_2^6$	$\alpha_1 \cdot \alpha_2^3$	α_2
z-5	$\alpha_1^5 \cdot \alpha_2^{10}$	$\alpha_1 \cdot \alpha_2^4$	
总的：n 档	$\alpha_1^{z-n} \cdot \alpha_2^{\frac{(z-n)(z-n-1)}{2}}$	$\alpha_1 \cdot \alpha_2^{z-(n+1)}$	α_2
		$\alpha_1 \cdot \alpha_2^{z-n}$	

α_2 取经验值 1.1~1.2。

$$i_n = \alpha_1^{z-n} \alpha_2^{\frac{(z-n)(z-n-1)}{2}} \quad (2\text{-}109)$$

确定第一级传动比
$$i_1 = \alpha_1^{z-1} \alpha_2^{\frac{(z-1)(z-2)}{2}} \quad (2\text{-}110)$$

$$\alpha_1 = \sqrt[z-1]{\frac{i_1}{\alpha_2^{\frac{(z-1)(z-2)}{2}}}} \quad (2\text{-}111)$$

根据表 2-19、表 2-20 和公式（2-109）~（2-111）就可以计算、排布具体的传动比。

图 2-127 展示了两种不同传动比布置的车速—动力曲线，可以看出，几何传动比在高速区，驱动间隙较大，现在已经很少采用。

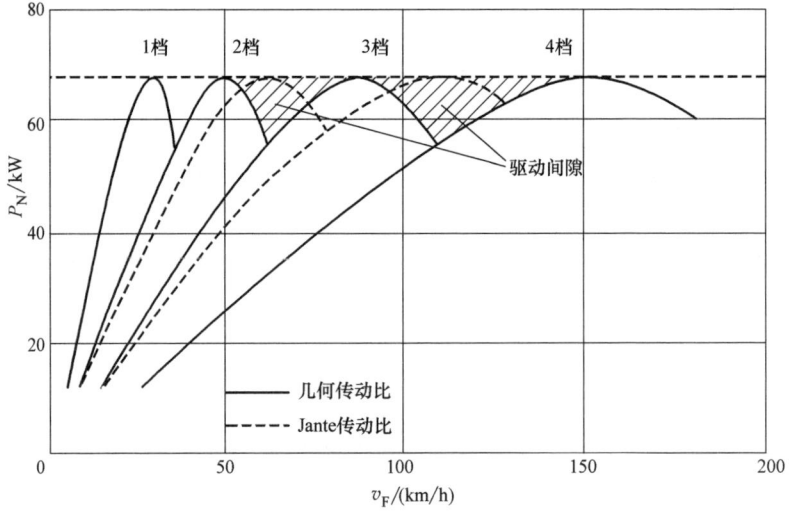

图 2-127 几何传动比与 Jante 传动比的对比

下面进一步说明两种传动比的速度和转矩关系。由图 2-128 可以看出，采用几何传动比时，无论车速如何增加，每档的转矩是在固定区间内变化的。而 Jante 传动比的设计却是每档转矩在逐渐减小的区间内变化。因此目前几何传动比在货车上仍有使用。

以下简要介绍常用变速器的具体结构设计、计算取值、力学分析等。在后续的章节中有进一步介绍。

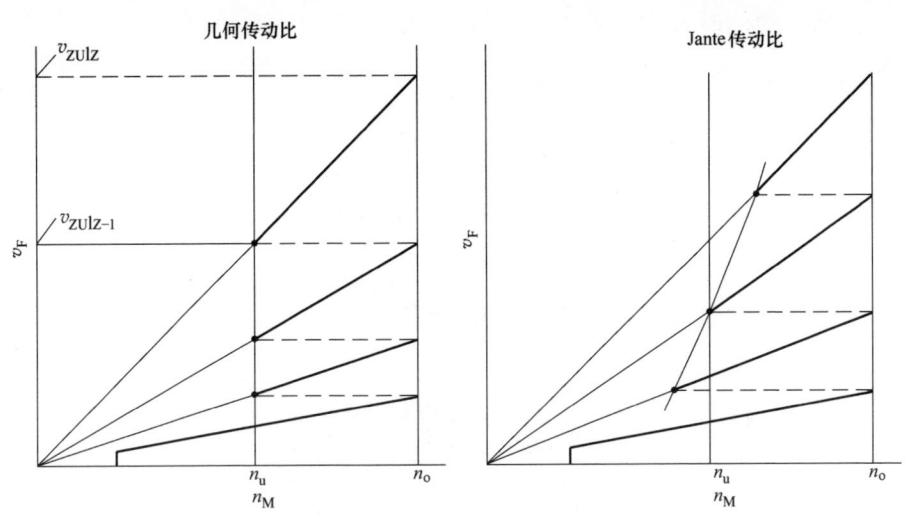

图 2-128　两种传动比布置所涉及的转矩—速度关系

（n_u 是低转速，n_o 是最大转速）

2.10.3　手动变速器

手动变速器属于所谓的"形状连接"的可切换变速器。它由以下部分组成：起步/分离离合器、同步齿轮和变速杆。现在的变速器都带有同步换档装置，使转速自动相互适应，换档过程更利落、平顺。图 2-129 所示为钢丝拉索式手动换档装置。

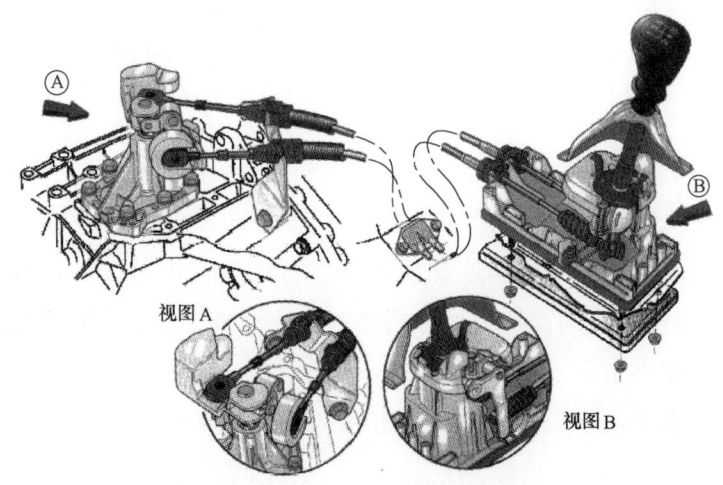

图 2-129　钢丝拉索式手动换档装置

根据力的传递方式，手动变速器有同轴和不同轴两种驱动方式，即输入和输出动力是否在一根轴上，如图2-130、图2-131所示。

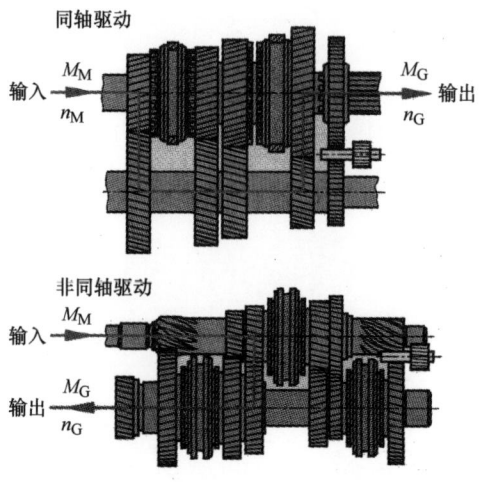

图2-130　同轴和非同轴驱动方式（彩图见书后）

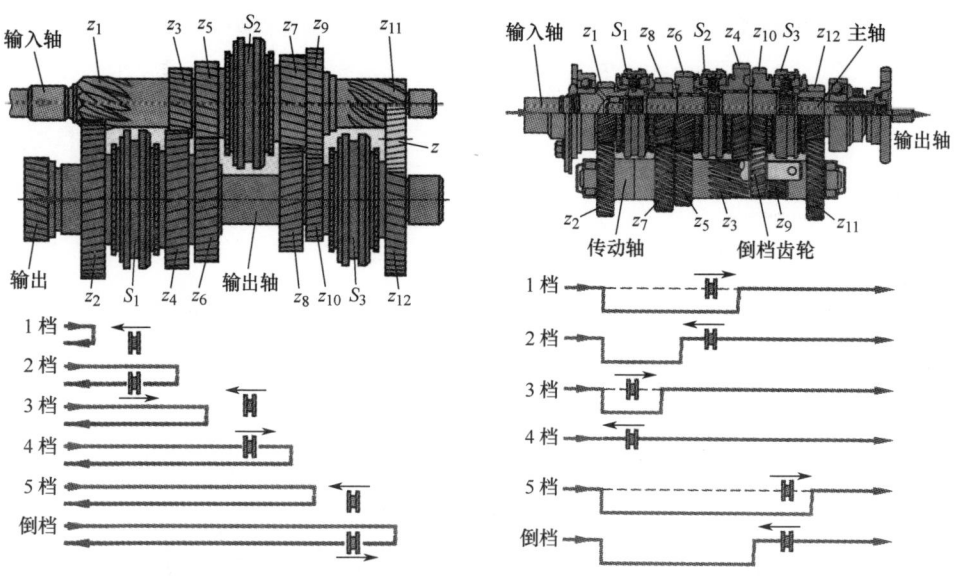

图2-131　同轴和非同轴驱动的各档位传力路线（彩图见书后）

2.10.4　自动变速器

这种变速器的档位是自动切换的。与手动变速器相比，自动变速器有两大优点：驾驶人不需要频繁换档，在行驶中可集中注意力，减轻驾驶强度；可以在驱动过程中自动调整到合适的转矩和车速。

通过3、4或5级档位的液力变矩器，可以做到几乎无级的变速。

自动变速器与手动变速器的区别在于：

1）在起步和换档过程中没有离合器，通过液力变矩器实现，由前级和后级叶轮完成，能量的传递以液体为媒介，缺点是存在过大的滑差和搅油损失。

2）在换档过程中无驱动力中断。

3）换档过程不需人工参与。

但也存在重量较高、摩擦损失大和价格高等缺点。

从技术上说，自动变速器又有全自动和半自动的区别。

2.10.5 双离合器传动

在手动换档的变速器中，另外一种方式是采用双离合器传动（图2-132）。它有两路平行的传动路线，动力要么在第一路，要么在第二路中传递。行驶中一直是两个档位同时连接着，一个档处于离合器接合状态，另一个档处于准备状态并靠近下一个要转换的档位。驾驶人切换档位时，离合器脱开已接合的档位，同时接合下一档位。这样驱动力没有中断，是持久

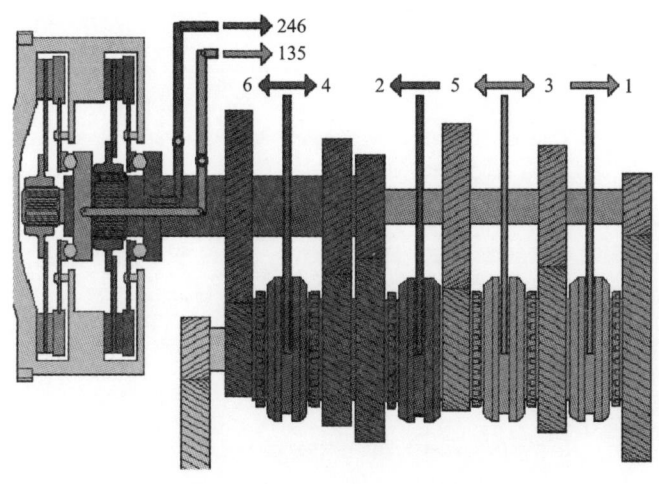

图2-132 双离合器传动（彩图见书后）

的驱动过程。

2.10.6 无级变速器

无级变速器（Continuously Variabel Transmisson，CVT）的最大优点是具有连续传动比。变速器根据载荷和发动机的响应运行在最佳运行点，这样驱动力曲线和传动比是完全吻合的，没有驱动间隙。无级变速器可以采用不同的方案实现，拉力材料可以选用V带或钢链。它属于"力连接"的驱动。采用钢链连接时，如果没有滑差，则可以认为是"形状连接"。

图2-133所示为一款无级变速器的简图。力的传递是靠一对传动带盘实现的。其中一个作为输入盘，另一个作为输出盘，每对盘副都可以沿轴向移动，使半径扩大、缩小，通过不同的盘半径实现变速的目的。

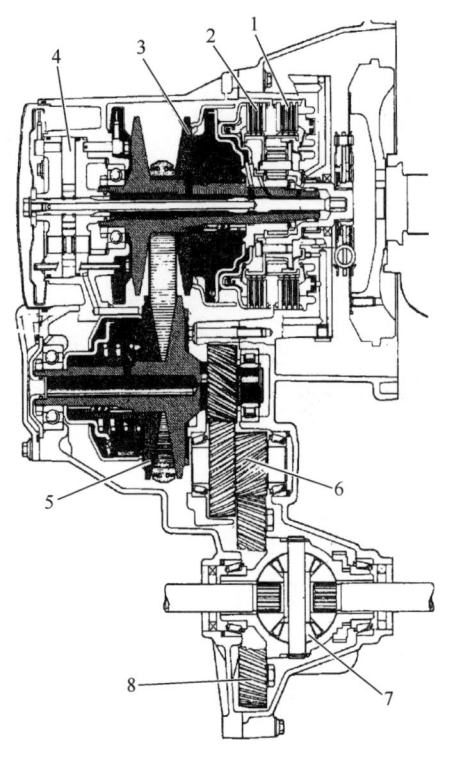

1—倒档离合器
2—前进档离合器
3—输入轴传动带盘
4—油泵
5—输出轴传动带盘
6—齿轮副
7—前轴差动器
8—轴端驱动齿轮

图2-133 无级变速器

2.10.7 离合器

离合器是发动机与变速器之间力的传递和切断装置，其主要作用是起步接合、换档脱离和发动机的振动缓冲。最常见的离合器是摩擦式离合器，它由固定在平衡轮上的膜片弹簧/螺旋弹簧、压板和中间轴等组成，结构如图2-134所示。

离合器必须能可靠地传递发动机转矩，就是所谓的滑动转矩必须大于发动机的转矩。即便在磨损和发热的情况下，离合器能传递的转矩也必须大于发动机的输出转矩。具体技术要求为：在最大载荷、正常运行条件下、最大12%坡度，5min内进入稳定运行。

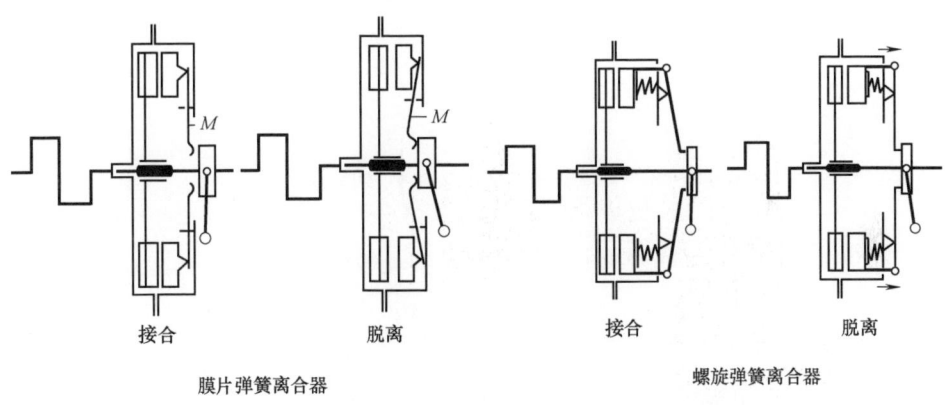

图2-134 膜片弹簧离合器和螺旋弹簧离合器简图

不断的使用、磨损和热过载，都会对离合器压盘的摩擦系数造成影响，图2-135描述了离合器的转矩随摩擦系数的变化情况。离合器的设计应具有很高的宽容度，无论热过载、磨损，其最小转矩仍然要大于发动机能提供的最大转矩，这是设计的基本要求。

常用的膜片弹簧离合器结构如图2-136所示，它具有较轻的分量、简单的结构和低廉的价格，弹簧特性较少衰减，且没有离心力，因此在轿车中运用广泛，不足之处是弹簧特性不可校正（螺旋弹簧可通过压紧力的大小来调整）。

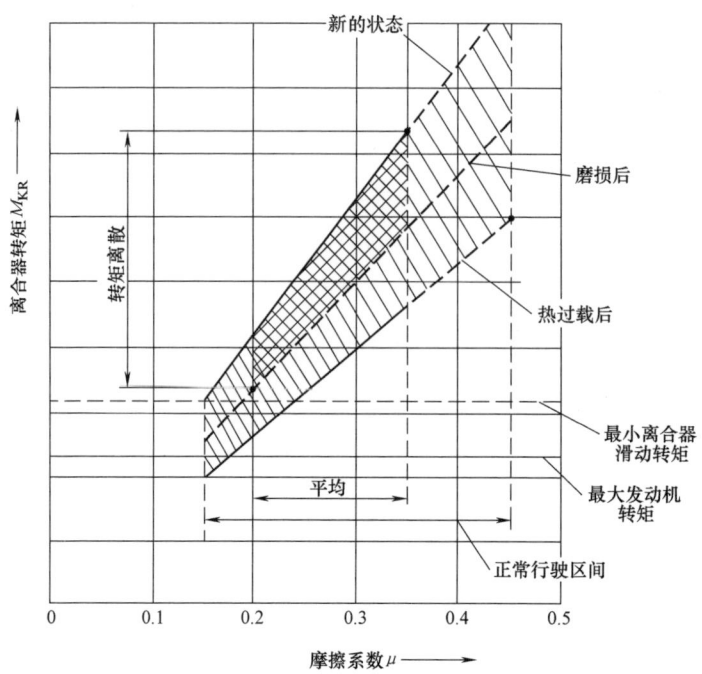

图 2-135　离合器转矩随摩擦系数的变化情况

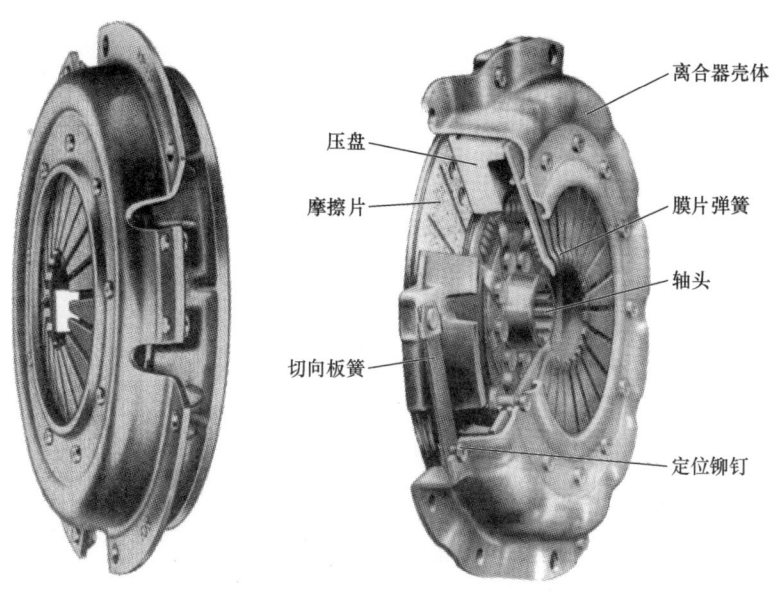

图 2-136　膜片弹簧离合器结构图

2.11 底盘和转向机构

2.11.1 转向机构概述

转向机构作为行驶机构中的安全相关件,具有非常重要的作用。同时因其与转向特性有关,会直接影响到行驶特性。本节主要介绍转向机构的构造要点和转向运动学。

对转向机构总的要求有以下几点:
1) 行驶安全性。
2) 既能直接操纵,又要轻便灵巧。
3) 较好的力反馈(路感)和冲击力缓冲。
4) 精准的转向。

图 2-137 所示为转向机构的工作示意图。通过转动转向盘,带动转向柱,再通过蜗杆机构将圆周方向的运动转变成转向拉杆的直线运动。转向系统的一系列杆件所用材料要有很大的断裂延伸率,因此常用调质钢制造。

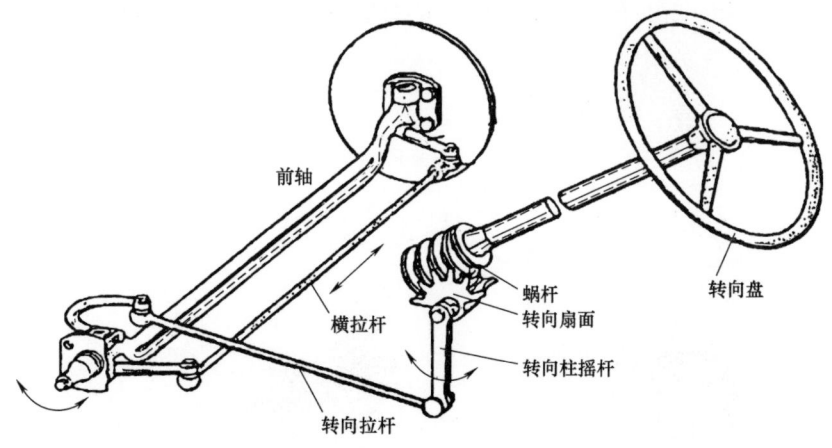

图 2-137　转向机构工作示意图

2.11.2 转向类型

根据历史的发展和使用条件转向类型分两类：最基本的转盘转向和常用的转向节转向。

1. 转盘转向

图 2-138 所示为转盘转向的示意图。转向时，不仅车轮转动，整个前轴也一起转动，前轴与转盘是固定连接在一起的。

转盘转向的优点是简单，车轮滚动时的运动学指向是正确的。外圈的车轮和内圈的车轮永远指向旋转中心。缺点是需要很大的安装空间，且在强烈的转向冲击下稳固性较差，目前仅用在挂车上。

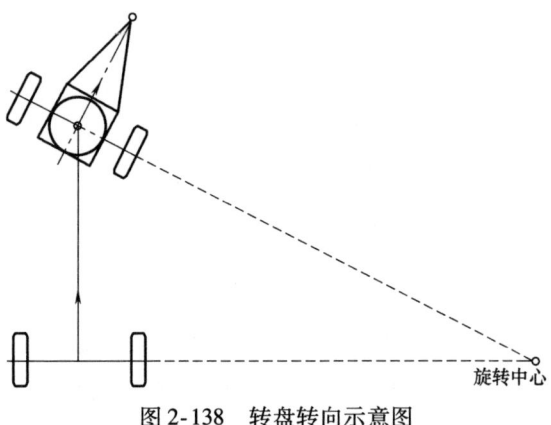

图 2-138　转盘转向示意图

2. 转向节转向

转向节转向如图 2-139 所示。车轮相对车身转动，并相对旋转中心转动。外圈的车轮和内圈的车轮相对旋转中心具有不同的偏斜角 α_L 和 β_L。

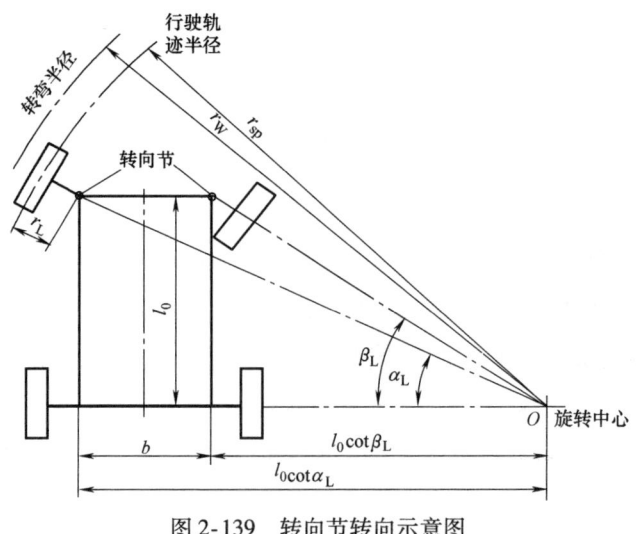

图 2-139　转向节转向示意图

2.11.3 转向布置

转向布置和车辆的使用要求相关，常见的转向布置如下。

1. Ackermann 布置

Ackermann 布置也称"运动学全符合"布置，如图 2-140 所示。

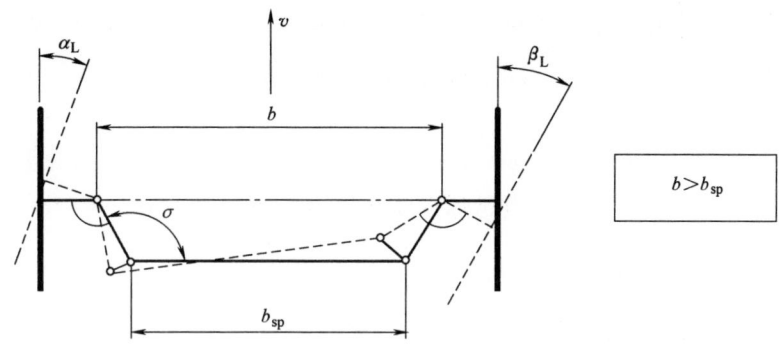

图 2-140 运动学正确的转向梯形图

图 2-140 中，b 为转向节的距离；b_{sp} 为转向横拉杆长度。

由图 2-139 可见，两个车轮均相对旋转中心转动，不考虑偏航角的影响，Ackermann 布置有以下的公式：

$$l_0 \cot\alpha_L - l_0 \cot\beta_L = b \implies \cot\alpha_L - \cot\beta_L = \frac{b}{l_0} \quad (2\text{-}112)$$

理论的行驶轨迹半径有以下公式：

$$\sin\alpha_L = \frac{l_0}{r_{sp} - r_L} \implies r_{sp} = \frac{l_0}{\sin\alpha_L} + r_L \quad (2\text{-}113)$$

式中 α_L——外圈车轮的偏斜角；

β_L——内圈车轮的偏斜角。

Ackermann 布置是一种理想方案，转向节上的车轮没有被强迫滚动。而且在慢速弯道行驶时，车轮没有偏航角。图 2-140 还同时表示了轴体、转向横拉杆等部件。内圈的车轮偏斜角大于外圈。

相对于图 2-140 所示情况，图 2-141 所示为一种运动学错误的转向梯形图，即转向横拉杆长度 b_{sp} 大于转向节的距离 b。

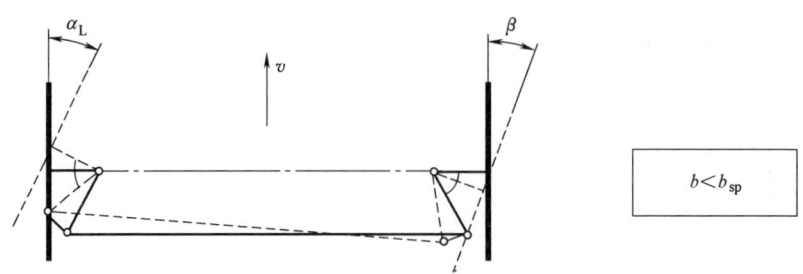

图 2-141　运动学错误的转向梯形图

图 2-140 和图 2-141 都是后置横拉杆。实践中也可以采用前置横拉杆的方案，如图 2-142 所示，这也是运动学正确的方案，通常用于后置空间紧张的情况。

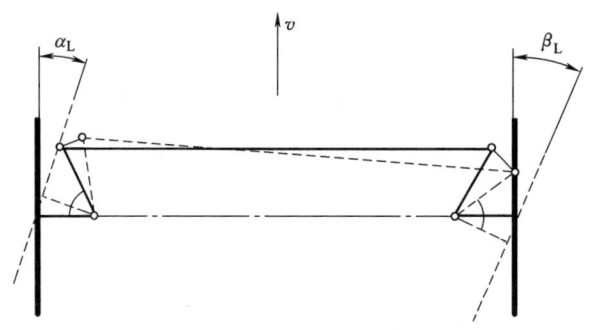

图 2-142　运动学正确的前置转向梯形图

2. 平行偏斜角布置

采用平行偏斜角布置的汽车的外圈和内圈车轮具有相同的偏斜角，这在运动学上是错误的。两个车轮在强制的"双轨"上运行，转向时有直接的反作用力，在弯道快速行驶时，外圈车轮上产生较大正向压力，如图 2-143 所示。

对于实际运用中的转向布置，要根据使用情况和行驶特性具体分析、选用。慢速、重载车辆要使用 Ackermann 布置，使车辆在弯道行驶时的滚动阻力尽可能小。快速和运动车辆使用矩形布置，因为反作用力的要求，需要平行偏斜角。

由图 2-137，可看出在整个转向系内具有转向传动比的概念。转向传动比由两部分构成：转向盘到转向柱的传动比，转向柱到车轮转向角的传动

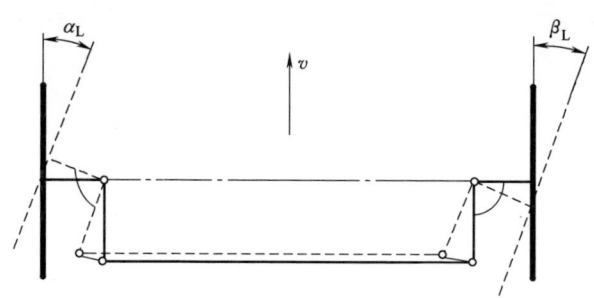

图 2-143　转向矩形布置具有平行偏斜角

比。转向柱传动比，对于轿车为 15～20；对于货车为 20～40。

$$转向柱传动比 = \frac{转向盘转动角度}{转向柱转动角度}$$

$$转向齿条传动比 = \frac{转向柱转动角度}{轮胎转动角度中值}$$

该传动比在整个转向过程中不是恒定的，而是根据转向梯形图在变化。

$$总的转向传动比 = \frac{转向盘转动角度}{轮胎转动角度中值}$$

对于轿车，总转向传动比在最大转向角度区为 16～21，在直线行驶区为 10～14。

2.11.4　转向特性

下面的几个概念与行驶稳定性相关。转向特性在某些程度上甚至决定了车辆的横向动力学特性。该特性是通过前后轴的偏斜角确定的。

1. 过度转向

后轴的偏斜角大于前轴，车辆在弯道中行驶时，车辆"旋入"，为减少这种旋转倾向，驾驶人必须降低车速，来"回转"。

2. 不足转向

前轴的偏斜角大于后轴，车辆在弯道中行驶时，车辆"旋出"，为保持沿圆弧行驶，驾驶人必须继续转向。大部分轿车的设计属于该转向特性。

3. 中性转向

前后轴的偏斜角是相同的，在弯道中行驶，车速增加，车辆在圆弧上保持稳定，不需要修正转向。

图 2-144 对比了过度转向和不足转向的偏斜角。

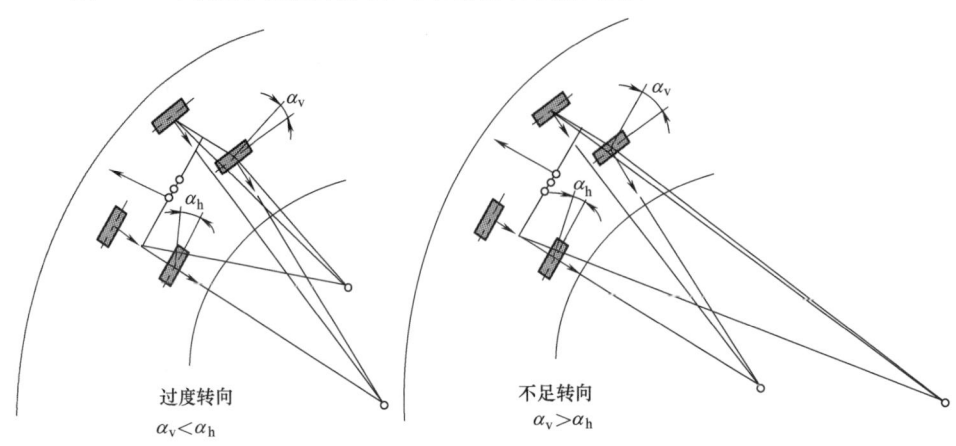

图 2-144 过度转向和不足转向

2.11.5 行驶机构定义值

下面定义行驶机构的相关参数，这些参数贯彻整个底盘技术和行驶运动学和动力学。

1. 前束

正前束和负前束都是角度，如图 2-145 所示，ε 指在车辆直线行驶中，车轮径向平面偏离行驶直线的值。一般通过测量轮毂边缘的距离差值来确定，该差值一般约为 2mm。

直线行驶的车辆的车轮具有与车辆相适应的前束角，这样可引导相应的侧向力。预应力加载在横拉杆上，滚动阻力和驱动力因前束的存在而有所改

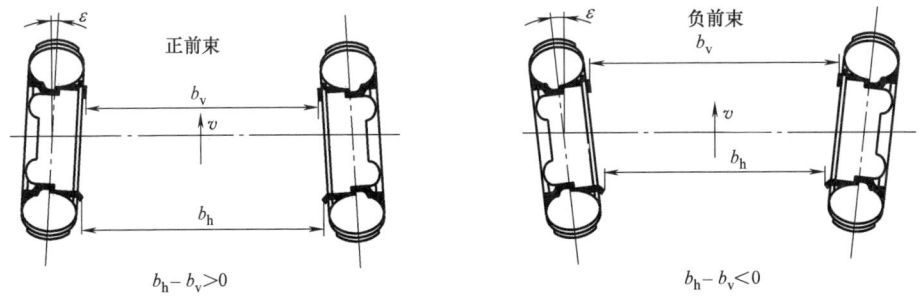

图 2-145 正负前束角（俯视）

变。由于增加了侧向力,前束角同时也增加了轮胎支撑平面上的行驶阻力。

2. 外倾

外倾角 γ 是车轮径向平面与轮胎接地点垂直线的偏离角,如图 2-146 所示。负外倾角提高了外圈车轮的侧向力,较小的正外倾角可减轻轮胎在拱形路面上的磨损。

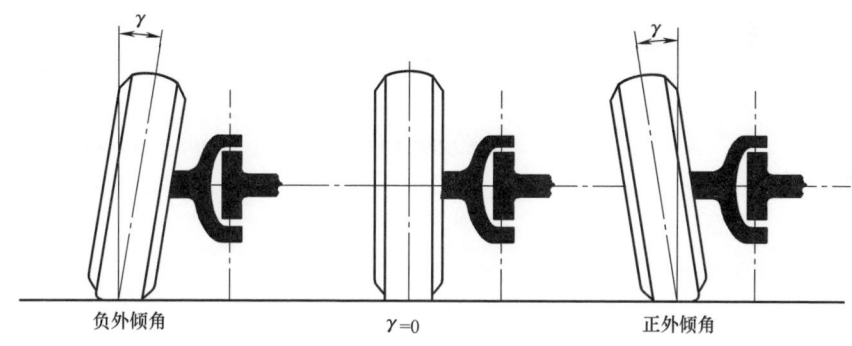

图 2-146　正负外倾角

3. 张开角

张开角 σ 是转向轴中心线和地面垂直线的夹角,如图 2-147 所示。该角的存在可以减少转向滚动角。

4. 后倾

后倾可用后倾角 β 也可用后倾值 n_r 来表示。轮胎的后倾值 n_r 指侧向力进入点与轮胎中轴线的距离,如图 2-148 所示。

较大的后倾可使轮胎更具稳定性,同时影响了转向的回正力矩。我国称该角为主销后倾角。

还有一些参数如转向滚动半径,以及上述几种数值相互之间的影响和作用,在底盘和行驶动力学等章节中继续讨论。

2.11.6　车轮悬架

底盘机构中的另一个重要部件是单轮的或同轴的车轮悬架,车轮悬架对前束、外倾都有影响,它还有比较复杂的运动学和动力学特性,同时对侧向力也具有相应的反馈。

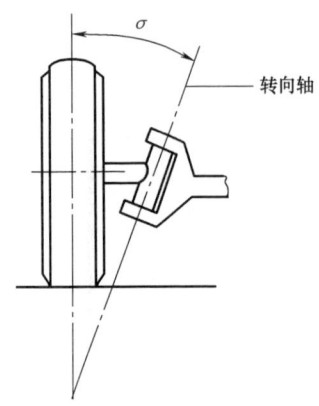
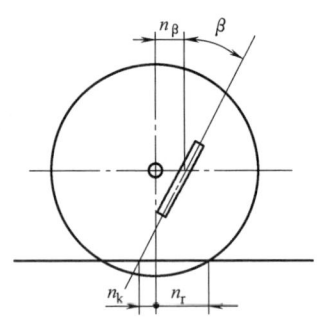

图 2-147 张开角　　　　　图 2-148 后倾的定义

常用的悬架形式有：硬轴、半硬轴和独立悬架三大类型。

1. 硬轴类

硬轴类悬架又分以下三种：

1) 带集成变速器的硬轴悬架。图 2-149 所示硬轴悬架带有集成变速器，并带差速器和轴端减速器。具有很大的簧下质量，降低了舒适性和安全性。运动学轨迹良好，占用空间较小，造价低廉。

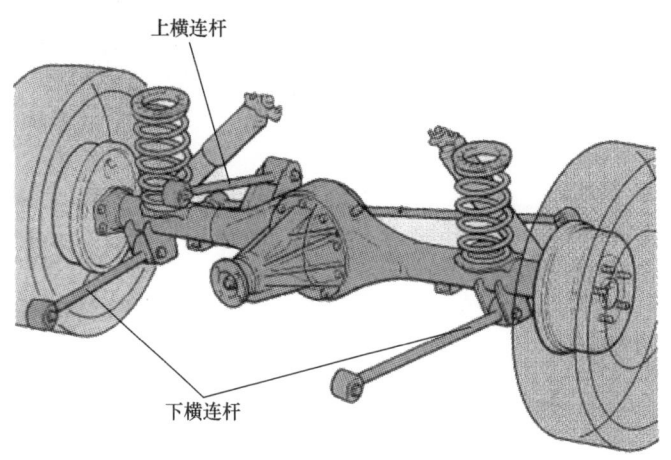

图 2-149 带集成变速器的硬轴悬架（彩图见书后）

2) 带分离变速器的硬轴（又称 De-Dion 轴）如图 2-150 所示。为减少簧下质量，将变速器从硬轴上独立出来。行驶中的颠簸较小，硬轴的侧向力由瓦特杆承担，纵向力由三角形长梁引导。

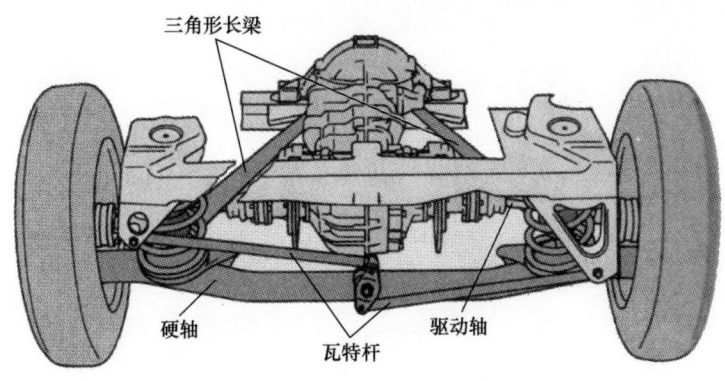

图 2-150　De-Dion 轴（彩图见书后）

3）硬轴作为转向轴如图 2-151 所示，其材料一般为调质钢，经过锻打处理，采用 T 字形截面形式。

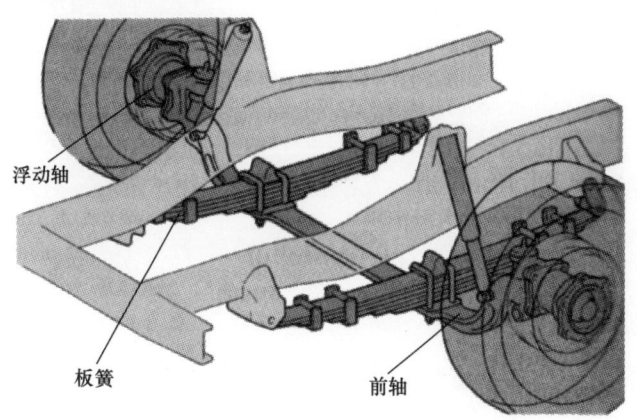

图 2-151　硬轴作为转向轴（彩图见书后）

2. 半硬轴类

半硬轴的特性是具有平衡的弹簧力时，性能如同硬轴。弹簧力不平衡时，性能如同单轮独立悬架。其优点是重量轻、占用空间少、价格低廉。它又可分两类：

1）联合连杆硬轴又称扭力梁硬轴，如图 2-152 所示。它悬挂在长连杆上，且长连杆与横梁焊接在一起。该横梁采用弹簧钢制造，横梁通过橡胶—金属复合接点与车身连接在一起。它具有较好的运动学特性，缺点是无法调整前束和外倾。

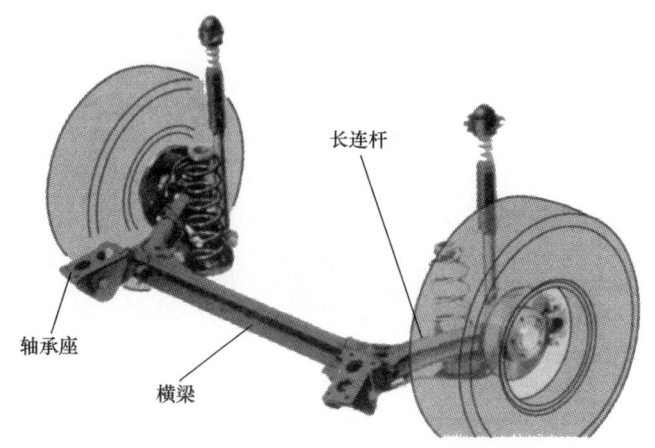

图 2-152 联合连杆硬轴（彩图见书后）

2）双连杆硬轴如图 2-153 所示，采用两条长连杆和横梁连接的方式，横梁为具有 U 形截面的扭转梁。与图 2-152 不同的是其横梁焊接在长连杆中部，而不是端部。当有侧向力时，横梁有如同斜连杆的作用。

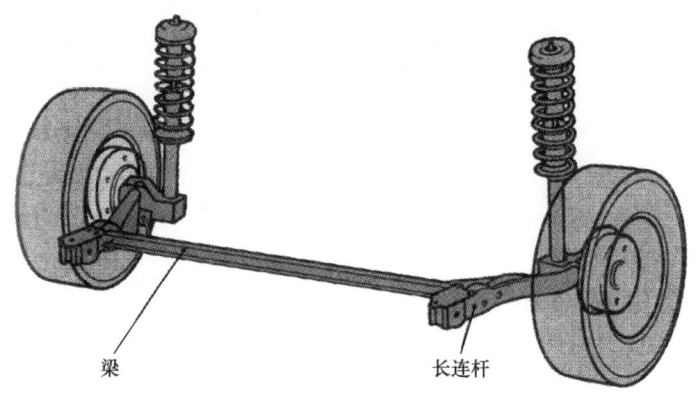

图 2-153 双连杆硬轴（彩图见书后）

3. 独立悬架

具有较高动力学特性的车辆大都采用独立悬架。独立悬架可明显减少簧下质量，压缩和伸长弹簧时对车轮影响不大。前轴一般采用长连杆、双横连杆（又称双叉、双横臂）、麦弗逊等形式。后轴一般采用长连杆和斜连杆，对于要求更高的车辆可以采用前后多连杆结构。

1）双横连杆（双叉）悬架如图 2-154 所示。它具有很好的运动学特性，重量轻，没有安装空间的限制，对制造公差敏感。

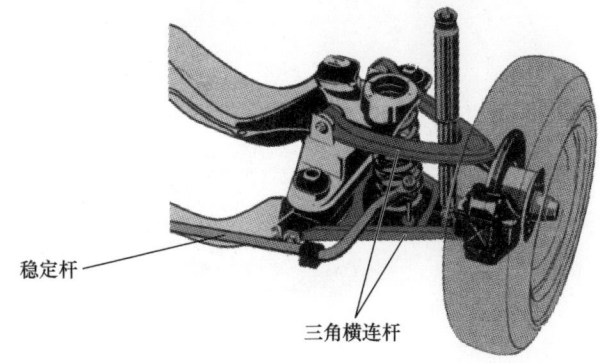

图 2-154　双横连杆悬架（不改变外倾，前束有所改变，彩图见书后）

2）麦弗逊悬架如图 2-155 所示，它是横连杆和弹簧柱综合的形式。重量较轻，价格便宜，容易安装，对于制造公差不敏感，具有较好的运动学表现。常用在前轴，越野车也可用在后轴。其最大的不足是占用空间较大，尤其是装配大功率发动机时，制动系统、转向系统的空间都会受影响。

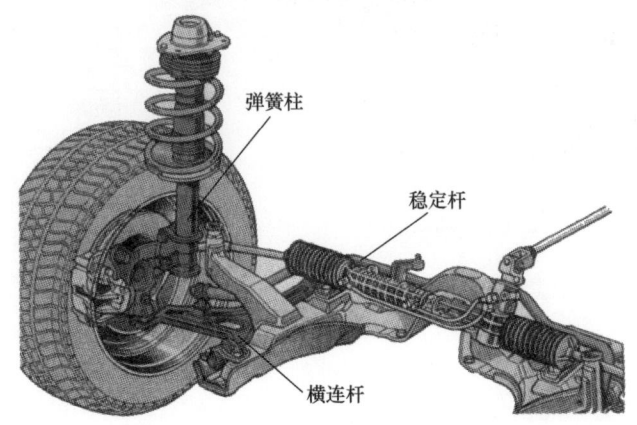

图 2-155　麦弗逊悬架（彩图见书后）

3）斜连杆后轴如图 2-156 所示，它具有很小的前束改变、较好的运动学特性，安装简单。对于侧向力过度转向，需要连接副车架。

4）空间连杆轴如图 2-157 所示，它是双横连杆的进化结构，增加了稳定杆，经常采用五连杆的形式。它提高了空间准确性，具有良好的运动学特性，造价较高，安装和修理不便。

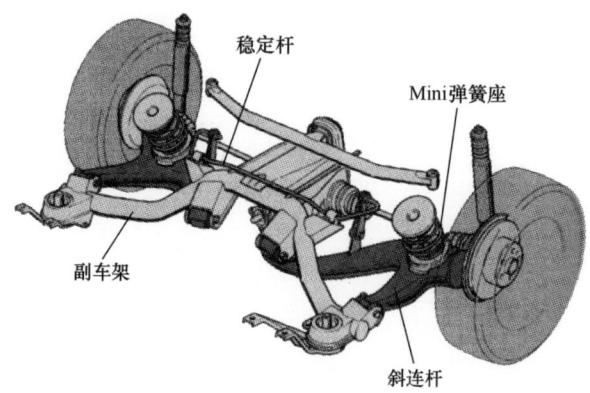

图 2-156 斜连杆后轴（彩图见书后）

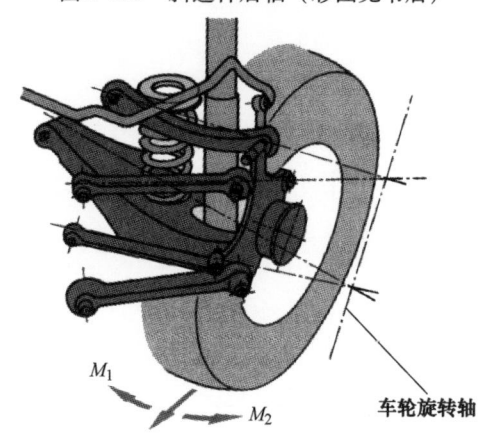

图 2-157 空间连杆轴（彩图见书后）

第 3 章

车辆空气动力学

3.1 概述

车辆的功率、行驶特性和舒适性都与空气动力学有关。对于现代车辆，较低的空气阻力系数是经济运行的重要前提。此外，直线稳定性、侧风稳定性、风噪声、车身污染、发动机冷却、变速器和制动装置的冷却、空调和通风装置等也都与空气动力学相关。图 3-1 介绍了汽车空气动力学的相关研究方向和内容。

图 3-1　汽车空气动力学的相关研究方向和内容

顾客购买新车，对汽车功率、最高车速和加速能力等都很关心，这类问题除与发动机相关外，与空气阻力也密切相关。

在车厢内部，气体的循环和置换、乘员和驾驶人的舒适性、行驶噪声等问题也都是空气动力学研究的领域。

车辆空气动力学相对飞机而言属于低速空气动力学，其适用的流体理论和研究方法与飞机不尽相同。汽车车身基本是水滴形，而飞机是以薄翼形为基础的。汽车与行驶路面的距离很小，而飞机可在四周无限大的空间飞行。汽车的空气阻力主要是压力阻力（90%～95%）和少量的摩擦阻力（5%～10%），而飞机机翼是5%的压力阻力，95%的摩擦阻力。这些都决定了汽车空气动力学有相对独特的理论。

汽车空气阻力又可细分为形状阻力、感应阻力（又称诱导阻力）、冷却阻力、光滑度阻力和干扰阻力。

后续章节会进一步讨论各种方式的阻力。

个人乘用车、商用车、竞技车和摩托车的空气动力学都是以外界绕流（绕过车身外表面）和通过发动机室、乘员室的过流（通过气流）来描述的。这两种流体在计算和模拟上是有理论联系的，因此在实验中也常采用相同的处理方法。

目前采用的实验方法基本都是外部实验方法，即以车辆为不变化的对象，研究流体的特性。最重要的实验方法是风洞实验和道路实验。风洞实验可以研究和模拟车辆的部分行驶特性及造型特征，研究在各种路况和气候状况下的安全性和舒适性。道路实验是通过专门的仪器和设备，进一步模拟和计算车辆在实际行驶过程中产生的各种问题。

随着计算机技术的发展，产生了数字化的流体技术。计算机硬件和软件的价格下降，使数字化技术在整车开发中有了更多运用，缩短了开发周期，降低了成本。当然，在零部件的开发过程中，实验法和数学计算法的相互比照和相互验证，对汽车设计具有更广泛的意义，尤其在空气阻力问题上，数学模型和真实物理模型是贯穿于整个设计过程的。

空气动力学和车辆运用中的一些问题如下。

从图 3-2 中可以看出，在车身上下形成的压力差，就是一个垂直于行驶方向的升力。总的来说，该升力是正的，结果就是车身被抬起，车轮卸去部分载荷。这对保持正向稳定行驶是不利的，当有侧风影响时，会增加轮胎的倾斜角。而一旦升力不作用在车辆重心，以及车轮被部分抬起时，会带来更大的俯仰力矩，从而引起前后轴卸载值不同，最终导致车辆在一定行驶速度下的操纵性改变。

图 3-2　气流绕过一辆轿车车身的情况和压力分布

当车辆以小于 120km/h 的速度匀速行驶时，升力和俯仰力矩对行驶特性的影响很小，在侧风下也是如此。但当车速更高时，升力和俯仰力矩会使车辆的操纵性变坏。采用导流翼板是比较常用的改善手段。对运动型车辆来说，车轮的载荷决定了转弯的极限速度，加装导流翼板后，产生了局部附加压力，使车身抓地力提高，但也会引起总的空气阻力升高。在这种车辆的设计中，必须找到一个阻力与升力的最佳结合点。

在侧风下，绕流不是对称于车身纵向中心线分布的。通过外形设计，必须将附加的力和力矩控制在一个较小的范围内，确保行驶方向不需要驾驶人采取措施来纠正。

从图 3-2 中还可以看出，在车尾部死水区的气流可以引起车身后部的污染，车轮扬起的尘土和水滴附着在车尾部。由于车尾部的形状对空气阻力影响很大，是气动外形的重点部位，车辆背部的防污染设计不能单独处理，需要与空气阻力结合计算。

车辆的进入气流中流入的气体是由车首部位决定的。为更好地冷却发动机，需要更高的静压力，因此进入气流的入口要更接近流体的压入点（静压点）。但为获得更低的空气阻力，该压入点需要更深地排布，这也是一对矛盾因素。

如上所述，过流问题主要涉及发动机冷却和乘员室通风。对于乘员室有以下三点要求：

1）足够的交换空气量，新鲜空气和脏空气的良好置换。

2）内部的空调具有足够的制冷（热）量，夏季和冬季运行时使驾乘者具有较高心理舒适度。

3）气流有组织地通过，去除风窗玻璃上的冰雪和雾气。

对货车来说，要求具有最大的装载量和最小的运输成本，这体现在空气动力学上就是要在保持车身内容积不变的情况下降低空气阻力。常用的方法是加装导流板，改善动力车头的外形，或给车厢加装侧围等。

对铁路车辆来说，汽车空气动力学的理论也基本适用。区别在于铁路车辆往往是多节的，是细长比很大的形体，以至于火车车厢的尾部有极大的边界层。计算时，车头和车尾作为最关键的部位处理。铁路车辆的空气动力学研究要达到以下目的：

1）当车辆通过车站和隧道时，压力尖峰要小。

2）较低的空气阻力。

3）降低风噪声。

4）控制侧风影响。

5）内外部气流的交换。

3.2 车辆空气动力学发展简史

空气动力学纳入汽车技术经历了一个相对缓慢的过程。其最初来源是仿生学。汽车诞生之初，欧洲道路状况很差，加之发动机动力孱弱，其行驶速度通常较低。车身也是借用马车车身，作用仅仅是遮风挡雨，在外形上对空气动力学也谈不上有什么要求。恰恰由于车速较低，即使方方正正的车身对行驶性能也没有太大影响。随着车速的提高，空气动力学才逐渐受到重视，进而涌现出很多研究者和实践家。无论何种涉及车辆空气动力学的研究，都会引用一个关键的系数，就是空气阻力系数 C_W，可以说：**整个汽车空气动力学的发展都是以空气阻力系数 C_W 为标志的。**

当时典型的技术标志是福特 T 型车，其车身行驶方向投影面积 A 为 $2.6m^2$，空气阻力系数 C_W 为 0.76。现代空气阻力系数就是在这个基础上发展起来的。

初期的空气动力学车身形状是船形的，与海军舰艇形状类似，几乎相当于给气艇加上轮子。与福特 T 型车等采用箱型车身的车辆相比，它们无疑具有较低的空气阻力，如图 3-3 所示。

图 3-3　1899 年的船形车身（来自 Camille Jenatzy）

第一次世界大战后，空气动力学的发展聚焦于以下三方面：

1）分析具体的空气阻力。

2）Ludwig Prandtl 和 Gustave Eiffel 建立空气阻力的基本方程。

3）第一次世界大战后，德国被禁止开展飞机研发工作，因此很多飞机工程师转而研究空气动力学在汽车上的运用，借鉴了飞机的技术，同时期诞生了"流线形"车身。

当时，Edmund Rumpler 先生凭借自己的"Rumpler-Taube"车型在战争中崭露头角。从 1919 年起发展了所谓的水滴形车身，这种形式曾被认为是流体力学的完美形式。1922 年，他在哥廷根的风洞中以 1:7.5 的模型进行实验，结果表明水滴形车身的空气阻力系数是一个"正常形状"的1/3。同时由于紊流区较少，车身周围的气流较平滑，车身也容易保持干净。

1979年，科研人员对保存在德意志博物馆里的Rumpler原始车型（1922年产）做了风洞实验，得到如下较好的气动结果：C_W为0.28，迎风投影面积A为2.57m^2。Paul Jaray几乎与Rumpler同时开始了流线形车身的研究。他于1922年在Friedlichshafen的飞艇风洞中，测试了几种线形的车辆模型，主要是测定空气阻力系数，如图3-4所示。当一个流线形的对称回旋体长度是直径的5倍，在空中悬挂或远离地面时，C_W达到惊人的0.045。而随着车辆模型逐渐接近地面，其C_W值也逐渐增大。同时，Jaray也注意到，在此过程中，当绕过车身的流体失去回旋体的对称性时，车身尾部会产生流体脱离现象，这也是增加空气阻力的原因，这一观点如今仍被认可。

同时他还得出另外一些结论：在车身的迎风面，运用尽量多的圆角也能大幅降低空气阻力。车身装上车轮时，C_W提高至0.15，是悬挂体的3倍。即便如此，与当时平均C_W为0.7的情况相比，这已经是很大的进步了。

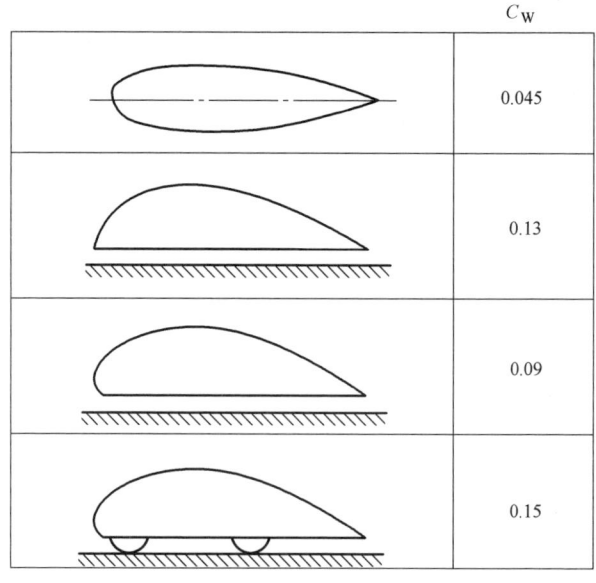

图3-4　1922年Paul Jaray对半水滴外形的测量结果（接近地面的空气阻力系数）

Jaray认为，新车型设计应采用水滴形思路，之后他改进了相关车型的尾部设计，使尾部的空气阻力更小。如图3-5、图3-6所示，当时Jaray设计的车型的空气阻力系数已经可以减小到同期普通车型的一半。后来他又在车尾部增加了垂直稳定尾翼,将后车轮部分覆盖,使 C_W 进一步降低到 0.244。覆盖车轮的缺点是使车辆后部利用率有所下降。有趣的是,直到今天,很多车辆的尾部仍然很长,当然这仅仅出现在后置发动机的车型中,如保时捷 911(图 3-6),其 2004 款的设计仍沿用了长尾形状,与 1967 年前的设计并没有很大区别。

图 3-5　1937 款 Tatra Typ 87 型车现存于德意志博物馆

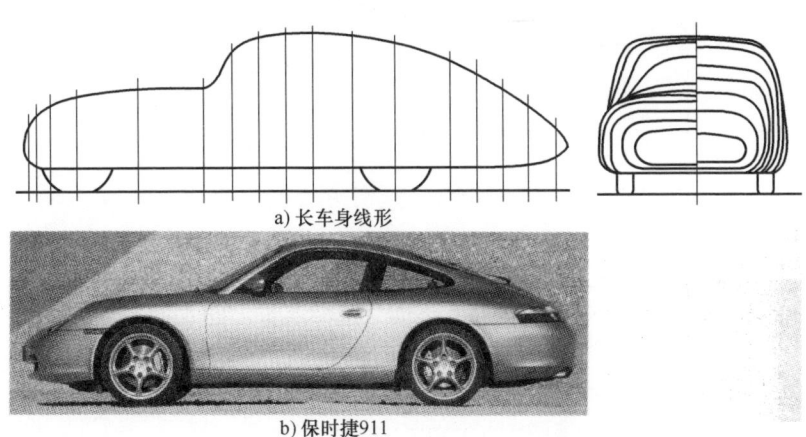

a) 长车身线形

b) 保时捷 911

图 3-6　保时捷 911 车身线形和实车

20 世纪 30 年代,美国密西根州的 Walter E. Lay 和德国斯图加特高等技术大学汽车发动机研究所的 Kamm 教授,几乎同时开始了参数化变形设计。

Lay 在 1933 年提出了一种论点：每加仑汽油在正确的流线形设计下能使车辆行驶 50mile 吗？图 3-7 所示实验结果表明了不同部位的优化设计，如车首部和后背的形状对 C_W 的影响。但 Lay 的模型在重要细节上有不足之处，如在侧面上所有的边棱都看作是非圆角，这样紊流所造成的气流分离和气流扰动就轻易掩盖了其他形状细节对 C_W 的影响。

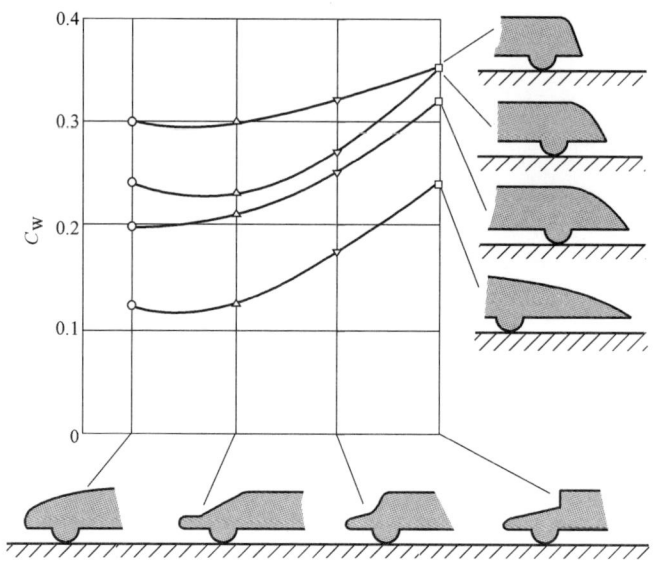

图 3-7　1933 年 Lay 的实验结果，车身前部和尾部造型对空气阻力系数的影响

Kamm 先生和他的同事在 20 世纪 30 年代中期开始了对钝角形式车身后背的研究。从图 3-8 中可以看出，当车身的尾部主框架轮廓在逐渐柔和地向内收敛时，流体还是贴近车身保持直线流动的，如图 3-8 中虚线所示。当后背被如同 Kamm 曲线那样垂直切断时，在尾部出现压力升高现象，同时在切断处引起了流体脱离。此垂直切断处后面是死水区，在死水区随着压力的恢复，产生了一个适量的负压区，综合结果是较低的空气阻力。

根据 Kamm 先生的思路，做了一系列的实验，其中一个就是戴姆勒－奔驰的 W158（1∶5）和 Kamm 1 号模型（1∶5，简称 K1）在风洞中的对比实验，如图 3-9 所示。相比之下，W158 几乎到处都是流体脱离现象（只有顶部例外）。这样的流体形式导致了明显不同的结果：W158 的 C_W 为 0.51，K1 的 C_W 为 0.21。

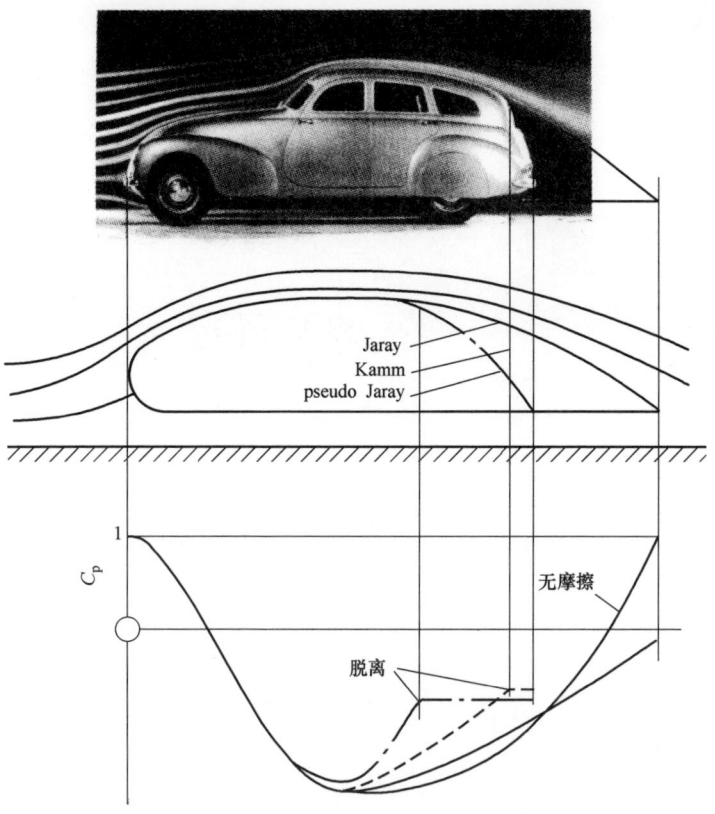

图 3-8 Kamm 尾部和其他尾部造型的对比及其压力分布

图 3-9 戴姆勒－奔驰 W158 与 K1 的对比

之后 K1 的尾部被进一步优化，形成了 K3 的形式。在风洞中的实验表明，流体一直在车身表面附着，直到被钝角切断处，如图 3-10 所示。在大众公司的风洞中测量值 C_W 为 0.24。随后对这类造型的研究在汽车动力学的其他方面也进行了有益尝试，如侧风的影响、行驶中的稳定性问题。

图 3-10　1938~1939 年的 K3 在大众公司的风洞实验中

1933 年，Kamm 先生提出了对于在高速行驶中的车辆，可以通过其自身的空气动力效应来提高稳定性。图 3-5 所示的 Tatra Typ 87，就是第一种量产的装备纵向垂直尾翼的汽车，这种小尾翼减小了偏航力矩。欧宝公司在 1928 年也开发了减小升力的水平翼板，在图 3-11 中，新翼板如同飞机机翼装在车身两侧，其翼形为上拱的曲线，使车身产生了一个负升力。当今很多赛车采用了类似的负升力尾翼，部分轿车上也有采用。

图 3-11　1928 年的欧宝 RAK 2 采用装在车身侧面的水平飞翼

随后，科研人员逐渐开始对侧风影响进行研究。车辆的侧风稳定性是一个长久的话题：车辆的侧风敏感性到底有多大？

　　车辆运动学研究者和驾驶人都必须注意到以下几点：重心位置、回旋惯性力矩、驱动轴的动力学特性和轮胎特性等。以往一直采用驾驶人和车辆共同在时间域内做实验的方式，驾驶人对车辆在侧风中的行驶状况做出反应，通过主动参与修正来保证车辆的侧风稳定性。今天的研究是将驾驶人和车辆作为同一系统在频率域中研究，通过建立数学模型，模拟侧风的强度和方向及自然的紊流。也可以模拟各种地形，如山区、丘陵、植被下的侧风数值及减少侧风的方法，如加装路边屏障等。

　　商用车的空气动力学研究开始于20世纪30年代，当时的主要研究对象是在高速公路上行驶的载人或载货商用车。由于高物流量的需求，人们急于解决客车和货车的空气阻力问题。空气动力学理论第一次运用在客车上是1936款Trau Bus（图3-12），它采用了类似轿车的外形，在地板下布置发动机或后置发动机，以更多地载客。该车头部外形很圆滑，车身其他部位也采用了圆弧形。这些设计开始都是"根据感觉"来做的，客车实际上是被当作放大的轿车来对待。

图3-12　1936款Trau Bus

　　1936年konig在客车上采用了Kamm尾部。

　　具体商用车的流体力学部分，在后续章节有详细介绍。

　　1982年，奥迪100-3作为第一型"细节优化"的量产车投放市场。细节优化如图3-13所示，车身顶部和前后部的总体优化可以最多降低21%的C_W。1979年，大众和欧宝公司都进入细节优化阶段，但很快就到达了设计极限，当时的C_W已经几乎不可能低于0.4，如图3-13、图3-14所示。空气动力学发展到这一地步,基本研究要素均已具备,并为以后的发展提供了理论基础。

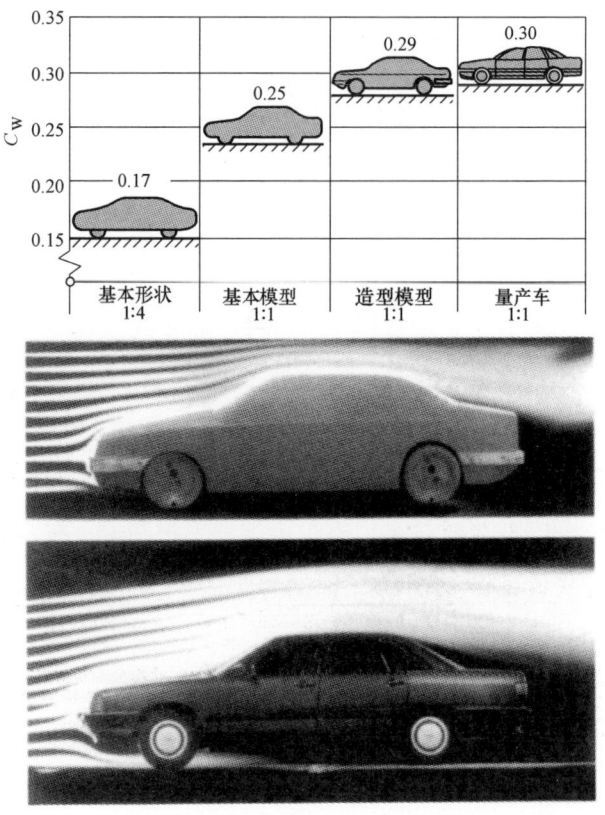

图 3-13　奥迪 100-3 的优化

1973 年,第一次全球能源危机后,降低能耗成为汽车研发的重点之一,因此,人们又开始对空气动力学进行大量研究,以期进一步减小行驶阻力,这一阶段主要采用外形优化方式,尤其是对单体积(非阶梯形)车身的研究。图 3-15 所示的单体积车辆 C_W 已达到 0.31 这一较好数值,美国通用公司的 AERO. 2002 的 C_W 已经达到 0.14。

今天的空气动力学研究成果可使车辆的 C_W 基本保持在 0.3 以下,更好的量产车的 C_W 可以做到 0.25 ~ 0.26,甚至更低。

图 3-16 展示了欧洲汽车的 C_W 值发展过程。空气动力学的研究成果,使人们在车辆外形设计中更多地考虑了降低 C_W 值及提高稳定性的因素,同时车内空间的大小、人机工程学等都已经与空气动力学系统地结合在一起。

第3章 车辆空气动力学

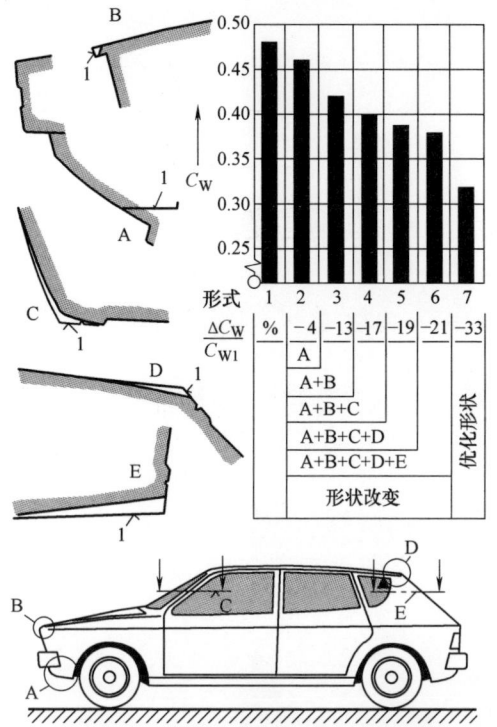

图 3-14 全背式轿车尾部的细节优化

图 3-15 单体积车型大众夏朗，$C_W = 0.31$，$A = 2.68\text{m}^2$（上）雷诺 Esapce（下）

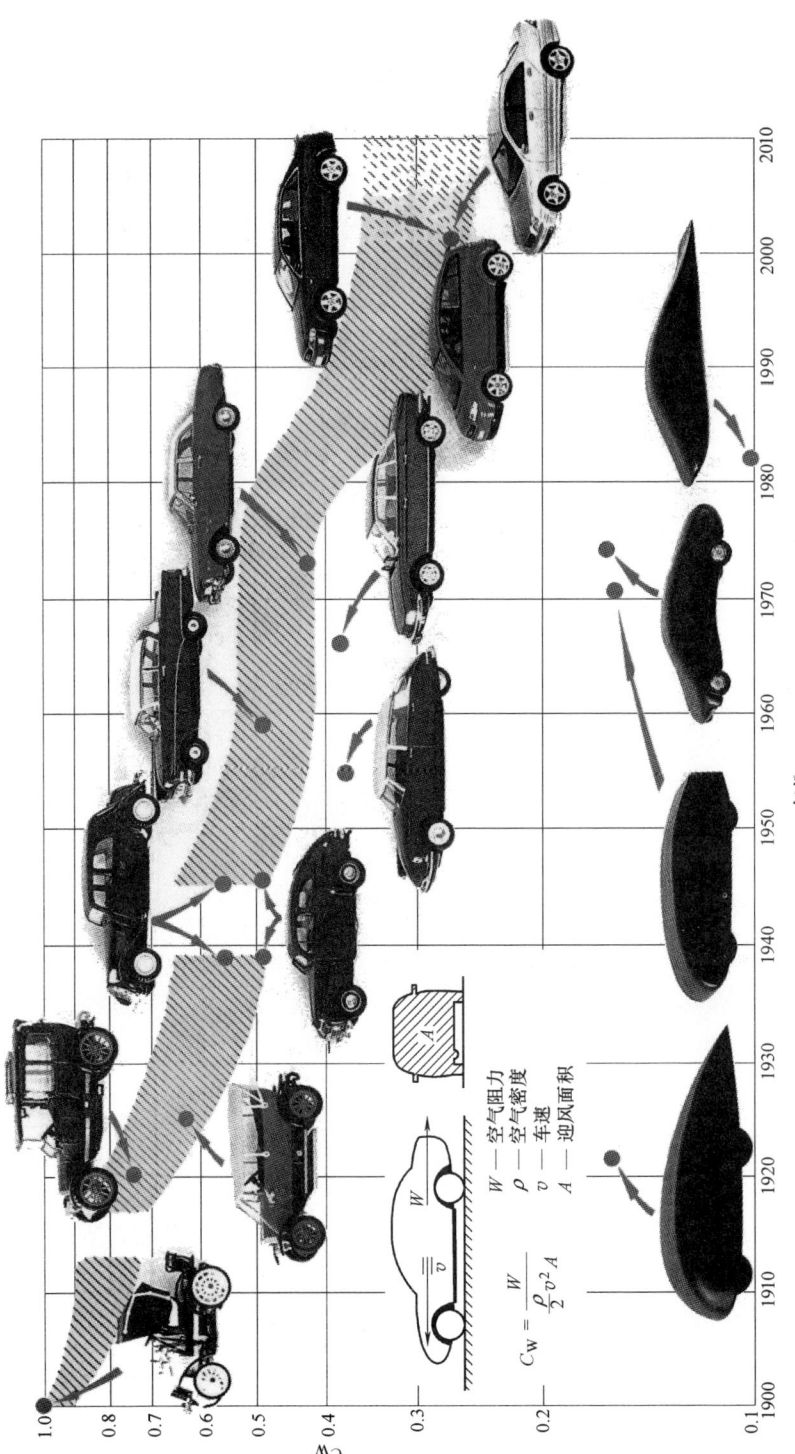

图 3-16 欧洲轿车设计中的空气阻力系数 C_w 值发展史（彩图见书后）

3.3 流体力学的基础问题

本节介绍一些与汽车空气动力学相关的流体力学基础概念，限于篇幅，仅做最基本的介绍。边界层理论、纳维斯托克方程、泊兹曼方法等知识，在很多流体力学的书籍里都有专门详细的介绍，这里不作进一步展开。

3.3.1 非压缩流体的物性

非压缩流体的物理属性，以参数定义为主。

1. 密度

密度 ρ 的定义为单位体积的质量，对流体来说与压力 P 和温度 T 有关。陆上车辆最高行驶速度可达到声速级别，即约 340m/s（1225km/h）。对于以如此高的速度绕过某物体的气流，其本身是被压缩的。密度也是随压力和温度在改变的。运动和竞技车辆的最大速度约为声速的 1/3，在此速度范围内，流场的温度和压力变化相对周围环境的改变还是较小的，因此在本书的讨论中，密度的改变可以忽略不计，流体本身可以认为是非常接近于非压缩状态。

流体密度是一个物性常数，正常条件下（$p = 98066.5\text{Pa}$，$T = 0℃$）为 1.251kg/m^3。

2. 黏度

流体的黏度概念可以认为是，在流体内部的层之间以及流体和一个边界壁之间的正向切应力。这种特性用摩擦力来描述，如图 3-17 所示。根据牛顿公式：$\tau = \mu \dfrac{\mathrm{d}u}{\mathrm{d}y}$。切应力 τ 是速度梯度 $\dfrac{\mathrm{d}u}{\mathrm{d}y}$ 的比例系数，参数 μ 是物性值，作为动力学数值或流体剪切黏度表示（一般与温度相关），同时有运动黏度 $\nu = \dfrac{\mu}{\rho}$（也与温度有关），在一般条件下，$T = 0℃$，$\mu = 1.717 \times 10^{-5} \text{N} \cdot \text{s/m}^2$；$\nu = 1.373 \times 10^{-5} \text{m}^2/\text{s}$。

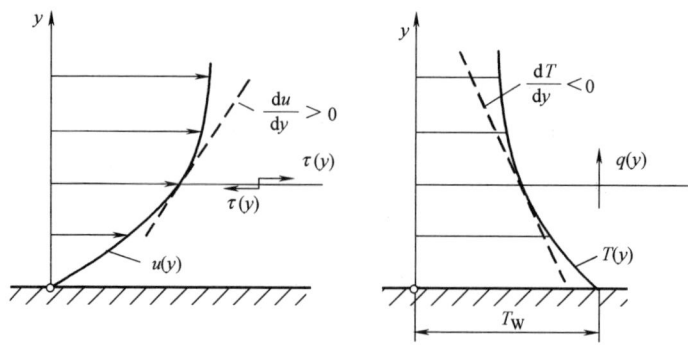

图 3-17 流体在长度上的速度和温度分布

3. 导热性

流体的导热性指在内部的层之间以及流体与边界壁之间，热量通过传导而被运送。

傅里叶导热公式
$$q = -\lambda \frac{\mathrm{d}T}{\mathrm{d}y} \tag{3-1}$$

式中　q——热流，为单位时间内垂直通过单位面积的热量；

$\dfrac{\mathrm{d}T}{\mathrm{d}y}$——温度梯度 C_W^{**}；

λ——导热系数，正常情况下 $\lambda = 0.0242\mathrm{J/(m \cdot s \cdot K)}$。

3.3.2 车辆上的流体问题

如前所述，在车辆上引入两种流体问题，分为绕（过）流和（通）过流。绕流指几乎绕过车身全部部位的流体，过流指通过进气管、发动机、排气管、散热器、乘员室等部位的流体。

1. 绕流问题

车辆绕流，如图 3-18 所示。要指出的是，静止空气的入流速度对车辆来说等于车辆的行驶速度。

2. 过流问题

这类问题的典型例子如图 3-19 所示，如同通过管内的流体问题。在这种最简单的情况下，流线平行于管的中心线。

下面具体讨论上述两种流体形式。

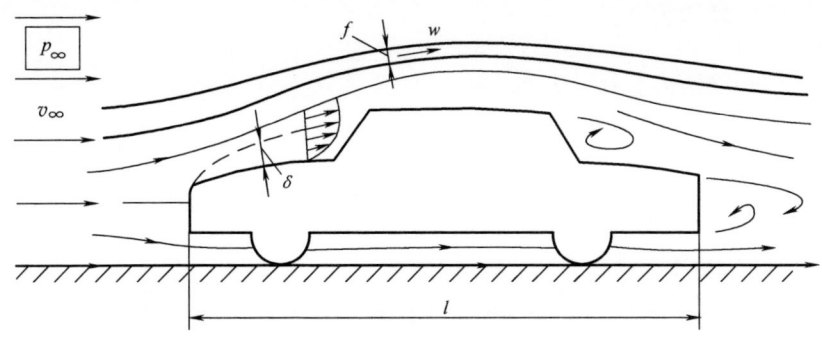

图 3-18 车辆绕流

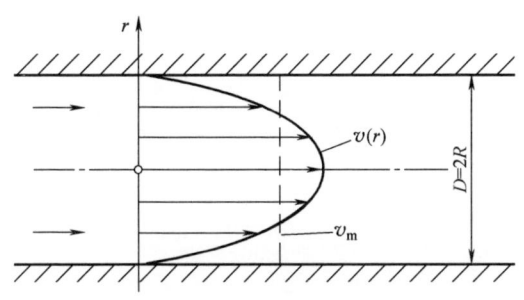

图 3-19 流体通过管内的速度分布

3.4 绕流

首先提出无摩擦、不可压缩的外部流体公式。无摩擦的流体在边界层外流动时,确定了流体对被绕过物体的压力分布。通过质量恒定原理,得出一个对于不可压缩气体的最简单公式:

$$wf = 恒定 \tag{3-2}$$

式中 f——流体横截面积;

w——通过流体横截面的流体速度。

根据牛顿公式有 $F = mg$,这也是力学上的冲量原理。对于无摩擦的流体,为在同样重量下的惯性力和压力。

又有

$$g = p + \frac{\rho}{2}w^2 = 常量 \tag{3-3}$$

式中　p——静压力；

$\frac{\rho}{2}w^2$——动压力，压入点压力；

g——总压力。

这就是流体力学中的伯努利方程，它描述了流线上的压力与速度之间的关系。

在流线长度上，静压力与动压力的总和是恒定的，且等于总压力。从伯努利方程中还可以看出，对一个区域性的高流速 w 来说，对应于一个较低的压力值 p。同理，低流速对应于高压力。

在一个所谓的压入点（死点）上，如一个被流体绕过的物体首部，由于流速为零，该点上的静压力即为总压力 g，这也是流场所能达到的最大静压力。在图 3-18 中，一辆被流体绕过的汽车，所有迎面而来的流体流速均为 v_∞，其出现的静压力为 p_∞，总的压力为

$$g = p_\infty + \frac{\rho}{2}v_\infty^2 = 常量$$

3.4.1　绕流问题的运用实例

下面举一个简单的无摩擦流体实例，图 3-20 所示为一个简单的二维流体，描述了绕过汽车的流体过程及其压力分布。

由图 3-20 可以看出流体沿车身长度中轴线上的整个流动过程。上半部图，展示了流体的绕流过程，在车辆全长方向上产生了三个静压点，第一个在车首部，第二个在风窗玻璃下端和发动机室盖交接处，第三个在车尾转角处（这三点的静压力为最大值）。

整个压力分布，以 $C_p - x/l$ 形式表示，C_p 是一个无量纲的压力系数。

$$C_p = \frac{p - p_\infty}{\dfrac{\rho v_\infty^2}{2}} \tag{3-4}$$

根据公式 $g = p_\infty + \frac{\rho}{2}v_\infty^2 = 常量$

代入得：
$$p + \frac{\rho}{2}w^2 = p_\infty + \frac{\rho}{2}v_\infty^2 \tag{3-5}$$

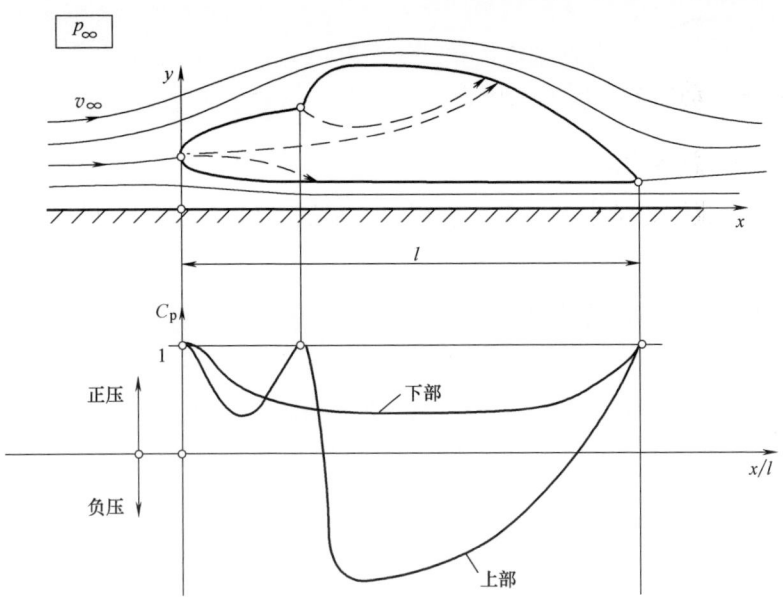

图 3-20 二维无摩擦流体,绕流过车身形状物体时的压力分布

推导出:
$$C_p = \frac{p - p_\infty}{\dfrac{\rho v_\infty^2}{2}} = 1 - \left(\frac{w}{v_\infty}\right)^2 \qquad (3-6)$$

在压入点(静压点),速度 $w = 0$,压力系数 $C_p = 1$。在这个例子中,可以看出在车辆的下半部分(底部)是一个较均匀的正压力分布,在车身上部,尤其是风窗玻璃下端附近产生了更高的正压力。在车顶处产生了较高的负压,在这一区域还产生了一个最强烈的变化,即由无摩擦的流体变为具有摩擦附着力的流体。总的看来,车辆上半部的压力比下半部要小很多,并由此产生了一个对车辆的升力。在 x 轴方向上的所有压力,计算其总和,得出阻力为 0,即对于不可压缩流体,在无摩擦、二维的理想情况下,是没有阻力产生的(实际情况是会产生阻力的)。

由图 3-20 还可以看出,对于车辆的气体流入和流出,如发动机冷却和乘员室的气流流动,都必须遵循鼓风压力尽量小的原则。吸入口必须安排在高压力区,如车首和风窗玻璃前。排出气流必须在低压力区,使冷却气流能在大压力差的状态下更好流动。

还有一个运用的例子是用于测流速的普郎克管,如图 3-21 所示,通过

$w=\sqrt{\dfrac{2(g-p)}{\rho}}$ 可以换算流体流速。p 为静压力，$g-p$ 为压力差，w 为流过该管的流体流速。

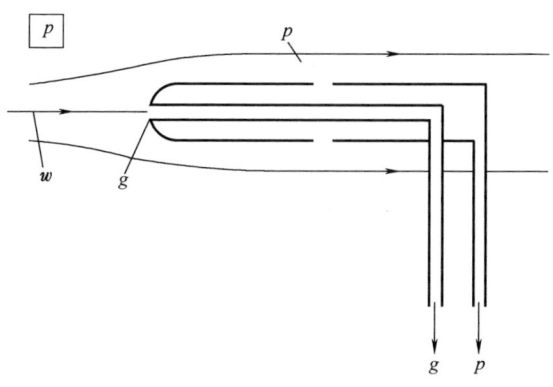

图 3-21　普郎克管测流速

关于摩擦的影响，对于二维非压缩气体，用边界层理论可以很好地解释其实际过程产生的阻力。边界层虽然只有几毫米厚度，但对流体的摩擦阻力有很大影响。

3.4.2　平流和紊流的边界层建立

下面介绍绕流过程中的边界层问题。图 3-22 描述了流体在一个平板上产生的边界层。流体以 v_∞ 的流速掠过平板，其速度和压力均为恒定（即 v_∞、p_∞ 均为恒定）。这种情况下，流体在开始阶段非常近似平行地流过平板，且是稳定的，称此时为平流。对于边界层的厚度，由摩擦力产生的影响来看，可得出以下公式

$$\delta \approx \left(\dfrac{\nu x}{v_\infty}\right)^{\frac{1}{2}} \tag{3-7}$$

由公式看出，越长的流过长度 x，越小的运动黏度 ν，越小的流入速度 v_∞，都会导致 δ 增大。

边界层的平流状态只在明确的边界条件下产生，当 $x > x_u$ 时，流体就转变为另一种状态，即边界层的紊流状态。这时的雷诺数 Re 就有了很大意义，流体在上述变化的拐点处有

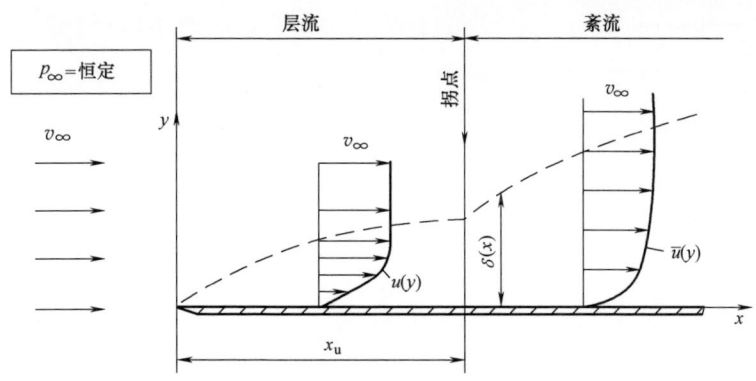

图 3-22　在长平板上建立边界层

$$Re_{x_u} = \frac{v_\infty x_u}{\nu} = 5 \times 10^5 \quad （外掠平板边界层的临界雷诺数）$$

这仅对没有压力梯度的情况有效，当有压力梯度时，一旦压力增加，就会导致拐点迅速到来。在拐点以后，总的来说流体是不稳定的。

如果提高流体的黏度，则边界层的厚度变为

$$\delta \approx \left(\frac{\nu}{v_\infty}\right)^{\frac{1}{5}} x^{\frac{4}{5}} \quad (3-8)$$

3.4.3　流体的脱离现象

在外部流动中，平流和紊流的边界层流体强烈依赖于压力的分布状况。在流动方向上的压力增加时，流体在靠其外表面附近产生了强烈的延迟，这会产生一个反向流动，该过程如图 3-23 所示。可以看到流线必定会离开外接触面，这一过程称为流体脱离。脱离点 A，$\left(\dfrac{\mathrm{d}u}{\mathrm{d}x}\right)_\mathrm{W} = 0$。

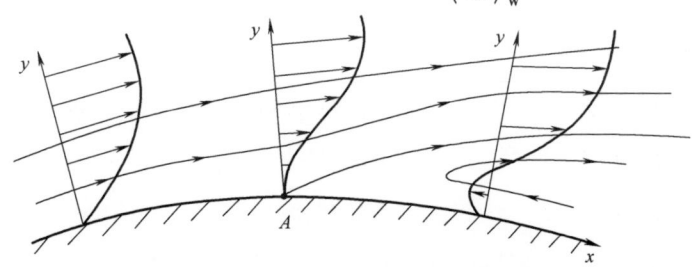

图 3-23　从外壁上脱离的边界层流体

有关摩擦力的影响，如图 3-24 所示。对于一个被绕流的物体，流过外表面的速度梯度产生了分布黏度，同时在每个部位都产生了相应的切应力 τ_W，该应力由流体传递给外表面。综合这些力的因素，产生了摩擦阻力 W_R 公式

$$W_R = \oint \tau_W \cos\varphi \, dF \tag{3-9}$$

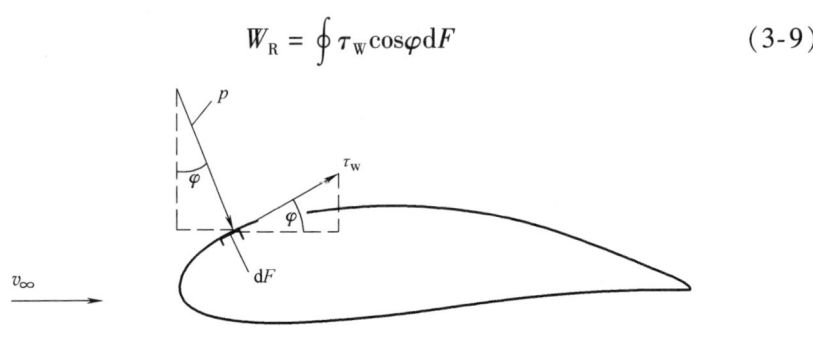

图 3-24　推论一个物体的摩擦阻力

对于一个平板，宽为 b，长为 l，入流压力 $q_\infty = \rho v_\infty^2 / 2$ 与其他无关，则可得到一个无量纲的摩擦系数

$$C_W^* = \frac{W}{\dfrac{\rho v_\infty}{2} bl} \tag{3-10}$$

在平流范围内

$$C_W^* = \frac{2.656}{(Re_1)^{\frac{1}{2}}}, \quad Re_1 < 5 \times 10^5 \tag{3-11}$$

在紊流范围内

$$C_W^* = \frac{0.148}{(Re_1)^{\frac{1}{5}}}, \quad 5 \times 10^5 < Re_1 < 10^7 \tag{3-12}$$

3.4.4　压力阻力

球形、水滴形、圆柱体等形状的物体具有另外的阻力公式。如图 3-25 所示，对于一个圆柱体，背部产生了气体脱离现象，且前部有压力变化，在这两者的共同作用下在背部产生了负压，这两个部位的变化在 y 轴上是非对称的，这些压力的分配在流体的流动方向上综合为

$$W_D = \oint p\sin\varphi dA \tag{3-13}$$

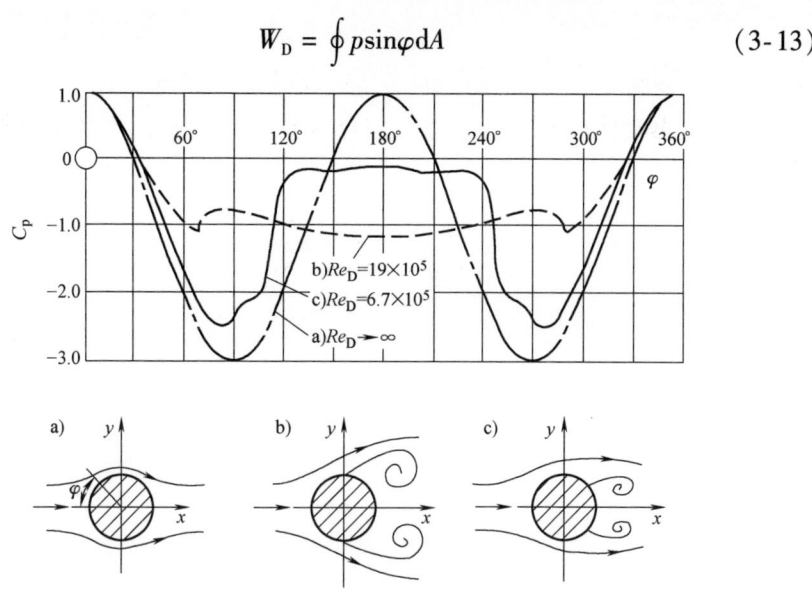

图 3-25　圆柱形物体在不同雷诺数下的流体分布和压力分布

对一个物体来说，横截面的大小对总阻力的影响远没有其形状的影响大（即使没有产生流体脱离现象），阻力的大小更多取决于物体底部和背部的情况。合理的形状会使阻力减小。研究物体形状，除使流体更合理地分布在物体上外，还可研究流体在绕过物体后是如何重新结合的。

表 3-1 说明了各种物体形状对 C_W 的影响。

表 3-1　不同形状的物体对阻力系数的影响

迎 面 来 流	C_W^*
┼	1.17
⊕	0.47
◗	0.42
◁	0.50
⊞	1.05

(续)

迎面来流		C_W^*
→	◇	0.80
→	矩形 l, D	0.82
→	矩形 l, D	1.15
→	翼型 D, l	0.04
→	立板	1.19
→	半体 $l, D/2$	0.09

3.4.5 总的力和力矩

除前面讨论的阻力外,对车辆来说,流体对其影响还表现在其他的力和力矩方面。如图 3-26 所示,当流体沿车身长度方向 $\beta = 0$ 正向流过车身时,除阻力和升力外,还产生了 y 轴方向上的俯仰力矩 M。三个组成部分 A、M、W 共同对车辆的行驶产生了力学影响,这会引起前后载荷的变化。

当流体以 $\beta \neq 0$ 的斜向流过车辆时,会产生不对称的绕流现象,由此产生了侧向力,同时产生了 x 轴上的翻滚力矩 L 和 z 轴上的偏航力矩 N。这些都对车辆的行驶稳定性产生了很大影响。

上述力和力矩可在风洞中测量,可使用全尺寸也可使用缩小模型。在小模型情况下必须采用相似性原理,即雷诺数 $Re_l = \dfrac{v_\infty l}{\nu}$。大小尺寸的模型都必须一致,这点在后面的风洞实验章节中会有进一步介绍。

下面根据图 3-26 给出力和力矩的总结:

$$C_A = \frac{A}{\dfrac{\rho}{2} v_\infty^2 A_{st}} \quad （升力） \tag{3-14}$$

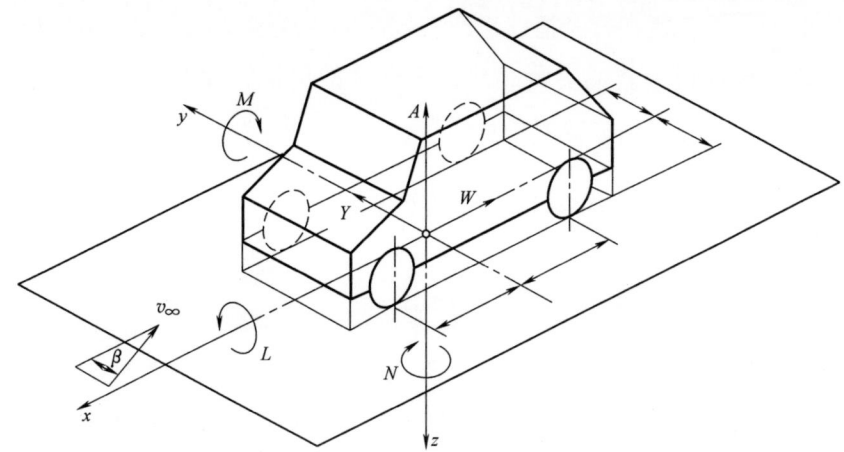

图 3-26　车辆的力和力矩

$$C_Y = \frac{Y}{\frac{\rho}{2}v_\infty^2 A_{st}} \quad （侧向力） \tag{3-15}$$

$$C_W = \frac{W}{\frac{\rho}{2}v_\infty^2 A_{st}} \quad （阻力） \tag{3-16}$$

$$C_L = \frac{L}{\frac{\rho}{2}v_\infty^2 A_{st}} \quad （翻滚力矩） \tag{3-17}$$

$$C_M = \frac{M}{\frac{\rho}{2}v_\infty^2 A_{st}} \quad （俯仰力矩） \tag{3-18}$$

$$C_N = \frac{N}{\frac{\rho}{2}v_\infty^2} \quad （偏航力矩） \tag{3-19}$$

A_{st} 为车辆行驶方向正投影面积，$\frac{\rho}{2}v_\infty^2$ 为静压力。

对 β 来说，如果 $\frac{dC_W}{d\beta}<0$，则认为车辆的空气动力学特性是稳定的。

$\frac{dC_W}{d\beta}>0$，是非稳态，必须通过侧向力导向系统来校正。

车辆底部对升力有很大影响，通过减少车辆底盘离地间隙和采用相对光滑的底表面，使车辆和行驶道路之间有较高的气流速度，由此产生负压，使升力减小。也可通过斜的后背，并组织良好的尾流，使车辆产生较小的升力。侧向力也可通过相适应的形状而有较大的影响，一个较小的风窗迎风角可使$\frac{dC_W}{d\beta}$有较大值，N的绝对值也随之减小。

3.4.6 流体噪声问题

绕过物体的流体会产生风噪声，该现象在汽车声学的章节里有进一步介绍。其产生的物理来源大体为：几乎一直以周期性变化的气体脱离，尤其是在车身外部部件上，如A柱、后视镜和天线处。该周期性的气体脱离现象对圆柱体来说，如图3-27所示（仅在$60 \leq Re_D \leq 5000$范围内适用）。

图3-27 圆柱体后的周期性紊流

3.4.7 多体问题

车辆技术也经常涉及多体问题，在空气动力学中的理解为多个气动部件或多辆汽车共同行驶。对于多辆汽车共同行驶，如会车、跟车、超车等驾驶行为，在现代空气动力学中有较多涉及。因此产生了合阻力W_{1+2}和单体阻力W_1、W_2。二者的阻力差为

$$\Delta W = W_{1+2} - (W_1 + W_2) \tag{3-20}$$

下面举具体例子说明，用圆形薄板和圆柱体做实验。X为两板或两圆柱体的最近距离，D为圆板（柱）的直径，经过实验得出了图3-28所示的两幅图。

图3-28a中：①指前板（柱），②指后板（柱），可以看到在一些情况下第二个物体的C_W比前面物体的C_W小。前面圆形板（柱）对流体的推移

作用,使后面物体的进入气流静压力减小,这就大大减小了阻力,这就是所谓的风影效应。对于非常小的 X 值,后面的薄板产生了负阻力。但对于较大的 X 值,$X > 3D$ 时,C_W 不随 X 值的改变而变化。因为前面物体①会产生一个如图 3-25b 所示的死水区,而物体②正处于该区中,其静压力减小了。离开死水区该静压力区也改变。

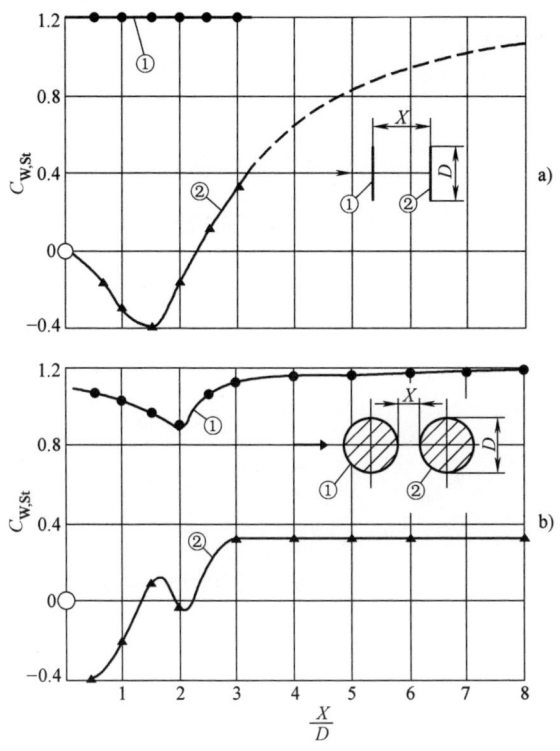

图 3-28 前后物体共同作用下的阻力系数

图 3-29 所示为两个水滴形物体共同作用下的阻力系数,其情况与图 3-28 不同。物体②的 C_W 值比物体①还高,在二者具有较大间隙时,C_W 值几乎一致。当间隙减小时,后面物体的截流作用使前面物体的尾部压力增大,一直到前面物体没有气流脱离现象为止,由此产生了前面物体的低阻力值。

对于两个没有风影效应的水滴形物体,当它们具有较小间隙时,前面物体滞后的冲量损失,分配到后面物体的边界层上,使后面物体的边界层上产生强烈气体脱离,阻力剧烈增加。但如果按图 3-30 所示的方式排列,却能

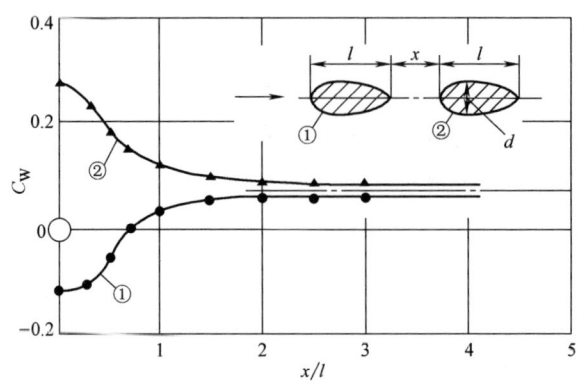

图 3-29　两个水滴形物体共同作用下的阻力系数

降低空气阻力。

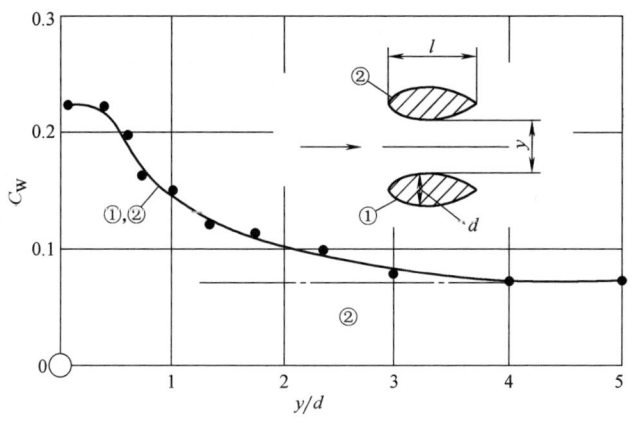

图 3-30　两个相邻排列的物体共同作用下的阻力系数

这种情况下，流入的气流是不对称的，对于两物体的相对侧面，都产生了很大的压力梯度，并产生了单面的流体脱离，增加了阻力系数。对于非对称绕流过程，这两个物体都产生了侧向力和偏航力矩（经实验证明，对称的流体流过各种物体不产生这种力矩）。

对于两车交会或超车，该现象要引起足够重视，如一辆小轿车超越一辆大型货车，会产生一个侧向力，当两车同步时此侧向力很小，当小轿车尾部离开大型货车头部时，会产生一个很大的侧向力，将小轿车向外推。该侧向力会产生很大的偏航力矩，对行驶稳定性有很大影响。

3.5 过流

前面讨论了绕流问题的基本知识，车辆中还存在过流现象。过流问题从本质上说，与一个无摩擦的外部流体以及一个靠近物体表面的边界层现象没什么区别。

管内流动如图 3-19 所示，这里再重复一下质量恒定理论：

$$\rho \oint_A v \mathrm{d}A = 恒定 \tag{3-21}$$

公式含义：单位时间内通过截面 $A(x)$ 的流体质量在每处 x 都恒定。

流体的中值速度为

$$v_\mathrm{m} = \frac{1}{A} \oint_A v \mathrm{d}A \tag{3-22}$$

因此在连续性方程中

$$\rho v_\mathrm{m} A = 恒定 \tag{3-23}$$

对于密度恒定的流体，管内横截面越小处，流速越大。

过流问题也适用牛顿公式，压力产生了摩擦力。这种情况下，流体未被加速，也没有惯性力矩，压力在横截面上是恒定的。为克服摩擦力，使流体能在管内流动，必须有 $p_1 - p_2 > 0$，因此产生了压力差。作为压力损失，Δp_v 接下去作为摩擦力标识。考虑到已经产生这样的压力损失，此时附着摩擦力的流体有伯努利方程

$$p_1 + \frac{\rho}{2} v_{\mathrm{m}1}^2 = p_2 + \frac{\rho}{2} v_{\mathrm{m}2}^2 + \Delta p_\mathrm{v} \tag{3-24}$$

此时过流问题作为一维问题来考虑，压力 p、中值流速 v_m 和流过截面 $A(x)$ 是恒定的，因此所有值仅与流动长度有关。

考虑到局部流体高度不变，有

$$p_1 + \frac{\rho}{2} v_{\mathrm{m}1}^2 + \rho g h_1 = p_2 + \frac{\rho}{2} v_{\mathrm{m}2}^2 + \rho g h_2 + \Delta p_\mathrm{v} \tag{3-25}$$

这里的 h_1、h_2 是流体在 1 和 2 处的几何高度，对于带有摩擦的流体，静压力 $p + \rho g h$ 和 $\rho v_\mathrm{m}^2/2$ 的总合不是恒定的，总的压力因摩擦损失是减小的。

压力损失 Δp_v 与静压力 ρv_m^2 有关，有无量纲的损失系数

$$\xi_v = \frac{\Delta p_v}{\frac{\rho}{2}v_{m1}^2} \tag{3-26}$$

该损失值因不同的过流问题而不同，与流动过程有关，也与雷诺数有关。

该损失的研究在车辆技术上有多方面运用，如冷却管、散热器和发动机水套内的流动等。

下面再看两个运用举例。

1. 管内流动

连续性方程有

$$v_{m1} = v_{m2}，h_1 = h_2 \tag{3-27}$$

推导出

$$p_1 - p_2 = \Delta p_v \tag{3-28}$$

由于没有惯性力出现，推导出

$$\tau_{(y)} = \frac{p_1 - p_2}{2l} y \tag{3-29}$$

切应力是线性分布在截面上的，该结论同时适用于平流和紊流。

当 $Re_D = v_m D/\nu < 2300$ 时，管内为平流，牛顿摩擦方程为

$$\tau = -\mu \frac{\mathrm{d}v}{\mathrm{d}y} \tag{3-30}$$

已知速度为

$$v_{(y)} = \frac{p_1 - p_2}{4\mu l}(R^2 - Y^2) \tag{3-31}$$

得出中值速度

$$v_m = \frac{p_1 - p_2}{32\mu l} D^2 \tag{3-32}$$

压力损失为

$$\xi_{vr} = \frac{\Delta p_v}{\frac{\rho}{2}v_m^2} = 64 \frac{\mu}{\rho v_m D} \cdot \frac{l}{D} \tag{3-33}$$

我们取一个与长度 l 和 D 相关的参数 λ，此变量为管内阻力系数

$$\lambda = \frac{D}{l}\xi_{vR} \tag{3-34}$$

推导出：
$$\lambda = \frac{64}{Re_D} \text{（平流）} \tag{3-35}$$

当 $Re_D > 2300$ 时，管内出现紊流现象

$$\lambda = \frac{0.3164}{Re_D^{\frac{1}{4}}} \tag{3-36}$$

当 $Re_D > 10^5$ 时
$$\frac{1}{\lambda^{\frac{1}{2}}} = 2\lg(Re_D\lambda^{\frac{1}{2}}) - 0.8 \tag{3-37}$$

流体流过非圆形截面时，可以用等效面积 D 来计算，A 为面积，U 为截面周长，得出

$$D = \frac{4A}{U} \tag{3-38}$$

2. 管弯头

流体在管弯头内会产生脱离现象。弯头内，外弯处（大直径处）的压力比较高，内弯处的压力比较小。流体脱离现象如图 3-31 所示，出现在进入外弯处及离开内弯处，r 越小，δ 越大。就是说平均直径（以管中心线为准）越小，流体脱离现象越剧烈。δ 越大，脱离越大。通过脱离损失的压力损失 ξ 与雷诺数无关，其摩擦力四倍于绕过水滴形的流体脱离损失。

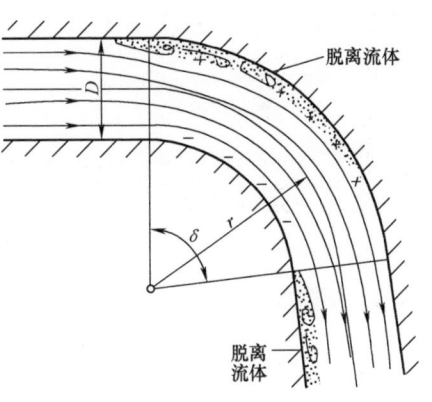

图 3-31 经过弯管的流体

表 3-2 说明了在不同情况下的压力损失数值，证明了弯头处直径越大越有利于流动。

表 3-2 不同角度弯管的流体损失

r/D	$\delta = 0°$	15°	22.5°	45°	60°	90°
1	0	0.03	0.045	0.14	0.19	0.21

(续)

r/D	δ=0°	15°	22.5°	45°	60°	90°
2	0	0.03	0.045	0.09	0.12	0.14
4	0	0.03	0.045	0.08	0.10	0.11
6	0	0.03	0.045	0.075	0.09	0.09

图 3-32 还说明了管内流动的一个极限情况，就是相交管道的问题。可以看出，流道边缘是锐角的话会产生流体脱离，但如果是圆角的话，则压力损失可以降低一半，一个设计得很好的以圆角连接的流道，所产生的压力损失是直角的 1/10。

讲完流体力学与车辆空气动力学的基本概念，现在进一步探讨乘用和商用车的空气动力学问题。

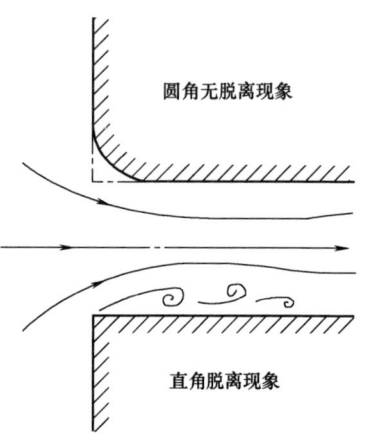

图 3-32 在成角度的接口处的流体运行和流体损失

3.6 个人乘用车空气动力学

3.6.1 概述

个人乘用车的发展在空气动力学上的要求主要体现在以下四个方面：

1）研究车辆行驶中的空气阻力，寻找更低的空气阻力外形，提高车辆的动力性。同时降低能源消耗，提高车辆的行驶经济性和环保性。

2）研究车辆在行驶过程中的气动稳定性，包含垂直方向上的气动稳定性（如升力）和行驶偏航角，以改善操纵性和行驶稳定性，提高安全性。

3）除绕过车辆的气流外，进一步研究通过车辆内部的气流，如发动机和设备的冷却、空调系统的气流组织，提高舒适度，也进一步降低空气阻力。

4）研究外界流体对车身造成的其他影响，如风噪声的产生、流体对车身和风窗玻璃的污染、对轮胎罩的污染等,以提高驾驶和乘坐的舒适性。

这些要求也基本符合其他车辆的发展对空气动力学的要求,如货车、高速赛车和摩托车等。当然这些车辆各有侧重点,对此在后续章节会进一步介绍。

行驶稳定性和通过车辆内部气流问题也部分涉及到车辆行驶动力学和热力学问题,这类问题在后续相关章节中也有叙述。

在现代车辆的能源消耗中,行驶阻力占了绝大多数。总行驶阻力由四大部分组成:滚动阻力 F_R、空气阻力 F_L、上坡阻力 F_H 和加速阻力 F_B。

总行驶阻力为
$$F_G = F_R + F_L + F_H + F_B \tag{3-39}$$

其中
$$F_L = C_W A \frac{\rho}{2} v^2 \tag{3-40}$$

总功率需求为
$$P_G = F_G v = (F_R + F_L + F_H + F_B) v \tag{3-41}$$

图 3-33 是一辆中级轿车的各种行驶阻力分力图,可以看出,空气阻力随车速的提高几乎以平方关系上升,并在整个驱动功率中占很大比例。

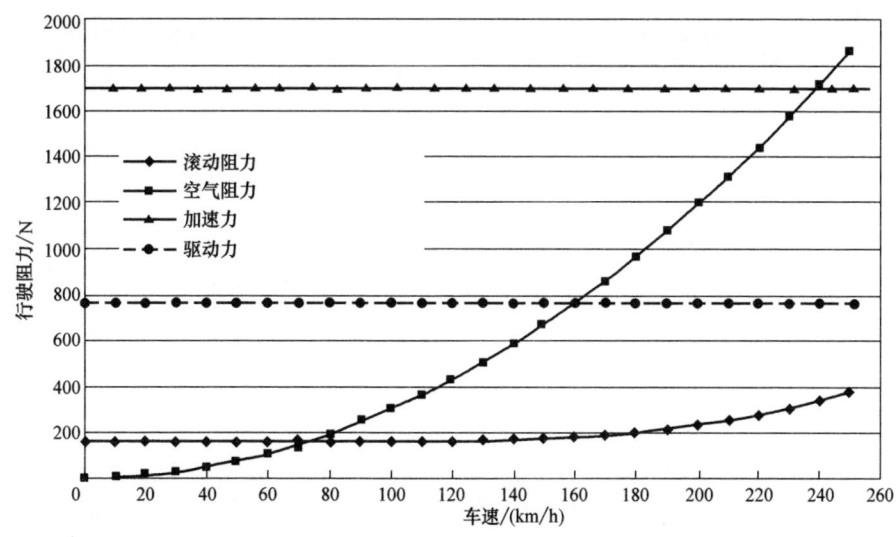

图 3-33　中级轿车的各种行驶阻力随车速的变化(彩图见书后)

从能量消耗的角度讲,根据新的欧洲工况循环法,得到如图 3-34 所示的能量流。图 3-34 的左半部表示发动机损失,71% 的初级能源被损耗掉,即在车辆怠速、交变载荷、废气排放中损失。只有29%的初级能源被转化为次级能源，即有效机械功。在有效机械功中，如图3-34右边所示，空气阻力占了其中的近2成。由此可以看出，降低空气阻力是一个极其有效的降低能源消耗的途径。尤其是在现代物流的效率越来越高，汽车的行驶速度也越来越高，高速时的空气阻力占总能源消耗的绝大部分。根据现代汽车的平均功率和车速，实验得出：空气阻力系数C_W每降低10%，轿车的燃料消耗平均降低3%~4%，即每百公里降低0.2L燃油消耗。

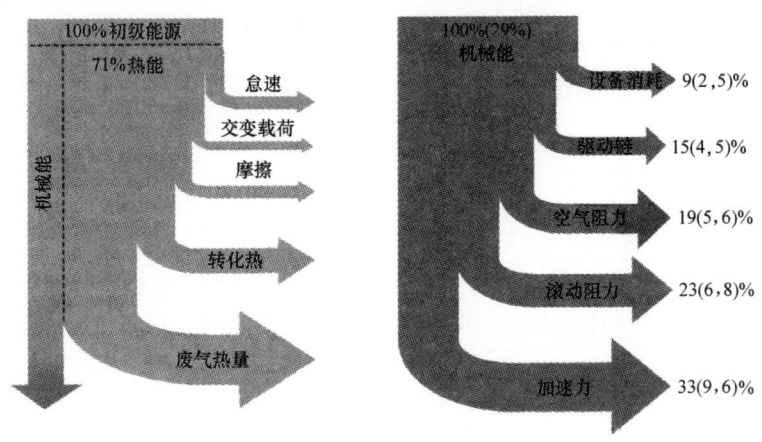

图3-34　发动机损失和机械损失的能量流

根据前面的力学原理和大量的实验，降低车辆的空气阻力一般采取以下方法：

1）车辆尾部采取优化方法，尽量采用光滑的过渡。

2）优化车首部位，使侧向气流可以很好地被导向到车轮和门槛区域。

3）压缩车身前部。

4）尽量采用光滑的外部覆盖件和总体底盘。

5）轮部的覆盖件优化。

6）其他如A柱和C柱的优化，后视镜和天线的优化……

其他属于非设计类的方法如今也有进一步的应用。当然在应用时也必须考虑这些附加方法所引起的成本增加。举例如下：

1）散热器的卷帘，可以调整气流进入发动机室的量。

2）对整个底盘采用全覆盖形式（含排气管和传动轴的覆盖），是比较昂贵的方案，同时要考虑其他部件的散热问题。

3）随车速而改变离地间隙的底盘，可调节行驶机构，也是比较复杂且昂贵的方案。

4）特制的空气动力学车轮，使通过车轮的气流减少。

5）尾翼挡板等其他部件。

在优化方案中，对于车身形状的设计，可通过风洞等实验手段确定，可以是全尺寸也可以是缩小的模型。也可用实际道路实验来检测设计结果。目前，随着大规模计算机的运用，也可采用数字设计的方法来确定一些模型。下面从细节上讲述个人乘用车的空气动力学问题。

3.6.2 个人乘用车的气流脱离

如图 3-35 所示，流过轿车车身的气流的脱离可以用两种方式表达：脱离气流垂直于流动方向的；不同的钝角所产生的尾流，有的是带涡旋的。

所有的脱离气流都可以归纳为三种最基本的形式，如图 3-36 所示，即非周期性的、周期性的、环状。

锐角后背形式产生的气体脱离如图 3-37 所示，由两边不同气流剪切过边缘后，汇集在后半部，产生了一个涡旋。该涡旋的轴线沿车身长度方向，因此称为长涡旋。该涡旋引起了压力的变化，在平面上感应出一个较高的负压力值，并有两个很明显的峰值。其后果是对车身的后轴产生了不利的升力，对尾部产生了较大的空气阻力，同时引起了风噪声。

这种涡旋最开始是在狭长的机翼上观察到的，其 φ 值的大小决定了涡旋的类型。由此产生的阻力在一些书籍里称为诱导阻力，值得注意的是该阻力占总空气阻力的很大比例。车辆以正常巡航速度行驶时，诱导阻力远大于车轮的滚动阻力，因此以增加升力的方式减小滚动阻力来达到减小总阻力的方法是不可行的，毕竟车辆在中高速行驶时，滚动阻力在总阻力中所占比例不大。

以上在垂直角和钝角上的两种不同的气体脱离，产生在车辆的不同部位，且相互影响。

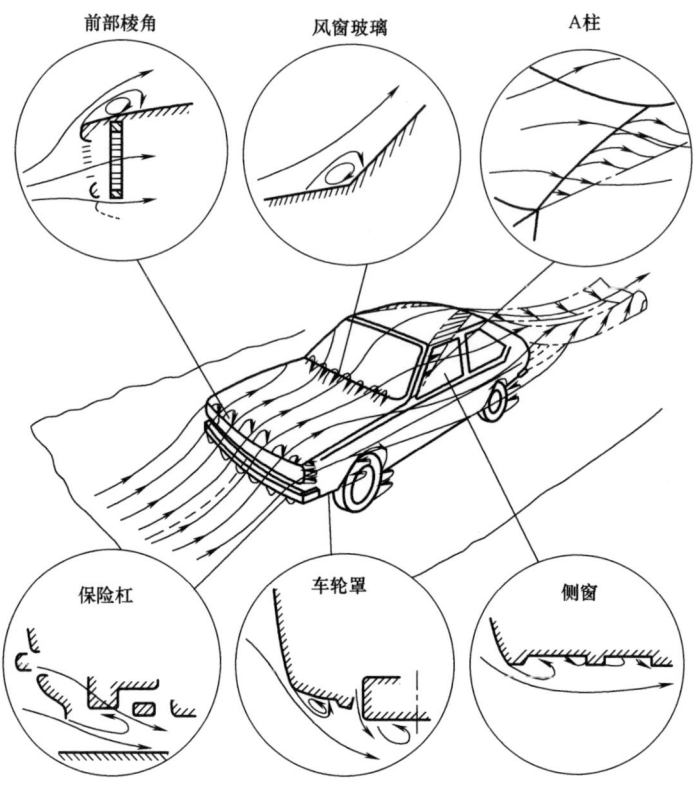

a) 在车前部

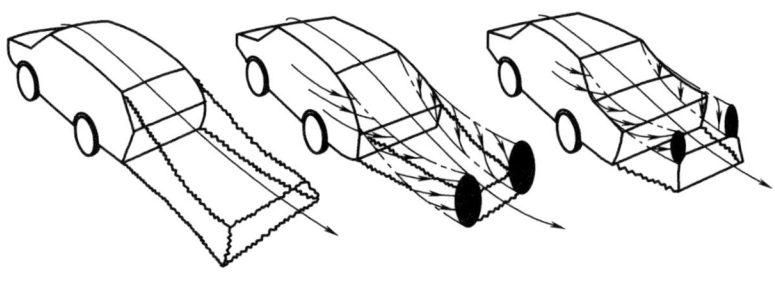

b) 在三种典型的车身上

图 3-35 绕流产生的气体脱离

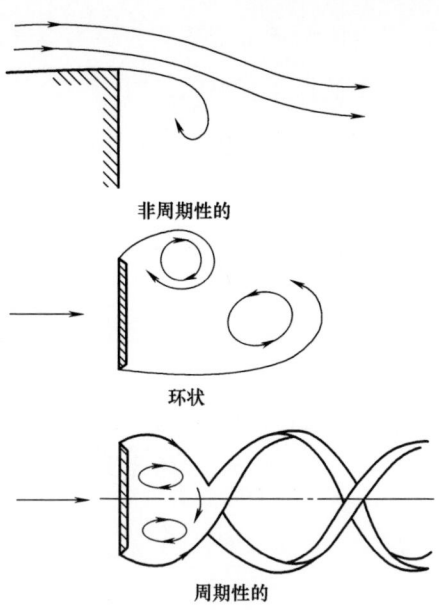

非周期性的

环状

周期性的

图 3-36 三种脱离形式的横截面示意图

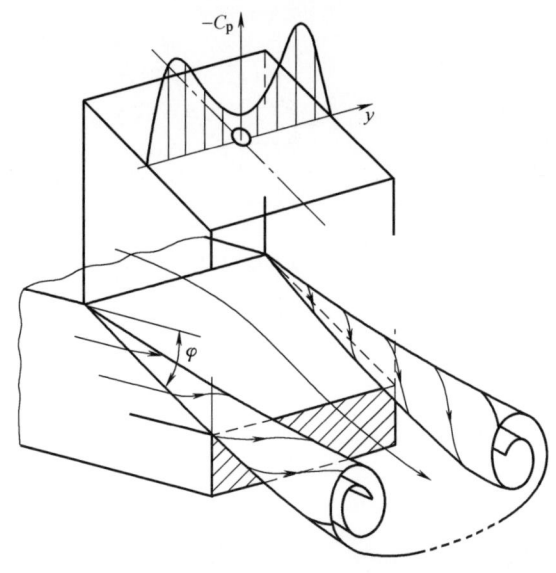

图 3-37 诱导阻力的产生

3.6.3 空气阻力在车身四个区域的分配

图 3-38 用一个简单的模型说明了轿车各部位的空气阻力大小分布比例。

具体描述一辆车的精细阻力比例是很困难的,因为空气的压力和切应力是不确定的,同时各部位的变化是相互影响的。对于一个简化模型,空气阻力分为四个区域:前部、尾部(楔形)、垂直于尾部的末端、侧围(含顶部和底板)。

对于最后一个区域,一般来讲只存在摩擦阻力,在前面三个区域同时存在压力阻力和摩擦阻力。

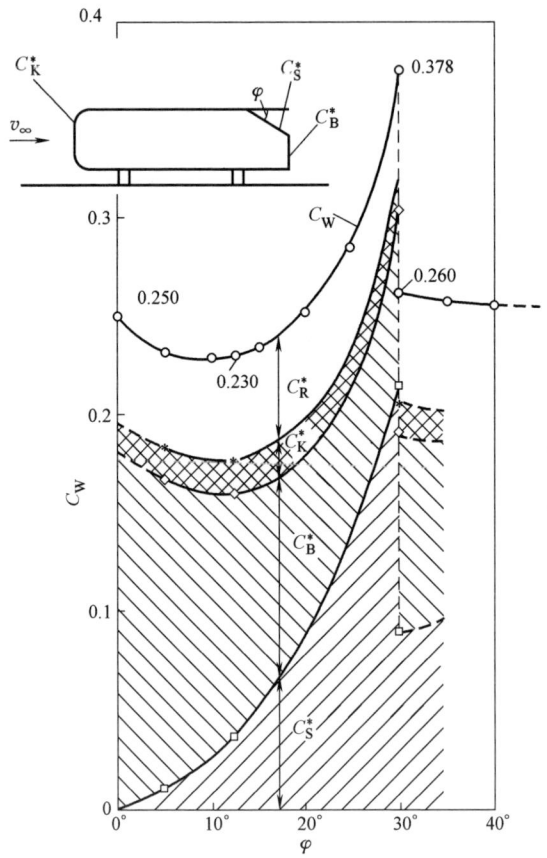

图 3-38　简化模型中的四个区的空气阻力分配

阻力的分配随着尾部斜率变化,φ 值在这里起很大作用,表现为:φ 值增加,尾部阻力增加,垂直于尾部的末端阻力也增加。因为这两个部位的变化引起了诱导阻力的出现和增加。当 φ 值达到 30°时,四个区域的分配比例不再变化,因为这时诱导旋涡发生爆裂,不再感应出低压区。

3.6.4 轿车的局部空气阻力

1. 车身前部

轿车车身前部对空气阻力有影响的两个重要角度是风窗玻璃的倾斜角度及发动机室盖的倾斜角度。如图 3-39 所示，上述两个倾斜角度的增加都可以减小空气阻力系数 C_W。

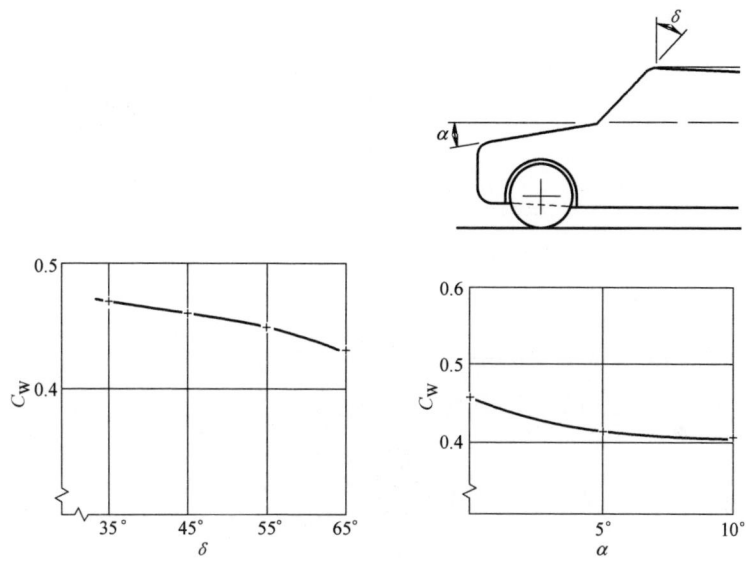

图 3-39 风窗玻璃及发动机室盖的倾斜角度对空气阻力系数的影响

从车首细节来说，一个较圆滑的前端造型对减小 C_W 是有利的。不同的圆弧类型对此的影响如图 3-40 所示。值得一提的是，圆弧的离地间隙会导致气体流入点压力的变化，压入点压力越低对延缓气体脱离越有利。

2. 风窗玻璃和 A 柱

风窗玻璃和 A 柱的气流产生脱离的部位有三处，如图 3-41 所示：发动机室和风窗玻璃交接处、风窗玻璃到车顶的过渡处、A 柱上。

1) 在发动机室和风窗玻璃交接处，迎面而来的气流在玻璃上产生脱离后，产生了封闭型的气泡，在该气泡中旋转的横向涡旋会向车身后部发展，并发展成长涡旋，且这种气泡并不稳定，会产生紊流噪声。该噪声会沿附近的集水槽和空调进气口进入乘客室。

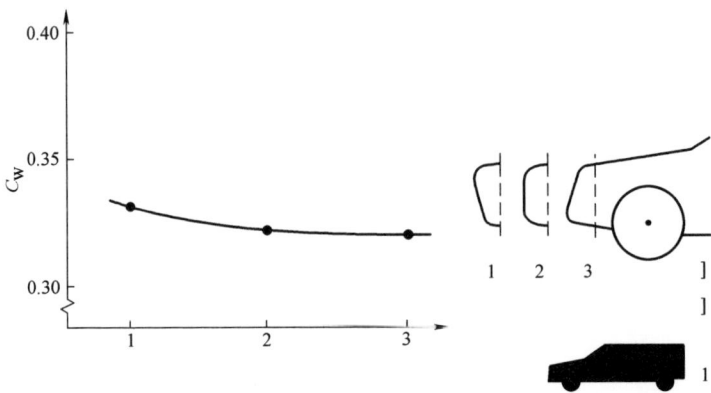

图 3-40　车头前部的倾斜对于空气阻力系数的影响

2）风窗玻璃到车顶的过渡处的气体脱离也会产生封闭气泡，且这种气泡并不再回到车顶。现在的轿车设计采用了很好的圆弧车顶，已经较好地解决了该区域的气体脱离问题。

3）在 A 柱上，气流绕过 A 柱，同样产生了涡流。因为其较高的圆周速度在前侧窗处产生较大风噪声，且离驾驶人和前排乘员很近，对驾驶人影响很大，是该部位噪声的主要来源。

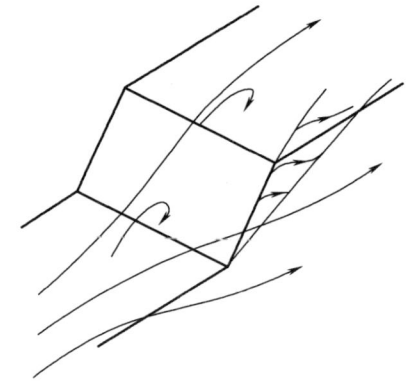

图 3-41　风窗玻璃和 A 柱处的气流脱离

3. 车顶

使用上拱的车顶可以降低车身在行驶方向上产生的涡旋，但当上拱度过大时，C_W 又继续增加了，如图 3-42 所示。较好的做法是从风窗玻璃到车顶的过渡区以及到尾窗的整个车顶部位，采用一个非常大的曲率半径。这样可以消除负压区的峰值，压力梯度还是保持平面的，使气流的脱离尽量向后延迟。

上拱弧度的最高点尽量向前靠拢，压力升高会比较缓慢，这样降低了气体脱离的风险。图 3-43 所示为奥迪 A2 具有上拱的车顶。

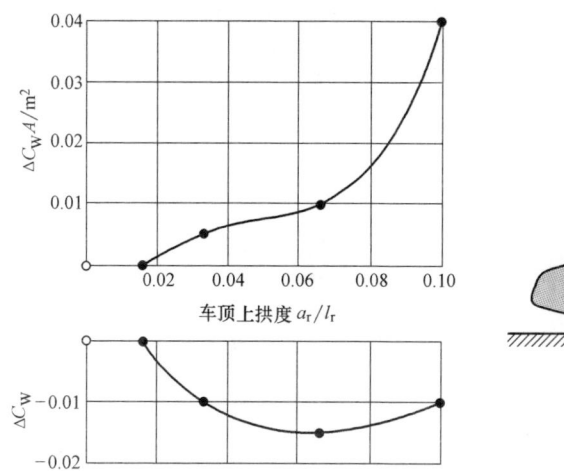
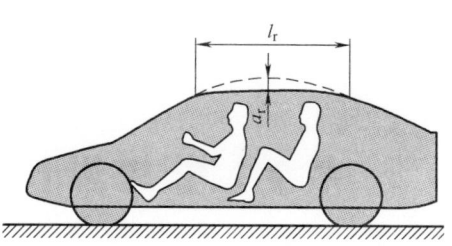

图 3-42　通过车顶上拱的弧度减小空气阻力系数

图 3-43　奥迪 A2 具有上拱的车顶（彩图见书后）

4. 尾部

车辆的空气阻力很大程度上受流过尾部的流体影响。在前面的章节里讲过空气动力学的发展过程，车辆的尾部经过了长时间的发展、变形，最后产生了三种经典尾部形状，如图 3-35b 所示，分别是全背式、快背式和阶梯式，三种典型尾部的纵向气流如图 3-44 所示。

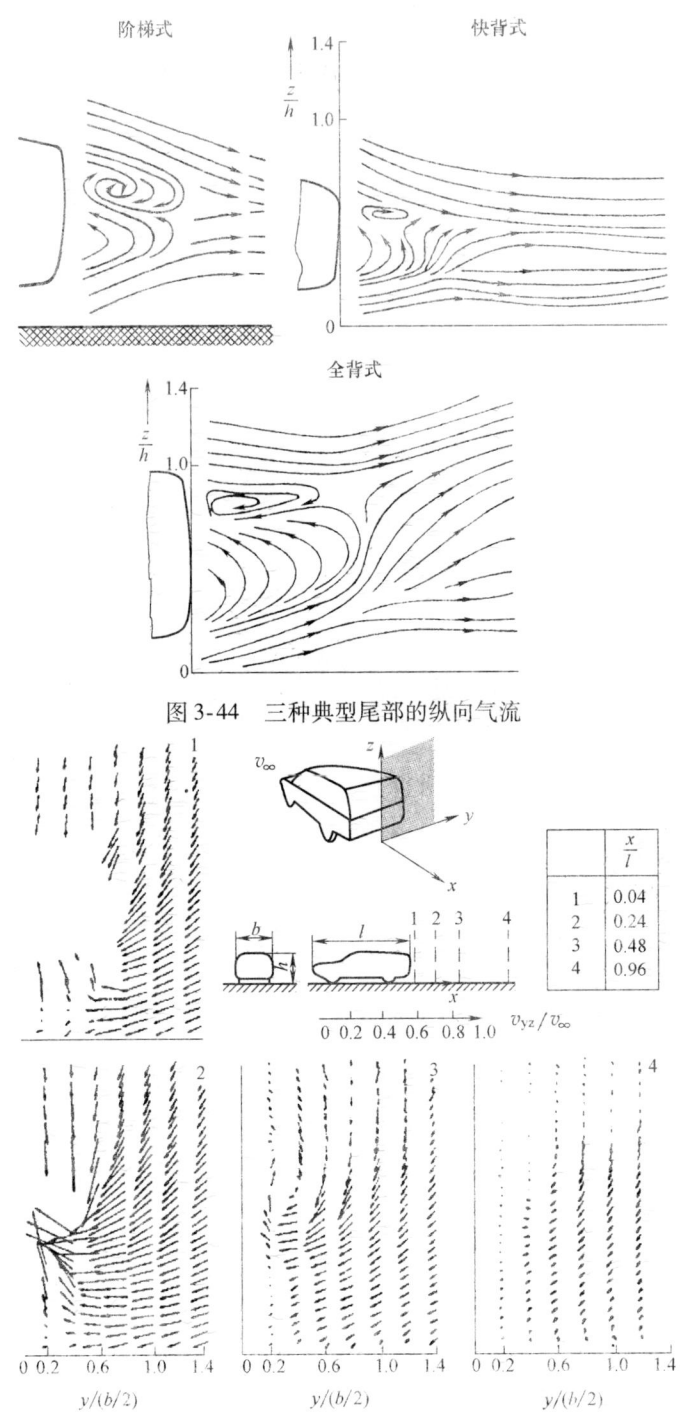

图 3-44　三种典型尾部的纵向气流

图 3-45　全背式尾部的气体流场

通过图 3-45、图 3-46 和图 3-47 还可以比较三种车型尾部……

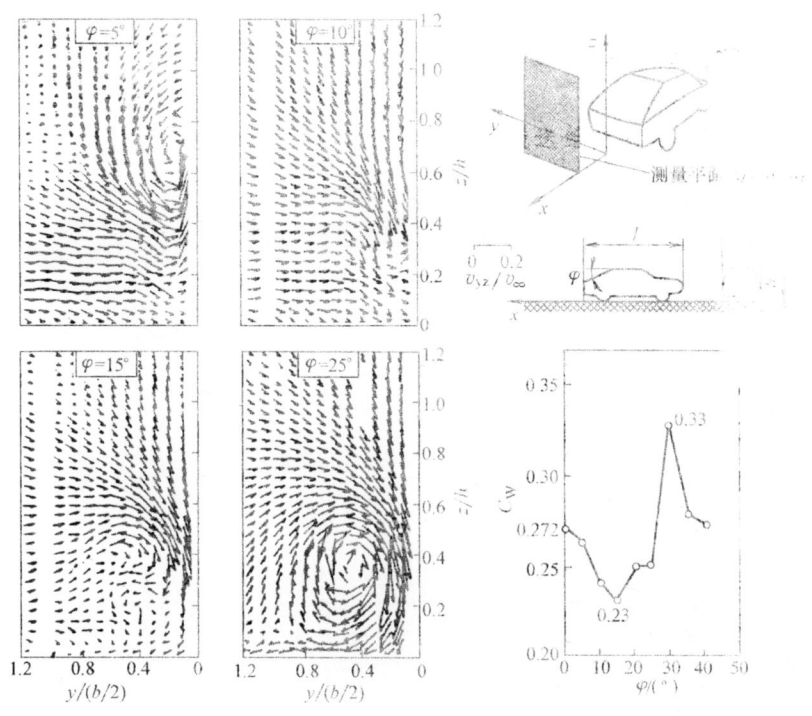

图 3-46　快背式尾部的气体流场

由图 3-46 可以看出，C_W 值和尾部斜率的大体关系：φ 值约等于……车身近似于全背式，随着角度的增大，阻力下降。φ 值约 15° 时 C_W ……小值。当 φ 值达到 30° 时，由于产生了大量的涡旋，且带有很强烈的……使阻力变为最大，此时为快背式尾部斜率的下临界点。

5. 底部、车轮和轮罩

轿车底面的气流主要由流过车轮、排气管等部件的气流和发动机排出的气体组成。如图 3-48 所示，在车头部，气流被划开，向侧面流去。由于车前部的低压区加上进入的废气，使这种向侧面外排的效应加强。这就造成车轮受到侧向流体的推动，增大了阻力。该效应在前轴比较明显，在后轴相对较弱。

可以认为轿车底盘是一个非常粗糙的平面。表面不平度会引起摩擦力的

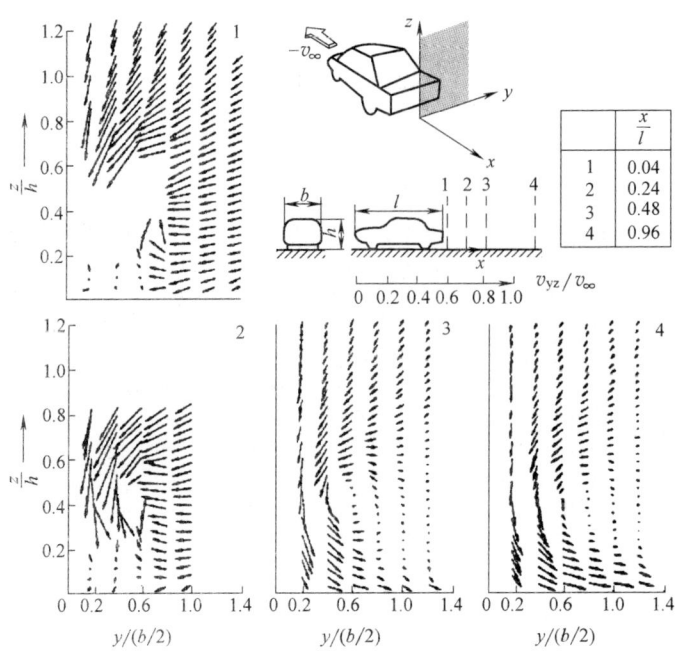

图 3-47　阶梯式尾部的气体流场

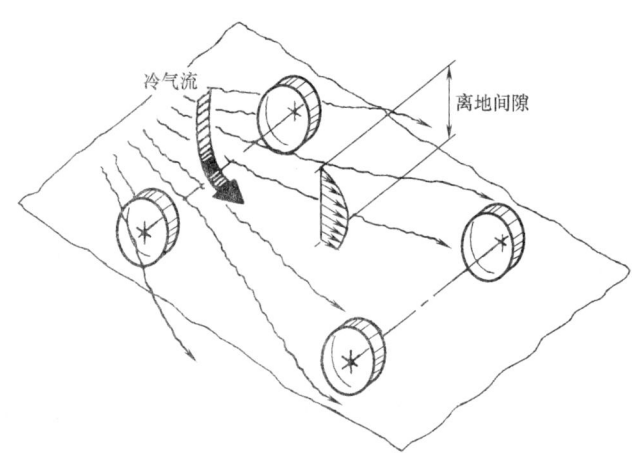

图 3-48　底盘和地面之间的气流被划开

增大。一般采用覆盖的办法对其进行改善，但使用该方法时必须注意设备的散热，必须同时考虑冷却气流的设计。常用的主要覆盖件如图 3-49 所示，有车轮覆盖件、发动机挡板、车轮罩翼板、变速器盖及大面积的底盘覆盖件。这些覆盖件的使用增加了车辆下部的平滑度，减小了摩擦阻力。

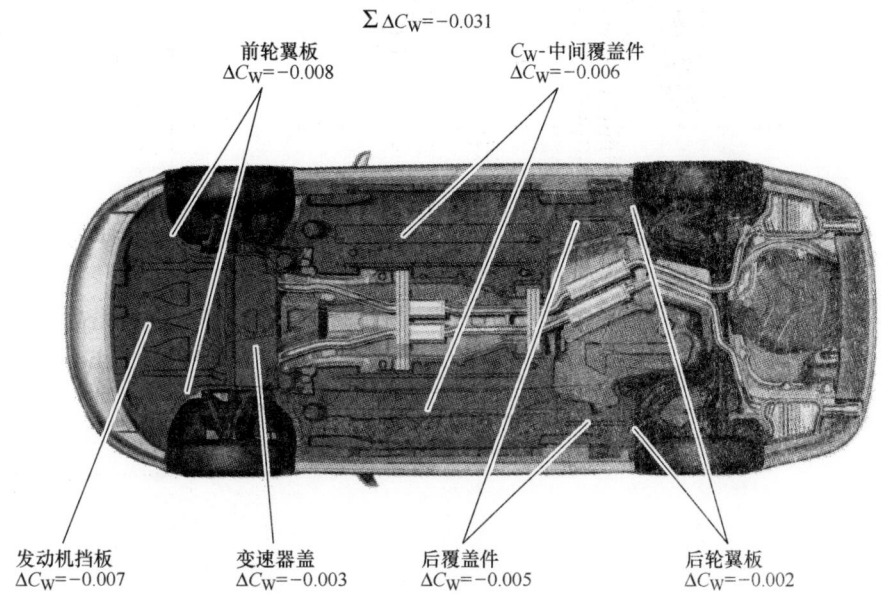

图 3-49 奥迪 A6 的底盘覆盖件（彩图见书后）

6. 翼板

翼板的流行始于 1973～1974 年的第一次能源危机。作为降低阻力和减少油耗的简便方法，很多翼板大量装到量产车上。同时，加装扰流板也可以降低车辆的升力，改善行驶稳定性。因此尾部的行李箱凸缘发展成尾翼，同时借鉴了赛车的尾翼。

在全背式车身顶端的后棱角上，翼板实际起导流板的作用，使车身顶部如同装上一片机翼，其主要作用是调整气流，并防止后窗玻璃被污染。

下面具体分析几种翼板：

（1）车首部的扰流板 有三个有效作用：降低阻力，减小前轴的升力，增加进入的冷却空气量（加装该翼板时，必须特别注意制动系统和油底壳，由于可能对它们产生负面影响，必要时需另外设计相应的气流通道）。

总阻力 W_{b+s} 在加装前翼板后是增大的，等于单独的底盘阻力 W_b 和翼板阻力 W_s 的叠加：

$$W_{b+s} = W_b + W_s \qquad (3-42)$$

图 3-50 所示为不同大小的前翼板对车身表面压力的改变，以及对前后轴阻力系数的改变。可以看出，150mm 高的翼板比 100mm 的能产生更多的前部负压。随着该板的变大（高），前轴的 C_V 减小，而后轴的 C_V 增大。

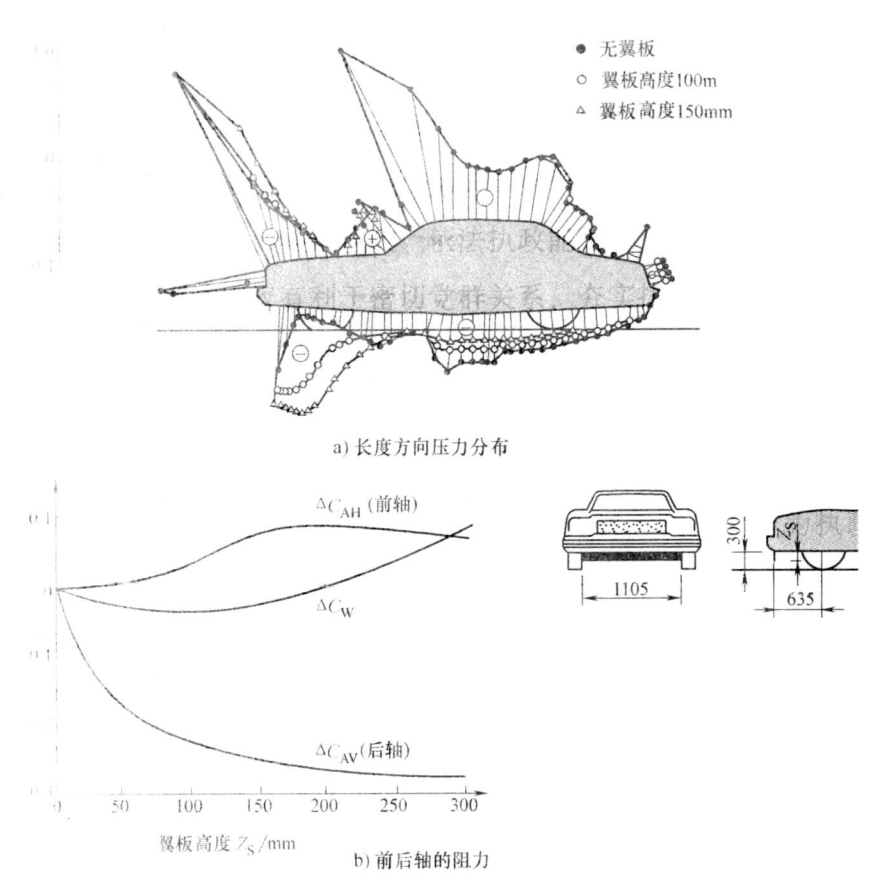

图 3-50 车首翼板对轿车的影响

图 3-51 所示为车首翼板的细节和比较。

(2) 尾翼　尾翼也有三大有效作用：减小阻力，减小后轴上的升力，防止后风窗玻璃被污染。

把三种功能全部集成在一起，在结构上是很难实现的。

目前有两种结构形式可以实现以上三种功能：尾翼和结构凸缘。在现代汽车上，很多尾部凸缘做在行李箱的后外棱处，作为车身金属构件一起冲压成型。也有一些翼板是由塑料制造的，安装在车顶外棱处或车身尾部。

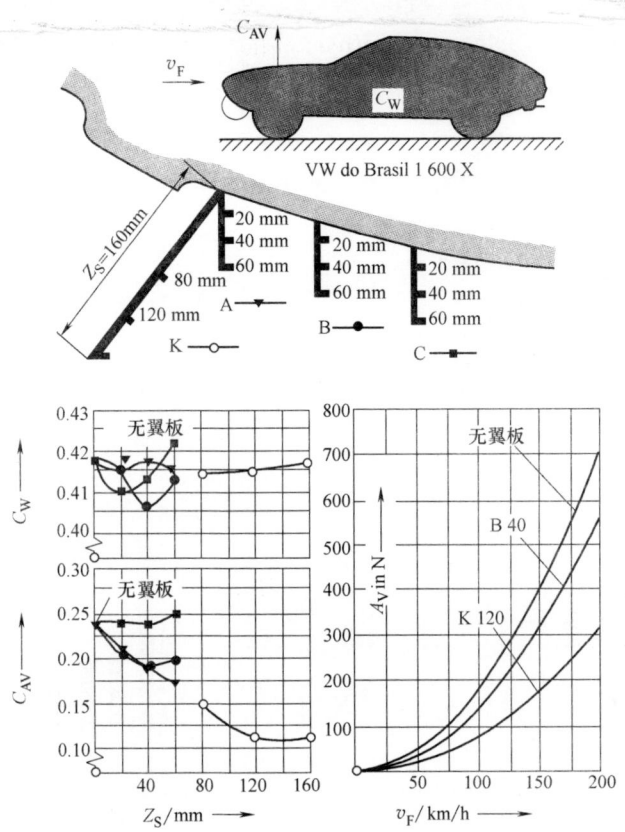

图 3-51 车首翼板的细节和比较

尾翼对车辆空气阻力和压力的具体影响如图 3-52、图 3-53 所示。图 3-52 展示了不同尺寸的尾翼对车前后轴的 C_V 影响和压力的改变。可以看出，随尾翼高度变大，总空气阻力轻微增大，而后轴的 C_{AH} 总体是下降的。

类似的尾翼也经常用在快背式车身上，图 3-53 所示为快背式车身加装不同类型尾翼所产生的 C_W 变化。

其他零部件，如天线和后视镜，对车身尺寸来说很微小，其对车辆空气动力学的影响几乎可忽略不计。

针对底盘部位的另外一个比较有效的减小阻力的方法，是尾部扩散流道。这是一个介于道路和车身底盘之间的流道，可以减小后轴的空气阻力和升力。当然扩散流道起作用的前提是进入的气流是非扰动的。在此前提下的

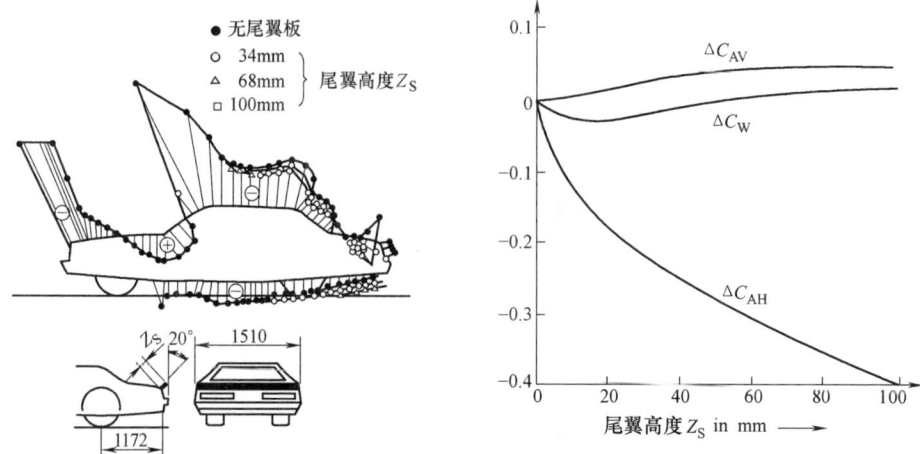

图 3-52 尾翼的影响

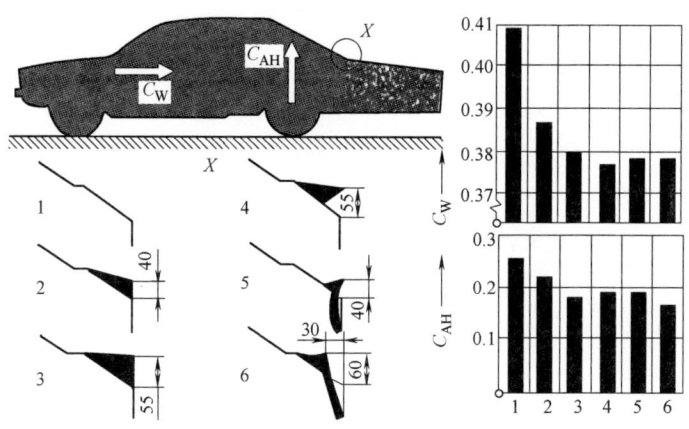

图 3-53 快背式尾翼的几种可能和效果

具体做法是设计尽量光滑的车身底面。如图 3-54 所示，该流道的两个重要参数是：扩散角（α_W）和扩散长度（L_W）。实验表明，较长的扩散长度效率较高，而对具有较短扩散长度的车身来说，只需要一个较小的扩散角度就可以达到同样的减小阻力的目的。

综合上面介绍的手段，可以总结出对于乘用车的常用空气动力学优化方案。图 3-55 说明了在设计上对于空气动力学有利的外形改变。

图 3-55 所示的 16 处优化可以根据设计和制造费用决定全部使用还是部分使用。

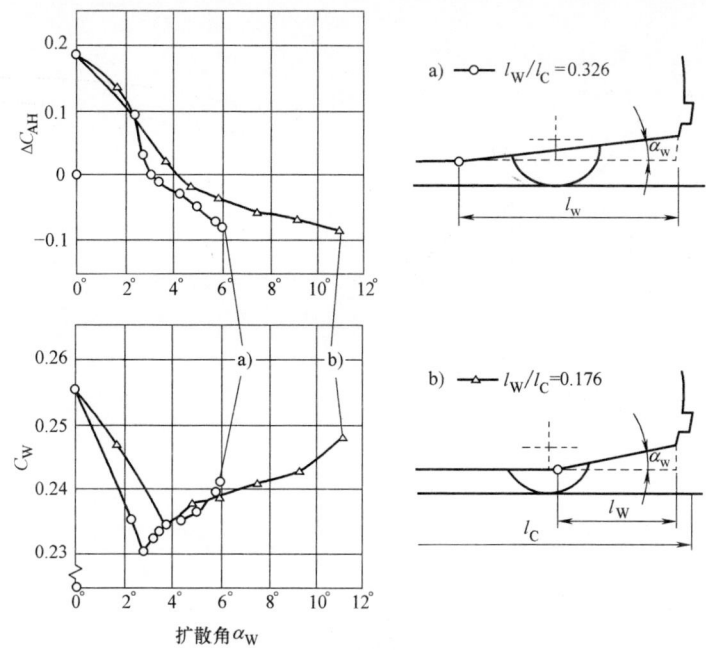

图 3-54 后轴的底盘扩散流道可以减小阻力

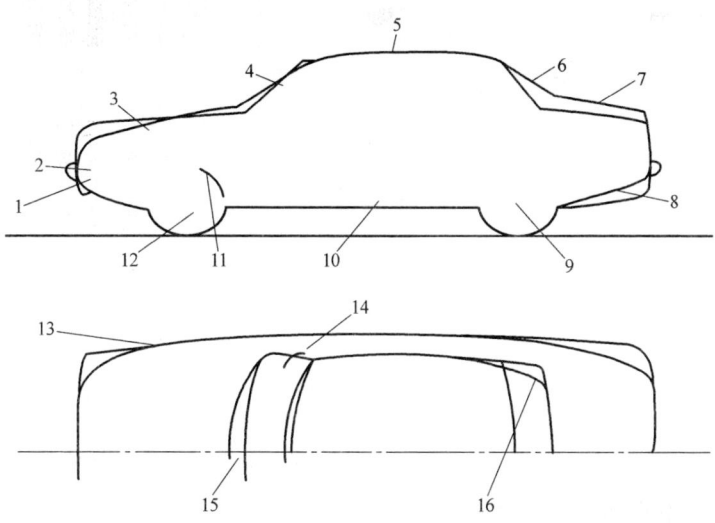

图 3-55 乘用车空气动力学的外形优化

1—车首倾斜，圆角　2—冷却空气引导　3—发动机室盖下降　4—风窗玻璃倾斜
5—车顶上拱　6—后风窗玻璃尽量平滑　7—提高尾部　8—底盘增大扩散角度
9—车轮罩　10—底盘光滑　11—轮眉圆整　12—车轮侧面覆盖　13—轮眉
罩上部圆角　14—A柱圆角　15—风窗玻璃圆整　16—后背圆整，船形形状

3.6.5 通过轿车内部流体的阻力

现代轿车行驶中，有不少气流流过车身内部和乘客室，如发动机冷却气流、发动机燃烧气体、空调冷凝器的冷却气流、乘客室新鲜空气、机油和油底壳冷却气流和制动器冷却气流等。这些流体和前面所讲的绕过车身的流体不同，它们除部分封闭循环外，基本都以流入和流出的形式通过车身内部。理论上讲，上述流体都是扰动的，都有阻力损失，因此都有 C_V 下降。根据欧洲汽车理论，总过流 C_V 损失，接近全车 C_V 的 10%，即 $C_{WK} = 0.03 \sim 0.04$。

对冷却气流做进一步划分，可划分成四个区域，如图 3-56 所示，分别为进入气流、通过气流、流出气流和底盘下的气流扰动。

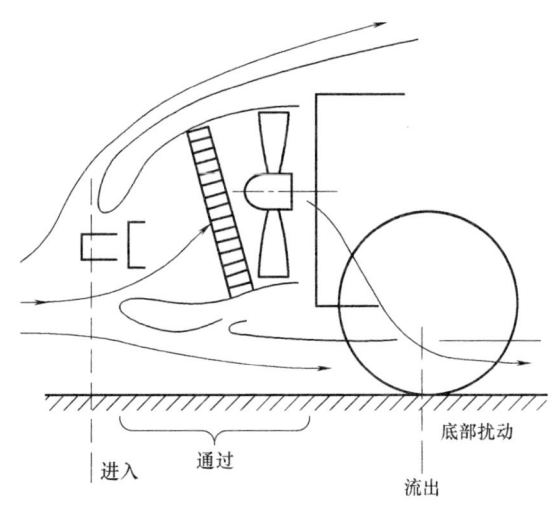

图 3-56　冷却气流的四个分区

由图 3-56 可以看出冷却气流的阻力公式为

$$C_{WK} = C_{W进入} + C_{W通过} + C_{W流出} + C_{W底部扰动} \tag{3-43}$$

式 (3-43) 中的进入气流在冷却空气管路内呈现出标准的管内流动现象，同时产生了阻力。管路中的歧管连接如果是很好的圆角过渡，则可使流动阻力减小到直角连接的 1/10。同时该进入气流在车首部产生了部分绕流现象，这在空气动力学上有一点好处，即它产生了较小的负压，可以减少部分流体脱离现象，同时减小了部分绕流阻力。

通过车身的气流可以通过冲量原理来分析。如图3-57所示，根据在 X 轴和 Y 轴上的进入和流出流体的冲量变化，来分析冷却气流的阻力值，并确定冷却气流引起的前轴的升力变化。其中的 α 角度非常重要，该角度可以向上或向下调整。

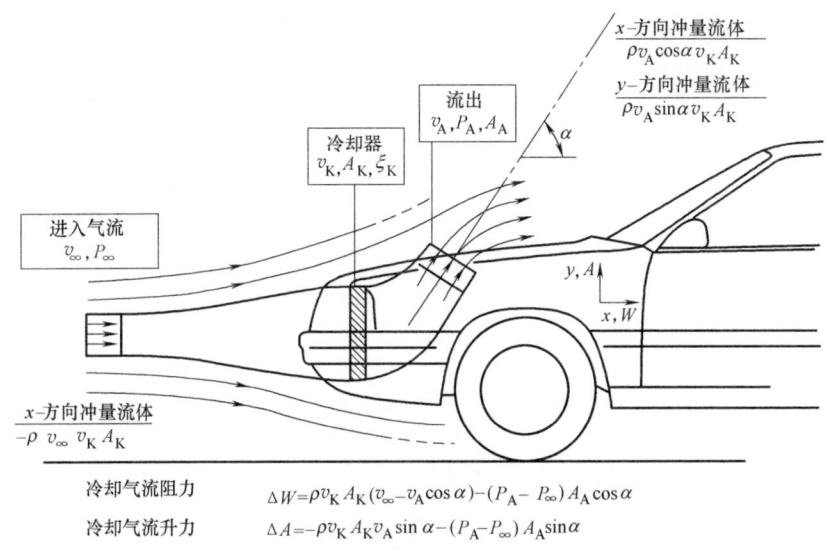

图3-57 以冲量为研究对象的阻力和升力改变

一些研究表明，不同散热器的布置位置和形式对气流组织也有影响。如图3-58所示，技术要点是散热器后的气流是自由流动还是受控有导向流动。从图中可以看出：A类型的阻力系数是最大的，改为C型时可降低一半的阻力系数，且C型有较小的升力产生。C型经常用在高速赛车上。值得注意的是，无论何种布置形式的散热器，都必须同时考虑发动机室的总体布置，以及排放到底盘下的扰动气流对车轮的影响。

气流流过散热器就会有压力损失，图3-59说明了压力损失的具体比例。在这四段中，损失最大的是第一、第三段，也就是在进气隔栅和散热器处。

下面讲一个特殊的现象，既不是典型意义上的绕流对车身的影响，也不是过流问题，而是前后车身气流间的相互影响。平时见到的绝大部分量产车的前后车身气流都如图3-60所示。俯视车身，后半部比前半部要窄，如同收腰的效果。从空气动力学上讲，这是为减少车身前后部的相互影响。举例

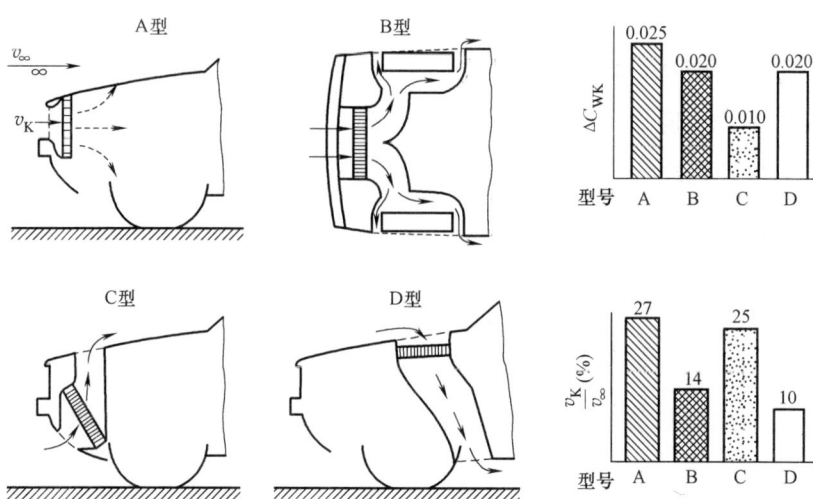

图 3-58　不同的散热器布置方式

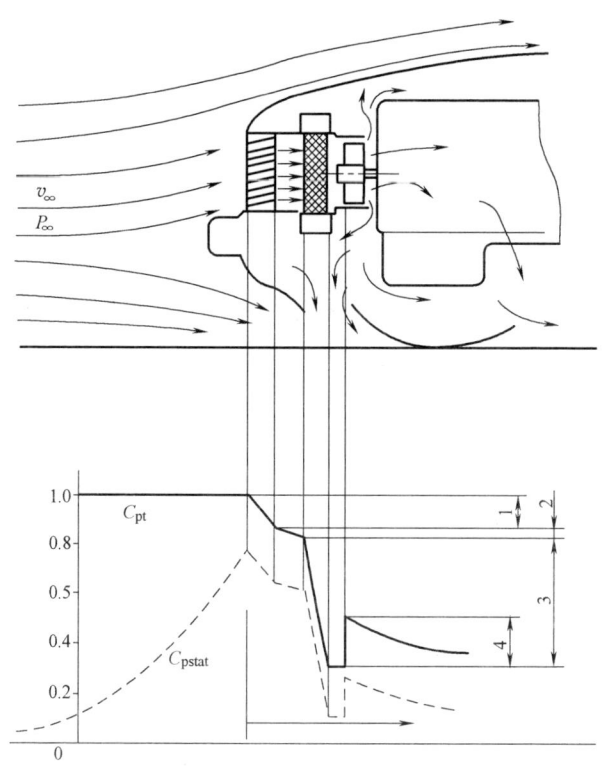

图 3-59　轿车的冷却气流压力分布

来说，A 型车前部有一个较好的圆角过渡，减少了绕流的气体脱离现象，后半部的边界层因具有较小的压力梯度，而有较长的延迟。其结果是整体上降低了阻力系数。现代轿车设计时，前部都有比较明显的圆弧，也是为了在一开始就很好地组织绕流。B、C 型车就具有更好的空气动力学效应，但明显限制了车内空间。

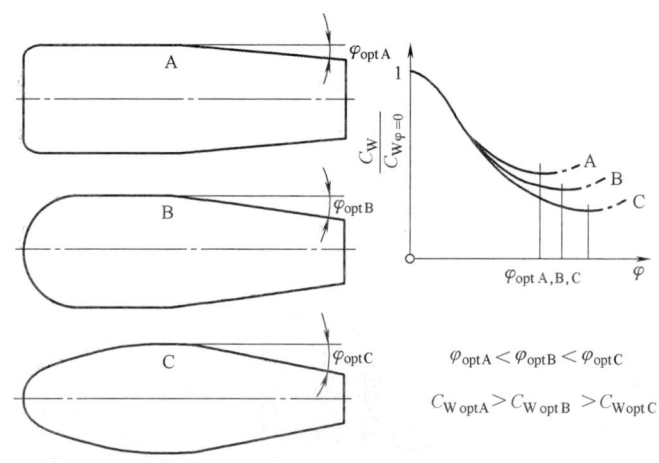

图 3-60 对称完全体的前后部相互影响

3.6.6　敞篷跑车

顶部封闭的跑车相对普通轿车来说，空气阻力增量很微小。当跑车的顶篷敞开时，空气阻力就上升很多。实验表明，开敞的顶部对车辆具有 $\Delta C_W = 0.05$ 的影响。阻力增加的主要原因是气流在开放的车顶部产生了回流，同时侧面的气流绕过 A 柱和侧窗进入乘员空间，并产生较大的风噪声，回流还直接影响了驾驶人的舒适性。图 3-61 说明了敞篷跑车的顶部气流形式。

跑车设计中对此问题比较好的解决办法，是采用所谓的流体墙方案，即用可透过后方视线的幕布在驾驶人后方进行遮挡。这样既可看到后方来车情况，又减少了回流的产生，且坚韧细密的幕布减小了部分噪声。图 3-62 和图 3-63 说明了该方法的应用。

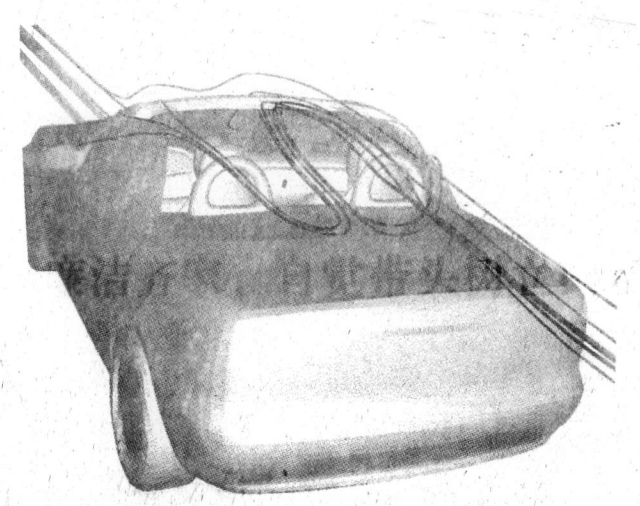

图 3-61 敞篷跑车顶部的气流模拟

图 3-62 不同形式的流体墙（彩图见书后）

流体墙的方案一般适用于双座跑车，因为其有效空间仅限于在乘员很接近的部位起作用。对四座跑车来说，流体墙可改善前排部位回流所产生的不利影响，但对后排座位仍然改变不大。

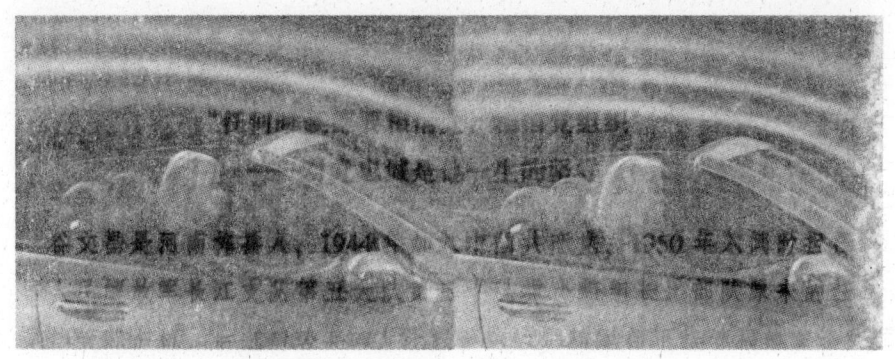

图3-63 流体墙减少了回旋气流，提高了舒适性（彩图见书后）

3.7 商用车空气动力学

3.7.1 商用车空气阻力和能源消耗

现代物流和交通更多地运用商用车，它主要分为货车和大型客车两类。随着石油资源的减少和日益上涨的燃料价格，对设计师、车辆制造商来说，都需要设计制造更省油、更经济的商用车。

尤其是长途运输的商用车，燃油消耗占据大部分运输成本，采购价格是固定的、一次性的，而使用成本是长期的。在车辆全寿命运行中，较省油的车辆具有更好的经济价值。目前，在商用车上采取了很多降低油耗的手段，其中减少车辆空气阻力系数是一个重要环节。

图3-64给出了各种商用车的大体燃油消耗情况，并说明了各种商用车行驶阻力与燃油消耗的比例关系。可以看出，无论何种车型，空气阻力部分都消耗了不少能源。另外，通过实验也可以得出一些结论，如一辆40t的载重挂车装有4m高的货箱，速度60km/h时，为克服空气阻力需要消耗25kW的功率，80km/h时需要消耗60kW的功率。

40t的载重挂车在不同的路况和行驶条件下，其能源消耗比例不同。如图3-65中对平直高速公路、山区高速公路、联邦公路和山区乡间路，都给出了各种阻力对燃油的消耗比例。随着车速的增加，空气阻力所占比例越来越大。

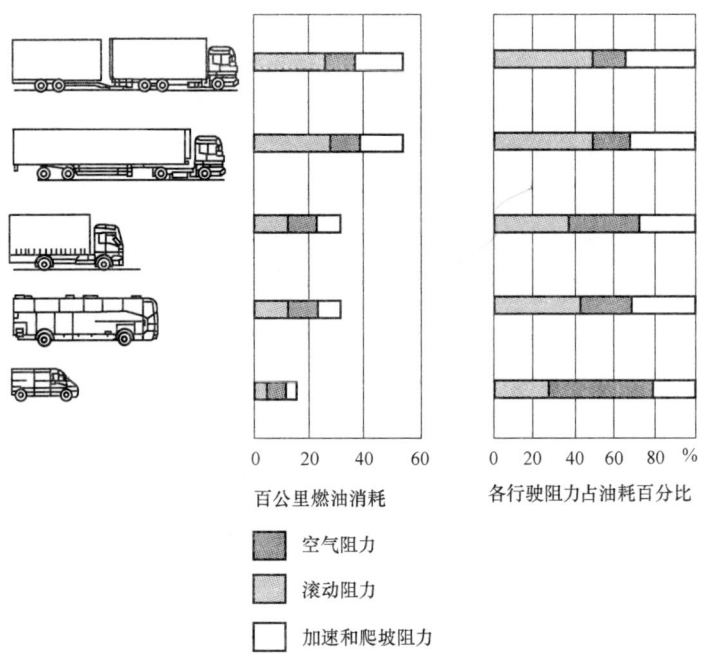

图 3-64　各种商用车的行驶阻力占油耗比例

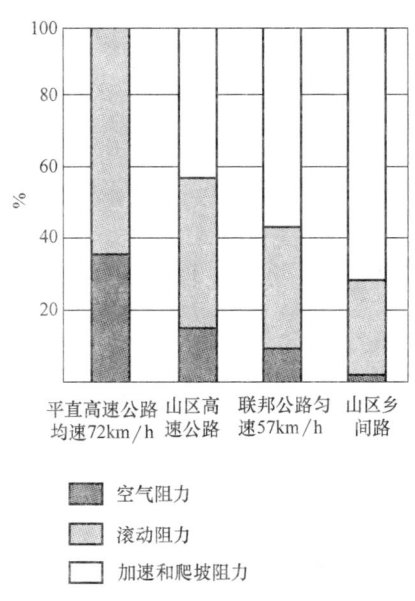

图 3-65　40t 载重挂车在不同路况下的行驶阻力占油耗比例

3.7.2 减小商用车空气阻力的措施

由于空气阻力对商用车使用成本影响很大，必须找到减小商用车空气阻力的措施。商用车的车型，尤其是外形，限于法规和运载的需要，不可能有较大的变化。对货车来说，需要的是尽量大的载重空间和便于制造的矩形车身。在德国，货车的宽度不超过 2.55m，车箱高度不超过 4m。从空气动力学角度来改变外形的余地很有限，只能通过良好的车身前段和驾驶室设计，以及采用降低空气阻力的特殊构件来实现降低能源消耗的目的。

在风洞中研究货车的空气阻力目前还仅限于小型货车，主要是因为风洞的几何尺寸有限。过大的车身尺寸会在风洞里造成风压堵塞现象，现实中的真实行驶情况是车身周边除接近地面处外，几乎是无限大的空间，而风洞内壁和被实验车辆之间的空间却过小，产生的压缩和堵塞现象会使实验产生很大误差。

缩小尺寸的货车模型可用来做风洞实验，但也会有很多缺陷。对 15m 或更长的原形尺寸货车来说，目前的风洞只能容纳 1/10 的缩小模型。由相似理论 $R_e = \dfrac{U_\infty l}{v}$，可得出结论：为达到同样的雷诺数，在等效长度减小的情况下，必须提高流体的来流速度。对于以 60~70km/h 车速行驶的原尺寸货车，在风洞中必须以 250km/h 的迎面流体速度来模拟。这就要考虑另一个问题，即绕过原尺寸车身和小模型的气流问题，两者明显有很大差距。可以推理出，二者的绕流点、流体脱离点，以及平流—紊流的边界层是不同的。

对于速度超过 300km/h 的迎面气流，其本身就已经被压缩，与轿车实验中的普通气流在很多方面已经不同。

综上所述，相对轿车来说，货车的风洞实验和真实的行驶状态有较大差别，得出的结论也仅仅是近似的。但由于实验成本较低，还是有一定优势的。近年来，对于中型货车，还采用了 1/2.5 的模型，其结果较接近实际情况，且在风洞中还可以进行热力、空调和声学实验。

下面阐述减小商用车空气阻力的理论基础和技术手段。

1. 货车的特征气流

对于货车，尤其是较高车箱的挂车和鞍式拖车，由于驾驶室与车箱之间存在空间，绕流问题显得比较复杂。如图 3-66 所示，车辆前后两部分的相互影响，造成了比较严重的气流扰动。

对称进入气流

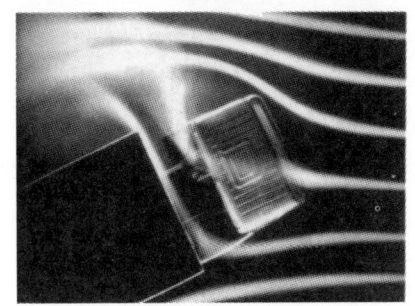

有偏斜角的进入气流

图 3-66　货车的特征流体分布

图 3-67 给出了货车空气动力学中很重要的两个几何尺寸，即驾驶室和车箱的自由空间距离 s、驾驶室顶部和车箱顶部高度差 h。

由于间隙 s 和高度差 h 的存在，当气流不是正对迎风面袭来时，会使绕过货车车身的流体产生较强的扰动。侧向的气流提高了切向力，并产生气体脱离现象，同时气流会在间隙内进一步产生新绕流，这些都会提高

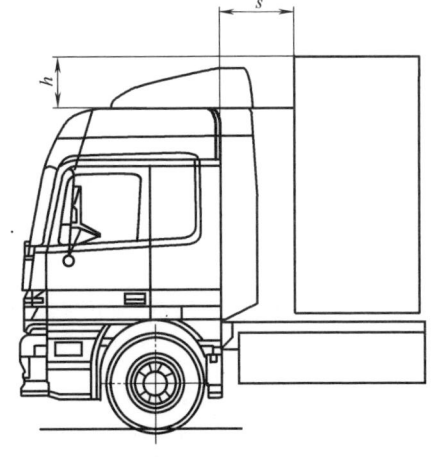

图 3-67　自由空间距离和车顶高差的定义

空气阻力。

当气流对称进入时,随着间隙 s 的增加,C_W 会稍微增加,如图 3-68 所示。

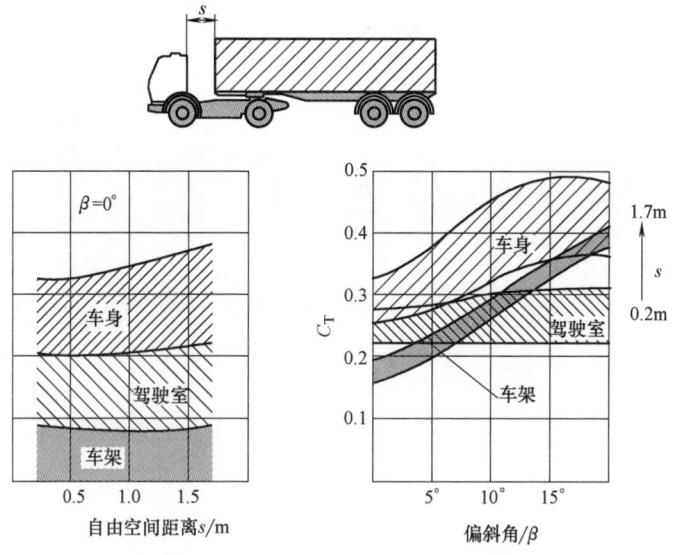

图 3-68　8t 鞍式货车不同的 s 和偏斜角对空气阻力的影响

2. 驾驶室形状的改变

对于常规货车,驾驶室和车箱基本都是方形的,这样便于制造和布置内部空间。图 3-69 所示为用实验的形式分别说明方形、圆形驾驶室对空气阻力系数的影响。显而易见,间隙和高差固定后,迎面气流和车身行驶方向没有或仅有很小的夹角时,圆形驾驶室和方形驾驶室在空气阻力上几乎没区别,但是一旦迎面气流与车身有夹角,圆形驾驶室就具有更好的气动外形。

图 3-70 进一步研究了 s 和 h 值变化时,不同驾驶室形状对 C_W 的影响(气动夹角为零,完全迎面风)。结论如下:

1) 对于 A 型驾驶室,间隙增加,空气阻力增大。高差超过 0.6m,空气阻力也增加。

2) 对于 B 型驾驶室,间隙增加,空气阻力增大。高差增加,空气阻力也增大。

3) 对于 C 型驾驶室,间隙变化,对空气阻力系数影响不大。高差增加,空气阻力反而下降。高差为 1m 时具有最低空气阻力系数。

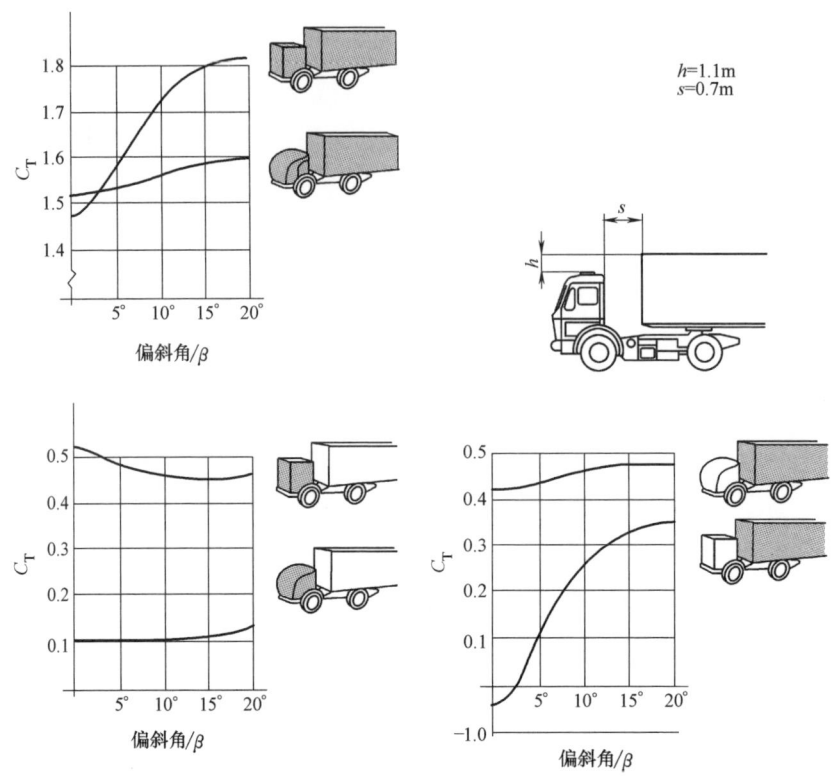

图 3-69　驾驶室形状对空气阻力系数的影响

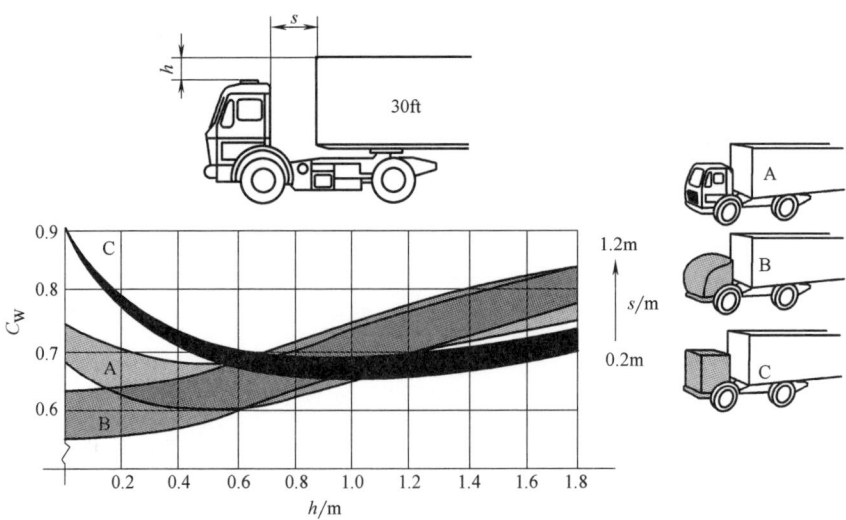

图 3-70　不同形状驾驶室在 h、s 变化下对空气阻力系数的影响

下面讨论间隙和高差固定时，迎面气流与车身行驶方向有夹角的情况下的空气阻力系数。从图 3-71 中可以明显看出，随着夹角的增大，空气阻力系数明显增大，夹角为 30°时空气阻力系数达到最大值。圆形驾驶室最有气动优势，带倾斜风窗玻璃的方形驾驶室具有中间值。

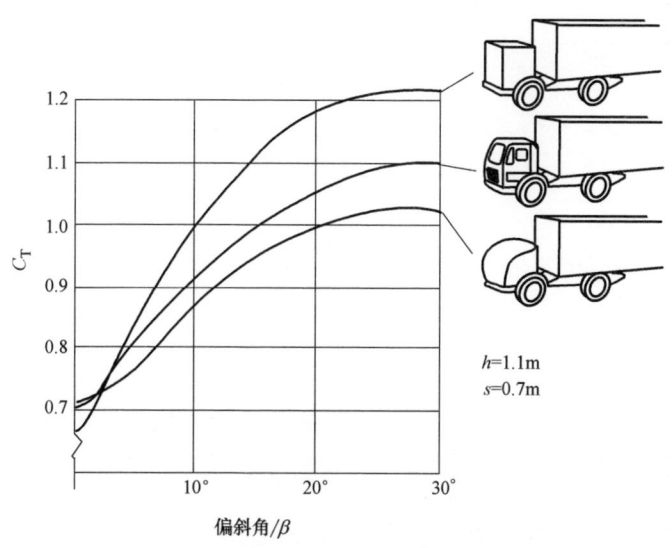

图 3-71　h、s 值固定的情况下，驾驶室形状对空气阻力系数的影响

3. 货车上用于减小空气阻力的构件

货车上常用的减小空气阻力的构件主要分为导流块和导流板，相对来说后者更容易制造和安装，外观效果也很不错。图 3-72 描绘了不同的改善空气阻力的构造件。实践得出的最佳形式为：光滑的车箱、带圆角的驾驶室和驾驶室顶部导流板。

图 3-73 所示为货车空气动力学构件在具体车型上的运用。

单节整体式货车除了驾驶室顶部构件，还加装了侧面的覆盖件及两车轴之间的侧围，如图 3-74 所示。除了改善了空气动力学特性，还提高了安全性，可以保护行人。当轿车和货车相撞时，可防止车身较低的轿车挤入货车车底。

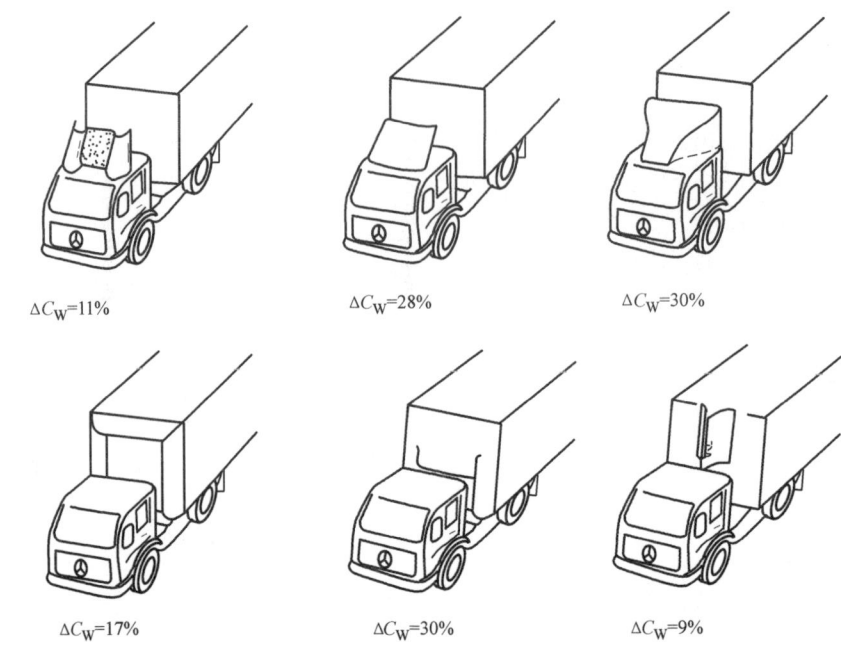

$\Delta C_W=11\%$ $\Delta C_W=28\%$ $\Delta C_W=30\%$

$\Delta C_W=17\%$ $\Delta C_W=30\%$ $\Delta C_W=9\%$

图 3-72　货车上常用的减小空气阻力的构件

图 3-73　空气动力学优化的货车驾驶室

图 3-73 空气动力学优化的货车驾驶室（续）

图 3-74　具有安全侧围和顶部气动构件的整体货车

4. 车队行驶和风影效应

有一种改善空气阻力影响的办法是以车队的形式行驶，队内车辆以相对恒定的速度前进，并保持稳定的间距，这样车队总体消耗会降低。理论来源是赛车中的风影效应：前车尾部产生死水区时，后面的车辆只要保持一个合适的距离，就可以减小迎面气流的进入速度，第二辆车如同在一个流体的影子里行驶。该效应明显降低了第二辆车的空气阻力，甚至对第三辆车都有积极意义，如图 3-75 所示。

对于跟车距离的掌握，考虑制动等安全因素，一般采用半表盘法，即车速为 80km/h，跟车距离为 40m。这样跟车的结果是第二辆车的空阻系数降低 20%，第三辆及更后的每辆车可降低 30%。此外，队内车辆未必需要严格行驶在一条直线上，只要后车超出前车左右不超过半个车身的宽度，该效应就有效。

5. 车辆行驶中的污染问题

车辆行驶中，气流、雨水、风沙等因素会不可避免地导致车辆及其外界环境受到污染。对外界的污染主要是对其他交通参与者的污染，例如行驶过程中对后面车辆的污染、对路边行人和标志物的污染、对相邻车道上车辆的污染。自身污染指对自身牌照、车身和风窗玻璃的污染。

研究车辆的污染，主要是解决看见和被看见的问题。看见指驾驶人能在

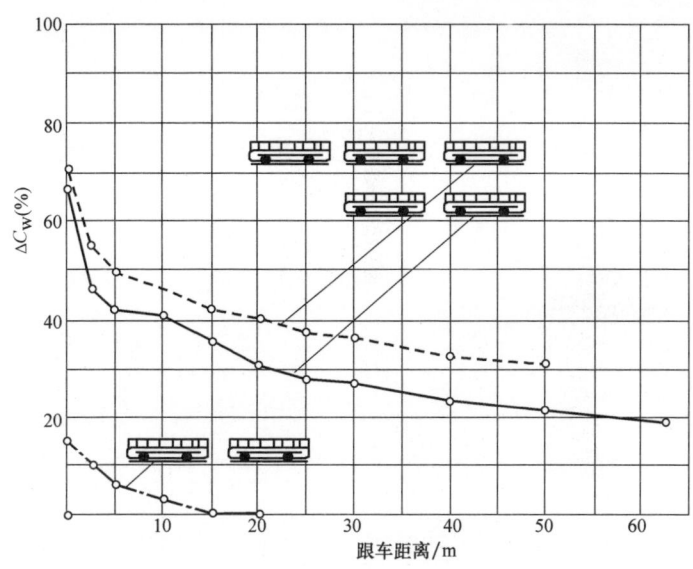

图 3-75　车队行驶时相邻车辆之间的风阻系数

车内看清楚路况和标识,被看见指车辆本身能很好地被识别和被发现。这两点都是交通安全的重要基础。

相对污染来说,在空气动力学上要达到以下目的:保持车身不被脏气流污染;对已经被污染的车身可以自行清洁;避免脏水污染。

图 3-76 所示为外界对车辆污染的例子,主要因为气流夹带着灰尘、水等杂物,粘上并沉淀在行驶中的车身、风窗玻璃上,或被前车带起的污染物附着。

图 3-76　外界对车辆的污染

另一种情况是车辆行驶中产生的对自身的污染，例如车轮卷起的泥水、灰尘，不可避免地粘在车体上。车尾部的气流组织没有设计好，整个尾部被自身的紊流带起的污染物附着。解决该问题的主要办法是装车轮罩和挡泥板，以及加装尾部导流板。一些特制挡泥板还在内表面开有沟槽（图3-77），以免泥沙水因离心力而二次飞溅，有的挡泥板带有具备自清洁作用的毛刷。

图 3-77　开槽的挡泥板

对公交客车来说，车辆前部的垂直棱角都尽量化为圆角，同时在前轴配备较大尺寸的轮罩，使泥水不易向后方飞溅，对车身保洁有很大作用。

3.8　风洞技术

3.8.1　概述

在道路上行驶的车辆，受很多外界条件的影响，如驾驶人的意图、交通事故、天气，以及加速度、速度、坡度、载荷、风速和温度等。如果多数车辆的实验完全在道路上进行，将使问题变得更复杂。

一种较好的方法是在一个相对封闭的环境里，减少外界的物理和路况干扰，人工模拟出各种不同类型的行驶条件，对车辆进行研究和设计，同时具有高度可重复性，这样就产生了风洞。

"所有汽车看起来都一样，因为他们都是在风洞中设计出来的"——

Urban Myth

在设计汽车的过程中,希望车辆具有的很多特性,如较低的空气阻力,都可通过外形设计来实现。一旦新车的外形设计进入设计冻结阶段,就不允许再有更多的外形改变,这就要求在设计早期进行气动优化。随着数字化模拟的大规模运用,开发周期得以缩短,结果也越来越接近真实的实验结果。但无论如何,进一步的优化和细节研究仍然无法离开风洞实验,风洞实验也是对计算机模拟的检验。

风洞实验的主要领域有阻力、侧风影响、乘员室的气流组织、噪声研究、车身污染、灯光和热力学研究等。本节主要介绍风洞实验在空气动力学上的运用。真实的道路情况如图 3-78 所示。

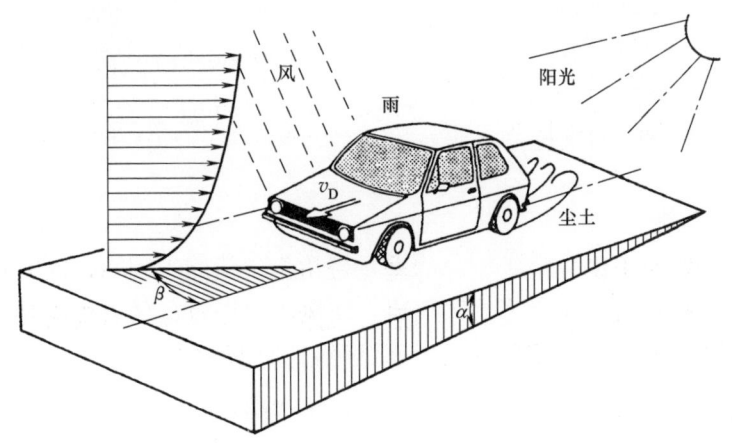

图 3-78　车辆在真实道路行驶的环境

风洞实验是模拟接近道路情况的环境,但有时模拟的误差也很大。

风洞的局限性:在风洞实验中,车辆是静止的,空气是流动的,"行驶道路"大多数情况下是与车身一起固定的,流体与真实情况不同,也具有高度和宽度。真实的车辆行驶空间,除底盘部位,可认为周围是无限大空间,但风洞内部的空间是有限空间。流体散射到风洞内表面时,会在横截面上产生阻塞效应,使气流附着在车身表面。当不能更进一步流动时,会产生过渡区,即边界层。车身构件因附加的该边界层,会产生另外的表面压力和力。目前也采用了很多方法来改善风洞的边界条件。

3.8.2 风洞的主要结构形式

目前，车辆用风洞主要分为两大类：封闭循环的哥廷根式和开敞的埃菲尔式。图 3-79 所示为带喷管的两种典型风洞局部图。整个风洞分为喷管、测量室、扩散道和鼓风机四大部分。

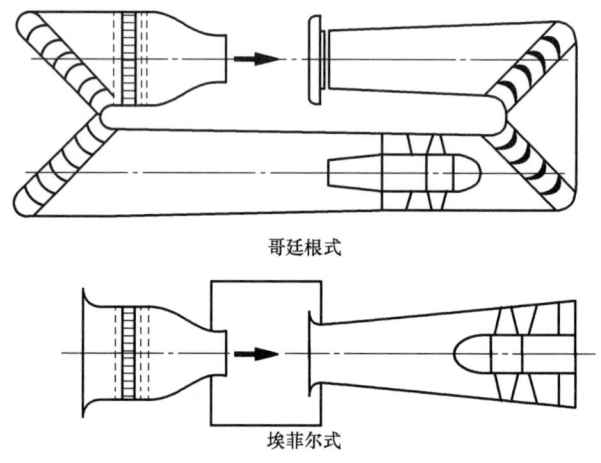

图 3-79 两种典型的风洞形式

其中最重要的风洞喷管的作用为：加快流体流速；根据气流出口截面调整速度；减少流体中的紊流；进行流速的测定。

直到今天还很难准确地量化一个车辆用风洞，尤其是在喷管部位，只能给出一个大体的喷管偏差范围，即要求流体速度的局部偏差（取中间值）小于 0.5%；风道的轴线角度偏差小于 0.2°。

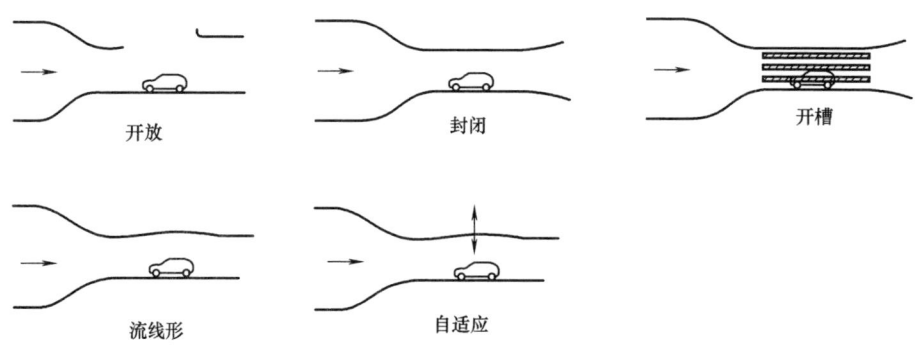

图 3-80 风洞的几种边界

测量段的轮廓形式也分为封闭和开放两种形式，如图3-80所示。有的还带有风槽，有的是流线形，有的是自适应式，主要目的就是减少堵塞效应。

下面展示几个具体运用的风洞，如图3-81～图3-83所示。

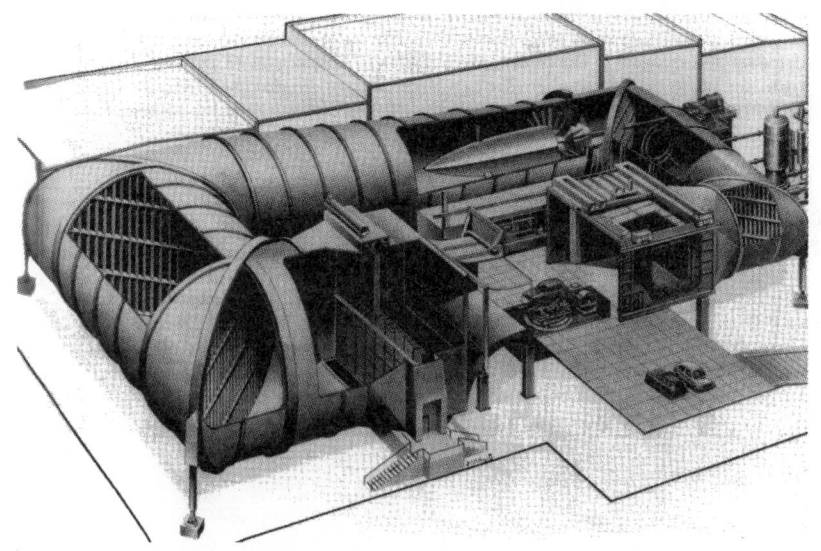

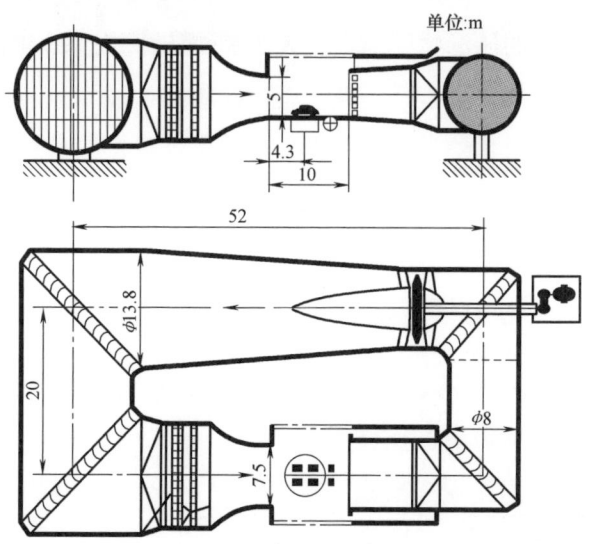

图3-81 大众汽车公司风洞（彩图见书后）

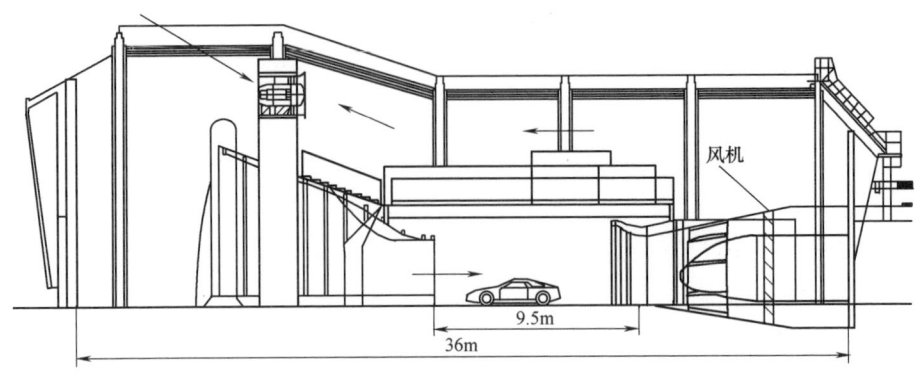

图 3-82　宾西法尼亚公司风洞

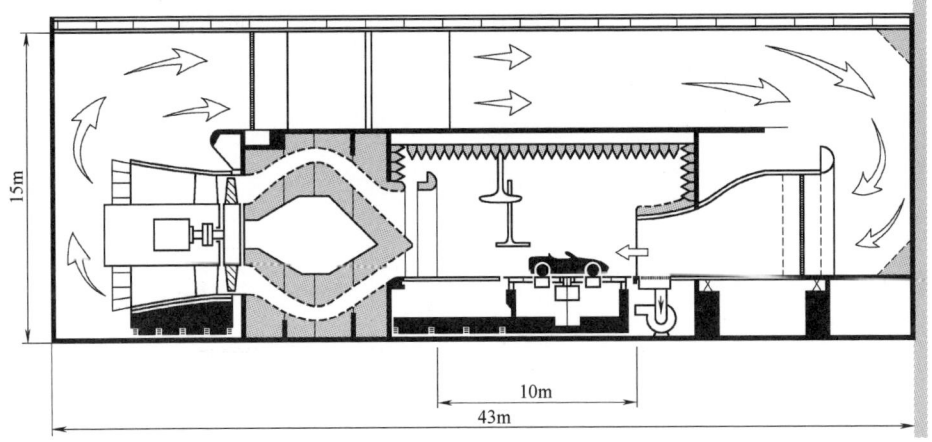

图 3-83　宝马公司风洞（功率 1.9MW、最高风速 250km/h）

3.8.3　缩小尺寸的模型在风洞中的实验

全尺寸车辆的风洞实验，周期长、造价高，运行费用也很高，相比之下小尺寸的模型实验就有其积极意义。

对小尺寸模型来说必须达到两点要求，即真实性高和细节制作得很好，以及流体特性必须与全尺寸模型一致。

例如对细节的要求，在小模型上必须做出全部的后视镜和门把手等细节。对流体特性来说，要达到全尺寸的实验结果，必须注意马赫数 Ma 和雷

诺数 Re。

$$Ma = \frac{U}{a} \tag{3-44}$$

$$Re = \frac{U \times l}{\gamma} \tag{3-45}$$

式中　U——流体流速；

　　　a——声速；

　　　l——特征长度，通常用车辆轮距表示；

　　　γ——黏度。

为达到与全尺寸车辆同样的效果就要提高流体速度，这样马赫数也会提高。要想使马赫数和雷诺数同时与全尺寸时一致是不可能达到的，在实际实验中，只能有一个参数接近全尺寸。雷诺数更有意义，因为它标志着流体是平流还是紊流状态。

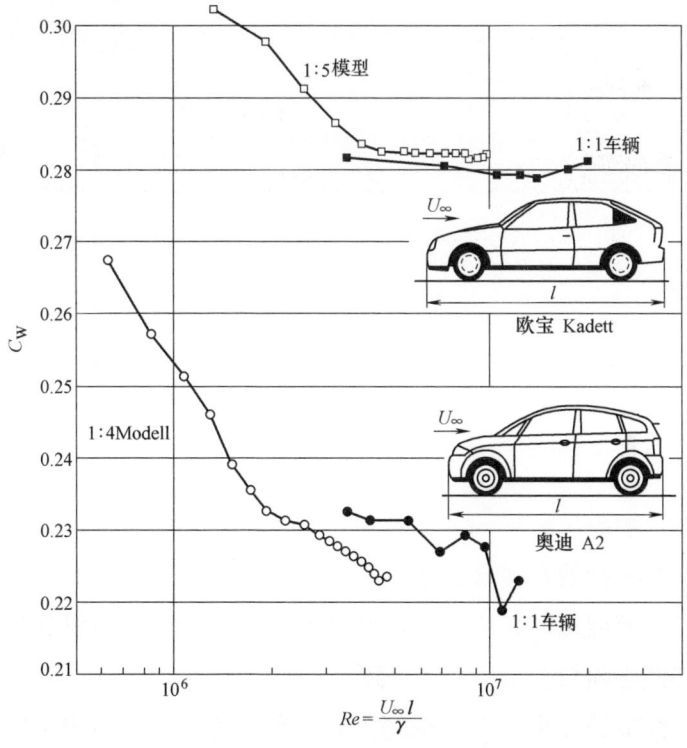

图 3-84　缩小模型和全尺寸车辆的雷诺数 Re 和 C_W 的比较

图 3-84 就是一个比较，说明了不同比例模型和全尺寸车辆在不同雷诺数下的空气阻力系数。空气动力学实验中，由于采取了小模型，会产生一种非常不利的平流边界层。平流的边界层会比紊流边界层更早产生流体脱离现象，这样就会检测到更大的空气阻力。流速此刻也应提高，较高的雷诺数才会接近全尺寸的结果。

另一种对模型测量的流体影响是气流的紊流梯度。图 3-85 所示为小模型在不同雷诺数的情况下，自身长度方向上的压力分布。尤其要指出的是车的前部（发动机室盖）和底部，随着雷诺数的提高，分别产生了较大的压力升高和较小的负压。

为提高紊流梯度，可在风洞的喷管中加装筛网，气流通过该筛网时产生更多的紊流。也就是说流体中的紊流能量增加，从而使雷诺数也相应增加。

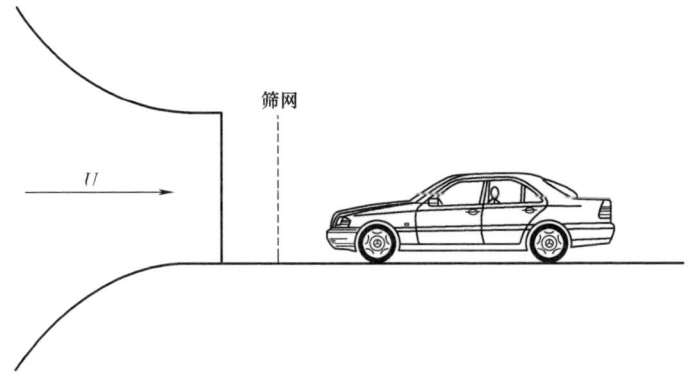

图 3-85　风洞喷管前的筛网提高紊流梯度

第 4 章

汽车声学和振动学

4.1 汽车声学概述

近十年,声学和振动问题在车辆设计中逐渐受到重视,NVH(Noise、Vibration、Harshness)的工作主要是降噪和减振。这除符合相关法规外,也是市场的期望。例如在正常路况下行驶的车辆,其匀速行驶噪声,平均每一代车型降低 1.5~2dB(A)。现代高级轿车以 100km/h 的速度,匀速行驶的噪声可以做到 60dB(A)。图 4-1 说明了量产车在 100km/h 匀速行驶时的噪声水平。

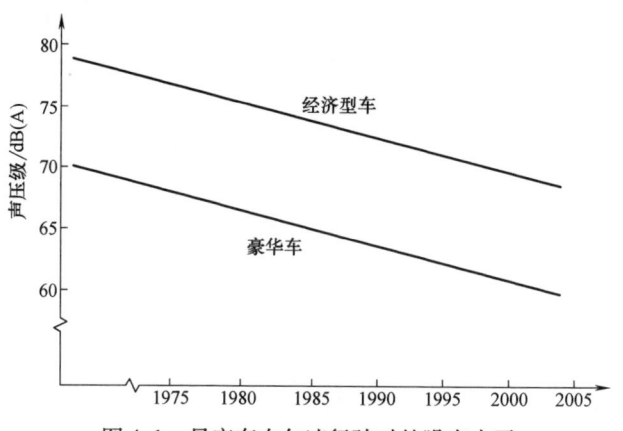

图 4-1 量产车在匀速行驶时的噪声水平

车辆声学除降低干扰性噪声外,还要考虑动力学范围内的驾驶人主观感受和主观评价。例如运动型车辆并不需要十分低的发动机噪声水平。很多情况下,特有的声音就是一辆车的灵魂。可以想象,当驾驶人踩下加速踏板时,更希望听到的是发动机的有力反应。

汽车声学工程师的任务除协调减少噪声外,还需要在心理学的范围内研究声音对人的影响。可以肯定的是,每种车型都必须有令客户满意的噪声背景。例如，设计跑车时需要以运动性为声学设计方向，体现动力感，强调声音给驾驶人的反馈。而豪华轿车的内外部噪声级别都要体现出高雅和稳重。另外，对于混合动力车辆，除要排除新产生噪声外，还要考虑安静的电机驱动如何与发动机驱动噪声进行联合设计，并和谐配合。

对于车辆的声学设计和布局，要区别性对待两种噪声：一种是转向灯闪烁时的仪表噪声，除满足功能外，最好安静到听不见的程度；另一种是行驶噪声，决定了车辆的声学特性。行驶噪声的来源主要是：风噪声、滚动噪声、发动机噪声以及操纵较大设备时的电子设备声。车辆内部的噪声是通过空气声和固体声传播的，车辆外部是空气声占主导。

图 4-2 所示为车辆噪声的来源分类、传播途径和感觉结果。

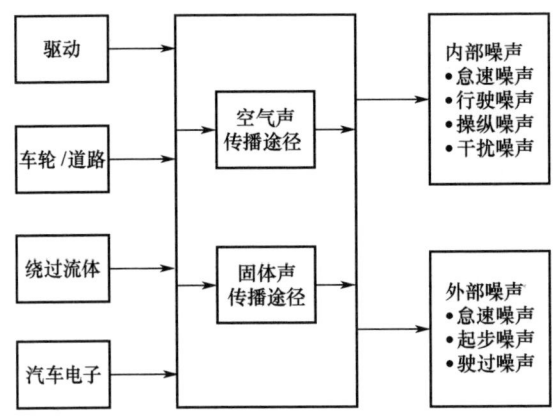

图 4-2　车辆噪声的来源、传播和结果

下面具体分析各种噪声的来源、对车辆的影响以及改善方式。

4.2　行驶噪声

在车速较低时，行驶噪声并不是主要噪声。低速时的噪声主要是风噪声和滚动噪声。在车辆加速过程中，随着发动机负荷的增加，发动机的噪声也提高。当全负荷时，行驶噪声从风噪声和滚动噪声中明显显露出来，并占最大比例。

车辆的声学舒适性是由匀速的行驶噪声、风噪声和滚动噪声决定的。发动机噪声在匀速时占次要地位。车辆加速时，与主观评价相对的是行驶动力学,这时的发动机噪声会出现声学水平级别上的跳跃。图4-3说明了在不同车速下,尤其当车辆的速度达到100km/h时,发动机噪声级别的跳跃,以及风—滚动噪声的变化情况。

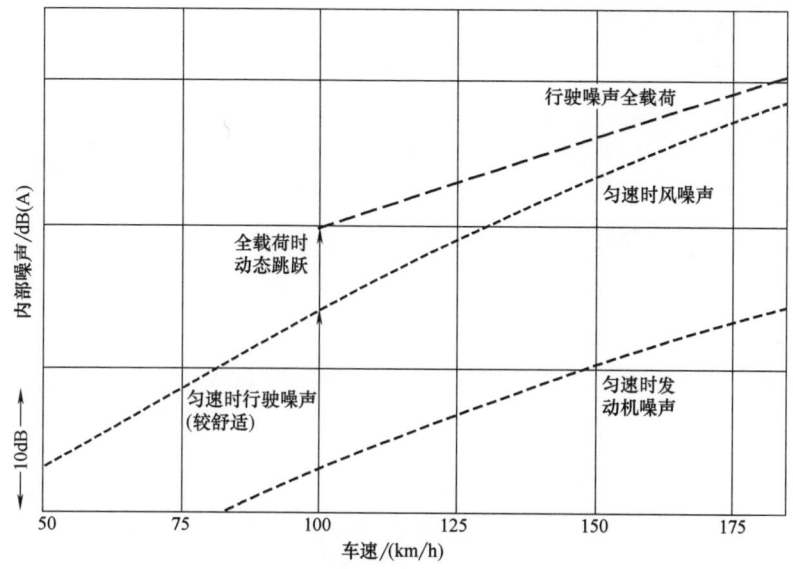

图4-3 匀速和加速行驶时内部噪声对比

心理声学研究表明,高速行驶时,车内的语言交流能力对主观声学评价有很大影响。它依赖于风—滚动噪声,并可通过对细小音节的辨别能力来量化衡量。图4-4所示为一辆普通中级轿车在不同车速情况下,乘员在车内交

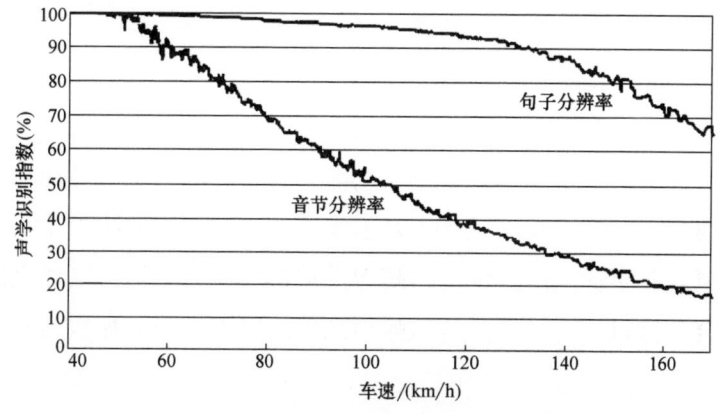

图4-4 不同车速下的音节和句子分辨率

流时对句子和音节的辨别能力。当车速提高到100km/h时，音节的清晰度下降了一半，而句子的清晰度仍然可达95%。

4.3 发动机噪声

在车辆上，动力系统主要由发动机和与其相连的驱动部件组成，该系统是振动性噪声的主要来源。因此，驱动链的声学优化对降低整车噪声具有重要意义。研发驱动部件时，如果不在初期就注意其声学设计，则在最后调试整车时很难得到满意结果。针对驱动链的声学设计，对设计人员提出了更高要求。新驱动总成的设计趋势，是向更轻量化和更综合性方向发展。例如，轻型铝或镁合金曲轴箱、全可变节气门、高压缸内直喷技术的运用，都要求声学上有特殊的设计与之相对应。只有优化对发动机—变速器—连接体的减噪设计，尤其是对振动性噪声的重点关注，才能使整车有较好的声学特性。

下面举例说明几种工程实际中采用的方案，进一步展示对发动机的噪声控制方法。

图4-5所示为一个双质量飞轮，两个质量块是通过弹性减振元件连接的，同时也传递转矩。双质量飞轮较软的弹性特性使发动机怠速时的自振下降很多。通过平衡轴技术对曲轴的优化（图4-6），是对驱动链上的零部件振动性噪声优化的例子。类似的可以进行优化的因素还有：气缸的布置形式（直列、V形）、点火次序、曲轴的轴承设计、平衡轮的数量、发动机壳体的弯曲/扭转自有频率、连杆比值等，这些都对动力学特性有很大影响。

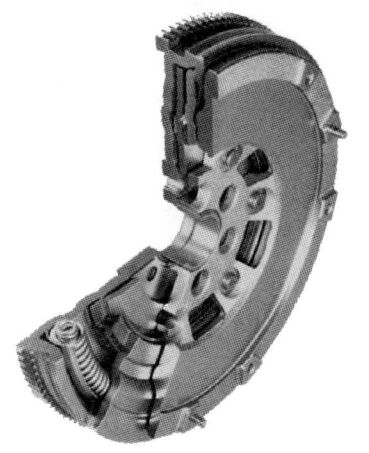

图4-5 双质量飞轮

曲轴箱和发动机缸盖是最容易散射出空气声的部位，在这些部位要设计相应的声学罩。图4-7所示罩板均是为降低发动机噪声而设计的，其材料有工程塑料，也有复合材料，里面的结构大多是三明治形式。

图 4-6　带有平衡轴的四缸发动机方案（彩图见书后）

图 4-7　各种不同类型的发动机罩

下面具体阐述发动机噪声中的空气声和固体声。

4.3.1　空气声

设备（或机组）的空气声往往由振动物体表面向外散射的声波传播。现在车用发动机在标称功率时，距离机壳 1m 处，测得的噪声约为 95～100dB（A），相当于发动机室内的声压级为 115dB（A）。柴油机在部分载荷时，噪声较大，其全负荷运行时的噪声小于全负荷运行的汽油机。空气声会通过发动机室盖的开口向外散射或通过发动机的防火墙进入乘员室。为将车辆内部的噪声级别控制在65~75dB（A），就要使防火墙处的减噪级别达到40~50dB（A）。

发动机有各种形式的气门推动，汽油机可以采用增压和缸内直喷的技术，这些都会引起高频率段的声波散射，由此产生类似坚硬金属敲击声般的发动机噪声。发动机机体边界上的噪声必须采用增加刚度的方法来解决，气门的声波扩散通过工程塑料罩来吸收。

排气管的声学设计也是较难的环节，出于功率需求，必须将其排气阻力设计得小些，这就要增大排气管的内部直径，但对布置降噪材料不利。增加排气管的体积是一个办法，但加大的排气管往往很难安装在底盘下。

隔噪系统主要有三种：质量—吸收系统、弹性体—质量系统、减噪膜。质量—吸收系统是具有弹性的高密度材料和吸收材料的结合体，吸收材料在外，高密度材料面对声源，作为主要阻尼。它主要贴附在车身上，其阻尼系数为每八度音降低6dB（A）（相对于全反射表面）。弹性体—质量系统是在面对声源处采用海棉或毛毡类材料，外面是弹性高密度材料，毛毡作为弹性体。这种系统可以更多地隔绝高频段声波。其缺点是会在共振区产生隔音衰退，如图4-8所示。

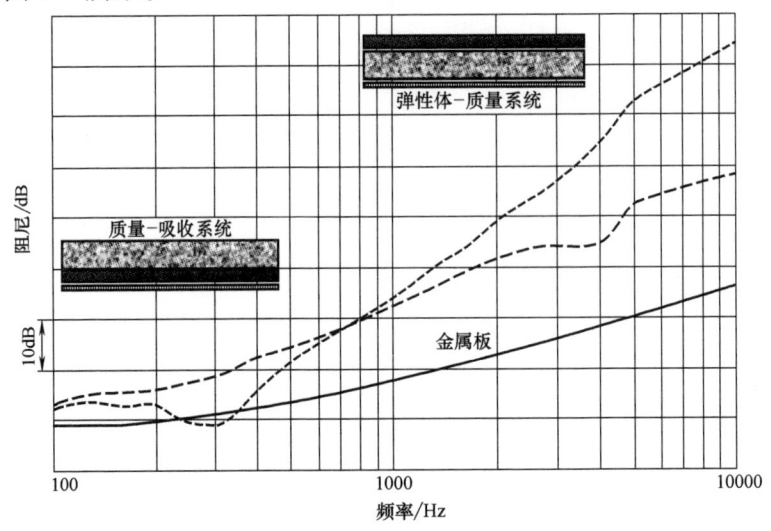

图4-8 两种不同方式的阻尼系统

减噪膜主要用在大面积的板状物体上,用于减少声波的散射。通常采用高阻尼材料,主要原理是增加物体的刚度,减少表面振动,同时减少空气声。

图 4-9 是一个汽车防火墙的隔声隔振层,隔层由 12 层组成:铁或铝的基本层、一层或多层的减噪膜以及各种吸声减振材料。对于低频段,该隔声隔振层可以降低 30dB,对于高频段可以每八度音降低 9dB。

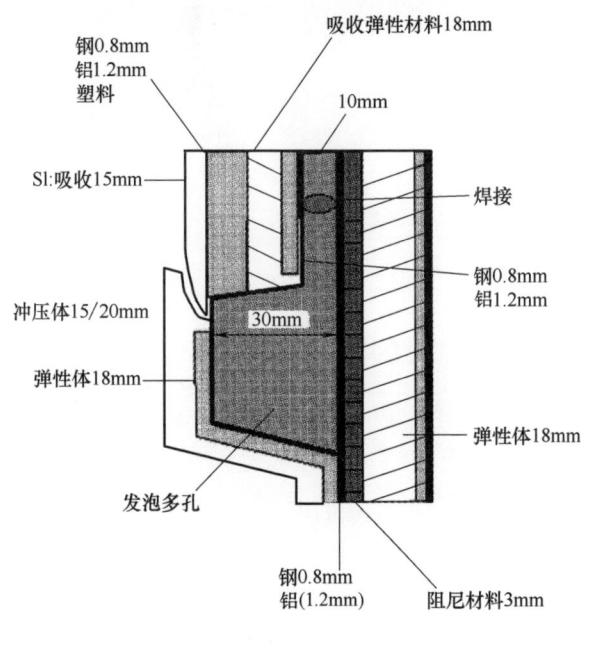

图 4-9　汽车防火墙的阻尼层

空气声除向车身外传播外,还通过车身内的泄漏和间隙处向内传播。例如通过空调系统、转向柱、踏板等向内传播。尤其要注意的是这些运动件和回转件都必须做声学密封。图 4-10 所示为转向柱的双层声学密封。

4.3.2　固体声

相对空气声来说,发动机的固体声来源比较明确,由下面四处产生:发动机轴承、变速器轴承、驱动轴轴承、后轴的支撑轴承。固体声也是通过发动机—传动链传播的,这时就要考虑在传动链上的坚硬固体和弹性体的综合

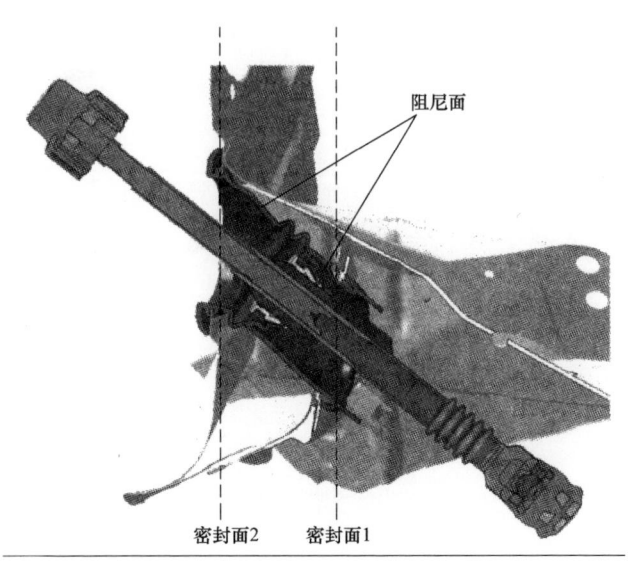

图 4-10　转向柱的双层声学密封

运用,为避免低沉的嗡嗡声就要增加系统的动态刚度。

实践中可将发动机壳体的弯曲—扭动自有频率降低,同时采取隔振手段,使发动机的固体声减缓向下游传递,并防止共振。图 4-11 就是一个较好的例子,即发动机减振臂。该臂自身具有很高的静态刚度和动态刚度。可减少局部的扭动频率,并降低总体系统振动。

另外要注意的是,发动机感应出的固体声还会沿车身传播,曲轴的交变转矩引起的振动可通过横梁传到车身,如图 4-12

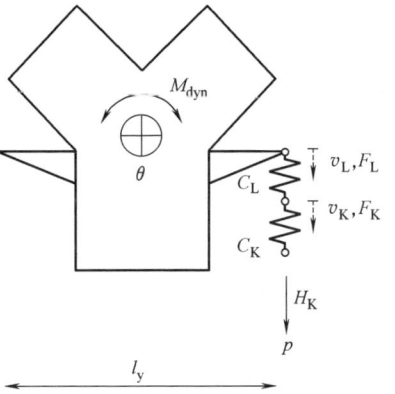

图 4-11　发动机减振臂的方案

所示。静态力矩的传递需要一个较硬的横梁支撑,但从声学角度考虑却需要一个较软的支撑,这就必须综合考虑轴的几何布置、轴承间隙、轴承刚度和车身刚度。

发动机的固体声还会通过排气管的悬挂点向车身传播,改善措施就是在排气弯管和后部之间装可活动的连接件,并采用弹性体悬挂在车身上。

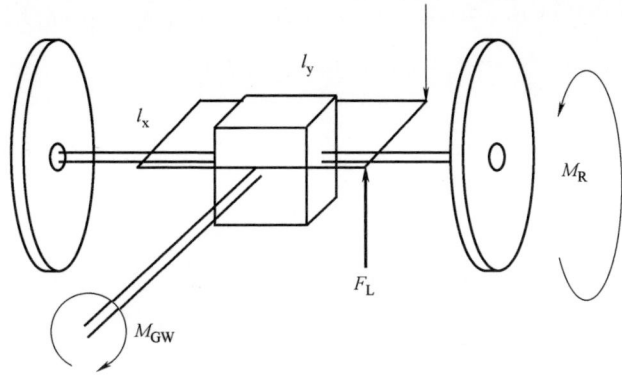

图 4-12　发动机交变转矩振动通过后轴横梁传递到车身

4.4　滚动噪声

滚动噪声在任何情况下都由空气声和固体声组成，低于300Hz的是由滚动的固体声造成的，较高频率如800~1000Hz，由空气声占主导。目前，降低滚动噪声的措施主要是吸收车轮罩内的声波和在车身相对部位安装阻尼板。相对发动机噪声来说，滚动噪声主要源于轮胎—道路噪声，并不直接与车身有联系，很多情况下通过前后轴来传播滚动噪声中的固体声部分。一辆普通的后轮驱动车前后轴的声学敏感性为7∶3。由于市场需求的增长，越来越多的车辆采用了四轮驱动方式，使前轴产生了更多的固体声影响。因此在设计驱动轴的过程中，除考虑行驶动力学要求外，还要考虑滚动噪声的传播。

对车身来说，隔离滚动噪声的方法主要是采用后轴弹性支撑，同时弹性支撑对行驶动力学也会产生影响。

对滚动噪声的研究可通过实验台进行，并用多体动力学的方法建立模型，限于篇幅在这里不进一步讨论。

下面举一个例子，说明轮胎—道路噪声的传播方式。从图4-13中可以看出，这是一个比较复杂的过程。除空气声外还有固体声，除空气声的散射外还有道路对它的吸收，同时就空气声而言也有摩擦产生的和轮胎振动产生的等多种形式。图4-13还说明了，车辆声学的研究是复杂而有机结合的，在考虑问题时，不能单一考虑声学来源和单一传播源，必须同时考虑其他因素，如流体的影响、反射的影响、吸收的影响等。

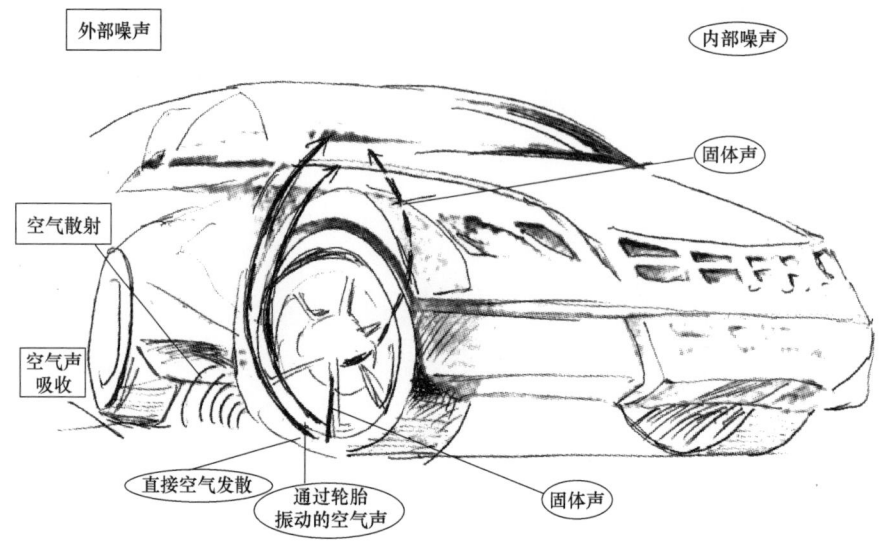

图 4-13　轮胎—道路噪声的传递

4.5　风噪声

风噪声由在边界层影响下的气体脱离后产生的紊流产生。当车速达到 80~100km/h 时，风噪声占车内噪声主导，如图 4-14 所示。

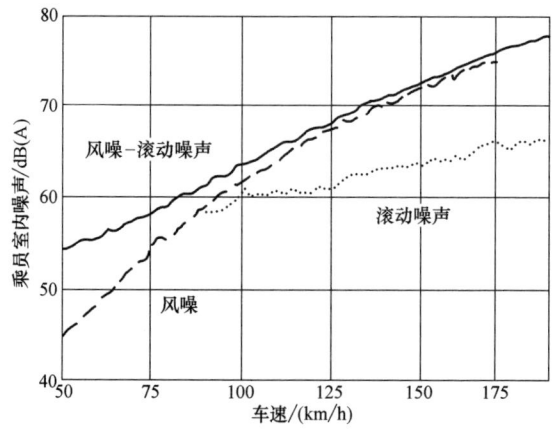

图 4-14　中级车的风噪声和滚动噪声

风噪声的低频率区可到400Hz,高频率区可达10kHz。低频率段的风噪声主要由车身和底盘部位的流体脱离产生,并带有很高的能量。这样的高能量会引起底盘处的振动,并以40～50Hz的频率传递到乘员室,引起令人非常不舒适的高速轰鸣声。此时,空气动力学导流板和在底盘处的覆盖件会引起边界紊流,这是空气声学上的干扰源。

高于400Hz的噪声,可直接通过空隙传播到乘员室,这种噪声对驾驶人来说很容易听见且会受其干扰。此外,车门、车窗的密封对这种噪声缺乏抵抗性。这种干扰在车辆高速行驶时,会在人耳敏感频率区产生更多令人厌烦的噪声。因此在进行整车密封设计时,要重视400Hz以上频率区域。目前,很多生产厂家采用了多重声学密封技术,使车辆在任何行驶状态下都能得到令人满意的声学水平。

车身的连接处、天窗、后视镜、导雨槽和行李架等都是高速风噪的来源。风窗玻璃的强度与风噪声也有很大关系,除隔声程度不同外,较单薄的风窗玻璃还会在车辆高速行驶时产生弯曲振动,引起高频段的隔声效果下降。但也不能无限制增加玻璃厚度,否则会引起车重增加,不利于轻量化。现在很多车辆采用的是复合夹层玻璃,采用三明治结构,中层是高阻尼膜,同时也减轻了车的总重量。图4-15所示为各种风窗玻璃声学阻尼的比较。

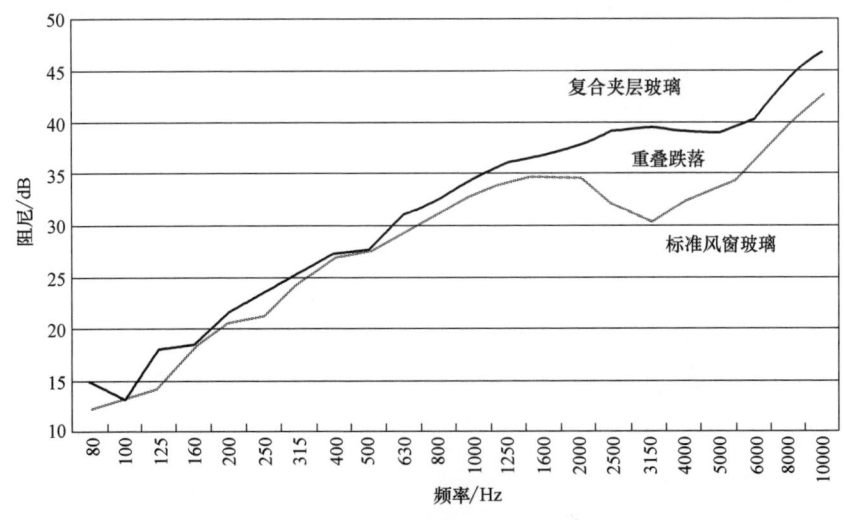

图4-15 风窗玻璃的声学阻尼

4.6 电子设备声

电子零部件用于对车辆进行操作和控制。电子设备噪声的主要来源大体如下：各种伺服电动机、导航系统风扇、仪表系统、电子和液压辅助系统以及主动悬架。其中有的噪声属于操纵噪声，有的是短暂的，对驾驶行为影响不大，如电动车窗的升降、转向灯继电器、电动后视镜的调整等，有的是恒时的，如伺服转向机、发动机冷却、燃油泵、稳定杆等，对驾驶人是有干扰的，是驾驶人不希望听到的。对不同的设备，需要采取不同的降噪方案。有的采用更低噪声级别的电动机，有的采用低转速大转矩的驱动电动机。对空调系统采用了如图 4-16 所示的管路消声器。

对车上的管道，如电子管线和所有油路，也要考虑相关的声学问题。因为管路也会传播噪声，尤其是固体声，如液压脉冲噪声、发动机固体声等。

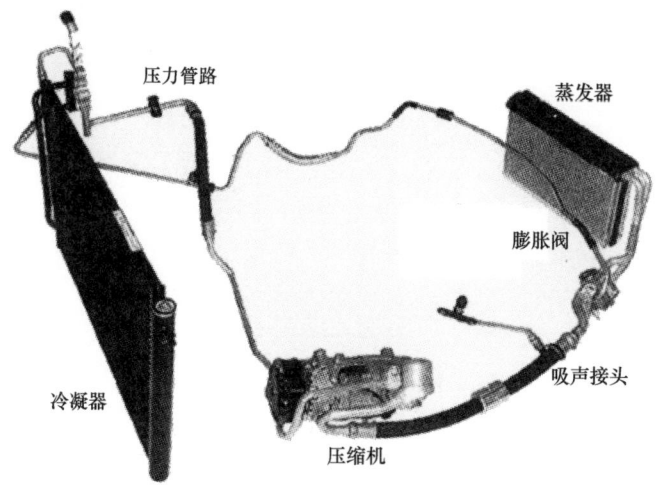

图 4-16 空调管路消声器

4.7 外部噪声

外部噪声是相对车辆内部舒适性声学而言的，是人在车辆外感受到的，包括车辆怠速时的噪声、行驶时对外界的噪声、轮胎和道路的噪声、车辆从身边驶过时的噪声等。

这里仅讨论柴油机的怠速噪声。由于柴油机的燃烧方式和压缩比不同于汽油机,会产生较大的怠速噪声。目前主要的改善方法是控制燃烧时的压力梯度和最大压力,控制声波的中频率段。另一个噪声源是燃油的高压泵,对于直列柴油机,高压共轨技术对声学部分有改善,它使用一个泵对应所有喷油器,相对传统的每缸一泵减少了泵的噪声。

对柴油机车辆来说,排气部分和发动机部分都可采用遮声罩的方案来降噪。为达到怠速时和汽油机同等级别的外部噪声水平,从主观评价上,柴油机车辆必须降低10dB的噪声水平。遮声罩的方案对于电子喷射部位和发动机部位非常有效,车首部的温控格栅也是柴油车辆的标准技术装备。同时可对车辆排气弯头、油底壳、变速器都采取阻尼措施,但注意不能全部用遮挡罩的方式,因为这些部位有热力学要求。

驶过噪声的测定标准如图4-17所示,其检测和控制并不是目前车辆技术人员非常关心的。相关国际标准为ISO 362。

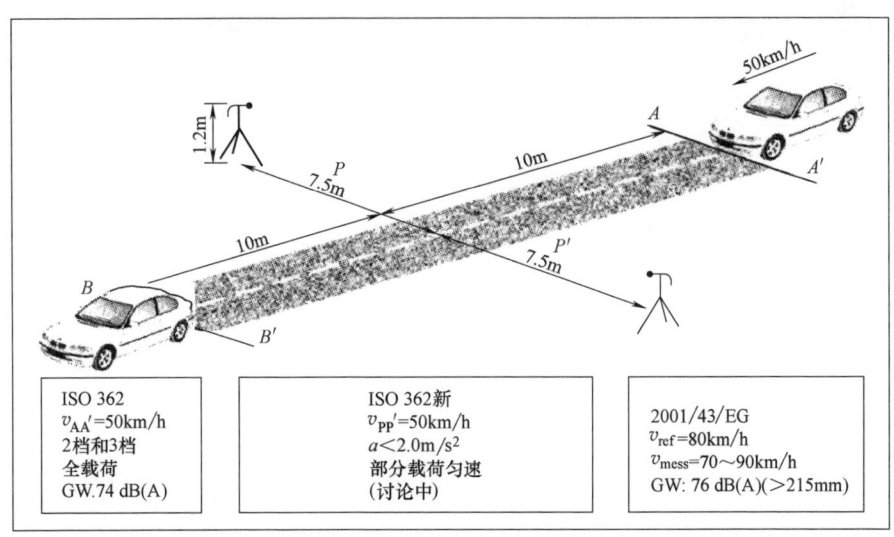

图4-17　国际和欧洲标准下的驶过噪声测定法

4.8 振动舒适性

车辆的声学和振动舒适性是紧密联系的两个概念。振动的舒适性主要在声学的固体声范围内被人感受到。

人类对振动的敏感性一直以自身经验来确定，图4-18说明了各种与车辆相关的振动现象的加速度和频率对人敏感性的影响。人对这些振动的敏感区基本为1～40Hz，对颠簸的反应区为1～9Hz，对发动机的怠速振动敏感区为5～40Hz。对人体器官，如头、四肢、胃来说，最敏感的频率是5～10Hz，此时会产生器官共振。在新车型设计初期，必须考虑振动对乘员的影响，但目前较困难的是，往往基本计算和模拟研究均合格的振动舒适性方案，与主观感受并不相符。这也是振动学的主观与客观评价间的一大矛盾。

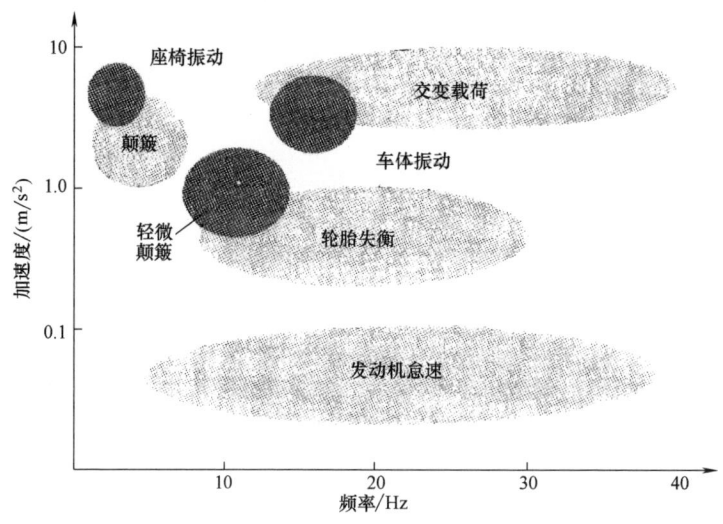

图4-18　各种振动现象的加速度和频率

车辆振动的激励系统有：发动机激励系统、道路激励系统和车轮激励系统。发动机激励系统主要是怠速振动、交变载荷引起的颠簸和冲击。

4.8.1　发动机激励振动

怠速振动主要通过周期性和随机性的发动机激励产生。对于四、六、八缸的发动机，其怠速振动频率段不同。缸数越多，整车的自身频率就越高，当转速以 600r/min、700r/min、800r/min 上升时，整车自身频率是同步上升的。但总体来说上述三种缸数的发动机都具有怠速时的弯—扭振动，且集中在 27~33Hz。在整车设计时要避开此区间，最好离开此区间 3Hz 以上。

交变载荷振动有交变颠簸和交变冲击。交变颠簸如同力学中的弹簧—质量系统，线性的质量和车身一起被看作刚体，驱动链中的弹性体被视作弹簧。发动机负载变化时，尤其是换档时，会产生颠簸性振动，当 1—2 档切换时，振动频率范围为 1.5~4Hz。

相对交变颠簸，交变冲击频率不在低频段，而在高频段。如节气门开度大小的突然改变，产生突然的转矩变化，引起了可明显感觉到的冲击，并能产生低沉的冲击噪声，主要原因是冲击了后轴变速器的支撑元件。

针对交变颠簸和交变冲击可对发动机采取措施，如点火提前角的调整，也可提高变速器的刚度，或采用双质量飞轮等措施。

4.8.2 道路激励振动

道路激励振动通过道路产生且与速度相关，其后果是车身发抖、发动机颠簸、座椅上下颠簸。

车身发抖主要产生在一些具有大面积的顶和后背开敞式的车型上，如跑车、敞篷轿车等，因为这些车型的局部扭转刚度的不同形式会与来自车轮的振动激励相叠加。图 4-19 所示通过两个组成部分的结合，出现了一个频率为 10~20Hz 的振幅区间，该区间称为车辆经过不平道路的后振现象。运动型车辆使用较硬的悬架，确定其具有较硬朗的垂直动力学特性，并提高了整体扭转刚度，对此现象有明显改善。

发动机的颠簸来自同时产生的前轮激励，使整车产生一个上下行程。通过发动机—变速器的支承系统引起的激励，产生 5~10Hz 的振动。这样的振动对于车身前半部是一种非常大的干扰声。改善的方法主要是改进发动机和变速器的支承系统设计，但也有其他影响因素，如动力学要求支承系统是硬的系统，而声学和振动学上要求是软的系统。同时还要考虑支承系统对固体声的传播，尤其是对车身噪声的传播。

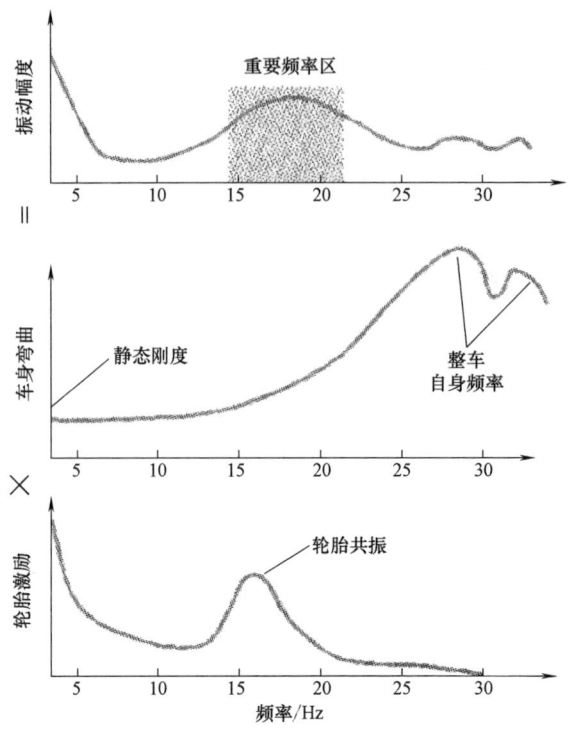

图 4-19 车身影响下的振动激励

座椅的上下颠簸产生了人—座椅系统的自有频率,该频率在 4~8Hz 之间,会引起结构振动,导致乘员的强烈不适,因此设计时应将人—座椅系统的自有频率定为 2.5~4Hz。

4.8.3 车轮激励振动

车轮激励振动主要由车轮激励引起,车轮的不圆度或质量不均匀都会引起相应的频率响应,在高速行驶时更加明显。改善的方法是做车轮的静动平衡。

第 5 章

车辆热力学

5.1　车辆热力学概述

车辆的热力学问题主要涉及两大类：一类是发动机的热力学问题（与燃烧过程有关）；另一类是有关散热器及乘员室空气交换的问题。本章主要讨论发动机燃烧过程以外的热力学问题，其中包括传热问题。对传质问题，在此不作讨论。

散热器的作用是将发动机、变速器和其他部件产生的热量散发到周围环境中去，使汽车长时间运行而没有过热危险，因此冷却系统必须有足够的热交换量。冷却系统受发动机、变速器、制动系统和空调等很多因素的影响。

5.2　发动机冷却系统

在热发动机里存储的化学能通过燃烧方式转化为机械能，几乎 100% 以热的形式转换。热转化为机械功的效率一般为 20%~40%，理论的上限是卡诺循环决定的，取决于最高环境温度。

往复活塞式发动机除有废气排放外，还需要发动机冷却。这意味着除废气带走部分热量外，其他热都被冷却液带入周围空气中，只有很小一部分热通过发动机的辐射散发。

作为固定式水冷发动机，具有一个普遍的 1/3 规则，即 1/3 的燃料能量消耗在动力输出中，1/3 的能量作为废气排放，1/3 的能量传递到散热器中。

发动机运行状态不同，其散热器的运行点也不同，如最高车速、怠速、带挂车负载和上坡。

根据不同的车速、发动机载荷和城市交通状况，需要在散热器设计时充分考虑各种工况下的热负荷。同时随着增压技术的大量运用，对进气和发动机机油的冷却提出了更高的要求。

散热器的发展趋势如下：

1）以空气驱动或节温器来控制。

2）电子泵控制冷媒的传递。

3）水箱采用铝合金材料。

4）在一个功能块中集成多种散热器。

5）采用约60℃的所谓低温循环来冷却增压器和电子器件。

6）多级增压带中间冷却。

7）通过良好流道设计优化流体运行。

8）降低散热器高度，提高行人保护能力。

冷却系统的总体设计原则是尽可能地集成、轻便、便宜，散热器常用的结构是肋片/管—几何形式。换热效率根据进出口冷却液温度、进出侧的气流温度以及相关的压力和流速等参数计算。当今很多计算机模拟方法可以很好地完成这些计算。

车辆上常用的流体相交的冷却方式如图5-1、图5-2所示。

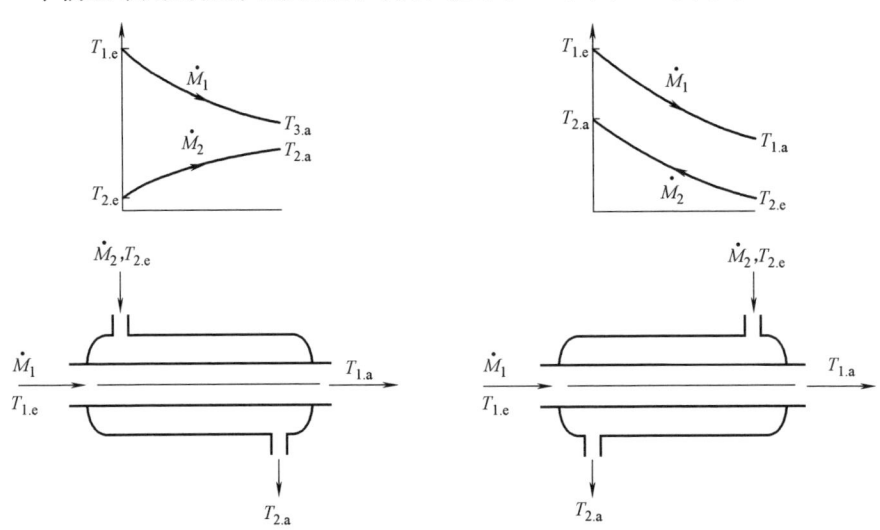

图5-1 常用的顺流和逆流散热器

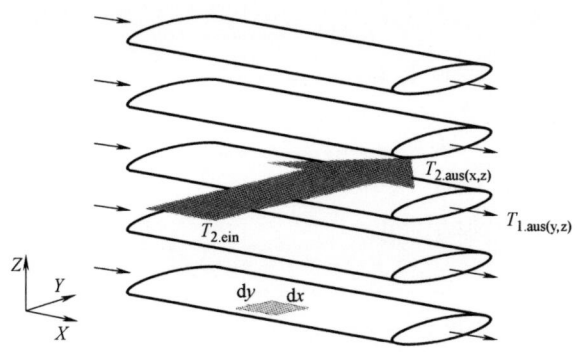

图 5-2　相交流体散热器

如把 "1" 作为放热端,"2" 作为吸热端,"e" 代表流入,"a" 代表流出,从图 5-1 中可以看出,

温度差为
$$\Delta T_1 = T_{1e} - T_{1a} \geq 0 \quad \text{放热}$$
$$\Delta T_2 = T_{2a} - T_{2e} \geq 0 \quad \text{吸热}$$

传热功率为
$$\dot{Q} = -\int_{T_{1e}}^{T_{1a}} \dot{W}_1 \mathrm{d}T_1 = -\dot{W}_1(T_{1a} - T_{1e}) = \dot{W}_1 \Delta T_1 \tag{5-1}$$

或
$$\dot{Q} = -\int_{T_{2e}}^{T_{2a}} \dot{W}_2 \mathrm{d}T_2 = \dot{W}_2(T_{2a} - T_{2e}) = \dot{W}_2 \Delta T_2 \tag{5-2}$$

进入端的温差为
$$\Delta T_e = T_{1e} - T_{2e} \geq 0 \tag{5-3}$$

这是基本的计算传热功率公式。

当车辆以最大速度、爬坡等大负载行驶时,需要传递的热功率为较大值,以保证发动机和变速器及其他相关部件能得到充分冷却,在设计中取以下参数的上限。

冷却液温度:　　　100~120℃。

冷却液流量:　　　5000~25000L/h。

增压空气量:　　　0.05~0.6kg/s。

表 5-1 说明了冷却系统的总热负荷和最大允许温差。

表 5-1　冷却液所能散发的最大热量值和相应的最大允许温差

冷却液所能散发的最大热量	
汽油机	$0.5 \sim 0.6 P_{mech.}$（机械功率）
柴油机（非直接喷射）	$1.0 P_{mech.}$
柴油机（直接喷射）	$0.65 \sim 0.75 P_{mech}$
最大允许温差	
冷却液进口温度和周围环境温度	约 80K
增压空气在冷却器出口和周围环境温度	约 35K

图 5-3 所示为常用的轿车散热器结构和机械连接的散热片，轿车及大型货车散热片厚度为 14~55mm，面积为 0.15~0.85m²，货车取上限值。

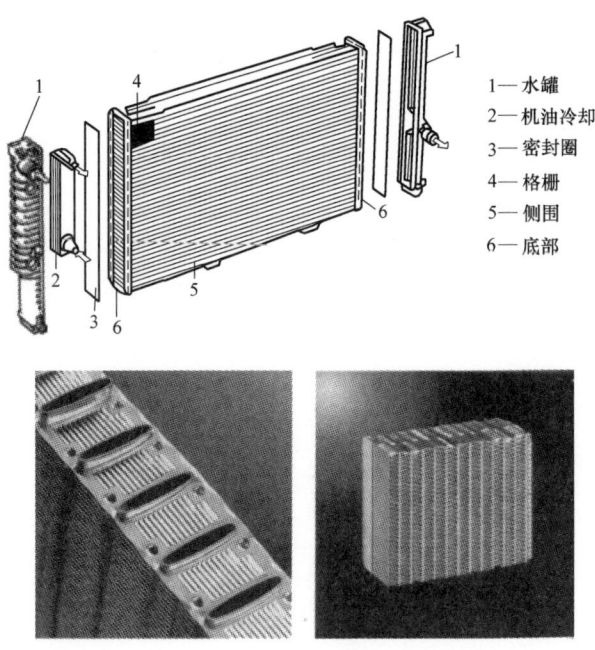

图 5-3　发动机散热结构和散热片
1—水罐　2—机油冷却　3—密封圈　4—格栅　5—侧围　6—底部

目前发动机散热器中的风扇无一例外都是采用轴向安装的塑料风扇，附加固定框和导流罩。为减少噪声和振动，风扇叶片采用非对称设计，在轿车中采用一片或双片风扇设计，总功率最大可达 850W，通过有级或无级无刷电动机驱动。

散热器模块由预先安装好的组件,如空调蒸发器、风扇和框架等组成。组合式设计有其优越性,如可优化各组成部分,可选用较小的、集成的、便宜的组件,并减少运输和安装的工作量,如图5-4所示。

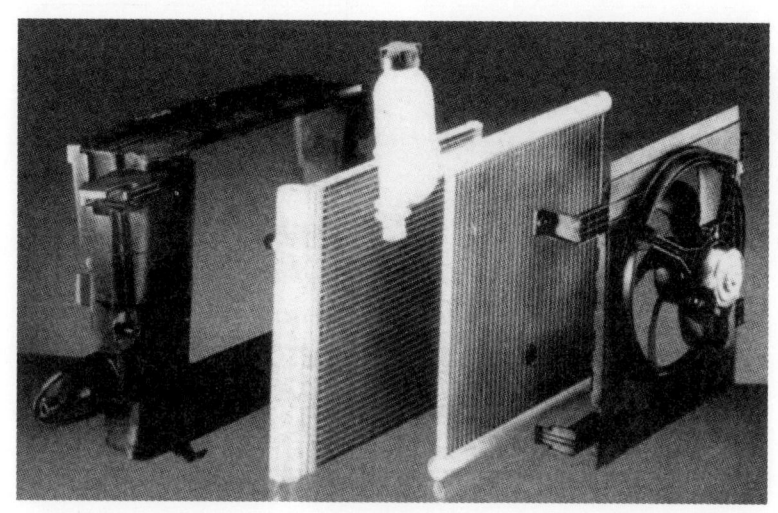

图5-4 散热器模块

现今普通轿车的散热器大多与车身连接在一起,整个散热器模块通过纵向梁、横向梁和车身连接起来。散热器模块中有一个重要的部件是节温器,其主要功能是控制冷却液的大小循环,具体的功能在相关发动机理论里都有叙述。

5.3 乘员室的加热和冷却

乘员室空调系统的主要功能为:风窗玻璃除雾,减轻驾驶人疲劳,消除不良气味,调整内部湿度。

空调系统为驾驶人提供的不单是舒适度,还对安全性有利,对提高在较冷和较热环境下的驾驶人注意力有很大作用。整车空调系统如图5-5所示。

1. 加热功能和组件

乘员室的加热是通过发动机余热实现的,发动机水套中的热流旁路传递

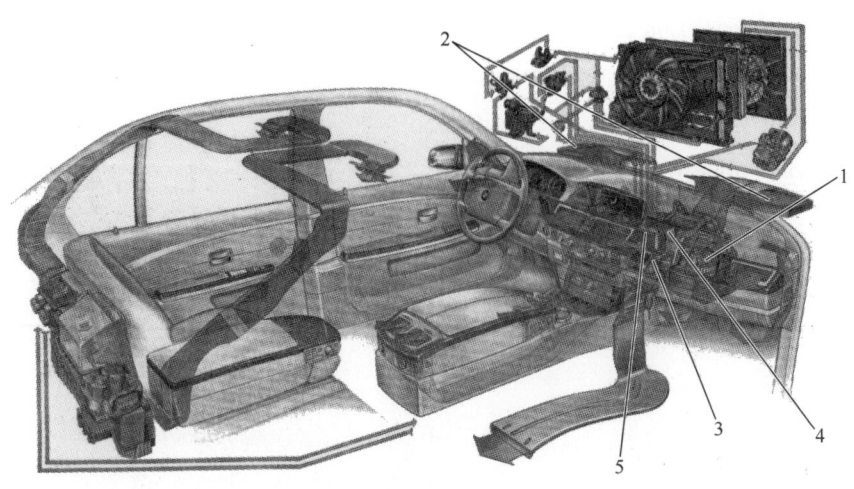

图 5-5 整车空调系统（彩图见书后）
1—径向风机 2—过滤器 3—空调 4—蒸发器 5—加热器

到加热板，加热板再将热传回乘员室。加热功能提供的放热量和流过加热板的空气量成正比。空气流量为 4~10kg/min 时，加热功率可达 3~13kW。仅需加热时，乘员室的温度控制可通过可调节的电子风扇或冷热空气混合实现。

通过发动机余热加热乘员室的方式，乘员室的加热程度和发动机当前的运行状态相关。热流、温度和发动机的转速与负载密切相关。在设计热力循环时，必须注意到，只有流体流量达到 600L/h 时，才有较好的传热效率。对此可采用在热循环中附加水泵的办法。对泵的要求是循环量为 1000L/h，压力为 1000mbar（100kPa）。这样可以很好地解决发动机低速区循环量不足的问题。

随着现代发动机技术的发展，可提供的余热量越来越小，而在寒冷地区却仍需要很高的加热功率，如外部为 -20℃ 时，为保持稳定的乘员室温度需要 7kW 的加热功率，这就出现了矛盾。尤其是现代的缸内直接喷射技术，无论在柴油机还是汽油机上都有越来越多的运用，发动机水套中的余

图 5-6 燃料电池加热器

热难以满足要求,或冷起动后根本无法快速达到舒适标准时,就要采用附加加热器的方案。

可以采用属于新能源范畴的燃料电池加热,也可以采用单边的电加热(PTC 热敏电阻)形式,如图 5-6 和图 5-7 所示。所有电加热方式都会增加发电机的负担,从而增加发动机的负担,因此进一步开发了热泵和废气热回收等类型的加热器。

2. 制冷功能和组件

乘员室的制冷功能与普通冰箱一样,但冷凝器和蒸发器较大。膨胀阀可控制冷媒的流动量,使蒸发器的出口仅有冷媒蒸气排出。除膨胀阀外,也有采取节流阀的设计,如图 5-8 所示。

图 5-7 热敏电阻加热器

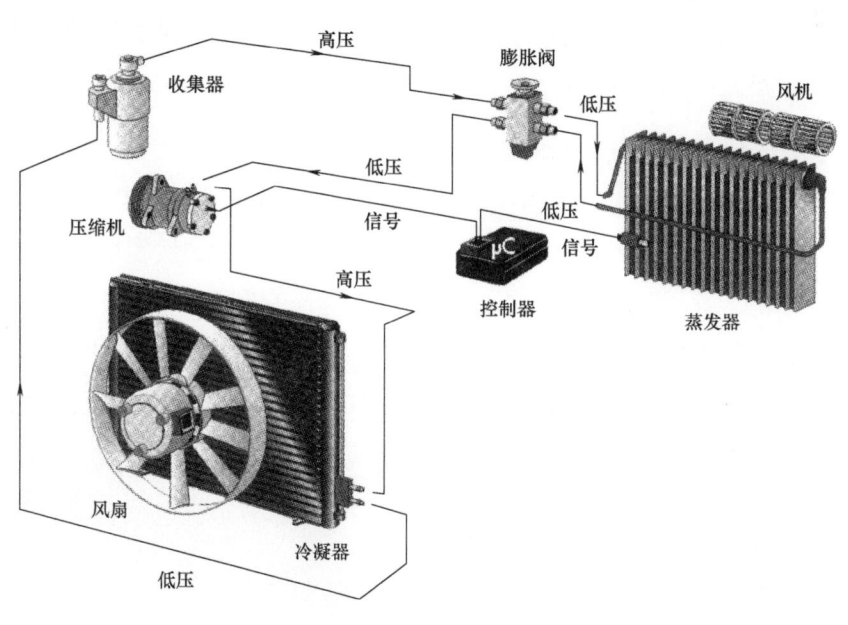

图 5-8 车辆制冷系统

空调压缩机的功率可达 6kW，以应付夏季通过玻璃进入室内的较多热量，该功率一般由发动机提供。夏天在太阳照射下，车辆内部温度可达 70℃，需要在较短的时间内将车辆内部温度降下来。图 5-9 所示为典型的降温曲线，边界条件为：40℃ 的环境温度，40% 的湿度，1000W/m² 的太阳辐射，车辆运行 20min 后，其内部温度可达约 30℃。

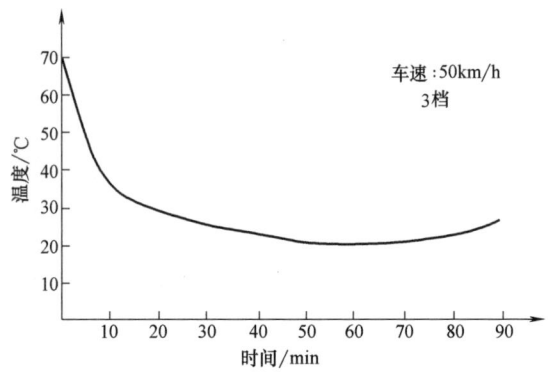

图 5-9 典型降温曲线

开始降温时，蒸发器功率为 8kW，接近稳定温度时，蒸发器的功率为 2.5kW，对应的空气流量约为 7kg/min 和 10kg/min。

评价制冷设备的要点是：制冷功率、效率、运行噪声和耐久性。由于制冷压缩机的存在，使发动机必须输出更高功率，车重也相应增加。同时，风扇等电子设备的能量消耗也会增加，总的结果就是油耗增加。根据实验，正常行驶的车辆，年里程约为 15000km，平均车速约为 32.5km/h，每年因制冷会多消耗 68L 燃油。其中 13L 消耗在风扇和风扇离合器上，16L 消耗在增加的车重上，39L 消耗在压缩机的运行上。开空调运行的话，轿车的燃油消耗年平均增加值为 0.621L/100km。货车的空调系统增加值为 0.751L/100km。

第 6 章

车辆行驶特性和行驶动力学

6.1 引言

本章主要介绍车辆的行驶特性和行驶动力学。在当今的车辆技术中，这些内容与车辆的行驶稳定性及平顺性密切相关。从广义上讲，以上内容也是车辆行驶中的安全性和舒适性要考虑的内容。其中，行驶特性部分主要讨论车辆的行驶稳定性概念和轮胎特性。而轮胎特性的主要内容是车轮和轮胎的运动学特性和动力学特性。行驶动力学是非常重要的内容，主要介绍车辆的横向动力学和垂直动力学。横向动力学的研究内容就是我们常说的操纵稳定性，垂直动力学的研究内容是车辆的行驶平顺性。

有些文献中，轮胎特性被归纳在横向动力学范围内，从广义上讲轮胎特性（含运动学和动力学两方面）与车辆的横向动力学有很多相关之处，处理这类问题的方法也较相似。但严格来说，二者又不尽相同，各有研究侧重点，因此本章中还是将轮胎特性和横向动力学分开讨论，这样在学术上也方便区分。

6.2 行驶特性

6.2.1 简述

车辆的行驶特性是一个比较抽象的概念，通过行驶功率（往往由发动机确定）和行驶稳定性（大多数由总设计方案和底盘条件决定）来表征。其设计和判断方法有主观和客观两种。

例如：计算和模拟行驶稳定性属于客观性设计；对行驶稳定性的测量和实验也属于客观性设计；通过实验道路和实验工程师驾驶，则属于主观评价。

随着高速公路的发展，汽车逐渐进入高速重载时代，以100km/h或更高的速度行驶是很正常的，运动型车辆的设计速度甚至达到300km/h以上，货车总重可达40t级别。这种情况下，研究车辆在高速和重载下的行驶特性具有重要意义。

对于行驶功率问题，前面的章节中已经做了介绍，其主要物理值为：最高车速、加速时间、爬坡能力，这里就不再重复了。

6.2.2 行驶稳定性的定义

行驶稳定性的概念可以从不同的科学角度去理解。对驾驶人来说，行驶稳定性是车辆本身的技术特性，它意味着当车辆进入临界区域或进入临界状态时，车辆所具有的可控制性。而从"主动安全性"和"被动安全性"的角度来看，行驶稳定性属于"主动安全"范围，意味着一个具有良好行驶稳定性的车辆可避免或减少事故的发生。环境引起的影响也可作为稳定性的参考因素。

图6-1所示为"驾驶人—车辆—环境"的关系图，该图是一个闭环系统，驾驶人作为控制者，采集相关的"当前信号"，如车速、方向、道路状况、其他交通参与者的影响等。然后对比"理想值"，如道路所许可的车速、行驶轨迹、下一步的行驶方向等参数，并做出进一步的判断。根据这些判断，来影响"调整值"的大小，如转向角度变化、档位变化、加减速等。

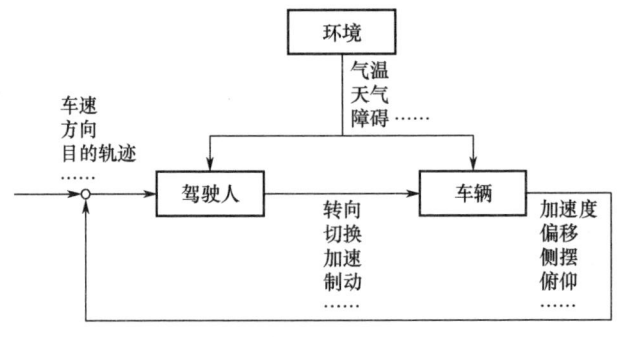

图6-1 "驾驶人—车辆—环境"的封闭系统

同时驾驶人还必须考虑温度和天气的影响。

车辆在该系统图中被看作控制信号，输入值为周围环境及驾驶人对应的调整值，输出信号为加减速、侧倾、摆动等行为。

现代汽车设计中，这类封闭系统常被认为是一个整体系统。如对于侧风的影响，在设计初期就要预设一个虚拟的行驶反应，并通过建立"人—车"模型来计算并确定驾驶人是否需要加入对应的人工修正值。

我们最关心的还是行驶稳定性，因此讨论聚焦于车辆在"调整值"下的反应和环境对稳定性的影响。

6.2.3 影响行驶稳定性的因素

如上所述，行驶稳定性属于主动安全性范畴。稳定性和舒适性主要受转向、制动、弹簧、减振、悬架及轮胎的影响。这些影响是通过一些物理边界值来确定的，如驱动布置、功率、质量和质量分布等参数。从行驶动力学的角度来说，行驶稳定性和以下因素有关：质量分布（如蓄电池、轮胎质量）、悬架（运动学基本参数）、悬架和转向系统中的弹性元件、弹簧和减振器、轮胎和制动方案的选择。

这些复杂因素可以说牵一发而动全身，在汽车设计中确定这些参数要具有扎实的理论基础和丰富的经验值，除计算外还需要用很多实验来确定。

什么是良好的行驶稳定性呢？主要关注以下几点：

1) 对于外界的干扰引起的反应越小越好。

2) 对于车辆的反应，驾驶人应能清楚完整地感觉到，同时不给驾驶人造成额外的负担，或引起不必要的疲劳，到达行驶的临界值时，驾驶人能及时感觉到。

3) 对于不同的载荷情况，车轮与道路之间的作用对稳定性的影响越小越好。

对应于上述三种良好稳定性的判断依据，下面具体陈述在不同道路和驾驶行为下的分类，这些基本陈述都建立在实验基础上。实验是通过模拟模型和车辆在真实道路上的路试完成的。为做实验，我们设定了几种典型的行驶状态：

1）直线行驶，如侧风敏感性、轨迹内侧稳定性、直线制动性、滑水路面稳定性。

2）弯道行驶，如固定环路驾驶（最大加速度、过度和不足转向）、交变载荷。

3）过弯行驶，如驶入驶出环道、变换车道、弯道入直道、转向回正。

4）调头行驶。

当然，与所有机械一样，随着使用年限的增加，车辆必然产生老化和磨损，具体的反映就是长期使用后，底盘机构磨损和车身刚度下降，这些都会对行驶特性产生影响，通过实验可以掌握一些规律和衰减特征。

先确定车辆的运动学特性坐标，如图6-2所示。

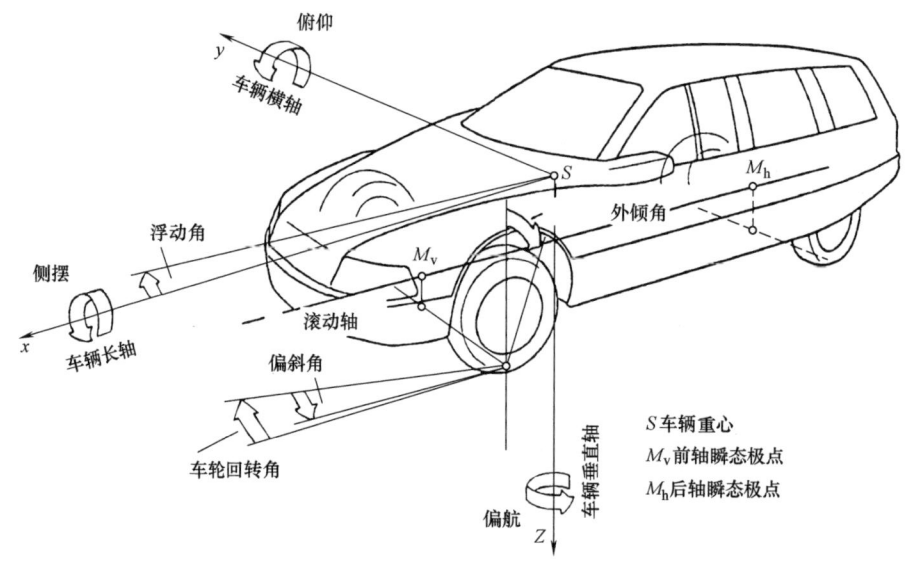

图6-2 车辆的运动学特性坐标

从图6-2中可以看出，车辆的行驶动力学按车辆运动的基本坐标分为三大类：

1）长度方向动力学（制动、驱动、行驶功率）。

2）横向运动学（转向特性、弯道行驶特性、侧风稳定性等）。

3）垂直运动学（弹簧系统）。

本章主要对横向动力学和垂直动力学进行讨论，长度方向动力学的内容在前面的章节已经有过论述。

6.3 轮胎特性对行驶动力学的影响

6.3.1 导言

轮胎在道路与车辆之间传递力和力矩。在前面的汽车基本概念章节中已经对此有过描述。对于轮胎在长度方向上的作用力及其影响，这里不多讨论，重点讨论轮胎在横向上的作用力和对稳定性的影响。作用在轮胎上的最重要的作用力和力矩，归纳如图 6-3、图 6-4 所示。重要的参数分别为：圆周方向上的滚动和滑动、侧向力、正压力、偏斜角、外倾角、主销后倾和摩擦系数。

6.3.2 轮胎偏斜角

轮胎引导的侧向力有一个典型的侧向附着系数为 $\mu_s = F_s/F_n$，它是偏斜角的函数。如图 6-3 所示，有一条与圆周力—滑差曲线类似的曲线，该曲线表示了侧向附着系数与偏斜角的关系。

图 6-3 的横坐标为偏斜角，纵坐标为侧向附着系数。随着偏斜角的增加，在开始阶段，可引导的轮胎侧向力是随之同步增加的，但是一旦偏斜角大于一定值，如在干燥路面大于 10°，潮湿路面大于 7°，则可引导的侧向力反而是下降的。轮胎产生偏斜角的原因是，轮胎连续滚动时，在胎面和地面的接触区因所传导的侧向力会引起侧向扭转。这种扭转通过轮胎弹性材料的变形，在胎面接地区引起了切向应力，这种切向应力是与侧向力同步存在的。对应于圆周方向上的滑差，定义这种轮胎偏转为横向滑差。具体的胎面接触区的变形细节如图 6-4 所示。

图 6-4a 所示为直线行驶没有偏斜角的情况，轮胎接触区为矩形。图 6-4b 所示为具有较小偏斜角时，所引起的侧向力和轮胎主销后倾 n_s，此时 F_s 与 α 成线性关系，有

$$F_s = C_s \alpha \tag{6-1}$$

式中，C_s 为线性常量，称为侧向刚度系数。该刚度与车轴的刚度和转向刚度有关，是横向动力学行驶稳定性的重要参数。普通的驾驶行为保持在该侧向力曲线的线性区内，最大横向加速度不超过 $3\sim4\,\mathrm{m^2/s}$。

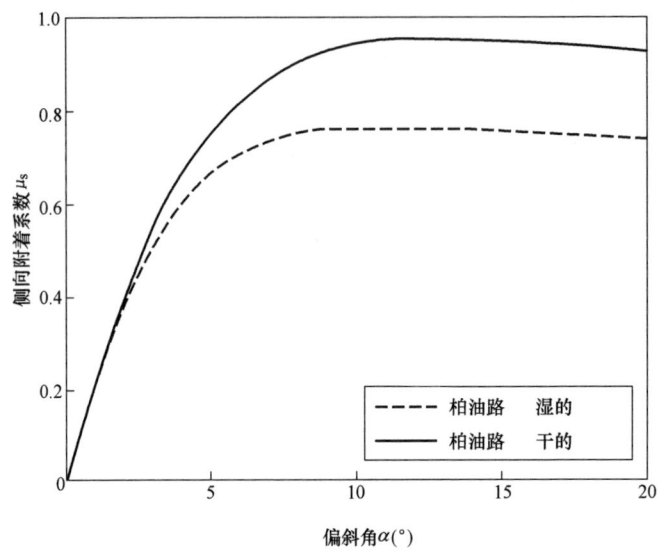

图 6-3 轿车的轮胎在不同路况下的侧向附着系数—偏斜角曲线

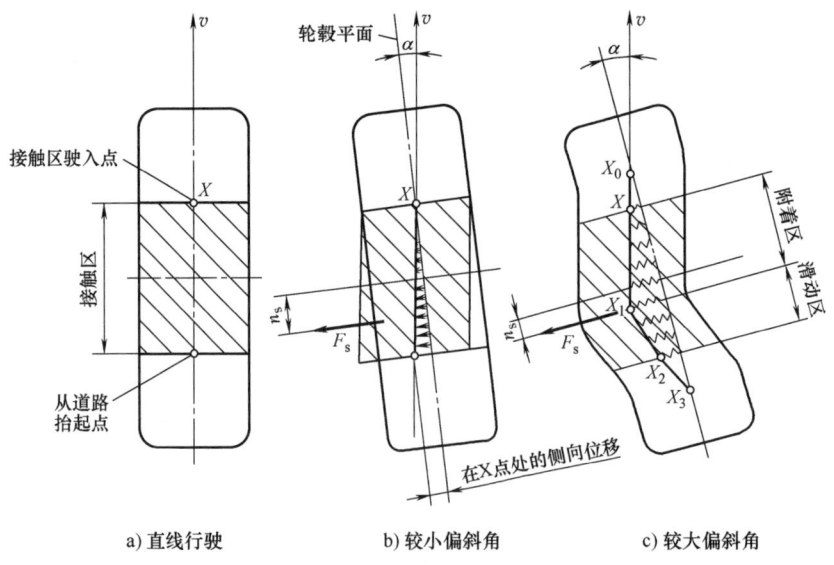

a) 直线行驶　　　b) 较小偏斜角　　　c) 较大偏斜角

图 6-4 侧向力和回转力矩的模型

当 α 的值较大时，如图 6-4c 所示，轮胎的接触区分为附着区和滑动区。整个轮胎处于非线性特性下，轮胎的切向应力分配是不均匀的。n_s 是接触区几何中心与侧向力中心线的距离，该距离常称为轮胎的主销后倾或气动后倾。在文献中也有用 n_r 表示的。

$$M_{sr} = F_s n_s \tag{6-2}$$

上式称为回转力矩。

对 n_s 来说，当具有较大偏斜角时，其值较小。因为此时通过滑动过程，切向力已经有所减小，这样的结果就是回转力矩也减小，在操纵中表现为转向感"较软"。

接触区的压力分布也是非恒定的。如图 6-5 所示，左面是一个滚动的轮胎，右面是一个静止站立的轮胎。静止的轮胎具有近似四方形的正压力分布，且在接触区被吸收。因此操纵力在接触区驶出时，并不向零值回退。

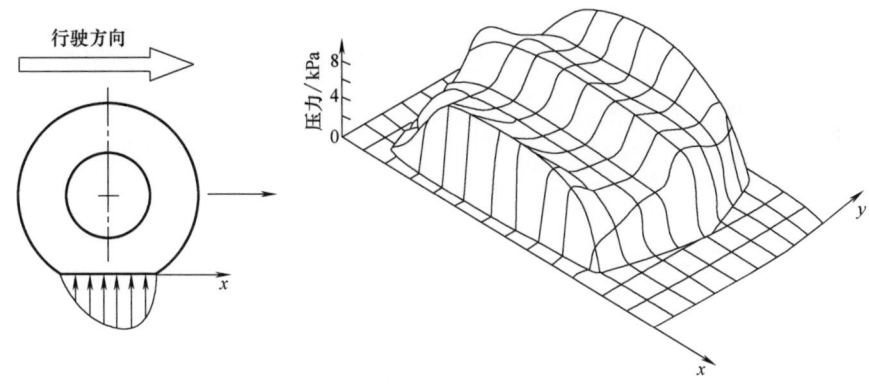

图 6-5 正压力在一个滚动的（左）和一个站立静止的（右）轮胎上的分布

当有偏斜角和侧向力时，整个正向力和侧向力及回转力矩的关系如图 6-6 所示，即 Borsten 模型。该模型为理想的、抛物线形的正向压力分布图，M_z 是回转力矩。对应于正向压力的抛物线分布，在接触区也有一个最大侧向偏移值的抛物线边界。

6.3.3 外倾角和"外倾—偏斜"的叠加

外倾角 γ 是正向垂直于道路的垂线和车轮纵向中线的夹角，一般取正值。外倾角引导了侧向力，基本表达形式如图 6-7 所示。可以看出，这时未

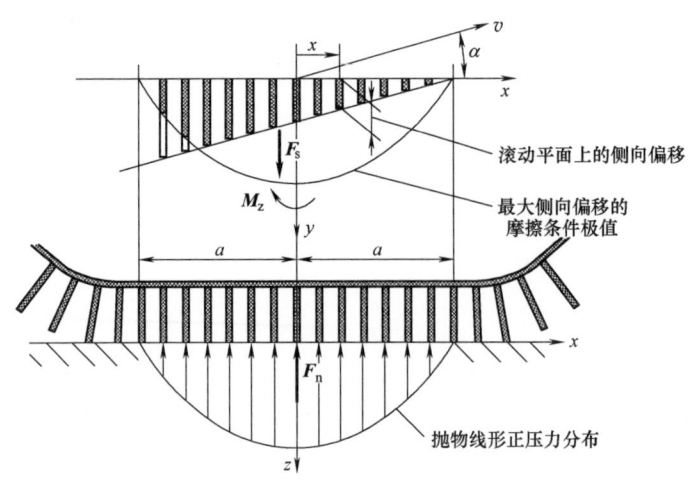

图6-6 在侧向力作用下的接触区侧向偏转及对应的正压力分配

变形的结构部分如同一个完整的椭圆形,接触区的弹性元素在车轮滚动时产生了相应的侧向位移。由于轮胎与道路之间存在摩擦,车轮转动滚过接触区时,就会产生一个相对于轮毂方向的侧向偏移。切应力分布的结果如图6-7中阴影部分所示。外倾角侧向力一般指向行驶方向的外侧。总的接触区中线上的力矩是较小的,可以忽略不计。因此可以得出一个结论:由外倾角产生的侧向力比由同样的偏斜角产生的侧向力小很多。

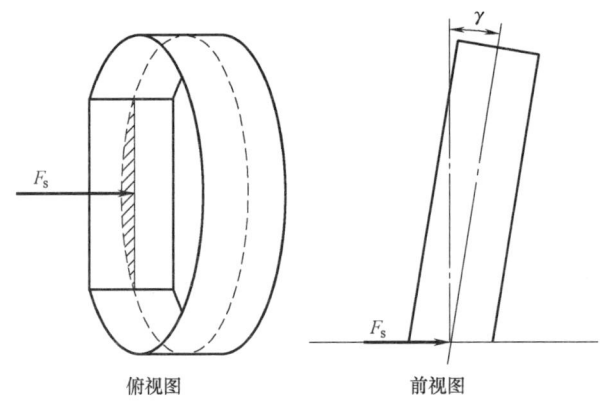

图6-7 外倾侧向力的产生

图6-8所示是在偏斜角和外倾角作用下,不同的侧向力数值。可以看出:在线性区、同样角度下,外倾侧向反力仅为偏斜侧向力的 $1/6 \sim 1/10$。

在非线性区,由于已经产生滑动,接触区的侧向力下降,无论在偏斜角

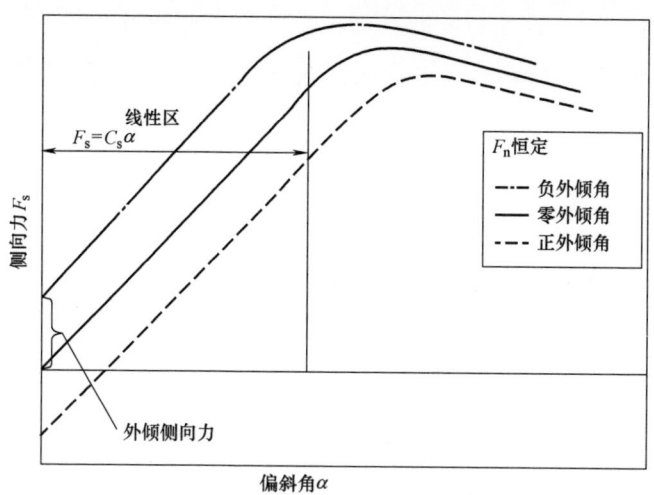

图 6-8 与偏斜角及外倾角相关的侧向力分布（弯道外侧车轮）

还是在外倾角的作用下，都不会传递较大的力。可以通过寻找相适应的车轮悬架，并参考转向运动学建立的模型，来改变外倾、前束及弹性压缩值，由此便可改善行驶稳定性。

在车辆技术中，一般定义在弯道行驶时靠外侧的车轮为负外倾角，这样就具有侧向力放大作用，可传递更大的侧向力。同时必须指出，在同样的侧向加速度下，较小的偏斜角较有利，不容易进入侧向滑动所产生的临界状态。

6.3.4 不同驱动方案下的涉水稳定性

车辆有多种驱动方式，如前驱、后驱、全驱。不同的驱动方式由于驱动轮的位置不同而在过水行驶时产生了不同的稳定性。

对于前驱车辆，前轴先于后轴浮于水膜上，驾驶人能感到轮胎的部分空转，并能在转速表上看到发动机转速很快升高，车辆这时保持直线行驶稳定性，因为后轴仍然能传递侧向力。这种方案中后轴不传递圆周力。对于后驱车辆，前轴也是先于后轴浮于水膜上的，在车辆保持直线行驶时，后轮驶过前轮排过水的轨迹上。但当车辆在弯道上行驶时，后轴就不会处于排过水的轨迹上，而是处于不稳定状态，因为车辆已经不能传递更多的侧向力。对于前后轴全驱车辆，在涉水行驶时，稳定性介于上述两者之间。图 6-9 说明了在弯道上行驶时，涉水而过的轮胎，其接触面随水膜厚度增加而引起的变化。

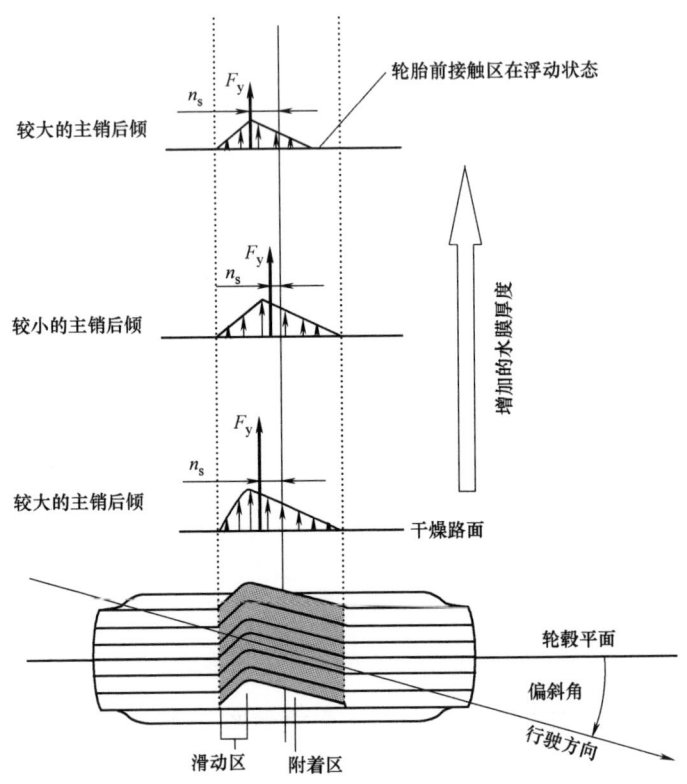

图 6-9　水膜厚度对轮胎主销后倾的影响

从图 6-9 中可以看出：当水膜厚度较薄时，n_s 较小，因为此时胎面上较低的附着力使胎面开始滑动，接触区的切应力中心向前移动。当车速和水膜厚度都提高时，开始"滑水"过程，n_s 反而增大，因为轮胎在接触区的前半部已经浮起，切应力的总和又向后移动了。

对于外倾角，车辆在弯道行驶时，其值也对涉水稳定性产生影响，如图 6-10 所示。对于弯道中的外侧轮胎，负外倾角有利于顶住水膜，增加侧向力传导，而正外倾角此时反而起了夹水作用，水不是向外流，而是形成楔形，增加了滑动，同时增加了不稳定性。

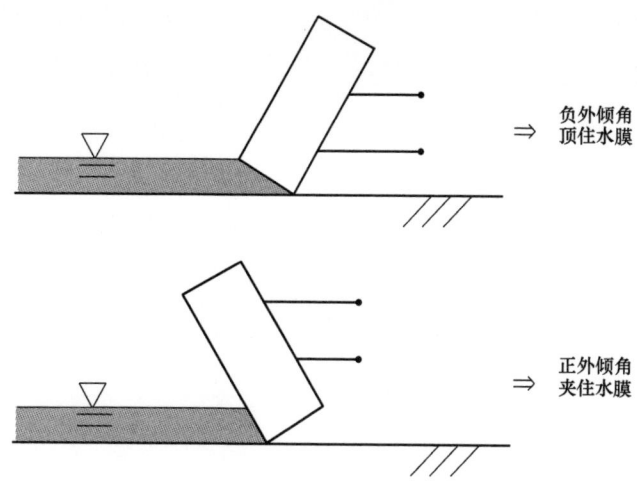

图 6-10　外倾角对轮胎滑水稳定性的影响

6.4　悬架系统对车辆行驶稳定性的影响

6.4.1　简述

汽车作为快速移动的交通工具，在设计上必须考虑其对道路不平度的高速平衡性。在汽车发展初期，由于车速普遍较慢，道路不平度对行驶舒适性和安全性影响不大，但随着现代车辆车速及载荷的提高，即便是较小的道路不平度，也会对行驶性能产生一定影响。设计高速平衡性，就是要避免过高的车轮动态负荷变化，降低车身相对每个车轮的垂直速度（或垂直加速度）。

每个物体在空间上有六个自由度，即三个移动自由度和三个转动自由度。车轮悬架的作用就是通过相应的连接部件减少车轮支撑架与车身之间的自由度。对非转向轮来说，可降低到仅剩一个自由度。下面用图 6-11 来说明常用的三种车轮支撑架与车身之间的自由度。

毫无疑问，采用连杆结构形式对自由度的限制是最复杂的，也是最有效的。

在现代汽车设计中，车轮支架与车身的连接都是通过关节（即活节）和连杆实现的。在常用的车轮悬架上经常可以看到"球关节"和"摆动关节"。典型的"球关节"有三个旋转自由度，而"摆动关节"仅有一个自由

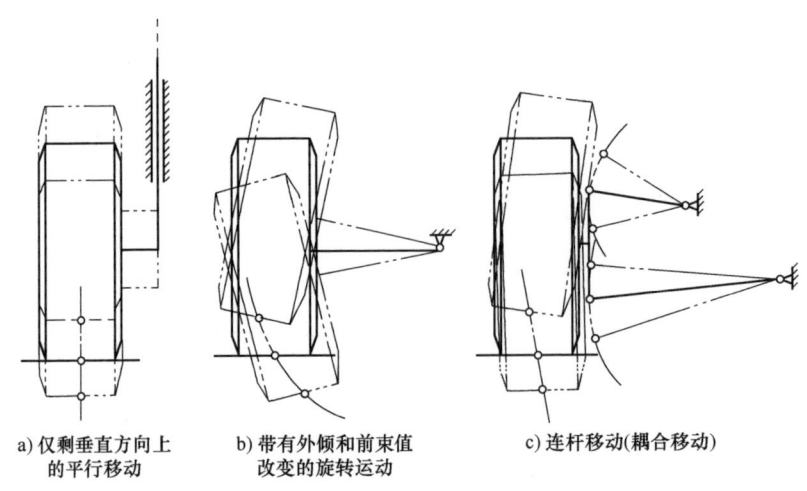

a) 仅剩垂直方向上的平行移动　　b) 带有外倾和前束值改变的旋转运动　　c) 连杆移动(耦合移动)

图 6-11　车轮支撑架和车身之间的自由度

度（图 6-12）。

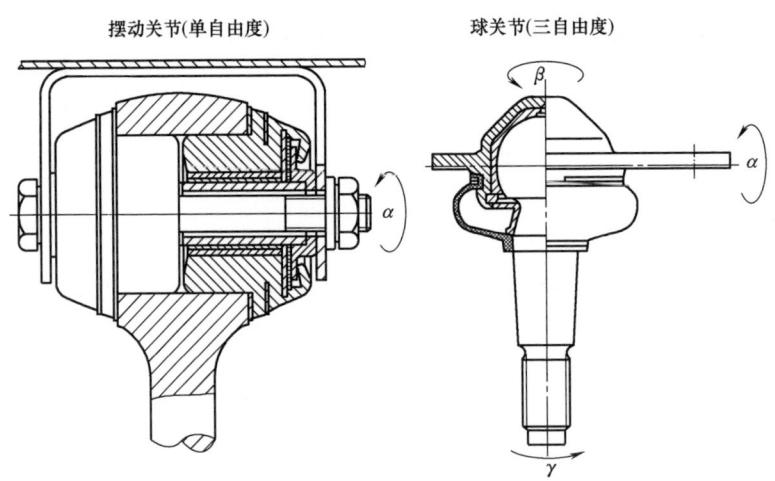

图 6-12　球关节和摆动关节

出于舒适性考虑，这些关节与车身之间的力的传递大多采用弹性力学方案，即采用不同硬度和刚度的橡胶元件。这样就能避免冲击和变形直接作用于车身，在车轴上的这种橡胶节点称为弹性节点，其特性称为"弹性运动学特征"。很多对舒适性有特殊要求的车辆，通常是将整个车轴预先安装在副车架上，再通过这类橡胶节点将副车架与车身连接在一起。

在悬架系统中，重要的元件还有连杆。很多场合下，连杆决定了悬架的主要行驶特性,也是底盘加工中对力学特性要求较高的零部件。连杆的常见形式如图 6-13 所示,它们除传递弯矩外,还传递压力和拉力。传递拉力的如转向杆上的横拉杆,传递压力的称为压力杆。图 6-13 所示为最基本的连杆形式,意在让读者对行驶稳定性有初步的感性认识。具体的连杆设计、制造、分析将在本套丛书的《汽车车身、底盘理论及制造技术》一书的相关章节中进行具体介绍。

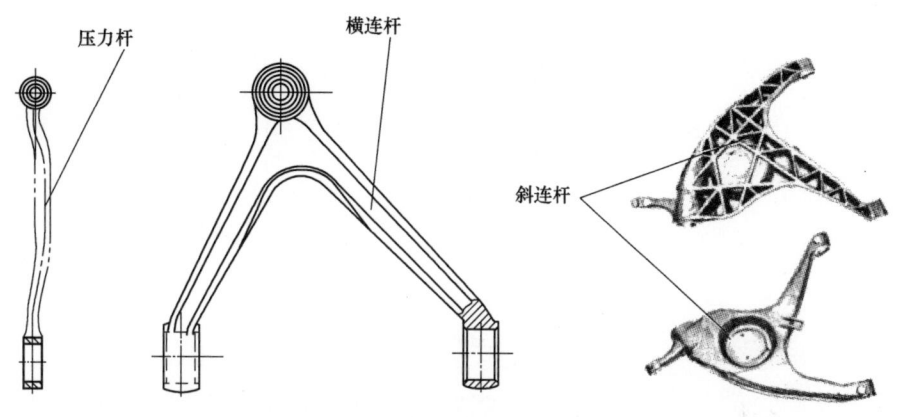

图 6-13 常见连杆形式

下面对一些常用悬架进行讨论。主要讨论其对车辆行驶特性的影响,为方便进行受力分析,采用悬架的简化模型。图 6-14 所示为单轮悬架结构的简图,采用了图 6-12、图 6-13 所示的关节和连杆部件,因为它们都与车轴相连,并组成一个整体。

图 6-14 所示悬架为独立悬架的几种基本形式,目前已有各种变形方案。

弹性力学还涉及两个重要的学术领域:多体运动学和多体动力学。笔者曾从事这些领域的研究工作,针对运动型车辆在多体及弹性体作用下对行驶特征的改变问题得出了不少结论。对于车辆悬架系统,在颠簸路面及复杂工况下,必须深入考虑多体力学的各项参数,如悬架上的连杆系统的拓扑分析、弹性铰接端及刚性连接端共同作用下的新力学特征。在整车系统中,所有连杆、连接件、弹性体和铰接体共同组成了底盘,尤其是悬架系统的拓扑结构,所谓牵一发而动全身,完整且精确地描述该系统是非常困难的,很多情况下要借助数学工具和多年的实验结果。在多体力学的经验值上,我国与

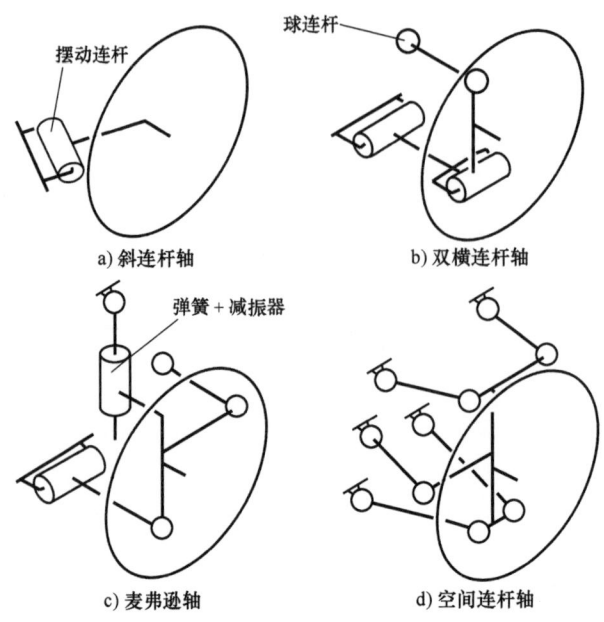

图 6-14 不同悬架的简图

欧美发达国家间的差距仍然很大，需要更多的实践积累。相关模型及拓扑图如图 6-15 和图 6-16 所示。

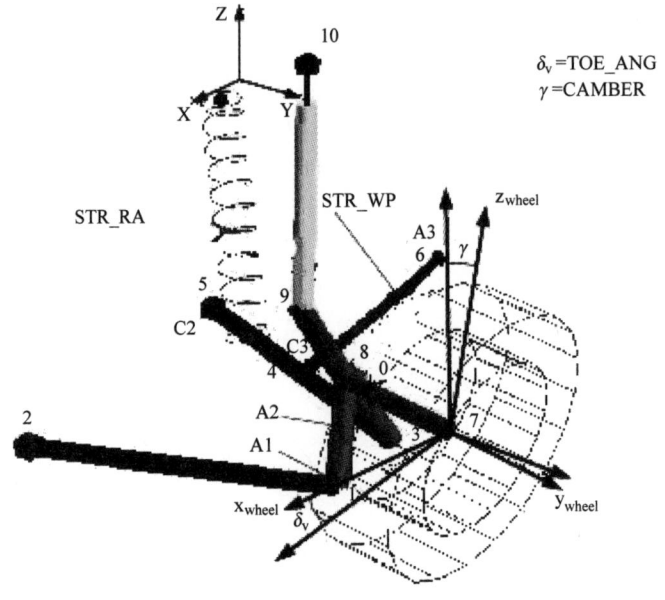

图 6-15 后轴悬架中间节点的连杆系统模型（彩图见书后）

第6章 车辆行驶特性和行驶动力学

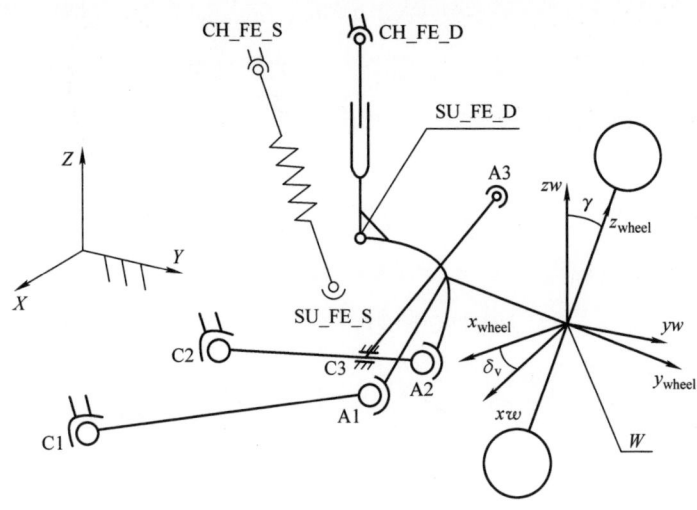

图 6-16 后轴悬架的拓扑图

6.4.2 车轴运动学中俯仰和侧摆的稳定性问题

当我们驾驶车辆时，经常会遇到车辆"点头"和"摇摆"的现象，这在车辆技术中称作"俯仰颠簸"和"侧向摆动"，以下统称为俯仰和侧摆。俯仰主要出现在起步和制动时，侧摆则主要出现在弯道行驶等条件下。在车辆技术中，这类稳定性问题一般采用图 6-17 所示的"多体系统"来处理，即车身质量加两个连杆组质量和两个车轮质量组成系统。先来约定一些相关名称，图 6-17 中连杆上的 L_1、L_2 称为瞬态中心，S 点为侧摆中心（左）及

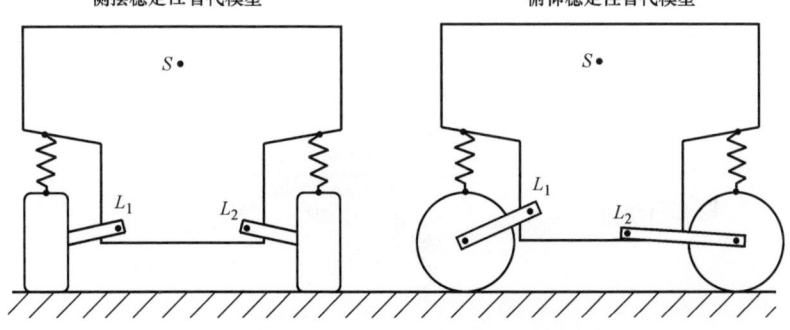

图 6-17 简化的侧摆和俯仰稳定性模型

俯仰中心（右）。对较小的偏转来说（即以 L_1、L_2 为中心的），可近似认为车轮的着地点是不变的，L_1、L_2 引导一个旋转运动（对于俯仰运动，严格说只有当车轮与周围环境锁死，如同抱死的制动轮时，才可以这样近似认为）。

同时要指出的是，L_1 和 L_2 的位置也有很大讲究，当这两点的位置安排得很好时，甚至可以使车辆制动时无点头现象，弯道行驶时与摩托车一样无左右连续摆动（而是向弯道中心倾斜）。

通过图 6-18 可以进一步看到以旋转速度为标志的力学分析。其中，v_1 和 v_2 为速度矢量，MP 为车身的瞬态极点（亦称瞬态中心）且位于 v_1 和 v_2 的垂直线交叉点处。同时，可以看到该瞬态极点和 $L_1(L_2)$ 点与车轮着地点在一条直线上。

按运动学观点，当有轻微俯仰或侧摆时，车身是绕 MP 做旋转运动的。对侧摆运动来说，MP 点为侧摆

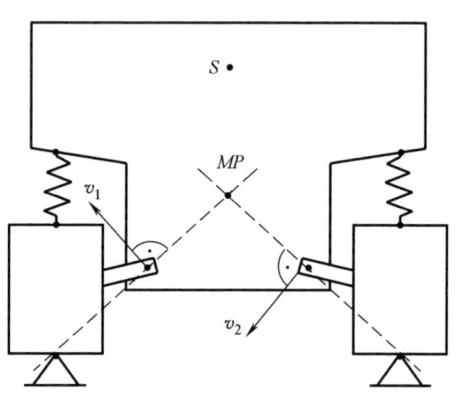

图 6-18　俯仰中心和侧摆中心的确定

中心。对俯仰运动来说，MP 点就是俯仰中心。下面参照图 6-19 对俯仰及侧摆现象做进一步讨论。

对于一个简化的俯仰和侧摆运动模型，有一个惯性力 ma，该力是车辆在加速、制动或弯道行驶时，因车辆本身质量的惰性产生的。在车轮着地点产生了动态的轮荷变化 ΔF_N。将整车模型作为刚体考虑时，有以下公式：

$$\Delta F_N = ma \frac{h}{b} \tag{6-3}$$

惯性力 ma 分解为两个切向力 F_{T1} 和 F_{T2}

$$F_{T1} = (1-\rho)ma \tag{6-4}$$

$$F_{T2} = \rho ma \tag{6-5}$$

对于车轮着力点有两个综合力 F_{res1} 和 F_{res2}，进一步推导出

$$\frac{\Delta F_N}{F_{T1}} = \frac{h}{b(1-\rho)}$$

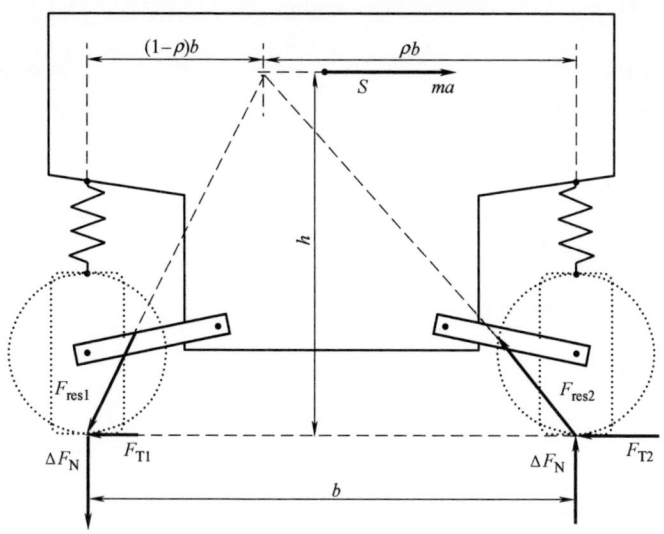

图6-19 弯道行驶时制动—加速过程的力学关系图

$$\frac{\Delta F_{\text{N}}}{F_{\text{T2}}} = \frac{h}{b\rho}$$

通过制动过程的实验研究，得出参数 ρ 可作为常数对待，则制动力分配为

$$\frac{F_{\text{制动前}}}{F_{\text{制动后}}} = 常数 = \frac{F_{\text{T1}}}{F_{\text{T2}}} = \frac{1-\rho}{\rho} \tag{6-6}$$

车辆在弯道行驶时，ρ 与横向加速度 a 有关。对于较小的 a 值，车轮的动态载荷变化不大，且对两个车轮的切向力 F_{T} 是相同的 $\left(\rho = \frac{1}{2}\right)$。随着横向加速度的增加，弯道外侧轮胎正向压力增加，切向力也同步增加。对内侧轮胎来说，上述力是同步减小的。

对稳定性有影响的侧摆和俯仰现象的抑制有以下三种情况。

1. 对制动过程中俯仰的抑制

用简化模型（图6-20）除去相关车轮支架，仅剩连杆和车轮，计算弹簧力的改变值 ΔF_{F1} 和 ΔF_{F2}，并分析此时的切向力和惯性力 ma。

对于 L_1 和 L_2，由于扭力矩平衡，有

$$\sum M_{\text{L1}} = ma\frac{h}{b}b_1 + \Delta F_{\text{F1}}b_1 - (1-\rho)mah_1 = 0$$

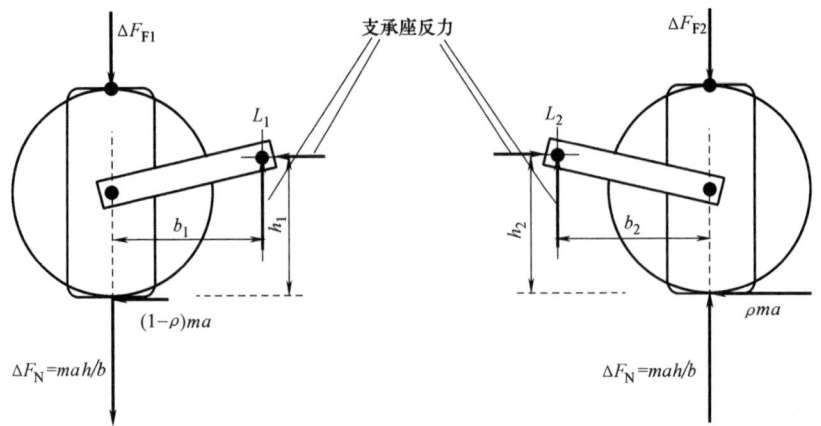

图 6-20 制动或弯道行驶时的弹簧力改变值

$$\Rightarrow \Delta F_{F1} = ma\left[\frac{(1-\rho)h_1}{b_1} - \frac{h}{b}\right] \tag{6-7}$$

$$\sum M_{L2} = ma\frac{h}{b}b_2 - \Delta F_{F2}b_2 - (1-\rho)mah_2 = 0$$

$$\Rightarrow \Delta F_{F2} = ma\left(-\frac{\rho h_2}{b_2} + \frac{h}{b}\right) \tag{6-8}$$

如果两个弹簧力具有相同的改变值,即 $\Delta F_{F1} = \Delta F_{F2}$,则弹簧长度的改变值也是相同的,这时车辆是没有俯仰行为产生的。从公式（6-7）、(6-8)可以推导出在这样的情况下有以下公式:

$$\frac{b_1}{h_1} = \frac{h}{b(1-\rho)} \tag{6-9}$$

$$\frac{b_2}{h_2} = \frac{h}{b\rho} \tag{6-10}$$

也就是说,轴的瞬态中心 L_1 和 L_2 必须正好在车轮着地点所引导的力的作用线上,这种情况称为"100%制动俯仰平衡",图 6-21 说明了这一极限情况。

真实的车辆中,轴的瞬态中心是低于力的作用线的,因此应使轴的瞬态中心"设置"在高于力的作用线的位置,这样一来制动时车头被抬高,车尾出现少许下沉,总的效果是改善了制动"点头"现象。

2. 对弯道中侧摆的抑制

在分析侧摆时,假设悬架对称于车轴的中心线,即 $h_1 = h_2$, $b_1 = b_2$（如

图 6-20 所示）。前面描述的在最小横向加速度下 $\rho = \dfrac{1}{2}$。但在现实弯道行驶中是不可能出现这种情况的。换言之，在弯道中，左右两侧的弹簧力的改变值是不可能为零的，即在运动学上是不可能进入平衡状态的。弯道行驶状态中弹簧力改变为零的理想状态称为"100%的侧摆平衡"。由前述公式中涉及的 ΔF_{F1} 和 ΔF_{F2} 及 $h_1 = h_2$，$b_1 = b_2$ 可推导出：

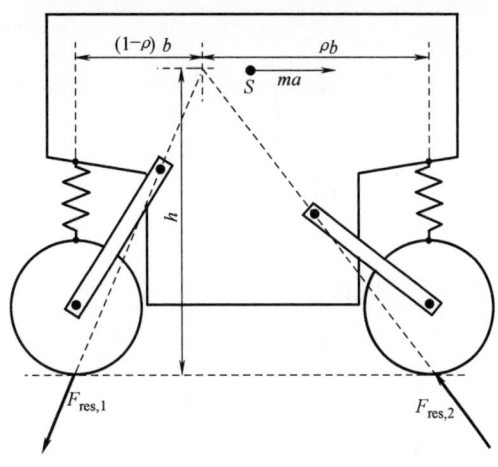

图 6-21 100%制动俯仰平衡

$$\Delta F_{F1} = ma\left[\dfrac{(1-\rho)h_1}{b} - \dfrac{h}{b}\right] = \Delta F_{F2} = ma\left(-\dfrac{\rho h_1}{b_1} + \dfrac{h}{b}\right)$$

$\Rightarrow$
$$\dfrac{h_1}{b_1} = \dfrac{h}{b/2} \tag{6-11}$$

具体如图 6-22 所示。

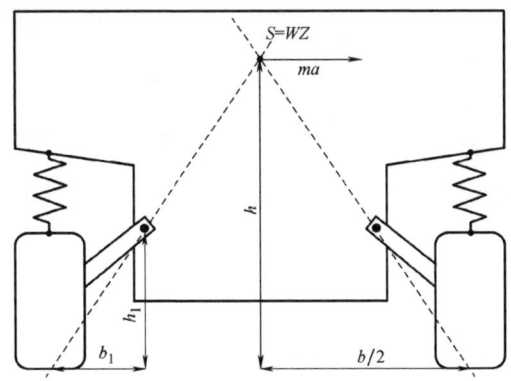

图 6-22 100%的侧摆平衡

当达到 100%的侧摆平衡时，瞬态中心与车辆重心重合，弹簧力的改变值 ΔF_{F1} 与 ΔF_{F2} 是相等的，但不是理想的零值。

因为 $\rho \geqslant 1/2$，所以 $\Delta F_{F1} = \Delta F_{F2} = ma\left[\dfrac{h(1-2\rho)}{b}\right] \leqslant 0 \tag{6-12}$

负值的含义是 ΔF_{F1}、ΔF_{F2} 均为拉力，指向轮胎方向（图 6-20），通过拉长弹簧产生了一个提升行程，使重心在弯道中提高。

侧摆中心的高度变化会引起下列行驶稳定性的变化：

1）瞬态中心与车辆重心重合，使车辆在弯道中无侧摆，但仍然有提升产生。

2）将瞬态中心降低到车辆重心以下，降得越低，侧摆幅度越小，提升运动的幅度也越小。

3）将瞬态中心提高到车辆重心以上，使车辆具有近似摩托车在弯道中的表现。

上述三点供设计时参考。

3. 加速过程中的俯仰动作抑制

前文提到车辆在制动和弯道行驶中，车轮支架与车身之间的力是通过杆件、弹簧和减振系统传递的。静态时，减振器是忽略不计的，但在加速过程中情况就会变复杂。加速中的俯仰较制动时的俯仰所涉及的因素多，现用一个具体例子来说明这个问题。图6-23所示为一个后驱车辆模型，对于前驱和全驱车辆，计算过程是类似的，读者可以自行类推。

为方便研究，在图6-23中放大了局部结构，表示了加速时的各种力和力矩，在后轴上附加了驱动力和驱动力矩，前轴是自由滚动，无前轴圆周力，总的加速力由后轴承担。

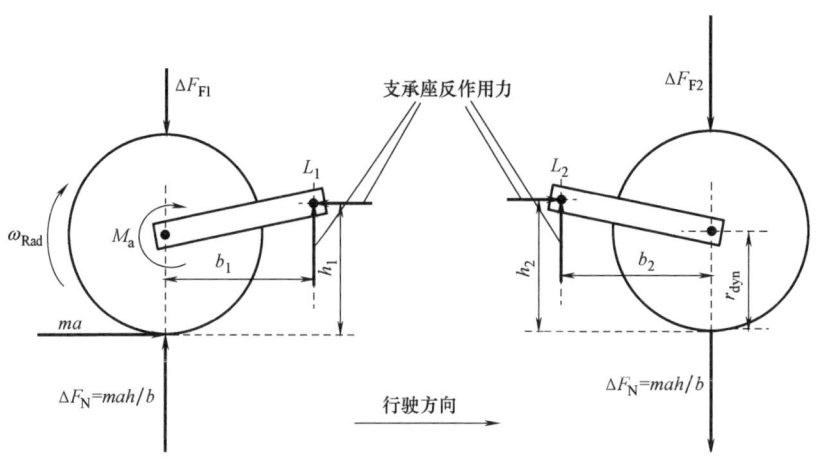

图6-23 加速时的弹簧力改变计算图

对于 L_2 处的力矩平衡，前轴上为 $\Delta F_{F2} = -ma\dfrac{h}{b}$，前轴弹簧力的改变对应于轮胎的动力学载荷变化。对后轴来说，先假设其空转，由欧拉公式得出

$$J\dot\omega_{\text{Rad}} = M_a - r_{\text{dyn}}ma \tag{6-13}$$

式中，J 是转动车轮的惯性矩，对于简化模型假设 $J = 0$。

得出
$$M_a = r_{\text{dyn}}ma\,(驱动力矩) \tag{6-14}$$

推导出 L_1 处的力矩平衡为

$$\sum M_{L1} = -ma\dfrac{h}{b}b_1 + \Delta F_{F1}b_1 + mah_1 - M_a = 0 \tag{6-15}$$

考虑式（6-14）中的 M_a，推导出 $\Delta F_{F1} = ma\left(\dfrac{h}{b} - \dfrac{h_1 - r_{\text{dyn}}}{b_1}\right)$ （6-16）

后轴的瞬态极点必须与车轮中心点在一条直线上（该直线带有 $\dfrac{h}{b}$ 斜率），如图 6-24 所示。该斜率经常用角度 β_{opt} 来表示，并有公式

$$\beta_{\text{opt}} = \arctan\dfrac{h}{b} \tag{6-17}$$

对于前轴有弹簧力的改变值公式 $\Delta F_{F2} = -ma\dfrac{h}{b}$，这是通过延长前轴弹簧得到的。由于弹簧被拉长，前轴被抬高，车辆这时的表现为"抬头"。图 6-24b 所示的情况称为后轴的"100% 加速俯仰平衡"。当前后轴的弹簧具有

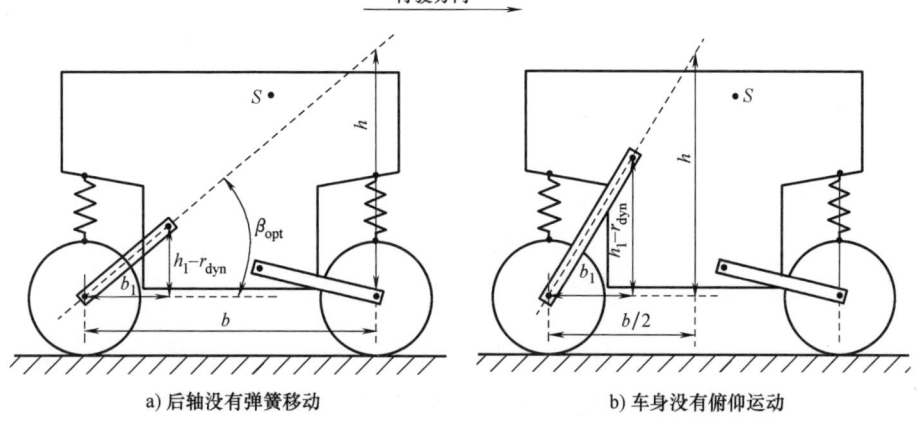

a) 后轴没有弹簧移动　　　　　b) 车身没有俯仰运动

图 6-24　加速度的俯仰平衡

相同刚度时，可简化侧摆模型，认为 ΔF_{F1} 和 ΔF_{F2} 是理想值，同时两个弹簧的延长量也是理想值，因此得出没有加速俯仰动作。这时可推导出

$$\Delta F_{F1} = ma\left(\frac{h}{b} - \frac{h_1 - r_{dyn}}{b_1}\right) = \Delta F_{F2} = -ma\frac{h}{b} \Rightarrow \frac{h_1 - r_{dyn}}{b_1} = \frac{h}{b/2} \quad (6\text{-}18)$$

真实车辆在一般情况下，后轴的瞬态极点低于上述带斜率的直线（图6-22中虚线），因此车辆加速时，前部弹簧放松，后部弹簧压缩，车辆表现为"抬头"。

必须指出，上述车辆运动学概念在汽车设计中是非常重要的，尤其对行驶稳定性设计具有重要意义。

根据上述力和力矩平衡关系，可总结出关于俯仰—侧摆平衡的一些要点。

1）瞬态中心的位置对加速和制动时的俯仰及弯道时的侧摆有很大影响。

2）三种不同的行驶状态（加速、制动、弯道）都可以非常近似地用多体系统来处理。对于加速过程还要考虑转向力、弹簧力、减振力对驱动轴的影响。

3）要完全抑制俯仰、侧摆现象还必须准确布置瞬态中心。

6.4.3 常用悬架的瞬态中心及外倾角对稳定性的影响

不同悬架系统的瞬态中心和外倾角的变化不同，对行驶稳定性的影响也各异。

1. 硬轴

这种车轴经常运用在后轴上，即我们常说的非独立悬架。两个车轮被认为是刚性地与车轴连接在一起，而与车身是弹性连接。图6-25所示为几种非独立悬架的简图。

这种情况的车辆纵向力是通过长杆或扁平板簧传递的，横向力则通过潘哈德杆或瓦特杆来传递。硬轴可作为驱动轴，如图6-25a和图6-25c所示，也可作非驱动轴，如图6-25b所示。

车辆在高速行驶时，由于离心力引起了重心改变，重心的偏移造成了弹

第6章 车辆行驶特性和行驶动力学

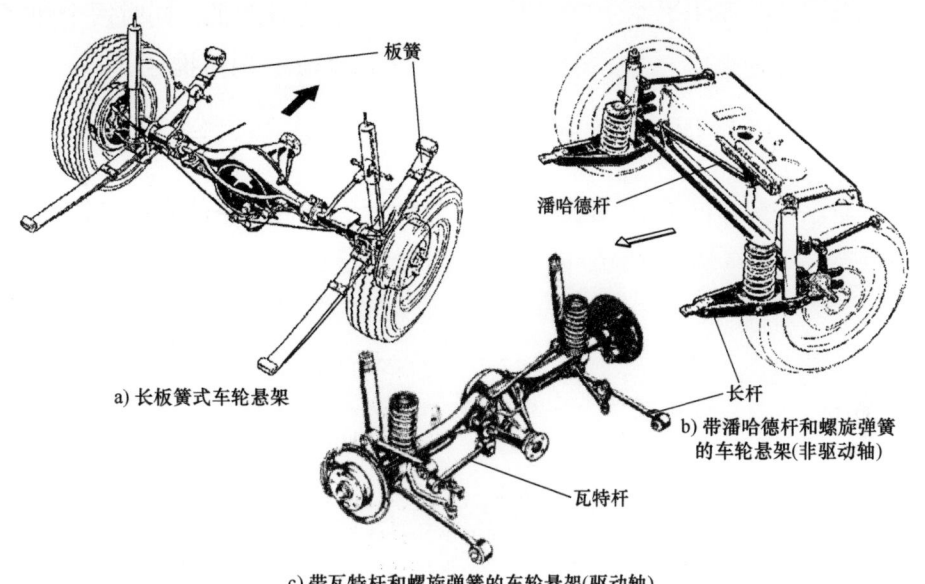

a) 长板簧式车轮悬架

b) 带潘哈德杆和螺旋弹簧的车轮悬架(非驱动轴)

c) 带瓦特杆和螺旋弹簧的车轮悬架(驱动轴)

图 6-25 不同形式的硬轴

簧的压缩或拉伸。但硬轴车辆的外倾角是恒定的,在两个车轮上都没有变化,如图 6-26a 所示。当单侧车轮通过障碍物时,该侧车轮被抬起,这时两个车轮的外倾角都有改变,如图 6-26b 所示。这就是此类硬轴与独立悬架相比在技术上的不足。

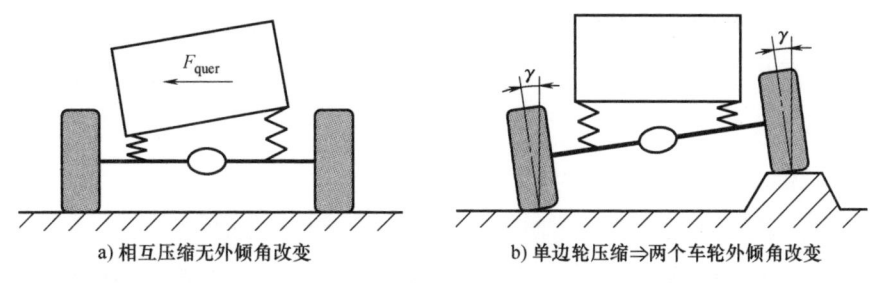

a) 相互压缩⇒无外倾角改变

b) 单边轮压缩⇒两个车轮外倾角改变

图 6-26 单边压缩及相互压缩时外倾角的稳定性

车辆在弯道行驶时的轨迹稳定性与纵向连杆在车身上的偏转点有关。如图 6-27a 所示,由于弹簧的压缩或拉伸,车轮绕纵向连杆偏转点摆动,必将在弯道外侧和内侧的两个车轮上产生水平方向的移动,该移动导致了硬轴悬架的两个车轮在弯道行驶时产生了前束改变,如同轴被"转向"一样。这种效应也称为"旋转转向"。

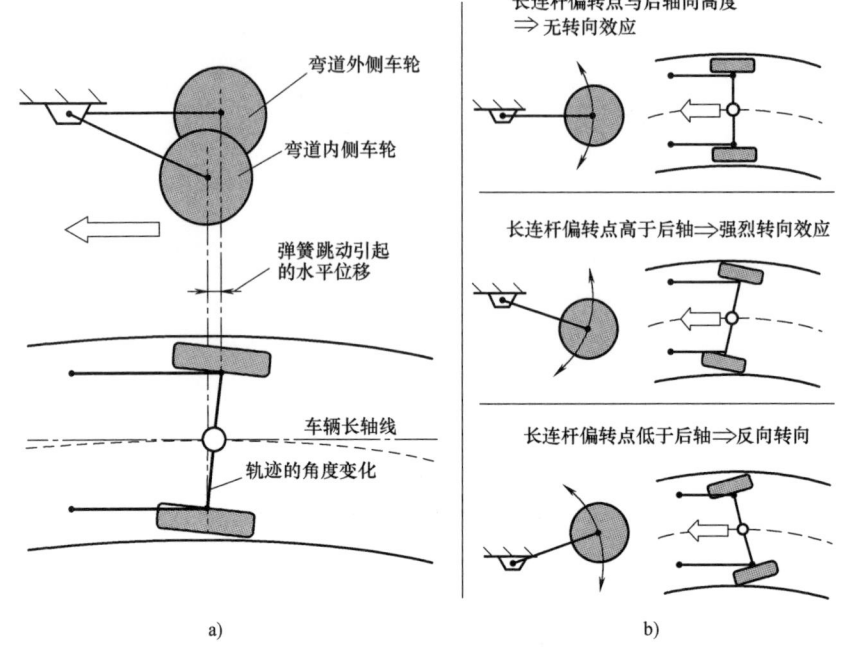

图 6-27　弹簧作用引起的前束改变和附加转向效应

这种转向效应有三种不同情况。第一种如图 6-27b 上图所示，是中性的（没有车轴转向效应），这时纵向连杆的偏转点与后轴在一个水平线上。第二种情况如图 6-27b 中间图所示，为减少车辆制动和加速时的俯仰现象，将纵向连杆偏转点放置得比后轴中心线高，但这些都会造成较大的附加转向作用，尤其在以较高车速过弯时，附加转向会给安全行驶带来害处。第三种情况与第二种情况相反，如图 6-27b 下图所示，此时的连杆偏转点处于后轴的中心线下，产生了一个与第二种情况相反的"反附加转向"。

这类"旋转转向"是车辆载荷变化引起的，当车辆后部载荷变化时，车身位置有高低变化，相当于纵向连杆的偏转点垂直移动。为提高操纵稳定性，要求附加转向越小越好，但车辆的装载质量不可能是恒定不变的，为解决这个矛盾，在硬轴上采用了瓦特杆结构，如图 6-28 所示。这类杆件主要吸收纵向力。有了瓦特杆，无论车辆直线还是弯道行驶，都不会产生水平移动量，这时车辆的装载质量变化就没有影响了，不会再产生"旋转转向"。

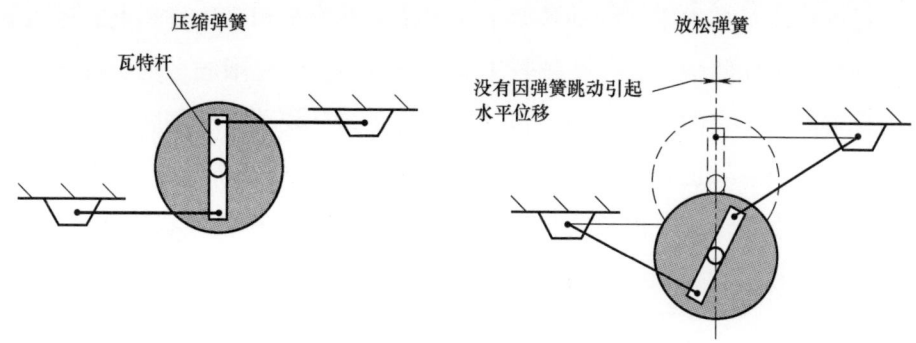

图 6-28　瓦特杆对硬轴纵向力的吸收

侧摆中心的位置因在硬轴上所选的纵向连杆的形式不同而不同，如图 6-29 所示，主要取决于对侧向力的吸收能力。对于钢板弹簧（图 6-29a），由于侧向力完全靠板簧本身来吸收，侧摆中心与板簧和车身支撑点在一条水平线上。通过潘哈德杆来吸收侧向力是一种具有较大刚性的配置，此时侧摆中心位于潘哈德杆的轴向中心线和车轴中心线的交汇点（图 6-29b）。装有瓦特杆的情况，侧摆中心位于瓦特杆和轴体安装的固定点上（图 6-29c）。

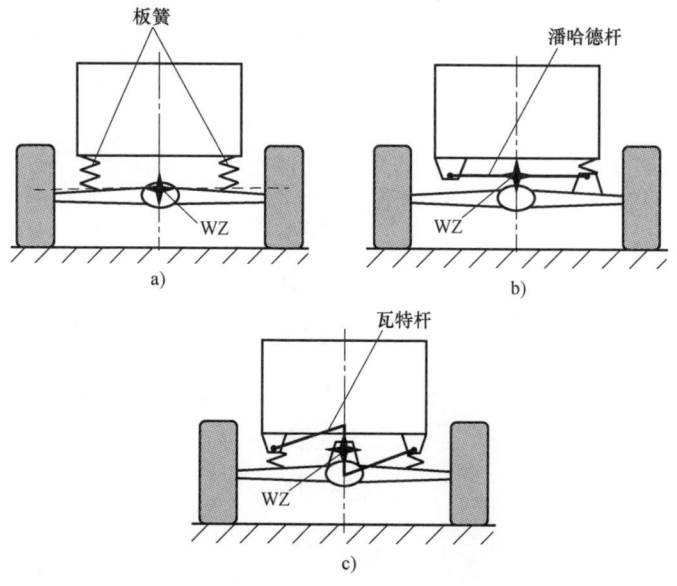

图 6-29　根据硬轴对横向力的吸收程度确定侧摆中心

在现代汽车技术中，硬轴悬架主要用在大型货车和轻型货车上，由于其固定的较大离地间隙，在一些越野车上也有运用。但有限的运动学特性和较大的自重限制了它的运用范围，同时从舒适性和行驶动力学角度来说也有缺点。当然这类悬架也有改进型，例如 De-Dion 轴就是一种较好的改进型硬轴悬架，其特点是采用了潘哈德杆来吸收横向力，纵向力由片状杆件来吸收，并通过弹性悬挂点与车身连接，长杆件并不传递横向力，称为"剑式连杆"。

2. 纵向连杆式车轮悬架

顾名思义，该悬架的特点是在车辆前进方向上布置了纵向连杆，并能在副车架上摆动，如图 6-30 所示。这种纵向连杆需要传递各方向的力，因此对其弯曲和扭转强度都有较高要求。

图 6-31 所示为纵向连杆悬架轴的外倾稳定性。当车辆在弯道上行驶时（图 6-31a），其两个车轮的外倾角 γ 都是正值，且两个车轮的 γ 值是无差别的，这时的 γ 角就是车辆的侧摆角。当车辆两侧如图 6-31b 所示单轮抬升时，无外倾角变化。在纵向连杆悬架中，瞬态中心处于无穷远处，因为两车轮仅有纯垂直运动。侧摆中心处于与车轮着地点连线中心的道路上

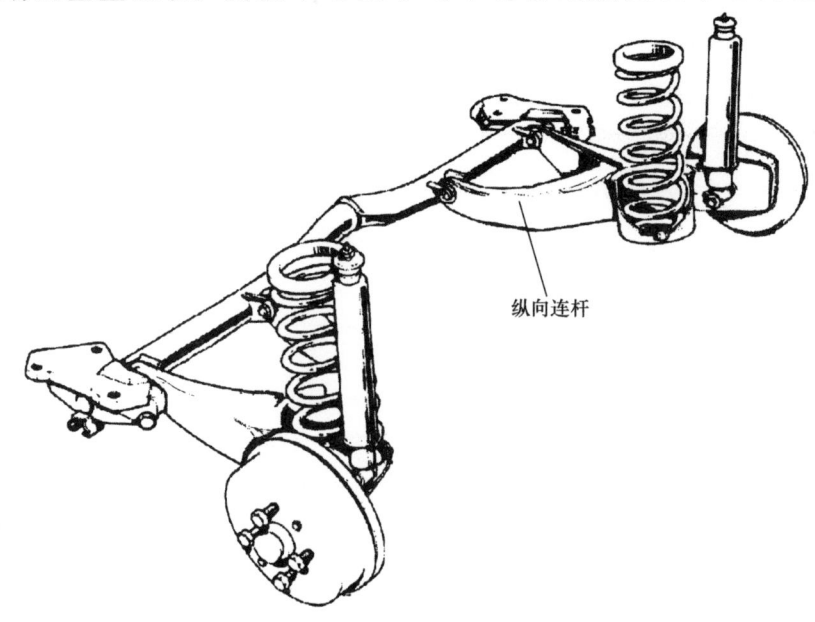

图 6-30　纵向连杆式车轮悬架

（图6-32）。

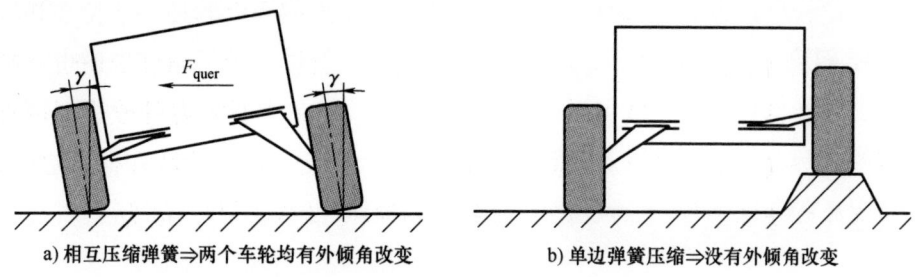

a) 相互压缩弹簧⇒两个车轮均有外倾角改变　　b) 单边弹簧压缩⇒没有外倾角改变

图6-31　单边压缩及相互压缩弹簧时的纵向连杆悬架外倾角变化

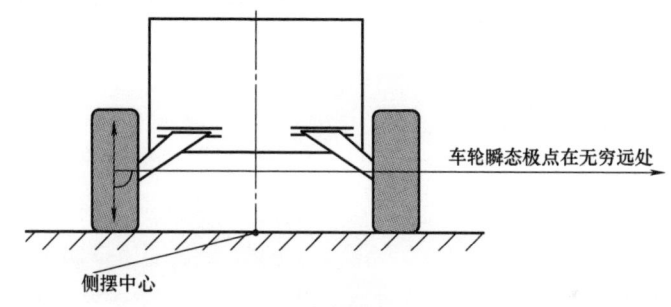

图6-32　纵向连杆悬架的侧摆中心位置

这种悬架也有缺点，就是当它作为前轴运用时，会放大结构上的主销后倾。当弹簧无压缩时，其主销后倾值较小。当弹簧被压缩，即车身下沉时，会出现较大的主销后倾值（图6-33）。这会影响回转力矩，同时对行驶轨迹的稳定性也会产生影响。

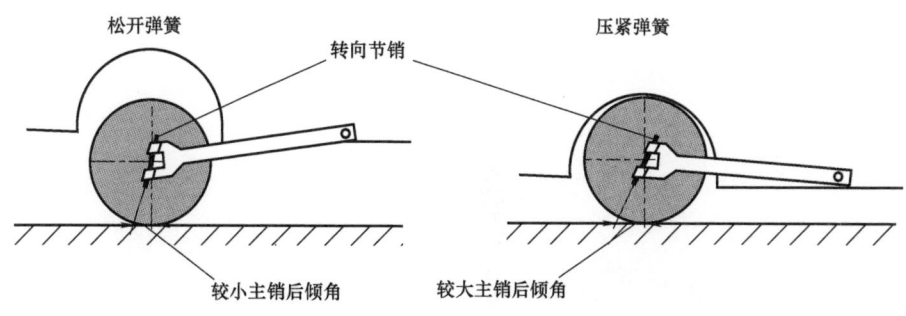

图6-33　纵向连杆前轴通过压缩弹簧产生结构上的主销后倾改变

纵向连杆悬架常用在前驱车辆的后轴上,其最大优点是在车辆中间部位占用体积较小,可以布置较大的燃油箱和较平坦的装载区底面。

3. 斜连杆车轮悬架

斜连杆车轮悬架与纵向连杆悬架一样,属于独立悬架,其运用与纵向连杆相似。两者的不同之处是斜连杆轴不是平行于车轴横轴的,而是与之成一定角度布置。如图6-34所示,随着车轮的跳动,斜连杆轴是绕摆动轴做摆动的。

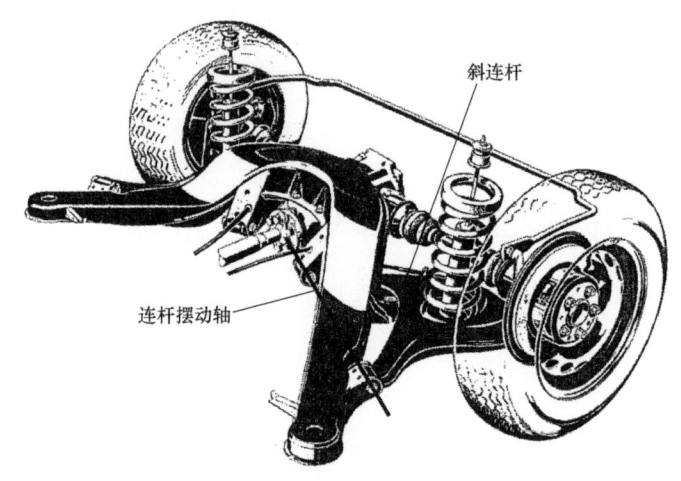

图6-34 斜连杆车轮悬架

图6-35所示为这类悬架的运动学特征,分别为斜连杆车轮悬架的俯视图、后视图和侧视图。取单侧车轮为模型,可以看出连杆轴与车辆横轴之间的夹角为α,从后视图中还可以看出连杆轴与车辆横轴在后视图平面上另有一夹角β,连杆轴为一空间直线。这两个角度分别称为人字角和顶角。这两个夹角对侧摆中心位置和瞬态极点有决定性影响。

为便于确定该悬架的侧摆中心,在俯视图和后视图上沿连杆摆动轴作两条延长线,得出四个点$P_{1俯视}$、$P_{2俯视}$、$P_{1后视}$、$P_{2后视}$。其中,$P_{1后视}$与车轮的着地点有一连线,车辆的侧摆中心就在该连线与车轴中心垂直线的交汇处。同理,瞬态中心也可通过连杆摆动轴的反向延长线及车轮中心平面确定,即通过$P_{1俯视}$、$P_{2俯视}$、$P_{1后视}$、$P_{2后视}$四点在空间确定,该点在X-Y平面上的坐标就是俯仰瞬态极点的坐标。

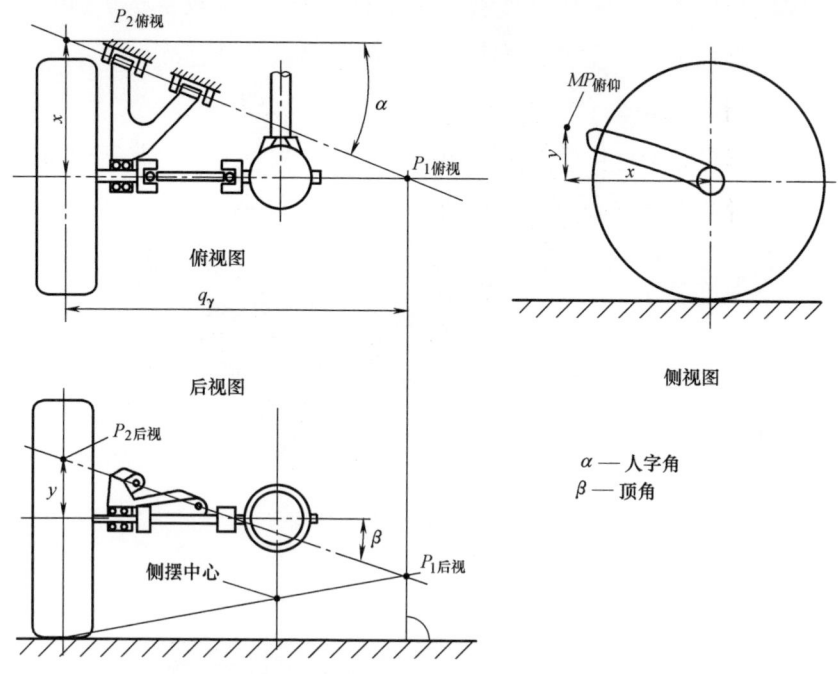

图 6-35 斜连杆轴的侧摆中心、瞬态极点及俯仰运动

对于外倾角的稳定性，α 角起重要作用。α 角越大，外倾角的改变越小。β 角对外倾角影响不大，但对前束的改变有很大影响，这种影响甚至会通过支承座上的弹性元件放大。

4. 扭力梁—连杆悬架

很多轻型轿车的后轴上采用了扭力梁—连杆悬架（图 6-36），它是由两个纵向连杆通过一个横杆焊接在一起的，且装有较大体积的导向支承座。这里非常重要的是横杆，即我们常说的扭力梁，它承担了弹簧所引起的上下跳动，并承担了扭转，同时还起到稳定杆的作用。扭力梁结构简单，制造容易，在轿车上有大量运用。

这类悬架在两侧车轮同步上下跳动时具有纵向连杆悬架特性，其瞬态极点取决于导向支承座的位置。对于非同步的两侧车轮上下跳动，有另外的摆动轴中心线，该轴线通过剪切中心和导向支承座的连线。关于剪切中心的概念在材料力学中有较详细的论述，这里仅展示图 6-37 所示的示意性简图。

剪切中心对扭力梁的力学特性有很大影响，它决定了车辆的某些行驶特

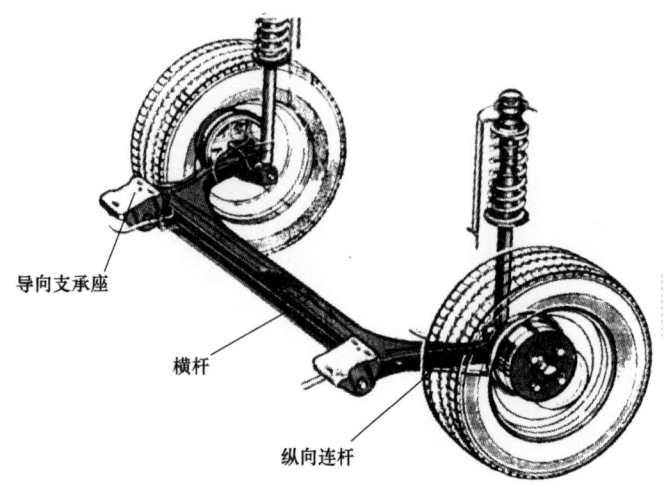

图 6-36 扭力梁悬架

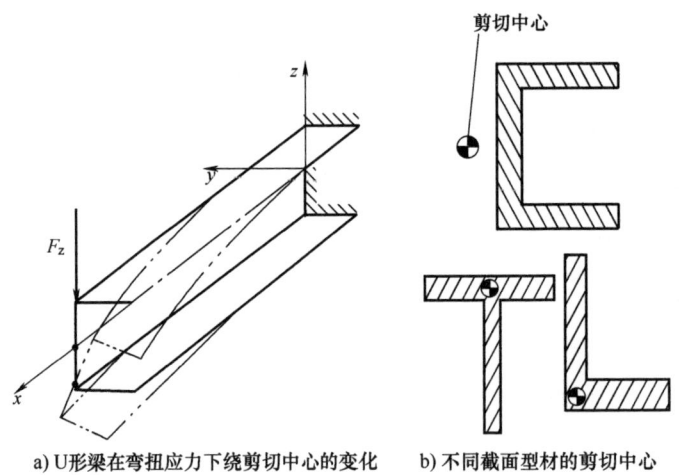

a) U形梁在弯扭应力下绕剪切中心的变化 b) 不同截面型材的剪切中心

图 6-37 剪切中心的定义

性。具体通过以下例子说明。

通过图 6-38 可看到引导支承座与车身的连接点与剪切中心有一连线，该连线延长到车轮轴线时，出现交点 P_o，对应于俯视图上的 P_U 点。P_U 点与车轮着地点的连线进一步相交于车辆中心，交点就是侧摆中心。可以看出，剪切中心与车轮中心连线越近，侧摆中心越高。

该悬架还有一个特点就是具有"侧向力过度转向"的趋势。为改善舒

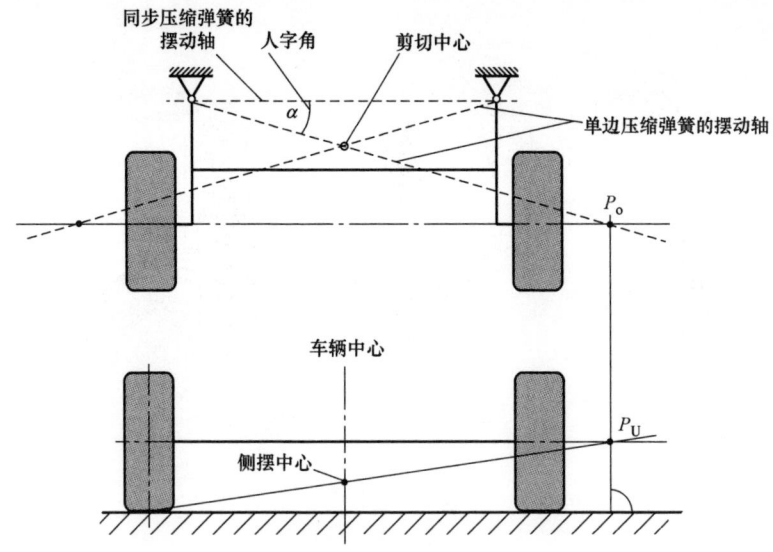

图 6-38　确定扭力梁悬架的侧摆中心

适性，连杆和引导支承座是通过橡胶元件连接的。当有较大侧向力时（如在弯道中的外侧车轮），橡胶元件变形，此时该车轮变为负前束角，如同正常行驶时车轮是轻微内八字，现在变为外八字，这样对行驶稳定性不利。为改善此时的"侧向力过度转向"，可采用"行驶轨迹校正支承座"的方法，如图 6-39 和图 6-40 所示。

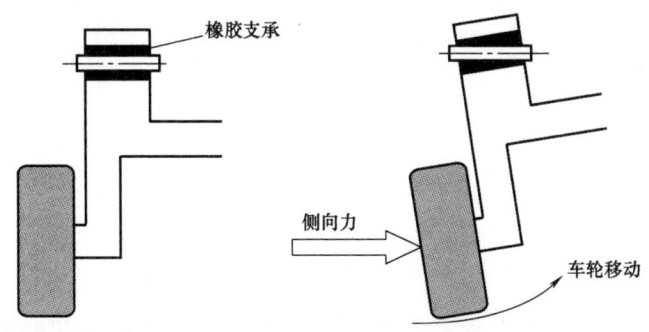

图 6-39　扭力梁悬架在侧向力下的过度转向

当有较大侧向力时，整个橡胶座可沿轴向轻微移动，同时仍具有弹性变形，可消除车轮的转向作用。另一种改善侧向力对转向影响的方法是采用瓦特杆，如图 6-41 所示。

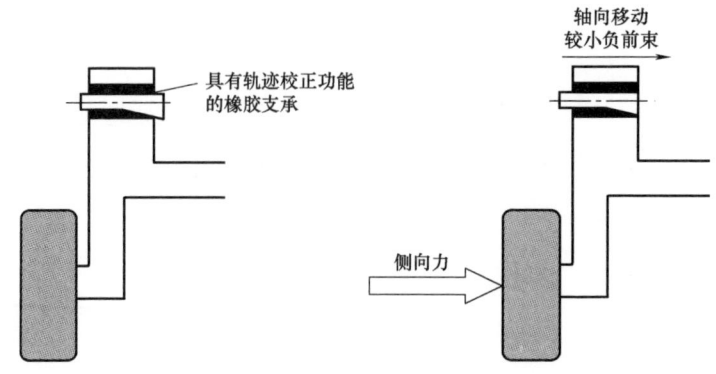

图 6-40　带轨迹校正功能的橡胶支承座

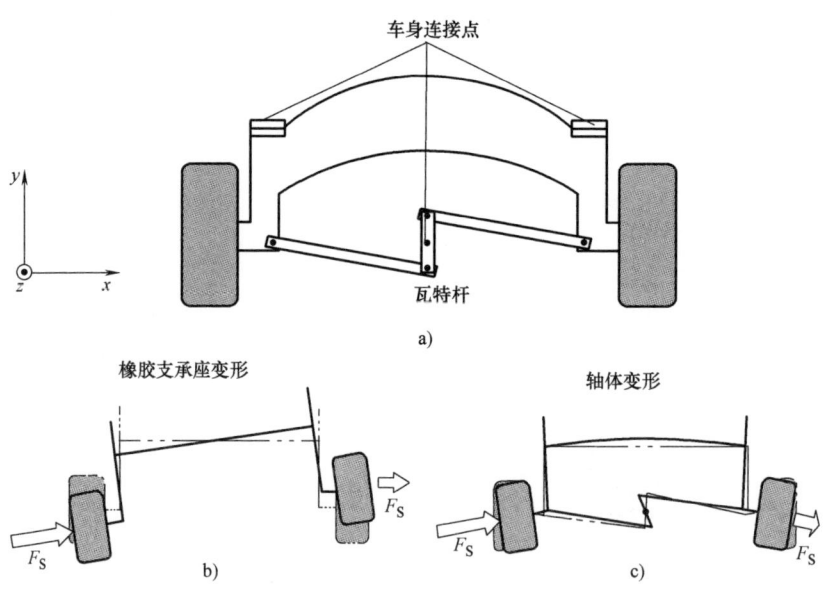

图 6-41　扭力梁悬架上的瓦特杆可以避免侧向力下的过度转向

前文已经提到瓦特杆可改善因载重变化而引起的硬轴悬架上的附加转向，这与垂直方向上的力有关。这里还可以看到瓦特杆对改善侧向力下的行驶稳定性起了很大作用。图 6-41a 所示的瓦特杆由两根受压、受拉的杆件与可沿自己中心旋转的固定杆组成。图 6-41b 所示为一个无瓦特杆的扭力梁悬架在侧向力下的反应。通过侧向力 F_S 产生了一个力矩，该力矩通过弹性元件的传递，会导致整个扭力梁产生一个我们不希望出现的转向效应，使弯道行驶时的外侧车轮变为负前束角，内侧车轮变为正前束角。当有瓦特杆时，如图6-41c所示，两侧车轮是同步的（即要么同为正前束角，要么同为负前束角），整个侧向力引起的在z轴方向上的弯曲被横向杆件吸收，杆件轻微变形，因此需要横向杆件，即扭力梁有适当的刚度，同时还要考虑扭力梁本身的抗扭特性。

这类扭力梁的最大优点就是零部件少，结构非常简单，而且所需的安装空间较小。当其在小型车上使用时，可省去稳定杆。通过适当调节扭力梁的质心位置及纵向杆的支承点位置，可减少侧摆和俯仰动作。该悬架方案起源于19世纪70年代，目前仍有广泛运用。

5. 双横连杆车轮悬架

双横连杆车轮悬架又称双横臂悬架，即俗称的"双叉"或"双A"形悬架，在前后轴上都可运用。其结构特点如图6-42所示，由两个横向连杆和车架、副车架（或车身）以可摆动的方式相连接。图6-42a所示是一个采用该悬架的前轴，为减少上部的安装尺寸，弹簧和减振器都安装在下横连杆上，并穿过或绕过上横连杆。

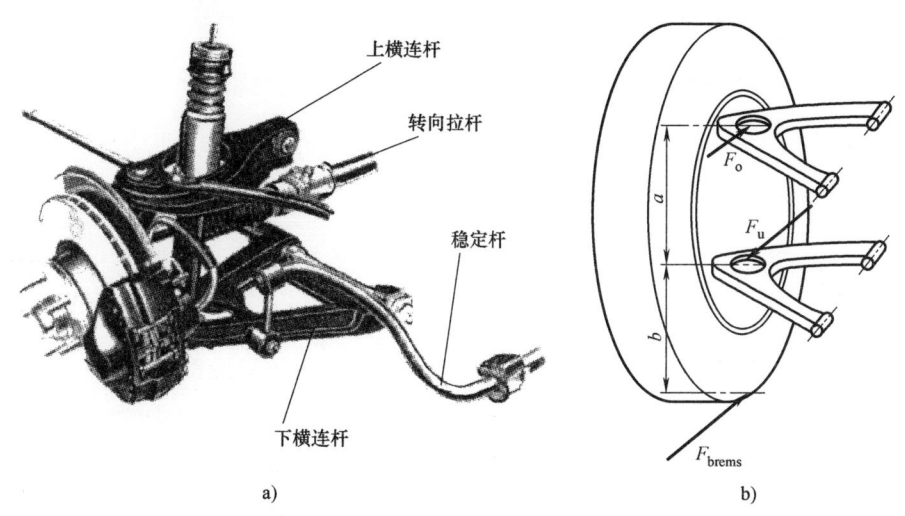

图6-42 双横连杆车轮悬架

图6-42b描述了当车轮制动时，作用在上、下连杆铰接点处的反作用力。如果将轮胎着地点的制动力设为F_{brems}，则会得出

$$F_o = \frac{b}{a} F_{\text{brems}} \qquad (6\text{-}19)$$

$$F_u = \frac{a+b}{a} F_{\text{brems}} \qquad (6\text{-}20)$$

式（6-19）、式（6-20）中，a、b 分别如图 6-42b 所示，是几何距离。b 的数值，受底盘结构（主要是底部空间）限制。为减小相应的反作用力，a 值要尽量大，即两横连杆之间的距离要尽量大。因为该悬架属于独立悬架，两个车轮之间相互没有力学影响，单边的瞬态极点和俯仰、侧摆运动都是独立于另一边的。如图 6-43 所示，车辆的侧摆中心同时通过两条瞬态中心和车轮着地点的连线。

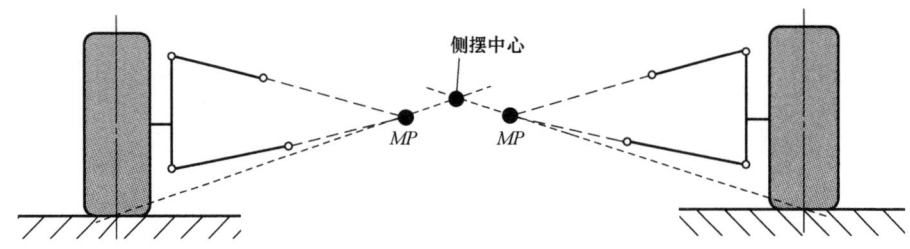

图 6-43　双横连杆轴的侧摆中心位置

每侧横连杆副的瞬态中心 MP 是交汇于和连杆摆动轴平行并从铰接点出发的两条直线的交点。车身的瞬态中心如图 6-43、图 6-44 所示，均通过 MP 和着地点连线交汇而成。

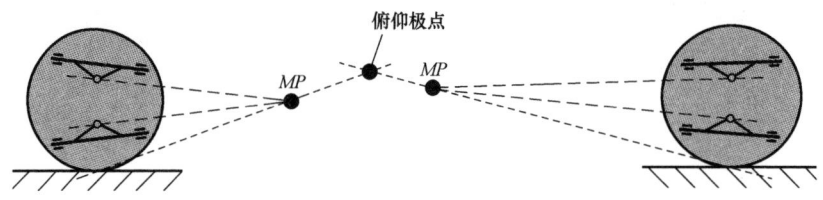

图 6-44　双横连杆悬架的前后轴俯仰极点位置

这类悬架的特点之一是外倾角的稳定性可控。图 6-45 说明了在弯道行驶时，不同的双横连杆布置形式所产生的不同运动学结果。多数此类悬架采用如图 6-45a 所示的形式，在弯道外侧车轮上产生的是正外倾角变化。当按如图 6-45b 所示的形式布置时，弯道外侧车轮产生的是负外倾角变化。这种情况下，轮胎为产生侧向力所需的偏移角要小于图6-45a所示的情况，也就是说，相对于图6-45a所示的情况，图6-45b的整个悬架支承反力较大。

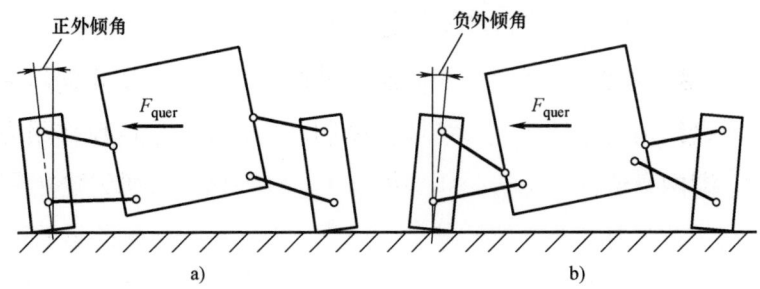

图6-45 双横连杆轴的外倾角稳定性

双横连杆悬架可以在很大程度上调整瞬态中心和外倾角的稳定性。在前文有关悬架的描述中也提到了其缺点，就是当具有较软的支承点时有较大的干扰力臂，因此一般用在对舒适性要求不高，但具有较硬弹性运动学元件的车辆上，如赛车、运动型车辆。对量产车来说，当需要较高的行驶稳定性，但又不能采用昂贵的多连杆方案时，双横连杆悬架是一个很好的替代方案。

6. 麦弗逊悬架

麦弗逊悬架多运用在中低级车的前轴上，结构简单，占用安装空间少，但制动力、加速力和侧向力过多集中在减振柱上，使弹簧和减振柱负担较大。运动学上对其特点的描述如图6-46所示，倾斜布置的减振柱对瞬态极点和侧摆运动都是有影响的。

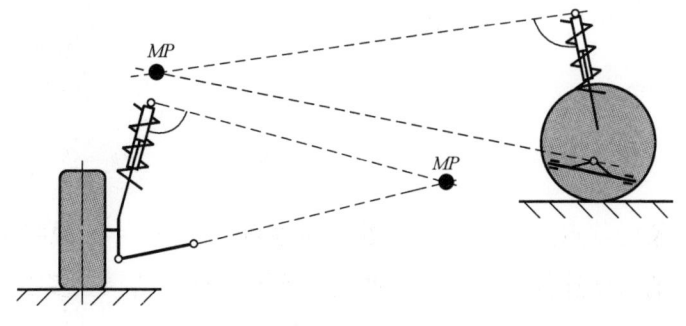

图6-46 麦弗逊轴的瞬态极点

当车辆俯仰和侧摆时，减振柱承担了很大的弯曲应力。此外，随着弹簧力的下降，弹簧—减振柱的共同作用也有所改变。从图 6-46 中可以看出，麦弗逊悬架的瞬态极点较高，这就是从结构角度来说，其运用在前轴上的理由。因为较高的瞬态极点运用在后轴可能导致转向过度，这对操纵稳定性不利，对普通量产车而言是要尽量避免的。

7. 多连杆悬架

在中高档车辆上，多连杆悬架运用较多。连杆运用得越多，悬架的运动学和动力学特性越好。多连杆机构优化了侧摆、俯仰、外倾及前束的改变、干扰力臂等特性。理论上的最佳状态是采用五连杆结构，这五个连杆分别与车身、车轮架等部位连接，每个连杆对应一个自由度。理论上可以确定，对于一个非转向车轮是不能超过五个连杆的，这样车轮架就只能精确地在一个方向上移动，即上下跳动。实践中，一个五连杆机构需要 30 个不同的参数来具体描述。这样设计和制造者都需要很大投入。图 6-47 所示为 1997 年开发的奔驰 S 级轿车的空间连杆后轴。

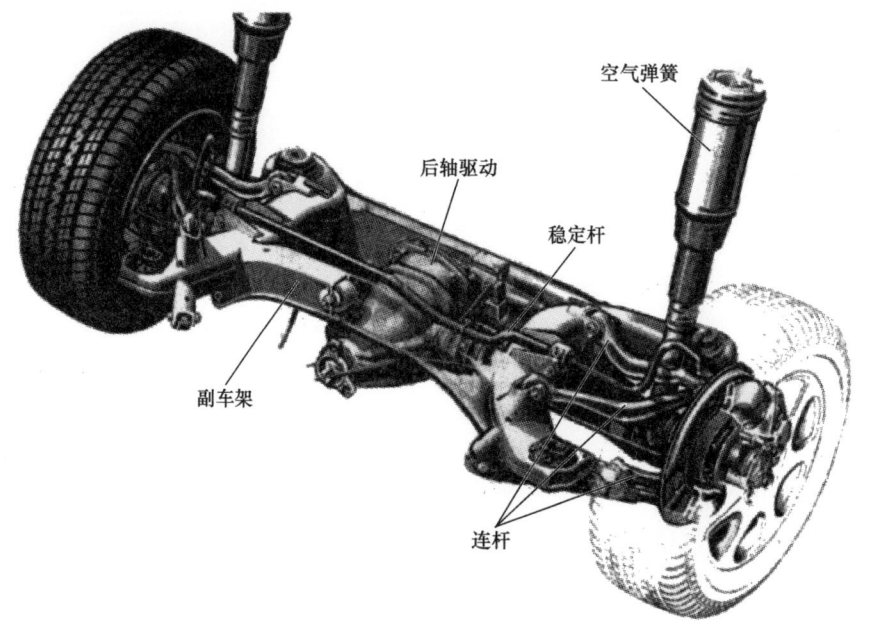

图 6-47　空间连杆后轴

关于多连杆的更详细的介绍及其对行驶特性的影响，在本套丛书《汽车车身、底盘理论及制造技术》一书中有更多论述。这里仅说两点：一是该悬架的附加转向校正，二是多连杆的变体。一般的多连杆机构如图6-48a所示，有驱动力F_a时，偏转点因弹性元件的变形，使车轮在轨迹上偏移，连杆此时受拉力和压力作用，这就是所谓的转向缺陷。

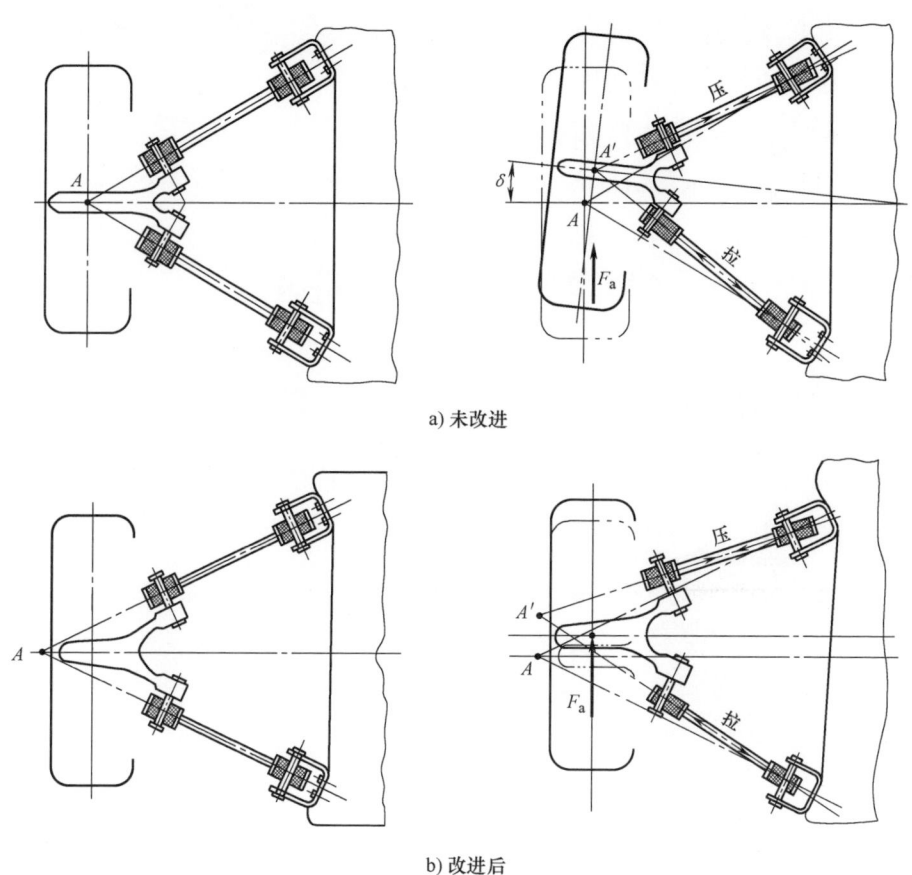

图6-48 纵向力影响下的空间连杆

图6-48b，同样考虑了弹性材料的变形和杆件受力，但此时将连杆的交汇点A向外移动，远离车轮中心线，就可改善后轴在制动或加速时对行驶轨迹的影响。此外，这种改进还可改善因载重量变化引起的行驶稳定性变化。这种结构改进方案在19世纪70年代首先由保时捷公司引入，并命名为Weissach轴。另外还有一种多连杆的变体，在宝马公司相关车型上首次运

用，五个连杆都不是作为单独连接件与车轮架、车身相连的，而是采用了一个"融合杆"的构造，如图6-49所示。此时的悬架由三根横连杆及一个长连杆组成，同时在上横连杆和长连杆之间附加了"融合杆"。多连杆无论采用何种变体，都无法降低复杂程度。由于结构、制造、安装的昂贵性，多连杆悬架一般只用在高档车型上。

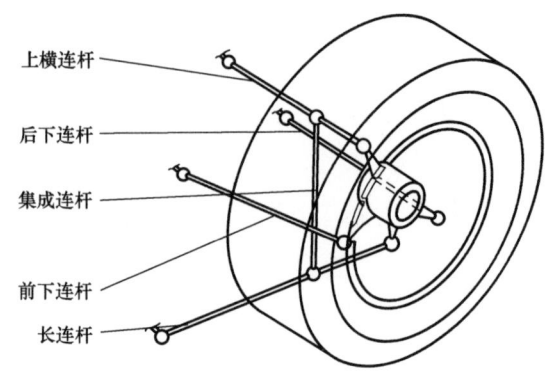

图 6-49 带融合连杆轴的悬架示意图

6.5 横向动力学

6.5.1 导言

前文已论述了轮胎和悬架系统的行驶特性相关问题。而在整车研究中，车辆的动力学特征是按照一个整体系统来研究的，如车辆及悬架、弹簧力的作用线、减振器和弹性元件等都要放在一个系统中研究，因此必须在前文所述轮胎和悬架特性基础上进一步采用多体动力学系统来分析整车行驶特性。目前，随着计算机技术的发展，出现了各种多体动力学软件，可以将车辆的横向动力学、垂直动力学问题准确地用数字化方法模拟和计算出来。这一节主要介绍车辆的横向动力学要点。

在研究横向动力学特性时，建立了一种单轨模型。该模型于19世纪40年代由Riekert和Schunck首次提出，在英文中称作"自行车轨迹模型"，如图6-50所示。该模型上带有车轮的受力附件，如弹簧、轮胎、支承轴，再现了车轴与道路之间力的总和。该单轨模型中还展现了车辆运动的三个自由度，即车身长度方向上的移动、车辆横向移动和车辆绕垂直于纸面的中心轴的移动。

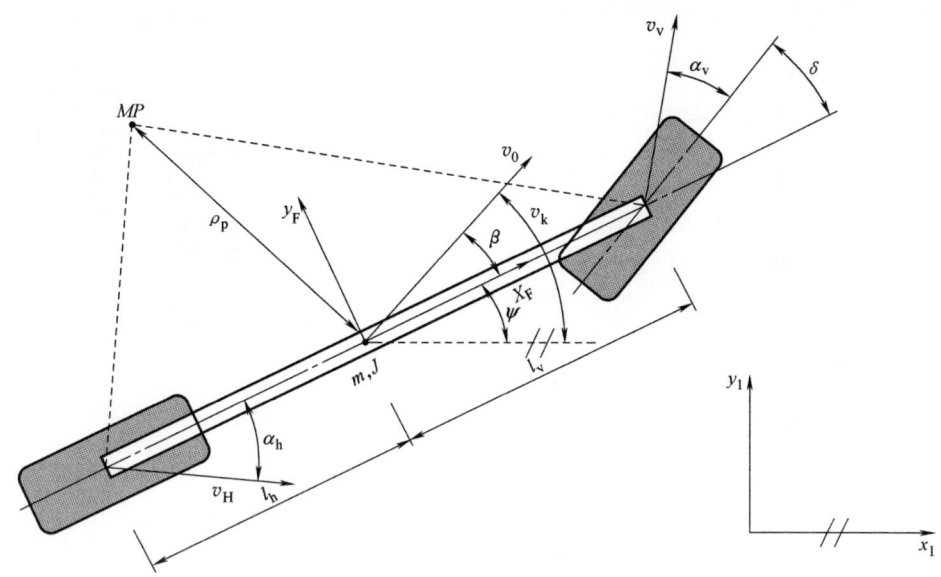

图 6-50 带有参数的车辆单轨模型

图 6-50 中 m 为车辆质量，J 为转动惯量，l_h 及 l_v 为重心位置，同时图上还有侧向力在前后轴上的作用线，用偏斜角的函数表达。该侧向力的作用线与轮胎、悬架、重心位置及空气动力学相关。通常认为该作用线近似一条直线，因此这样的单轨模型又称"线性单轨模型"。

下面就单轨模型上的一些重要数值作些解释，这些数值对横向动力学研究至关重要。

1）转向角 δ：在单轨模型中，该角度定义为前轴车轮中线平面与车身长轴之间的夹角。

2）浮动角 β：定义为车辆长轴与瞬态中心在车身重心移动方向上的夹角，较大的数值会带来不利影响。

3）偏航角 ψ：空间坐标系中 X 轴与车身长轴之间的夹角。

4）偏航速率 $\dot{\psi}$：指偏航角在时间上的改变量，或称偏航速度。

5）偏斜角 α_v、α_h：在前面章节中提到了与轮胎有关的偏航角概念。而在横向动力学范围内，单轨模型的偏斜角与轮胎无关，用车轴的偏斜来代替。由速度分量在纵轴方向一致推导出

$$v_v \cos(\delta - \alpha_v) = v_0 \cos\delta \tag{6-21}$$

$$v_h \cos\alpha_h = v_0 \cos\beta \tag{6-22}$$

由速度分量在横轴方向不一致，得出

$$v_v \sin(\delta - \alpha_v) = v_0 \sin(\beta) + l_v \dot{\psi} \tag{6-23}$$

$$v_h \sin(-\alpha_h) = v_0 \sin(\beta) - l_h \dot{\psi} \tag{6-24}$$

由式（6-21）~式（6-24）得出：

$$\alpha_v = \delta - \beta - \frac{l_v}{v_0}\dot{\psi}, \quad \alpha_h = -\beta + \frac{l_h}{v_0}\dot{\psi} \tag{6-25}$$

以上就是偏斜角的计算。接下来看横向加速度 a_y，在 X-Y 坐标中，横向加速度的下标 y 表示在 Y 轴方向。X、Y 两个方向上的速度分量为

$$v_{x,I} = v_0 \cos(\psi + \beta), \quad v_{y,I} = v_0 \sin(\psi + \beta)$$

推导出

$$a_y = v_0(\dot{\psi} + \dot{\beta})[(\sin\psi\cos\beta + \cos\psi\sin\beta)\sin\psi + (\cos\psi\cos\beta - \sin\psi\sin\beta)\cos\psi]$$

当具有较小的浮动角 β 时 $\quad a_y = v_0(\dot{\psi} + \dot{\beta}) \tag{6-26}$

6) 航线角：定义为 X 轴与车辆重心瞬态移动方向之间的角度，其值等于 ψ 与 β 之和。

7) 摆动半径：定义为车辆重心到车辆瞬态极点之间的距离。

下面讨论与行驶稳定性相关的一些问题。

6.5.2 影响转向特性的因素

这节主要讨论影响车辆转向特性的各种可能因素。总体来说量产车追求的是转向不足特性，对运动型车辆来说追求的是中性或轻微的过度转向。下面讨论在各种外在条件变化下的转向特性改变，假设都以中性转向情况为出发点，即原始设定均为中性特性。

1. 重心位置在长轴方向上的改变对转向特性的影响

增加车辆后部的载重量时，即车辆重心向后移动时，会产生以下影响：

1) 后轴的车轮载荷线性增加，因为重心后移量与车辆轴载荷成比例变化。

2) 在弯道行驶时如果重心后移，则后轴所承受的离心力也增大。

这种位移与力的增长关系是线性成比例的，且与重心位移量和可承受的侧向力有关。这时为保持操纵稳定性，后轮胎就必须承受成倍的轴载荷及成倍的侧向力。这意味着在此情况下，以后部载荷为主的车型，在弯道行驶时后轴上有较大的偏斜角（即传递较大的侧向力），车辆存在转向过度倾向。当车辆为前部载重型时，正相反，存在转向不足倾向。就是说为保持转向不足特性，车辆重心应该"更靠前"。在车辆稳定性设计中必须考虑到这一点，举个简单的例子：现代新能源汽车，如采用电力或混合动力驱动，电池组重量在目前的技术下仍然很重（几百千克级别），为安全起见，常将电池组的大部分重量分配在车辆的中后部，使后轴载荷增加很多，重心位置相对后移，对行驶稳定性造成不利影响。同时由于电池组需要集中热管理，也不适合过于分散布置，必须在设计初期就考虑重心位置的校正。如何将比传统汽车多几百千克的载荷合理分布并集中管理，仍是目前新能源汽车设计中的一个难点。

2. 轨迹宽度、瞬态中心、弹簧及稳定杆对转向特性的影响

除重心位置外，对车辆转向特性的影响因素还包括：不同的轨迹宽度（即轮距）、瞬态极点高度、前后轴的弹性刚度及稳定杆的使用。为更方便地讨论这些影响，将单轨模型转化为四轮模型，如图 6-51 所示。

当左右两侧车轮具有相同载荷时，两侧轮胎传递相同的侧向力。通过弯道时，外侧轮胎载荷增加，内侧轮胎载荷减少，内侧轮胎侧向力的传递也同步减少，内侧轮胎减少的侧向力必须通过外侧轮"吸收"。外侧轮轴载荷增加，侧向力也同步增加，为引导增加的侧向力，外侧轮胎的偏斜角增大。总结为：轴上的两个轮载荷变化越大，该轴的偏斜角越大。由此推断出：前后轴的轴载荷变化量比值 $\dfrac{\Delta F_{nV}}{\Delta F_{nH}}$ 越大，车辆越接近转向不足。$\dfrac{\Delta F_{nV}}{\Delta F_{nH}}$ 越小，车辆越接近转向过度。影响 $\dfrac{\Delta F_{nV}}{\Delta F_{nH}}$ 的参数有：前后轴上的轮距 s_V 及 s_H、瞬态中心的高度 h_V 及 h_H、前后轴侧摆刚度 c_V 及 c_H。将图 6-51 分解为两个轴描述，产生如图 6-52 所示的单独轴示意图。

车辆在弯道行驶时，出现了反作用力，F_{Vy}、F_{Vz}、F_{Hy} 和 F_{Hz} 都出现在

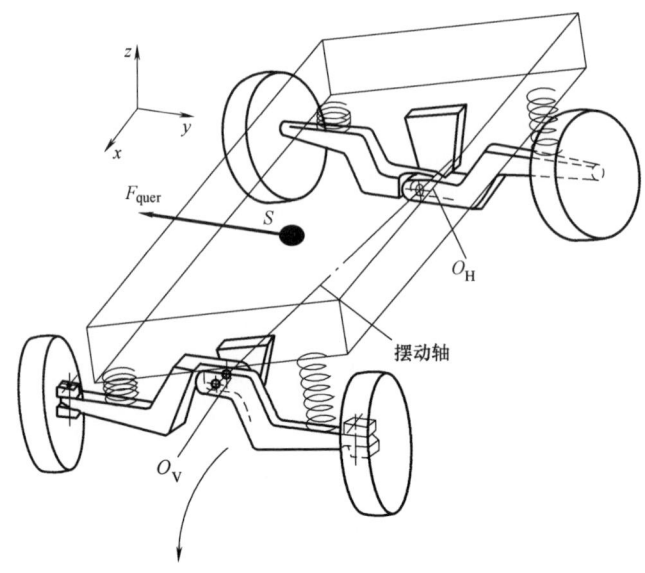

图 6-51 整车的简化四轮模型

车身与车轴之间,并通过瞬态中心传递。通过弹簧和稳定杆的作用,使侧摆运动减少。总的车轴刚度通过弹簧和稳定杆共同起作用,再通过扭转弹簧的 c_V、c_H 建立模型。在车身与车轴之间,除产生上述的反作用力外,还有转矩 $c_{V\varphi}$ 和 $c_{H\varphi}$ 产生。引入在轮胎着地点处的正压力和侧向力 F_{nVl}、F_{nVr}、F_{nHl}、F_{nHr} 及 F_{sVl}、F_{sVr}、F_{sHl}、F_{sHr},加上离心力 F_{quer},得出下面的结论:

对于车身有

$$\sum M_x^S = F_{Hy}\hat{h}_H + F_{Hz}\hat{h}_H\varphi + F_{Vy}\hat{h}_V + F_{Vz}\hat{h}_V\varphi - (c_V + c_H)\varphi = 0 \quad (6\text{-}27)$$

$$\sum M_y^S = F_{Hz}l_H - F_{Vz}l_V = 0 \quad (6\text{-}28)$$

$$\sum M_z^S = -F_{Hy}l_H + F_{Vy}l_V = 0 \quad (6\text{-}29)$$

对于前轴

$$\sum M_x^A = F_{nVl}s_V - F_{Vz}\frac{s_V}{2} + F_{Vy}h_V + c_{V\varphi} = 0 \quad (6\text{-}30)$$

$$\sum F_Z = F_{nVl} + F_{nVr} - F_{Vz} = 0 \quad (6\text{-}31)$$

第6章 车辆行驶特性和行驶动力学

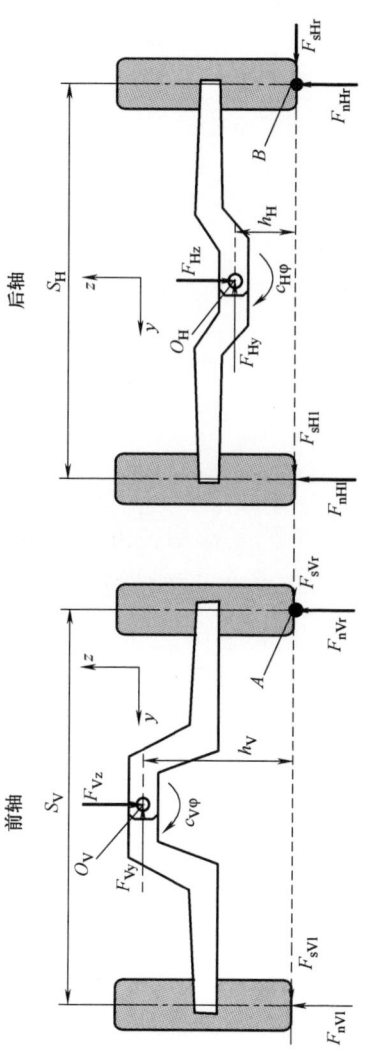
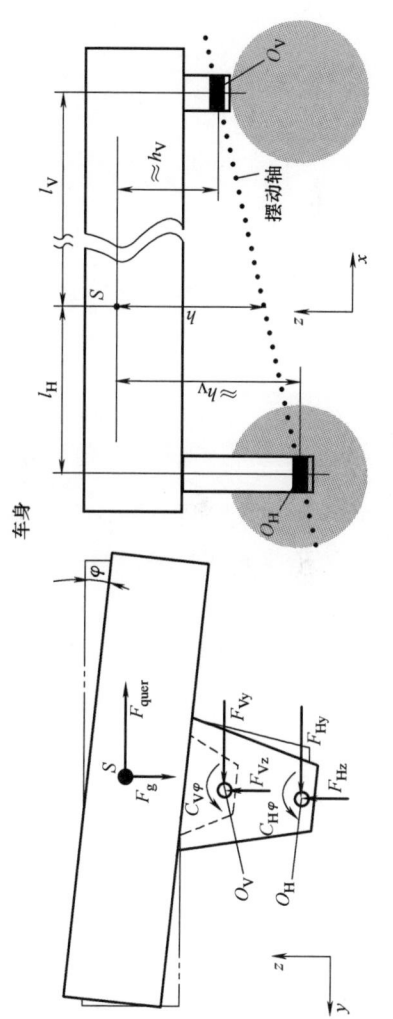

图 6-52 弯道内外侧车轮的轮载荷差的替代模型

对于后轴

$$\sum M_x^B = F_{nHl}S_H - F_{Hz}\frac{S_H}{2} + F_{Hy}h_H + C_H\varphi = 0 \qquad (6\text{-}32)$$

$$\sum F_Z = F_{nHl} + F_{nHr} - F_{Hz} = 0 \qquad (6\text{-}33)$$

如果忽略 $F_{Hz}\hat{h}_H\varphi$ 和 $F_{Vz}\hat{h}_V\varphi$，并考虑增加的几何关系

$\hat{h}_H = l_H(h_V - h_H)/(l_V + l_H) + h$ 以及 $\hat{h}_V = l_V(h_H - h_V)/(l_V + l_H) + h$，得出

$$\frac{\Delta F_{nV}}{\Delta F_{nH}} = \frac{F_{nVr} - F_{nvl}}{F_{nHr} - F_{nHl}} = \frac{(C_{ges}l_H h_V + l_0 C_V h)S_H}{(C_{ges}l_V h_H + l_0 C_H h)S_V} \qquad (6\text{-}34)$$

这里的 $C_{ges} = C_V + C_H$ 是总侧摆刚度，$l_0 = l_H + l_V$ 为轮距。

从式（6-34）可以看出，增加 $\dfrac{\Delta F_{nV}}{\Delta F_{nH}}$ 即增加转向不足倾向的途径为：

1）提高前轴瞬态中心，降低后轴瞬态中心。

2）增加前轴的滚动刚度（通过提高前轴的弹簧刚度及增加前轴稳定杆实现），减少后轴的滚动刚度（通过减少后轴的弹簧刚度及增加后轴不稳定杆实现）。

3）减少前轴轮距，增加后轴轮距。

如果想引起转向过度趋势，就要采取相反的措施。

3. 空气动力学的辅助手段对行驶特性的影响

在现代车辆上，为提高车辆稳定性，引用了空气动力学辅助手段，如加装前后扩流道、翼板，可使车轴传递更高正压力和侧向力，而这时的侧向力增大与单纯的偏斜角增大所引起的结果是不同的。例如，有尾翼参与作用时，在固定横向加速度的情况下，车轮所需的偏斜角小于不具备尾翼的车辆的偏斜角，导致转向不足趋势。同理，前部翼板的安装会导致转向过度趋势。

在图 6-53 中，车辆在弯道中行驶，可对比因重心移动与因加装空气动力学组件而引起的不同转向特性。

图 6-53a 中，设定起始状态为中性特性，车辆在弯道中匀速行驶，弯道半径为 r，前后轴的侧向力分别为 F_{sv1} 和 F_{sh1}，引起的偏斜角为 α_{v1} 和 α_{h1}，且 $\alpha_{v1} = \alpha_{h1}$（中性转向）。如图 6-53b 所示，重心向后移动，SP 向后。后轴侧向

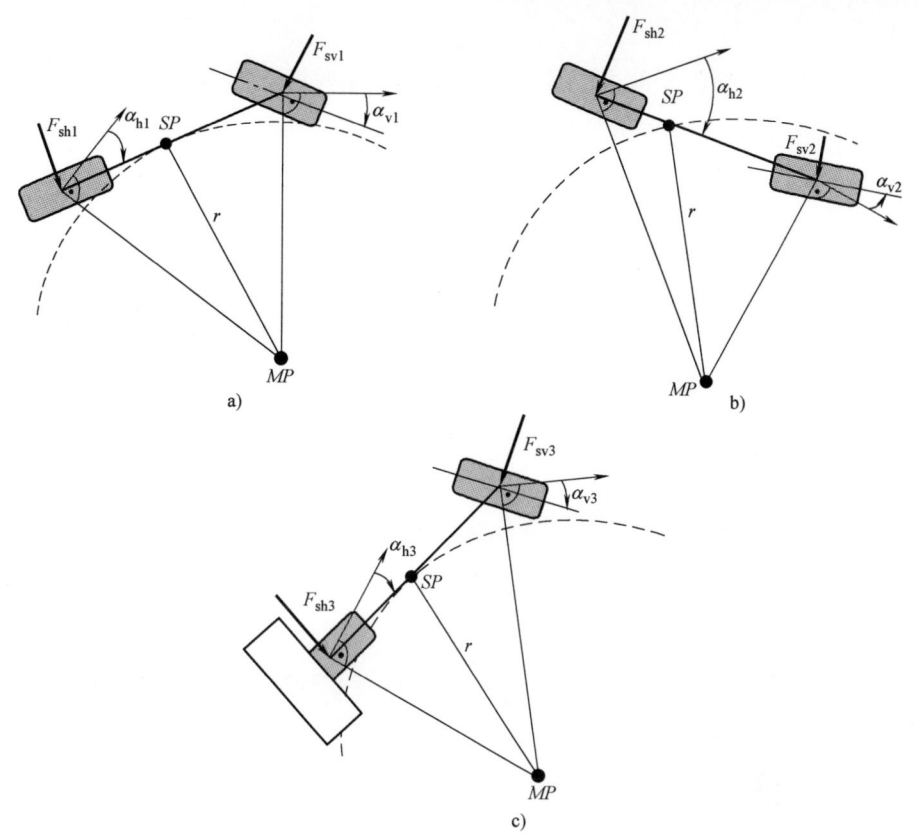

图 6-53 重心移动和加装空气动力学组件对转向稳定性的影响

力需求增加,前轴侧向力减小,得出 $F_{sh2}>F_{sh1}$,$F_{sv2}<F_{sv1}$。而对于偏斜角来说,意味着 $\alpha_{h2}>\alpha_{h1}$,$\alpha_{v2}<\alpha_{v1}$,得出转向过度倾向。如图 6-53c 所示,加装尾翼,前后轴侧向力需求一致。$F_{sh3}=F_{sh1}$,$F_{sv3}=F_{sv1}$。虽然后轴正向力增大,但后轴的偏斜角仍然是减小的,因此 $\alpha_{h3}<\alpha_{h1}$,$\alpha_{v3}=\alpha_{v1}$,得出转向不足倾向。

6.5.3 横向动力学参数

前文介绍了中性、不足和过度转向的概念,仅作为粗略判断之用。如果仅具有概念性比较,则很难精确表达车辆的反应。较好的方式是输入一个单一值时,如果能知道车辆的不足或过度转向到底有多大,则能量化地表达此时的转向稳定性,对设计就有指导作用。另外,驾驶人驾驶车辆时如何操纵转向盘才能保持稳定驾驶也是需要关注的问题。本节就是对此类问题,尤其是对横向动力学的量化参数进行讨论。

为引入具体参数,先回顾图 6-50 所示的单轨模型。为得到线性数学模型,认为前后轴的侧向力值与其偏斜角大小成比例关系,即

$$F_{sv} = k_v \alpha_v, \quad F_{sh} = k_h \alpha_h \quad (6\text{-}35)$$

比例系数 k_v 和 k_h 称为侧向力刚度,它包含了前面所说的各种稳定性涉及的所有刚度的总和,该系数是通过实际驾驶测量出来的。当然,式(6-35)是一个简化的比例关系,是有先决条件的。就是说简单的线性关系仅在较小的偏斜角时才成立,在实际测量中一般认为横向加速度不超过 0.4g 的情况才适合。对于较大的偏斜角,这时就不能认为是线性关系了,要用非线性理论去分析,这里不讨论。

对于单轨模型,其侧向力 F_{sv} 和 F_{sh} 有牛顿—欧拉公式:

$$ma = F_{sv} + F_{sh} \quad (6\text{-}36)$$

$$J\ddot{\psi} = F_{sv}l_v - F_{sh}l_h \quad (6\text{-}37)$$

再通过一系列的矩阵计算,可得出偏航角加速度和浮动角的改变速度,这里不做具体运算,直接给出结果:

$$\ddot{\psi} = \frac{-k_v l_v^2 - k_h l_h^2}{Jv_0}\dot{\psi} + \frac{-k_v l_v + k_h l_h}{J}\beta + \frac{k_v l_v}{J}\delta \quad (6\text{-}38)$$

$$\dot{\beta} = \left(\frac{-k_v l_v + k_h l_h}{mv_0^2} - 1\right)\dot{\psi} + \frac{-k_v - k_h}{mv_0}\beta + \frac{k_v}{mv_0}\delta \quad (6\text{-}39)$$

下面具体分析量化参数及通过这些参数如何评价稳定性问题。式(6-38)、式(6-39)是讨论的基础。

1. 转向梯度

当车辆在半径为 ρ 的弯道中,以 v_0 匀速行驶时,浮动角和偏航角在时间上是不变的,$\ddot{\psi} = \dot{\beta} = 0$,并有常量 $\dot{\psi} = \dfrac{v}{\rho}$。经过推导(过程省略),得出转向角为:

$$\delta = \underbrace{\frac{l_0}{\rho}}_{\delta_A} + \underbrace{\frac{m(k_h l_h - k_v l_v)}{l_0 k_v k_h}}_{EG} \underbrace{\frac{v_0^2}{\rho}}_{a_y} \quad (6\text{-}40)$$

式中，δ_A 为阿克曼角（Ackermann）；EG 为转向梯度；a_y 为横向加速度。从式（6-40）中可以看出，保持弯道行驶稳定性的转向角与 δ_A、EG、a_y 都有关。在较低车速时，v_0 较小，v_0^2 更小，可以忽略不计。下面对两种情况进行分析，即当车速很接近零和远大于零时的不同转向要求，如图6-54所示。这两种极限情况涵盖了正常行驶的车速范围，足以进行转向稳定性分析。

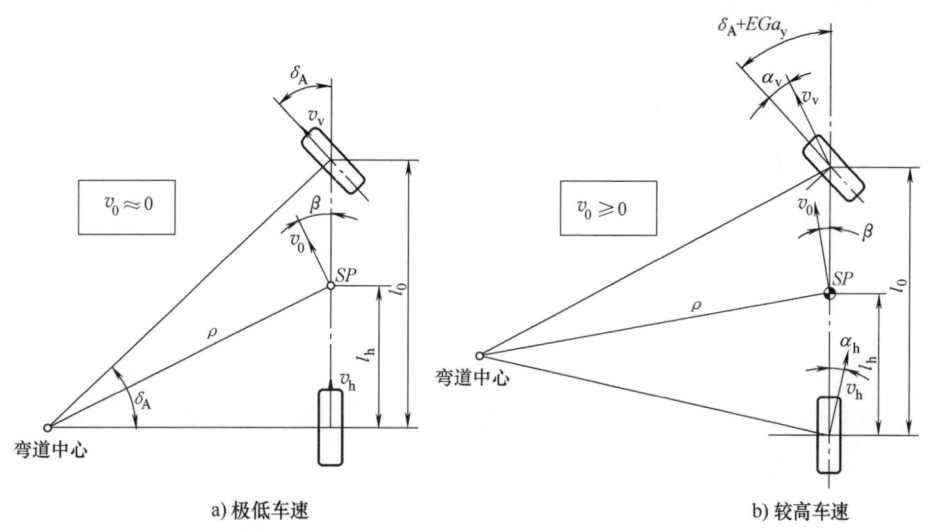

a) 极低车速　　　　　　　　　b) 较高车速

图6-54　稳定的弯道行驶

当 $v_0 \approx 0$ 时（图6-54a），偏斜角为零，瞬态极点处于两条均垂直于车轮中心平面的直线的交点。可直接从图6-54中读出：$\tan\delta_A = \dfrac{l_0}{\sqrt{\rho^2 - l_h^2}}$。因为 $\rho \gg l_h$，所以可写为 $\delta_A \approx \dfrac{l_0}{\rho}$。随着车速的提高，$v_0$ 提高，产生了如图6-54b所示的附加转向角，该角与 a_y 成比例，这种比例因子称为转向梯度，即

$$EG = \frac{m\,(k_h l_h - k_v l_v)}{l_0 k_v k_h} \tag{6-41}$$

对于不同的 EG，可得出不同的稳定性结果：

1）当 $EG>0$ 时，弯道中的驾驶人随车速的提高必须施以较大转向力，使车辆保持在一个固定半径的圆弧上，此为转向不足。

2) 当 $EG=0$ 时，在弯道中行驶，转向角与车速无关，为中性转向。

3) 当 $EG<0$ 时，与第一种情况相反，弯道中的驾驶人需要反向回退转向角，即转向盘向反向转动，此为转向过度。

通过 EG 值，可以在具有较少参数的情况下，精确分析出车辆处于何种转向特性下，得出过度、中性、不足转向的结论。此外，还可通过图 6-55 判断出不足和过度转向的"强烈程度"（与 EG 斜率相关）。$k_h l_h - k_v l_v$ 是可测定的。

2. 侧滑的传递函数和侧滑的放大系数

前文的讨论都建立在一种初始值下：转向角、浮动角、偏斜角都是恒定的。下面继续要讨论的是：当转向角是一种随时间变化的输入信号时，对车辆的动力学影响。

根据系统理论：一个线性的动态方程（如车辆在较小的横向加速度下），每个和谐的输入信号都有一个和谐的自身频率的输出信号响应。用正弦形式的转向角信号来激励车辆，周期为 T，得出如下公式

$$\delta(t) = A_\delta \sin\omega t \tag{6-42}$$

式中，A_δ 为振幅；$\omega = \dfrac{2\pi}{T}$ 为激励的圆周频率。这样在线性区域，得出以时间为变量的偏航速度

$$\dot\psi(t) = A_{\dot\psi}\sin(\omega t+\varphi) \tag{6-43}$$

为完全描述一个在圆周频率 ω 下的正弦转向角激励，给出振幅 $A_{\dot\psi}(\omega)/A_\delta(\omega)$ 和相位差 $\phi(\omega)=\omega\Delta t$（图 6-55），推导出在所有频率内 $0<\omega<\infty$ 都适用的正弦转向角激励。每个时间信号通过傅里叶传递函数，以不同频率下的正弦振动来描述。

将振幅 $A_{\dot\psi}(\omega)/A_\delta(\omega)$ 和相位差 $\phi(\omega)$ 从单轨运动方程中提取出来，初始方程为：$\dot\psi = [1\ \ 0]\cdot[\dot\omega\ \ \beta]^T$，设 $[1\ \ 0]=C$，通过拉普拉斯变换得出：

$$G_{\dot\psi}(s)=\frac{\dot\psi(s)}{\delta(s)}=C(sI-A)^{-1}B \tag{6-44}$$

式中，I 为单元矩阵，该公式称为侧滑传递函数。

又 $s=j\omega$，计算振幅

$$\frac{A_{\dot\psi}(\omega)}{A_\delta(\omega)}=|G_{\dot\psi}(s=j\omega)| \tag{6-45}$$

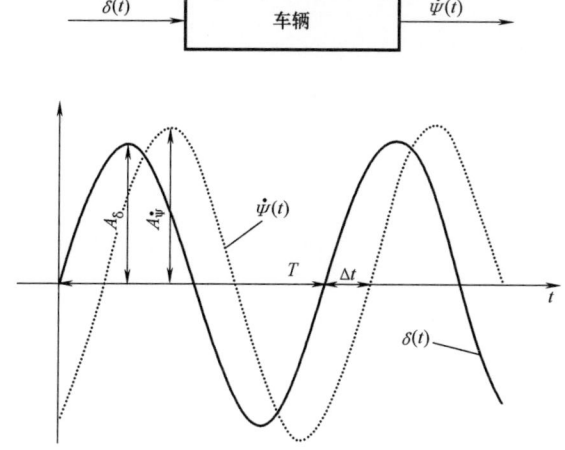

图 6-55 线性车辆模型对和谐输入信号的反应

计算相位移

$$\varphi(\omega) = \arctan \frac{Im[G_{\dot{\psi}}(s=j\omega)]}{R_e[G_{\dot{\psi}}(s=j\omega)]} \tag{6-46}$$

进一步推导出振幅比例 $\dfrac{A_{\dot{\psi}}(\omega=0)}{A_{\delta}(\omega=0)}$（该比例称为侧滑的放大系数），它描述了在恒定转向角情况下的侧滑速度，可进一步改写为

$$\frac{A_{\dot{\psi}}(\omega=0)}{A_{\delta}(\omega=0)} = \left(\frac{\dot{\psi}}{\delta}\right)_{\text{静态}} = \frac{v_0}{l_0 + EGv_0^2} \tag{6-47}$$

式中，EG 为转向梯度；l_0 为轮距。

下面用具体例子来说明在频率区域内用传递函数进行的动态分析。由于纯静态时的车辆稳定性分析在很多情况下无法得到令人满意的结果，必须做进一步动态分析。图 6-56 所示是两个车辆在较高车速下侧滑传递函数的振幅变化情况。

从图 6-56 可以看出，频率较低时，振幅比例（亦为放大系数）对两个车辆来说是相等的，同在一条直线上。调整转向角就是不断改变两辆车的侧滑速度。对非常高的激励频率来说，两个车的放大作用趋向于零。这种特性与车辆本身的参数无关，而与系统结构有关。车辆应能做到：在外界快速的转向角激励下仍能保持侧滑位移的名义值。

车辆 2 在整个频率域内基本保持了稳定的振幅比例，即其具有稳定的放

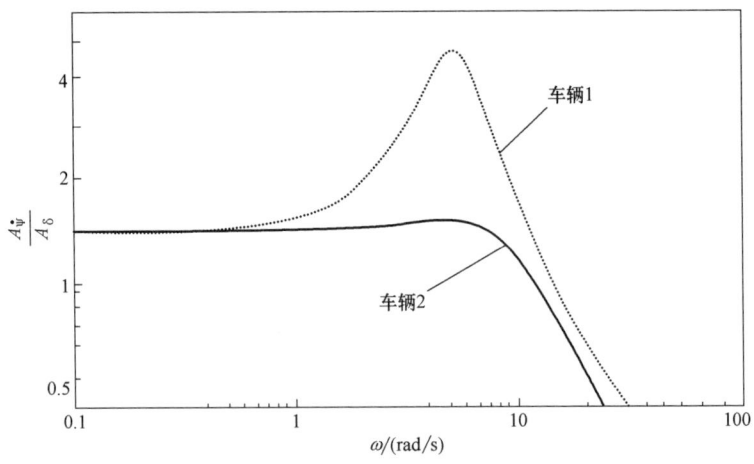

图 6-56 高速行驶的两个不同车辆的传递函数振幅

大系数。而车辆 1 在 1~10rad/s 的激励频率范围内，却有明显的振幅比例改变，放大系数上升较快，这在车辆设计中是不希望看到的，对驾驶人来说更不能接受。如在高速公路上，快速变换车道时，车辆 1 会突然产生一个较大的偏转运动，即车辆突然有一个侧滑加速度，这是很危险的。这些影响仅通过静态参数的处理是无法解决的，必须结合动态设计一起改善。

最后再简单引进一下临界速度和特征速度的概念，这两个参数也是车辆行驶稳定性设计的重要依据。先回顾一下，对于不足转向特性的车辆有 $k_h l_h > k_v l_v$，过度转向特性的车辆有 $k_h l_h < k_v l_v$，临界速度定义为：

$$v_{\text{krit}}^2 = \frac{k_v k_h l_0^2}{(k_v l_v - k_h l_h) m} \tag{6-48}$$

特征速度定义为：

$$v_{\text{ch}} = \sqrt{\frac{l_0 k_v k_h}{m(k_h l_h - k_v l_v)}} \tag{6-49}$$

行驶车速越高，有过度转向特性的车辆的转向敏感性越强。从图 6-57 可看出不同转向特性的车辆在不同车速下的侧滑速度 $\frac{\dot{\psi}}{\delta}$。

当 $v_0 \to v_{\text{krit}}$ 时，过度转向的车辆的侧滑放大系数趋向无穷大，车辆是非稳定的，这时放大系数已经没有意义了。对中性转向特征的车辆来说，在全车速范围内都沿一斜率为 v_0/l_0 的直线上升。对不足转向的车辆来说，侧滑反应有一最大极值，这时的车速就是特征车速。该车速是非常重要的，可使

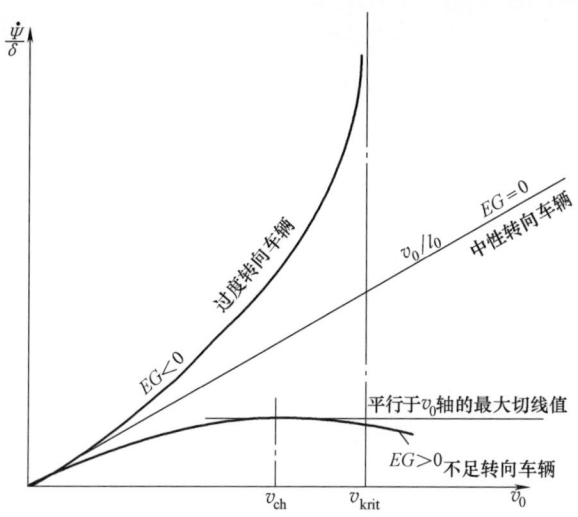

图 6-57 临界车速和特征车速

设计者知道一辆直线行驶的车在何种车速下具有最大的转向敏感性。v_{ch} 越小，车辆的不足转向程度越高。目前的量产车中，特征车速为 65 ~ 100km/h。

6.6 垂直动力学

6.6.1 基本概念

车辆的垂直动力学主要反映弹簧的影响，该影响主要作用于行驶稳定性和车轮动态起伏。前文已经论述了轮胎所传递的横向力和动态起伏问题，现在主要论述垂直方向的行驶舒适性，即常说的车辆平顺性。

垂直方向上的舒适性问题的要点在于垂直方向的加速度要尽量小，同时自有频率的影响也要小。对驾驶人和乘客来说，作为坐在车内的非固定物体，有一个"人—座椅系统"，该系统对研究舒适性极为重要。先分析该系统内的人体对振动的敏感性，车辆行驶中来自四面八方的振动最后都传到人体上，人体对这些振动的敏感性与以下因素有关：频率、频段、振幅、人体姿势（站、立、卧）、作用在人体的方向、作用在人体的具体部位、作用持续时间、温度、噪声及周围环境。

为统一说明问题，引入图 6-58 所示坐标系，该坐标系描述并界定了加速度对人体的影响，图中分站、坐、卧三种姿势，垂直方向规定为 a_z 轴，正交穿过胸腔为 a_x 轴，平行穿过肩部为 a_y 轴。

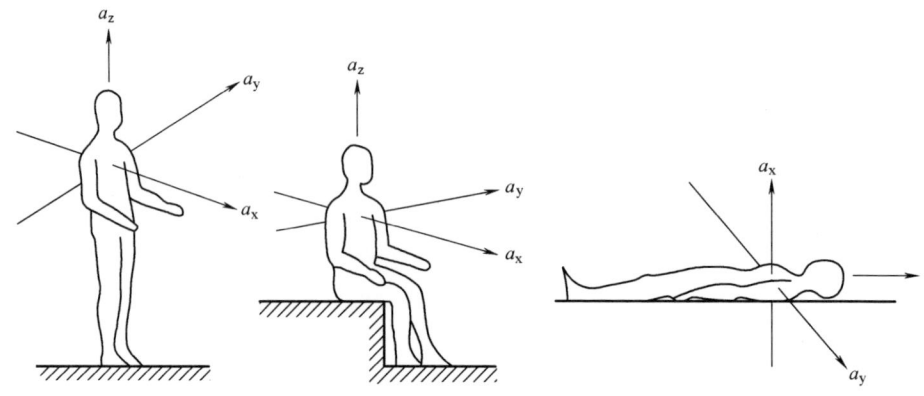

图 6-58　人体不同姿势时的振动加速度坐标系

为进一步说明振动对人体的影响，根据联邦德国工程师协会标准 2057 号，引入"K 值"概念，见表 6-1。表 6-1 说明了一种可测量的振动载荷与不可测量的人体感觉之间的关系，以及人的生理和心理在振动载荷下的改变。

表 6-1　感知强度的持续时间和许可范围

作用持续时间 t	舒适 K	忍受 K	健康受损 K
1min	18.0	56.0	112
16min	13.2	42.5	85
25min	11.2	35.5	71
1h	7.5	23.6	47.5
2.5h	4.5	14.0	28
4h	3.35	10.6	21.2
8h	2.0	6.3	12.5
16h	1.32	4.25	8.5
24h	0.90	2.8	5.6

表 6-1 中的 K 值与下列因素有关：振动数值（振幅、速度、加速度）、

被振动的物体及其自身频率、振动方向、人体姿势、振动的引入点、频率。

从表 6-1 中可以看出，人体对载荷所能承受的级别分三级：舒适、忍受、健康受损。这三个级别都与持续时间有关。而载荷又分为瞬态载荷、周期性载荷（指在一个固定的振动周期内）及一整天的载荷。一整天的载荷在时间上定义为 8h，这与研究普通级别的操作强度有关，同时基本符合职业驾驶人的每天驾驶时间，即 $T_r = 480 \text{min}$。定义一整天的载荷强度公式为 $K_r = \sqrt{\frac{1}{T_r} \sum_{i=1}^{n} (K_{eq,i}^2 T_{e,i})}$，式中，$T_{e,i}$ 为任意时间段；$K_{eq,i}$ 为任意时间段内的对应振动强度。有的文献中还提及长期载荷，指一整天载荷的长期积累。在正常驾驶中，很少一次性驾驶或乘坐超过 8h，因此这里不讨论这类问题。

在车辆设计中除要考虑振动强度的影响外，还要考虑振动频率，尤其是与人体相关的自身频率。图 6-59 说明了恒定感知强度 KZ 与频率及等效振动加速度的关系。

每个较低的感知强度存在于 4~8Hz 之间，且此时也对应较低的等效振动加速度值。该频率段正好与人体的自身频率重合，并被人体吸收驻留，因此车辆的自有频率应尽量避开人体的自身频率，以免引起人体共振。典型的车辆自有频率如图 6-60 所示，可供汽车设计人员参考。改变车辆刚度及质量分配，会影响车辆共振点的位置。

表 6-2 进一步说明了整个人体和头部的垂直及水平自有频率。看得出对大多数人体来说，垂直方向上的自有频率都是 4~6Hz，这是设计车辆平顺性时的重要依据之一。

表 6-2 人体自有频率

系统	运动方向	自有频率/Hz	备注
整个人体	垂直	4~6	主要共振
		11~15	较小共振，非全体人员适用
		20~30	较小共振
	水平	1~3	—
头部	垂直	4~6	相对于身体
		20（~30）	头部自有频率，振幅小于 4~6Hz
	水平	1~2	相对于身体

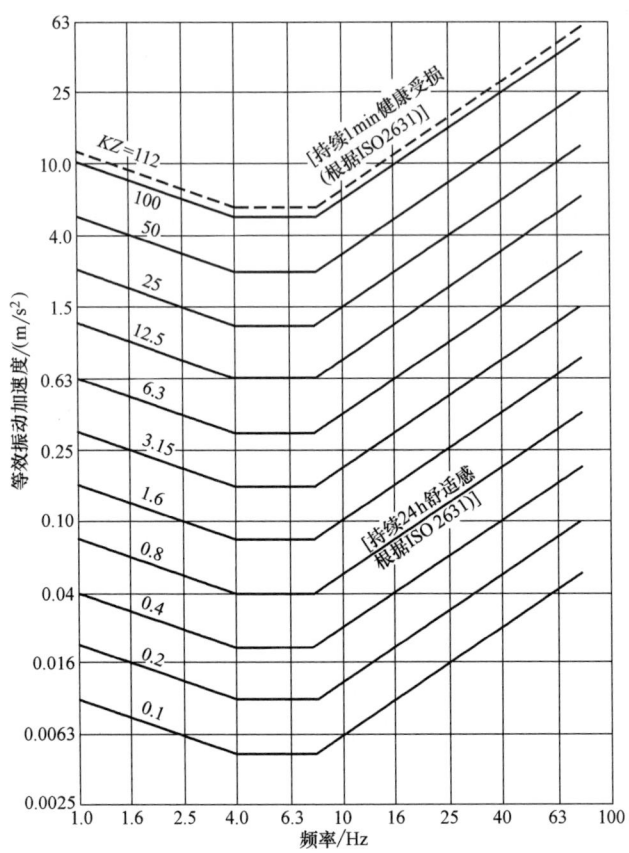

图 6-59 恒定感知强度与频率及等效振动加速度的关系（站和坐，在 Z 轴方向上）

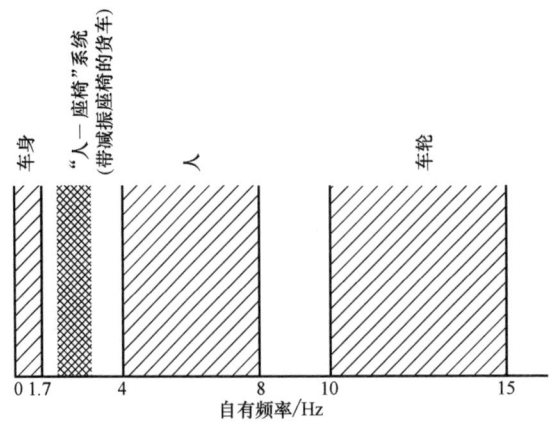

图 6-60 "人-座椅"系统及车辆部分自有频率

6.6.2 垂直运动模型

现代计算机技术的发展使快速模拟车辆垂直动力学成为现实。各种车辆模型均建立在"多系统"中，并在"多系统"中引进各参变量进行计算。主要计算对象为振动方程中的力和加速度、自有频率、传递稳定性以及车辆在各种路况下的垂直动力学反应。为完成上述任务，就要建立车辆的垂直动力学模型，如图 6-61、图 6-62 所示。

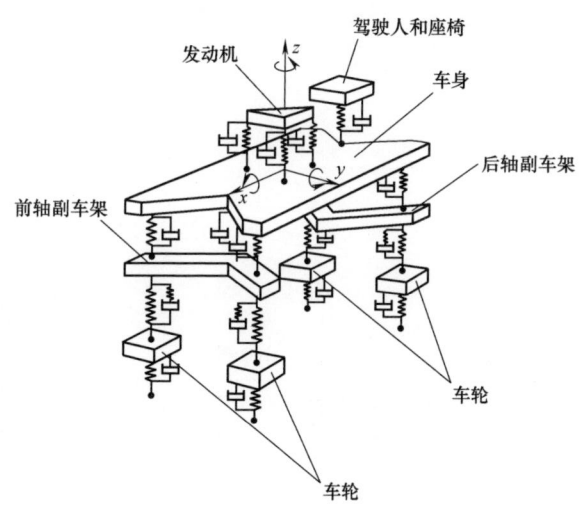

图 6-61　描述垂直运动的车辆空间模型

图 6-61 描述了整车的空间模型，各部件均带自身振动系统，且各系统叠加在整车上，如发动机、车轮系统和前后副车架等。

图 6-62 是独立子系统的振动模型简图，如车身、驾驶室、车架和变速器等。

为继续讨论，还要进一步简化模型，设定一个如图 6-63 所示的替代模型，即二轴模型。可以看出，该模型中前后轴的簧下质量被归纳为 m_{1V} 和 m_{1H}，车身弹簧及轮胎弹簧被一个线性、串联的弹簧—减振系统代替。实际的车身弹簧和车身减振严格来说是非线性的。这是一种非常简化的情况，仅为方便研究。而且严格来说，轮胎动力学也是非线性的。

在图 6-63a 中，车身被质量 m_2 替代，在图 6-63b 中车身质量被分解为

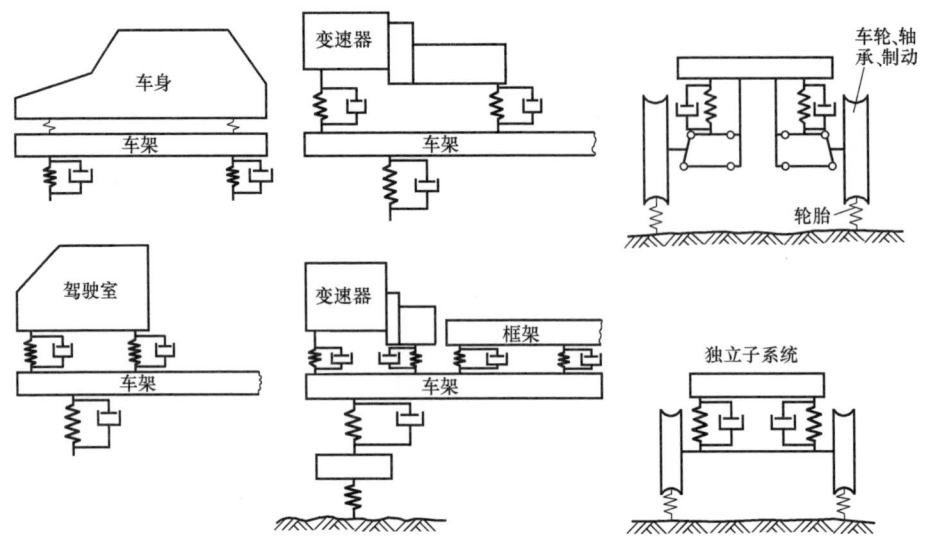

图 6-62 独立子系统的振动模型简图

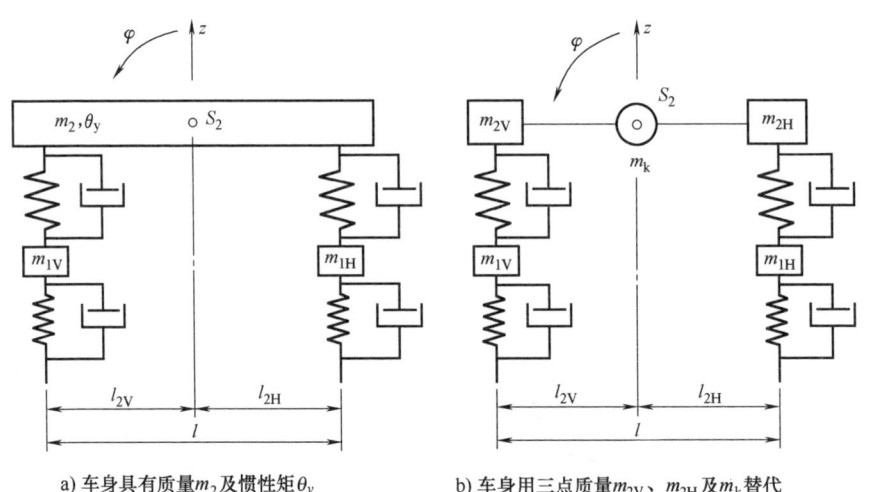

a) 车身具有质量m_2及惯性矩θ_y　　b) 车身用三点质量m_{2V}、m_{2H}及m_k替代

图 6-63 振动系统的双轴车辆模型

三个独立质量 m_{2V}、m_{2H} 及 m_k。其中，m_k 作为偶合质量，三点质量模型通过下列参数确定：整个车身质量、绕车辆横轴的惯性矩、重心位置。

三点质量由三个方程来描述：

$$m_2 = m_{2V} + m_k + m_{2H} \tag{6-50}$$

$$0 = m_{2V}l_{2V} - m_{2H}l_{2H} \tag{6-51}$$

$$\theta_y = m_{2V} l_{2V}^2 + m_{2H} l_{2H}^2 \qquad (6\text{-}52)$$

将上面三个公式变形，得出
$$m_{2H} = \frac{\theta_y}{l_{2H} l} \qquad (6\text{-}53)$$

$$m_{2V} = \frac{\theta_y}{l_{2V} l} \qquad (6\text{-}54)$$

$$m_k = m_2 - \frac{\theta_y}{l_{2V} l_{2H}} \qquad (6\text{-}55)$$

可以看出，计算 m_k 需要知道车身的质量 m_2，重心位置 l_{2V}、L_{2H} 及惯性矩 θ_y。为什么需要计算 m_k 呢？因为它具有以下含义：

当 $m_k > 0$ 时，前后轴部分的质量被单边冲击时，对应另一边振动。

当 $m_k = 0$ 时，前后轴部分的质量是非偶合的，单边受冲击时，另一边没有影响。

当 $m_k < 0$ 时，前后轴部分的质量在单边冲击下，近似于两边同时振动。

由于在常见的轿车上，其偶合质量约等于零，继续简化图 6-63，得出如图 6-64 所示的四分之一车辆模型。

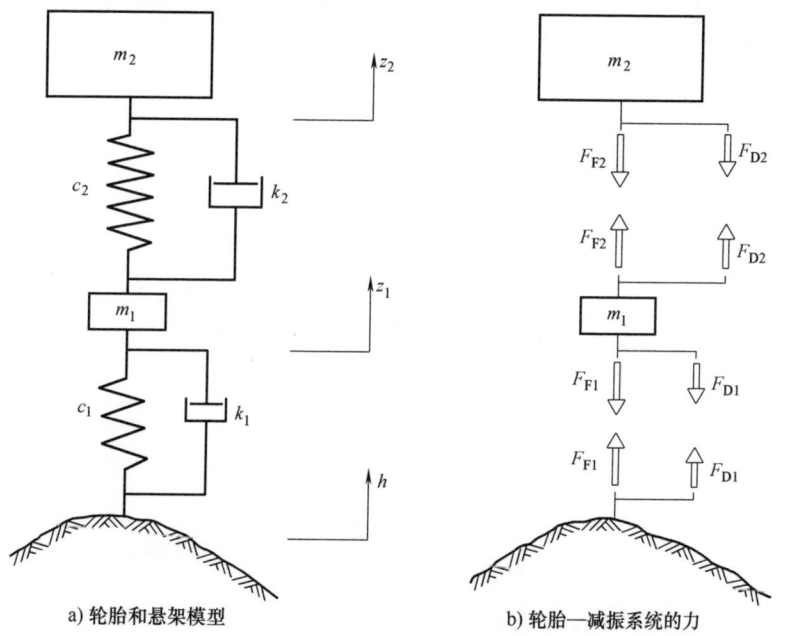

a) 轮胎和悬架模型　　　b) 轮胎—减振系统的力

图 6-64　四分之一车辆模型

图6-64中的参数含义如下：

m_2——部分车身质量；

c_2、k_2——车身弹性系数和车身阻尼系数；

m_1——非减振质量（簧下质量），如车轮、制动片；

c_1、k_1——轮胎弹性系数和轮胎阻尼系数。

6.6.3 四分之一车辆模型的自有频率

下面具体分析和计算四分之一车辆模型。由于篇幅有限，这里省略推导过程，只表述结果。

自有频率为

$$\gamma_1 = \sqrt{\frac{c_1 + c_2}{m_1}} \tag{6-56}$$

$$\gamma_2 = \sqrt{\frac{c_1 c_2}{c_1 m_2 + c_2(m_1 + m_2)}} \tag{6-57}$$

考虑到 $m_2 \gg m_1$，即 $c_2(m_1 + m_2) \approx c_2 m_2$

推导自有频率

$$\gamma_2 \approx \sqrt{\frac{c_1 c_2}{m_2(c_1 + c_2)}} \tag{6-58}$$

同时因为轮胎的弹性系数 c_1 比车身的弹性系数 c_2 大很多，所以 $c_1 + c_2 \approx c_1$，式（6-58）进一步简化为

$$\gamma_2 \approx \sqrt{\frac{c_2}{m_2}} \tag{6-59}$$

自有频率 γ 和输入频率 f 的关系为

$$f = \frac{\gamma}{2\pi} \tag{6-60}$$

其中，簧下质量频率 f_1 为 10～18Hz，车身频率 f_2 为 1～1.7Hz。

在上述有关自有频率 γ_1、γ_2 的计算中未考虑阻尼作用，因为车身的阻尼系数是很小的。

经过计算，还可得出一个用来判断整个系统是否起振的特征方程：

$$\lambda_{1,2} = -\frac{d}{m} \pm \sqrt{\left(\frac{d}{m}\right)^2 - \frac{c}{m}}, \quad 当 \frac{c}{m} > \left(\frac{d}{m}\right)^2 时，系统起振。$$

6.6.4 四分之一车辆模型的传递稳定性

前文所述垂直稳定性没有具体涉及道路状态，这里引入道路起伏概念，

车辆通过"波浪型"道路时会产生振动激励，道路不平度作为一个干扰函数（图6-65a），对车辆的垂直动力学特性有影响，该干扰函数可表示为

$$h(x) = b\sin\Omega_x \tag{6-61}$$

式中，b 为振幅；Ω 为道路不平度的圆周频率。当 L 为波长时，$\Omega = \dfrac{2\pi}{L}$

$$\tag{6-62}$$

对于稳定性，设计人员更感兴趣的是时间域上的道路激励，如图6-65b所示，函数的横坐标为时间，道路与时间的关系通过速度来定义。假设车速 v 为恒定值，得出以下方程：

$$\Omega_x = \dfrac{2\pi}{L}vt = \omega t \tag{6-63}$$

又 $\omega = \dfrac{2\pi}{T}$，得出与时间相关的干扰函数：$h(t) = b\sin\omega t \tag{6-64}$

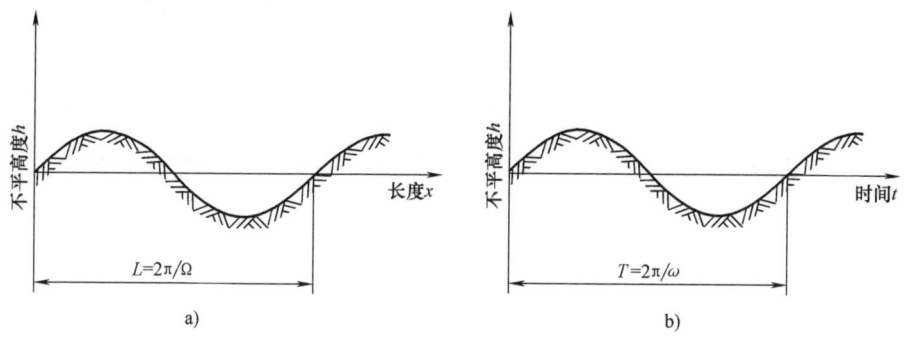

图 6-65　与时间及道路相关的正弦不平度函数

激励频率 ω 是车速和波长的综合体，但仅限于四分之一模型，对于二轴模型还必须考虑轮距 l_0 和波长的比例值。

下面具体举例说明道路不平度与激励频率的关系，当然都与车速有关。图6-66所示为一个 0.5~30Hz 的激励频段实验。不同自有频率下，车速为 36km/h 和 180km/h，波长为 0.3~100m。车身处于一个较低的自有频率上，总的来说，车速越高，车辆的整体激励频率越低。图6-66中的数据对车辆设计具有非常重要的参考作用，表现了在不同车速、不同道路不平度下的激励反应。

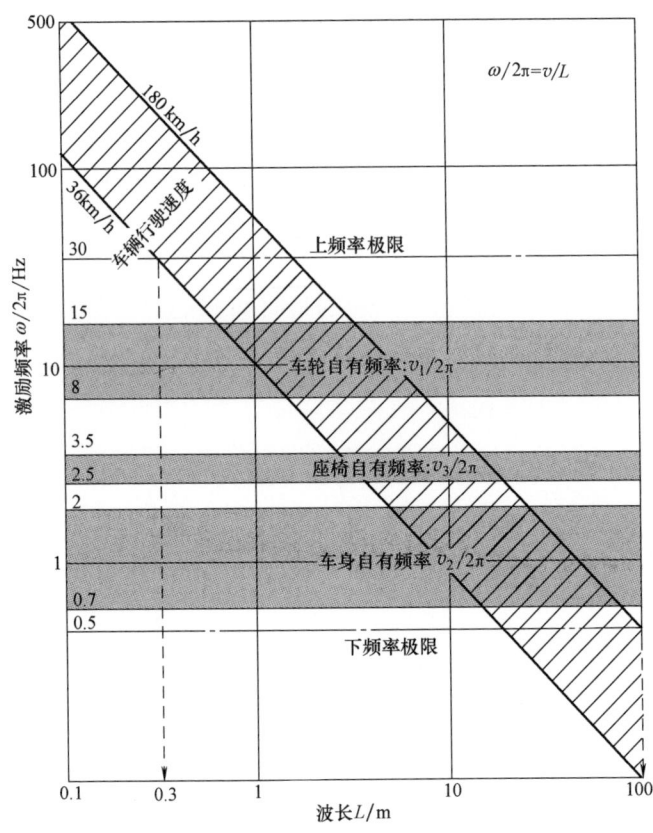

图 6-66　自有频率和车速合成的激励频率区间（与道路不平度波长相关）

作为垂直动力学章节的结束，在此另外总结了几种车辆的不同动力学参数对舒适性和安全性的影响。安全性主要体现在车轮载荷的波动上，而舒适性主要体现在车身的加速度上，两者均与车身的弹性—阻尼系数、车轮质量、轮胎弹性系数及载荷状态有关。自有频率、振幅和共振等概念在前面已经做了简要介绍，这里不再重复。舒适性和安全性往往是矛盾的：舒适性需要较软的弹性系数，而安全性却希望整个车辆的动态刚度较高。减少簧下质量，有利于在车身自身频率中跃过共振点，对车轮而言，越高的自有频率越能提高共振点的超越频率，这些在底盘调校中有很重要的意义。

表 6-3 说明了不同车型的振动力学数值，这些参数将在后面的图 6-67 ~ 图 6-71 中进行比较。

表 6-3 不同车型的振动力学技术参数

举例车辆号	轴质量 m_1/(Ns²/cm)	部分车身质量 m_2/(Ns²/cm)	轮胎弹性常数 c_1/(N/cm)	车身弹性常数 c_2/(N/cm)	轮胎减振系数 $k_1^* = k_1\omega$/(Ns/cm)	车身减振常数 k_2/(Ns/cm)	质量比 $m_{1,空}/m_i$	装载比 $m_{2,空}/m_{2,空}$	轮胎系数 $P_静/c_1$/cm	轴自有频率 $v_1/2\pi$/Hz	车身自有频率 $v_2/2\pi$/Hz	轮胎减振值 m D_1^*	车身减振值 m D_2
1	1.02	6.12	3500	483	350	32.6	6	1.0	2.0	9.95	1.41	0.05	0.3
2				121						9.48	0.71		0.6
3				242						9.64	1.0		0.42
4				966						10.53	2.0		0.212
5				121		16.4				9.48	0.71		0.3
6				242		23.2				9.64	1.0		0.1
7				966		46.2				10.53	2.0		0.2
8				483		10.8				9.95	1.41		0.4
9						21.7							0.5
10						43.4	3			7.47			
11						53.2	12			13.61			
12	1.78	5.36	4660	425	262	29.5			1.5	11.30		0.028	
13	0.55	6.59	2800	522	438	35.0			2.5	9.03		0.078	
14			2330		525				3.0	8.36		0.113	
15		6.12	3500	483	350	32.6	6	2.0	2.0	9.95	1.41		0.3
16								1.41	2.76				
17								1.0					
18	1.02	12.2	4660						2.0	11.30	1.0	0.037	0.212
19		8.56									1.18		0.254
20		6.12							1.5		1.41		0.3
21		12.2	6500							13.17	1.0	0.027	0.212

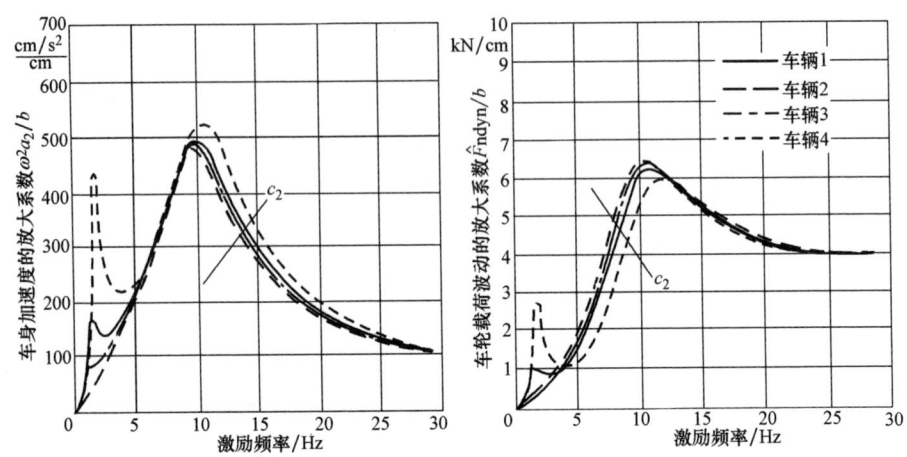

图 6-67 车身弹性常数 c_2 对车身加速度及车轮载荷波动的影响

（车身 K_2 为恒定值）

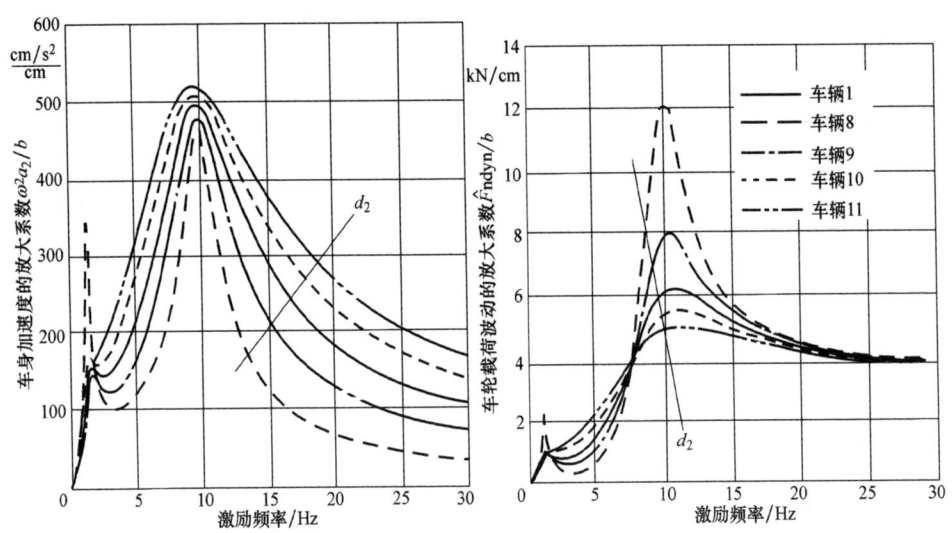

图 6-68 车身阻尼常数 d_2 对车身加速度及车轮载荷波动的影响

（车身 c_2 为恒定值）

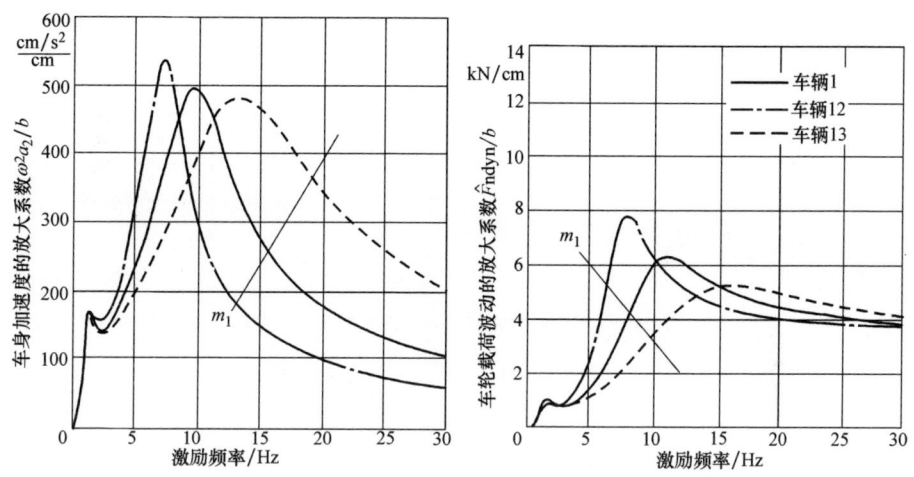

图 6-69 车轮质量对车身加速度及车轮载荷波动的影响

（轴质量 m_1 和车身质量 m_2 之和为恒定值）

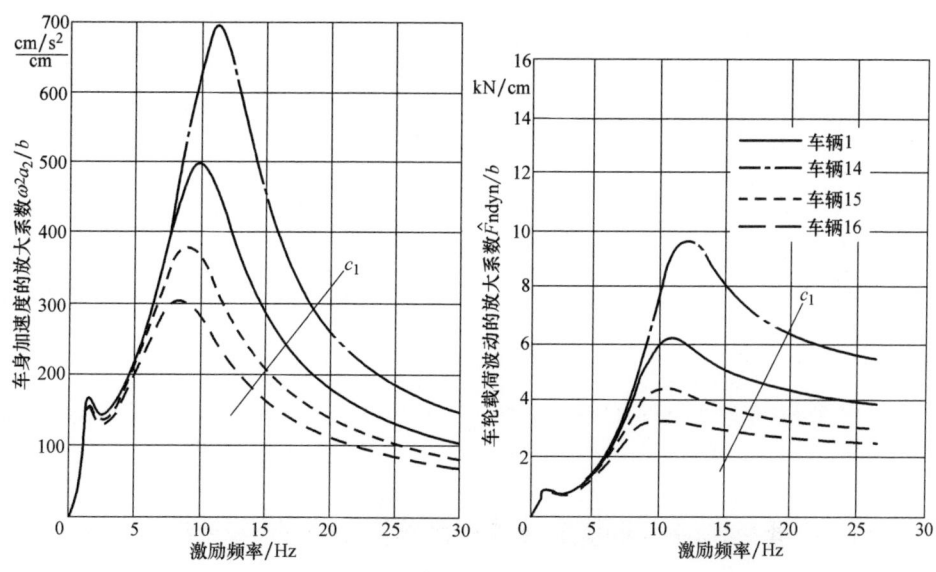

图 6-70 轮胎弹性常数 c_1 对车身加速度及车轮载荷波动的影响

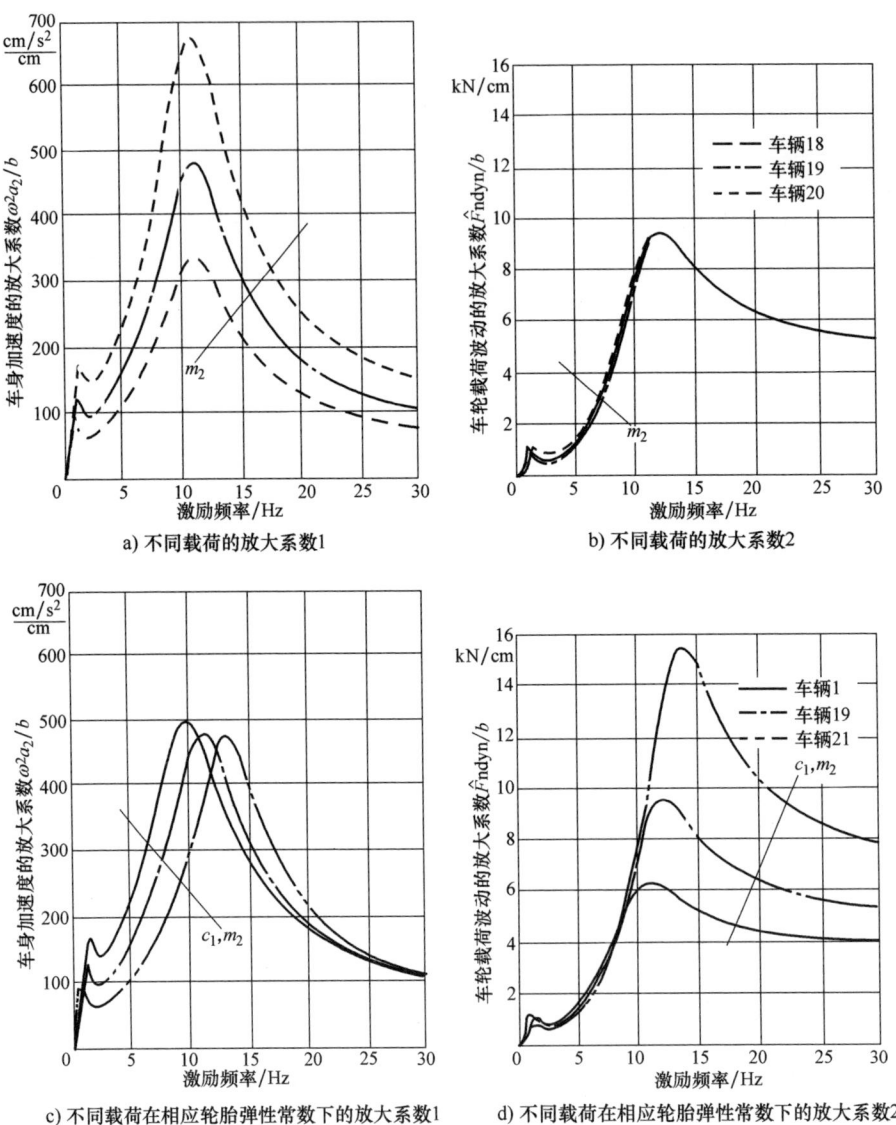

图 6-71 载荷波动产生的影响及为改善空车车身振动特性和载荷波动采取的措施

参 考 文 献

[1] Reimpell Jörnsen, Betzler Jürgen W. Fahrwerktechnik: Grunlagen [M]. 5. überarb. Aufl. Würzburg: Vogel, 2005.

[2] Reimpell Jörnsen, Hoseus Karl—heinz. Fahrwerktechnik: Fahrzeugmechanik [M]. 2. Überarb. und erw. Aufl. Würzburg: Vogel, 1992.

[3] Reimpell Jörnsen, Sponagel Peter. Fahrwerktechnik: Reifen und Räder [M]. 2. Überarb. Aufl. Würzburg: Vogel, 1988.

[4] Reimpell Jörnsen. Fahrwerktechnik: Radaufhängungen [M]. Würzburg: Vogel, 1986.

[5] Trzesniowski, Michael. CAD mit CATIA V5: Handbuch mit praktischen Konstruktionsbeispielen aus dem Bereich Fahrzeugtechnik [M]. 3. erw. Aufl. Wiesbaden: Vieweg + Teubner, 2011.

[6] Wallentowitz, Henning. Handbuch Kraftfahrzeugelektronik: Grundlagen-Komponenten-Systeme [M]. 2. Verb. u. aktual. Aufl. Wiesbaden: Vieweg + Teubner, 2011.

[7] Appel, Wolfgang. Nutzfahrzeugtechnik: Grundlagen, Systeme, Komponenten [M]. 6. Überarb. Aufl. Wiesbaden: Vieweg + Teubner Verlag/Springer Fachmedien GmbH, 2010.

[8] Sahm, Aachen Tobias. Minimierung von Drehschwingungen in Kfz-Antriebssträngen [D]. Aachen: RWTH, Diss. 2009.

[9] Schramm, Dieter. Modellbildung und Simulation der Dynamik von Kraftfahrzeugen [M]. Berlin, Heidelberg: Springer-Verlag, 2010.

[10] Reif Konrad. Sensoren im Kraftfahrzeug [M]. Wiesbaden: Vieweg + Teubner, 2010.

[11] Eichlseder, Helmut. Wasserstoff in der Fahrzeugtechnik: Erzeugung, Speicherung, Anwendung [M]. 2. Überarb. und erw. Aufl. Wiesbaden: Vieweg + Teubner Verlag / GWV Fachverlage GmbH, 2010.

[12] Martin, Pflüger. Fahrzeugakustik [M]. Vienna: Springer-Verlag, 2010.

[13] Trzesniowski, Michael. Rennwagentechnik: Grundlagen, Konstruktion, Komponenten, Systeme [M]. 2. aktualisierte und erweiterte Auflage. Wiesbaden: Vieweg + Teubner Verlag/GWV Fachverlage GmbH, 2010.

[14] Basshuysen, Richard/van. Fahrzeugentwicklung im Wandel: Gedanken und Visionen im Spiegel der Zeit [M]. Wiesbaden: Vieweg + Teubner Verlag/GWV Fachverlage

GmbH, 2010.

[15] Stoffregen, Jürgen. Motorradtechnik: Grundlagen und Konzepte von Motor, Antrieb und Fahrwerk [M]. 7. überarbeitete und erweiterte Auflage. Wiesbaden: Vieweg + Teubner Verlag, 2009.

[16] Gebhardt, Norbert. Fluidtechnik in Kraftfahrzeugen [M]. Berlin, Heidelberg: Springer-Verlag, 2010.

[17] Helmers, Eckard. Bitte wenden Sie jetzt: das Auto der Zukunft [M]. Weinheim: Wiley-VCH, 2009.

[18] Crolla, A David. Automotive engineering: powertrain, chassis system and vehicle body [M]. Elsevier: Butterworth-Heinemann, 2009.

[19] Trautmann, Toralf. Grundlagen der Fahrzeugmechatronik: Eine praxisorientierte Einführung für Ingenieure, Physiker und Informatiker [M]. Wiesbaden: Vieweg + Teubner Verlag/GWV Fachverlage GmbH, 2009.

[20] Kramer, Florian. Passive Sicherheit von Kraftfahrzeugen: Biomechanik—Simulation—Sicherheit im Entwicklungsprozess [M]. 3. überarbeitete Auflage. Wiesbaden: Vieweg + Teubner Verlag / GWV Fachverlage GmbH, 2009.

[21] Seeger Hartmut. Design technischer Produkte, Produktprogramme und - systeme [M]. 2. bearbeitete und erweiterte Auflage. Berlin, Heidelberg: Springer-Verlag, 2005.

[22] Trautmann, Toralf. Grundlagen der Fahrzeugmechatronik: eine praxisorientierte Einführung für Ingenieure, Physiker und Informatiker [M]. Wiesbaden: Vieweg + Teubner, 2009.

[23] Klenk Herbert. Automotive - Safety & Security 2008 - Sicherheit und Zuverlässigkeit für automobile Informationstechnik [M]. Aachen: Shaker, 2008.

[24] Hennings, Andreas. Legierungsentwicklung für hochfesten Aluminiumguss in Dauerformgießverfahren für Fahrwerksanwendungen [M]. Aachen: Shaker, 2008.

[25] Klingebiel, Maria, Bildstein. Hybridantriebe, Brennstoffzellen und alternative Kraftstoffe [M]. Plochingen: Bosch, 2008.

[26] Gruden, Dušan. Umweltschutz in der Automobilindustrie [M]. Wiesbaden: Vieweg + Teubner/GWV Fachverlage GmbH, 2008.

[27] Braun, Heribert, Kolb. LKW: ein Lehrbuch und Nachschlagewerk Verfasser [M]. 10. Auflage. Bonn: Kirschbaum, 2008.

[28] Hucho, Heinrich Wolf, Ahmed. Aerodynamik des Automobils: Strömungsmechanik,

Wärmetechnik, Fahrdynamik, Komfort [M]. 5. völlig neu bearb. und erw. Aufl. Unveränd. Nachdr. Wiesbaden: Vieweg + Teubner, 2008.

[29] Stan, Cornel. Alternative Antriebe für Automobile: Hybridsysteme, Brennstoffzellen, alternative Energieträger [M]. Berlin, Heidelberg: Springer-Verlag, 2008.

[30] Dietsche, Heinz Karl, Schmucker. Batterien und Bordnetze: Bordnetze und Energiemanagement, Schaltzeichen und Schaltpläne, Starterbatterien, Elektromagnetische [C]. 5. Ausg. Plochingen: Bosch, 2008.

[31] Dingel, Oliver. Gasfahrzeuge Die Schlüsseltechnologie auf dem Weg zum emissionsfreien Antrieb? [M]. Renningen: Expert-Verl., 2008.

[32] VDI-Wissensforum IWB < Düsseldorf >. Kunststoffe im Automobilbau: Internationaler Kongress Kunststoffe im Automobilbau < 2008, Mannheim > [C]. Düsseldorf: VDI-Verlag, 2008.

[33] Gscheidle, Rolf, Fischer. Tabellenbuch Kraftfahrzeugtechnik [M]. 16. Aufl. Haan-Gruiten: Verl. Europa-Lehrmittel, 2008.

[34] Benz, Rüdiger. Fahrzeugsimulation zur Zuverlässigkeitsabsicherung von karosseriefesten Kfz-Komponenten [M]. Karlsruhe: Universitätsverlag, 2008.

[35] Schindler, Volker. Forschung für das Auto von Morgen: Aus Tradition entsteht Zukunft [M]. Berlin, Heidelberg: Springer-Verlag, 2008.

[36] Kohoutek, Peter. Der neue Audi A4: Entwicklung und Technik [M]. Wiesbaden: Vieweg, 2008.

[37] Haken, Ludwig Karl. Grundlagen der Kraftfahrzeugtechnik [M]. München: Hanser, 2008.

[38] Babiel, Gerhard. Elektrische Antriebe in der Fahrzeugtechnik: Lehr- und Arbeitsbuch [M]. Wiesbaden: Vieweg & Sohn Verlag | GWV Fachverlage GmbH, 2007.

[39] Dietsche, Heinz Karl, Landhäußer. Diesel-Speichereinspritzsystem Common Rail [C]. 4. Ausg. Plochingen: Bosch, 2007.

[40] Dietsche, Heinz Karl. Kraftfahrtechnisches Taschenbuch [C]. 26. Überarb. u. erg. Aufl. Wiesbaden: Vieweg, 2007.

[41] Maschkio, Thorsten. CFD-Simulation der Be- und Enttauungsprozesse in Kfz-Scheinwerfern [M]. Göttingen: Cuvillier, 2007.

[42] Braess Hans-Hermann. Vieweg-Handbuch Kraftfahrzeugtechnik [M]. 5. Überarb. u. erw. Aufl. Wiesbaden: Vieweg, 2007.

[43] Dietsche, Heinz Karl, Schumacher. Dieselmotor-Management im Überblick [C]. 2. Ausg. Plochingen: Robert Bosch GmbH, 2007.

[44] Dietsche, Karl-Heinz, Mischo. Vernetzung im Kraftfahrzeug [M]. Plochingen: Bosch, 2007.

[45] Meywerk, Martin. CAE-Methoden in der Fahrzeugtechnik [M]. Berlin, Heidelberg: Springer-Verlag, 2007.

[46] Kühn, Matthias, Fröming. Fußgängerschutz: Unfallgeschehen, Fahrzeuggestaltung, Testverfahren [M]. Berlin, Heidelberg: Springer-Verlag, 2007.

[47] Isermann, Rolf. Fahrdynamik-Regelung: Modellbildung, Fahrerassistenzsysteme, Mechatronik [M]. Wiesbaden: Vieweg & Sohn Verlag / GWV Fachverlage GmbH, 2006.

[48] Wallentowitz, Henning, Reif. Handbuch Kraftfahrzeugelektronik: Grundlagen, Komponenten, Systeme, Anwendungen [M]. Wiesbaden: Vieweg & Sohn Verlag | GWV Fachverlage GmbH, 2006.

[49] Stoffregen, Jürgen. Motorradtechnik: Grundlagen und Konzepte von Motor, Antrieb und Fahrwerk [M]. 6. durchgesehene und erweiterte Auflage. Wiesbaden: Vieweg & Sohn Verlag | GWV Fachverlage GmbH, 2006.

[50] Gevatter, Jürgen Hans, Grünhaupt. Handbuch der Mess- und Automatisierungstechnik im Automobil: Fahrzeugelektronik, Fahrzeugmechatronik [M]. 2. vollständig bearbeitete Auflage. Berlin, Heidelberg: Springer-Verlag, 2006.

[51] Breuer, Bert. Bremsenhandbuch: Grundlagen, Komponenten, Systeme, Fahrdynamik [M]. 3. Vollst. überarb. u. erw. Wiesbaden: Vieweg, 2006.

[52] Steinberg Peter. Wärmemanagement des Kraftfahrzeugs [C]. Berlin: Tagung Wärmemanagement des Kraftfahrzeugs, 2006.

[53] Fiala, Ernst. Mensch und Fahrzeug: Fahrzeugführung und sanfte Technik [M]. Wiesbaden: Vieweg, 2006.

[54] Becker, Klaus. Korrelation zwischen objektiver Messung und subjektiver Beurteilung von Versuchsfahrzeugen und-komponenten [M]. Renningen: expert, 2006.

[55] Böttcher. Die Meisterprüfung im Kfz-Handwerk [M]. Würzburg: Vogel Buchverlag, 1998.

[56] Gerigk, Peter. Kraftfahrzeugtechnik [M]. 6. Aufl. Braunschweig: Westermann, 2005.

[57] Lange Kurt. Legrbuch der Umformtechnik [M]. Berlin, Heidelberg: Springer, 1974.

[58] Voß, Burghard. Hybridfahrzeuge: [Berliner Tagung zum Thema "Hybridantriebsentwicklung"] [C]. Berlin: Tagung Hybridantriebsentwicklung, 2007.

[59] Riedl, Heinrich. Das große Handbuch der Kraftfahrzeug-Technik [M]. Stuttgart: Motorbuch Verl. , 2005.

[60] Raatz, Thorsten. Abgastechnik für Dieselmotoren: [Schadstoffminderung und Abgasnachbehandlung, Partikelfilter, DENOXTRONIC, On-Board-Diagnose OBD] [C]. Plochingen: Bosch, 2004.

[61] Grabner, Jörg, Nothhaft. Konstruieren von Pkw-Karosserien: Grundlagen, Elemente und Baugruppen, Vorschriftenübersicht [M]. 2. Aufl. Berlin, Heidelberg: Springer, 2002.

[62] Daniels, Jeff. Moderne Fahrzeugtechnik [M]. Stuttgart: Motorbuch-Verl. , 2004.

[63] Walliser, Gerhard. Elektronik im Kraftfahrzeugwesen: Steuerungs-, Regelungs- und Kommunikationssysteme [M]. 4. Aufl. Renningen: Expert-Verl. , 2004.

[64] Leiter, Ralf, Mißbach. Bremsanlagen [M]. Würzburg: Vogel, 2004.

[65] Kaiser, Walter. Bosch und das Kraftfahrzeug: Rückblick 1950 - 2003 [M]. Stuttgart, Leipzig: Hohenheim-Verl. , 2004.

[66] Stan, Cornel. Thermodynamik des Kraftfahrzeugs [M]. Berlin, Heidelberg: Springer, 2004.

[67] Mitschke, Manfred, Wallentowitz. Dynamik der Kraftfahrzeuge [M]. 4. Neubearb. Aufl. Berlin, Heidelberg: Springer, 2004.

[68] Trzesniowski, Michael. CAD mit CATIA V5: Handbuch mit praktischen Konstruktionsbeispielen aus dem Bereich Fahrzeugtechnik [M]. 2. Verb. u. erw. Aufl. Wiesbaden: Vieweg, 2003.

[69] Uwe Gühl. Design und Realisierung einer modularen Architektur für ein Fahrzeugentwurfssystem[M]. Stuttgart: Rechenzentrum, Univ. Stuttgart, 2003.

[70] Bauer, Horst, Mencher. Ottomotor-Management: Motronic-Systeme[Systemübersichten, elektronische Steuerung und Regelung, elektronische Diagnose, Steuergeräteentwicklung] [C]. Plochingen: Bosch, 2003.

[71] Ulrich Deh. Kfz-Klimaanlagen [M]. 2. Aufl. Würzburg: Vogel, 2003.

[72] Schrader, Halwart. Oldtimer-Lexikon: Geschichte, Marken, Technik [M]. Stuttgart: Schrader, 2003.

[73] Riedl, Heinrich. Lexikon der Kraftfahrzeugtechnik [M]. Stuttgart: Motorbuchverl, 2003.

[74] Döringer, Hans-Dieter, Wacker. Kraftfahrzeug-Technologie [M]. Hamburg: Verl. Handwerk und Technik, 2002.

[75] Möser, Kurt. Geschichte des Autos [M]. Frankfurt/Main, New York: Campus-Verl. , 2002.

[76] Mikloweit, Immo. 125 Jahre Automobiles aus Köln: Autos, Motorräder & Flugzeuge [M]. Köln: Bachem, 2002.

[77] Fahrzeugtechnik 2. Triebfahrzeuge und Triebwagen [M]. Heidelberg, Mainz: Eisenbahn-Fachverl, 2001.

[78] Tagung Berlin. Innovativer Kfz-Insassen- und Partnerschutz [C]. Gesellschaft Fahrzeug- und Verkehrstechnik, Düsseldorf: VDI-Verl. , 2001.

[79] Gscheidle, Rolf, Bohner. Fachkunde Kraftfahrzeugtechnik [M]. 27. Neubearb. Aufl. Haan-Gruiten: Europa-Lehrmittel, 2001.

[80] Basshuysen, Richard / van. Handbuch Verbrennungsmotor: Grundlagen, Komponenten, Systeme, Perspektiven [neu: Hybridantriebe, Energiemanagement] [M]. 5. Vollst. überarb. und erw. Aufl. Wiesbaden: Vieweg + Teubner, 2010.

[81] Winner, Hermann. Handbuch Fahrerassistenzsysteme: Grundlagen, Komponenten und Systeme für aktive Sicherheit und Komfort, Beteiligt [M]. Wiesbaden: Vieweg+Teubner, 2009.

[82] Porter, Lindsay. Restaurierungs-Handbuch für Karosserie und Lack: Oldtimer, Youngtimer, Liebhaberfahrzeuge [M]. 4. Aufl. Stuttgart: Schrader, 2001.

[83] SEW-EURODRIVE. Handbuch der Antriebstechnik [M]. München: Hanser, 1980.

[84] Tagung Bad Soden. Getriebe im Fahrzeugbau: Stand der Entwicklung - Wege in die Zukunft [C]. Düsseldorf: VDI-Verlag, 1986.

[85] Eversheim Walter, Pfeifer Tilo, Weck Manfred. 100 Jahre Produktionstechnik Laboratorium für Werkzeugmaschinen und Betriebslehre [D]. Aachen: RWTH, 2009.

[86] Seiffert Ulrich. Automobildesign und Technik [M]. Wiesbaden: Vieweg & Sohn Verlag | GWV Fachverlage GmbH, 2007.

[87] Pfeffer Peter, Harrer Manfred. Lenkungshandbuch: Lenksysteme, Lenkgefühl, Fahrdynamik von Kraftfahrzeugen [M]. Wiesbaden: Vieweg + Teubner Verlag, 2011.

[88] Maurer Markus, Stiller Christoph. Fahrerassistenzsysteme mit maschineller Wahrnehmung [M]. Berlin, Heidelberg: Springer-Verlag, 2005.

[89] Heissing Bernd, Ersoy Metin. Fahrwerkhandbuch [M]. Wiesbaden: Vieweg + Teubner Verlag | GWV Fachverlage GmbH, 2008.

[90] Naunheimer Harald, Bertsche Bernd. Fahrzeuggetriebe Grundlagen, Auswahl, Auslegung und Konstruktion [M]. 2. bearbeitete und erweiterte Auflage. Berlin, Heidelberg: Springer-Verlag, 2005.

[91] Leister Günter. Fahrzeugreifen und Fahrwerkentwicklung [M]. Wiesbaden: Vieweg +

Teubner | GWV Fachverlage GmbH, 2009.

[92] Mollenhauer Klaus, Tschöke Helmut. Handbuch Dieselmotoren [M]. 3. neubearbeitete Auflage. Berlin, Heidelberg: Springer, 2008.

[93] Grabner Jorg, Nothhaft Richard. Konstruieren von Pkw-Karosserien [M]. Berlin, Heidelberg: Springer, 2009.

[94] Kirchner Eckhard. Leistungsübertragung in Fahrzeuggetrieben [M]. Berlin, Heidelberg: Springer, 2005.

[95] Matschinsky Wolfgang. Radführungen der Strassenfahrzeuge [M]. 3. aktualisierte und erweiterte Auflage. Berlin, Heidelberg: Springer, 2005.

[96] SCHULER GmbH. Handbuch der Umformtechnik [M]. Berlin, Heidelberg: Springer, 2003.

[97] Doege Eckart, Arno Behrens Bernd. Handbuch Umformtechnik [M]. Berlin, Heidelberg: Springer, 2001.

[98] Duffy, E James. Modern automotive technology [M]. 7Ed. Tinley Park, Goodheart-Willcox, 2009.

[99] Bernard A. Bäker, Andreas Unger. Diagnose in mechatronischen Fahrzeugsystemen [M]. Renningen: Expert Verl., 2008.

[100] VDI Bericht, Nr. 665[S]. VDI: 1987.

[101] VDI Bericht, Nr. 818[S]. VDI: 1990.

[102] Pollmann. Karosseriebau[M]. Stuttgart: Universitiät Stuttgart, 2005.

[103] J. Wiedemann. Vorlesung Kraftfahrzeuge 1, 2. Institut für Verbrennungsmotoren und Kraftfahrwesen [M]. Stuttgart: Universität Stuttgart, 2005.

[104] J. Wiedemann. Vorlesung Fahreigenschaften des Kraftfahrzeugs I. Institut für Verbrennungsmotorenund Kraftfahrwesen [M]. Stuttgart: Universität Stuttgart, 2005.

[105] Nils Widdecke. Vorlesung Windkanal -Versuchs- und Messtechnik. Institut für Verbrennungsmotorenund Kraftfahrwesen [M]. Stuttgart: Universität Stuttgart, 2005.

[106] Bargende M, Vorlesungsumdruck Verbrennungsmotoren. Institut für Verbrennungsmotorenund Kraftfahrwesen [M]. Stuttgart: Universität Stuttgart, 2005.

[107] Prof. Dr. -Ing. Prof. E. h. Dr. -Ing. E. h. Dr. h. c. mult. E. Westkämper Fertigungslehre Institut für Industrielle Fertigung und Fabrikbetrieb [M]. Stuttgart: Universität Stuttgart. , 2005.

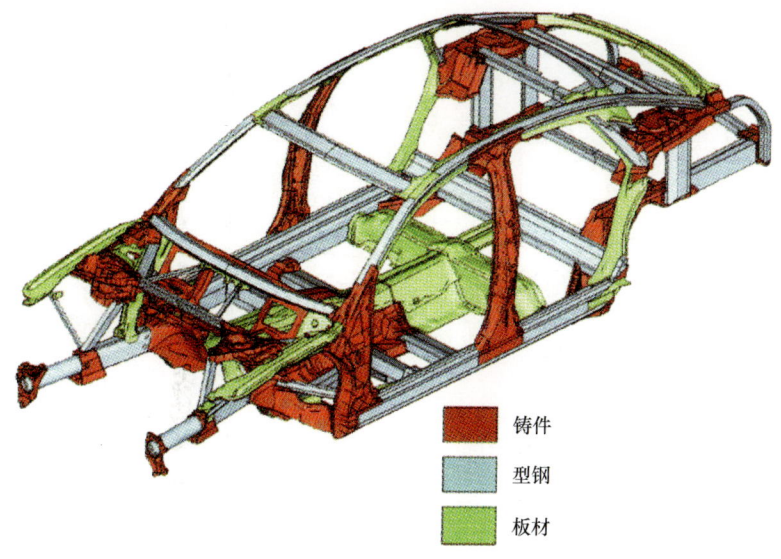

图 2-6 空间框架式(奥迪 A2)

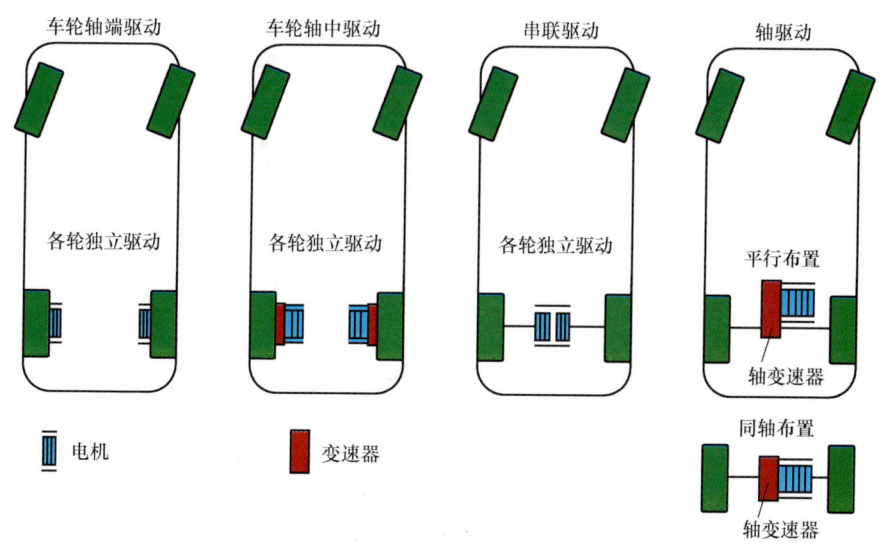

图 2-42 电驱动的不同结构

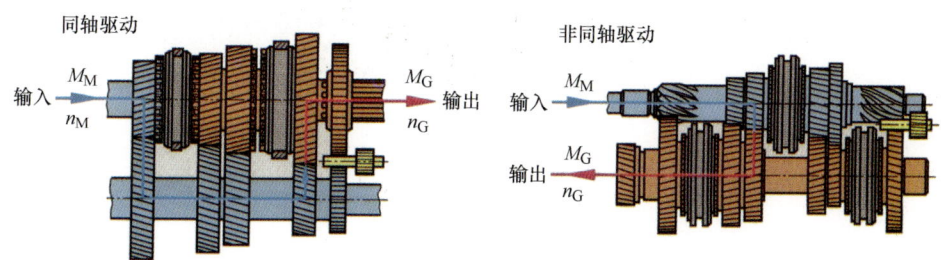

图 2-130 同轴和非同轴驱动方式

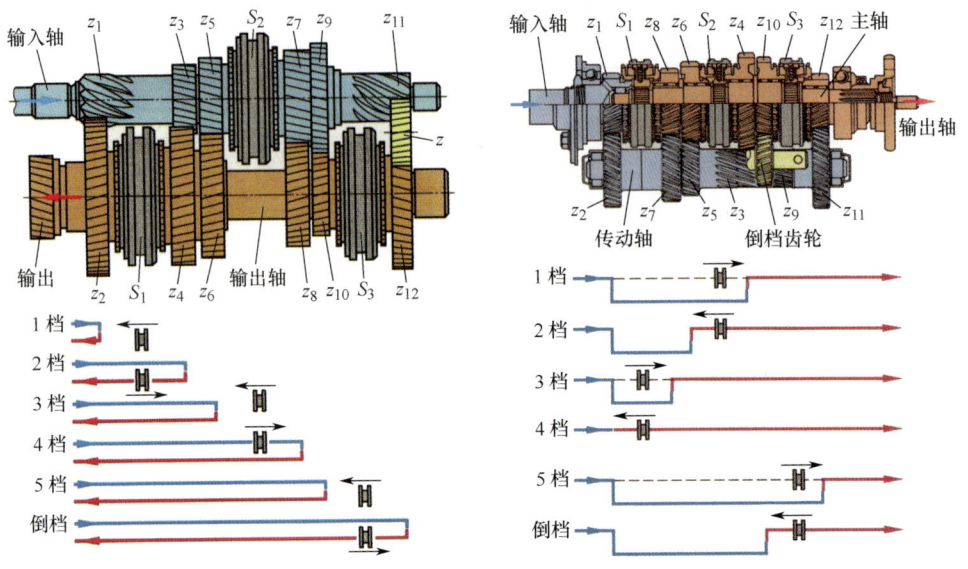

图 2-131 同轴和非同轴驱动的各档位传力路线

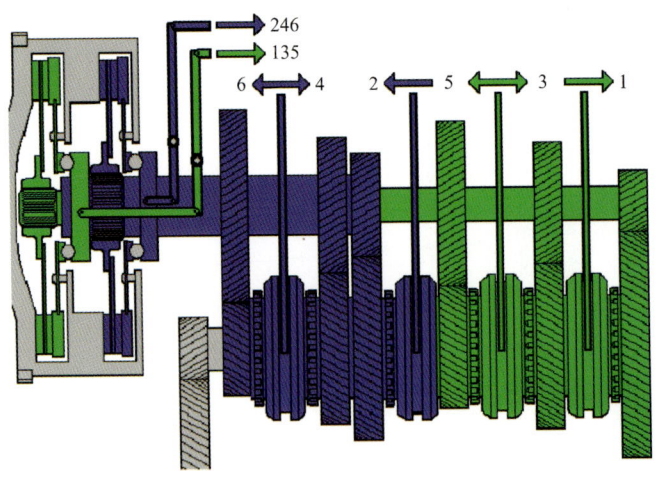

图 2-132 双离合器传动

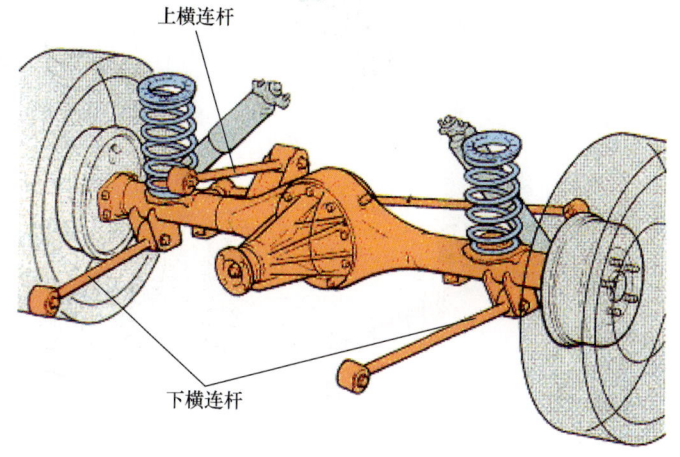

图 2-149　带集成变速器的硬轴悬架

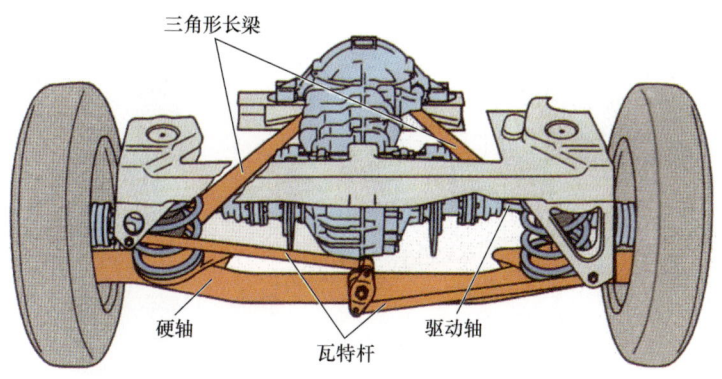

图 2-150　De-Dion 轴

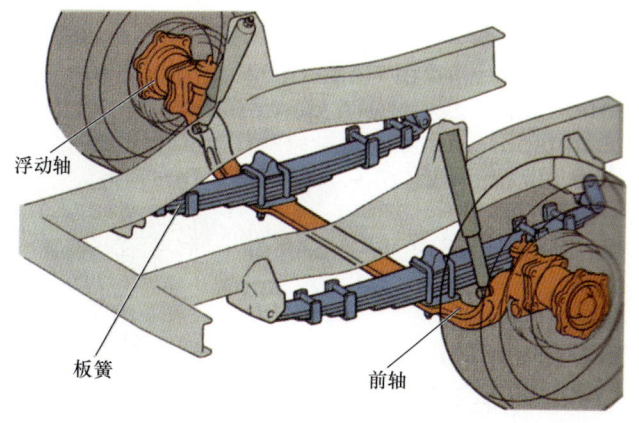

图 2-151　硬轴作为转向轴

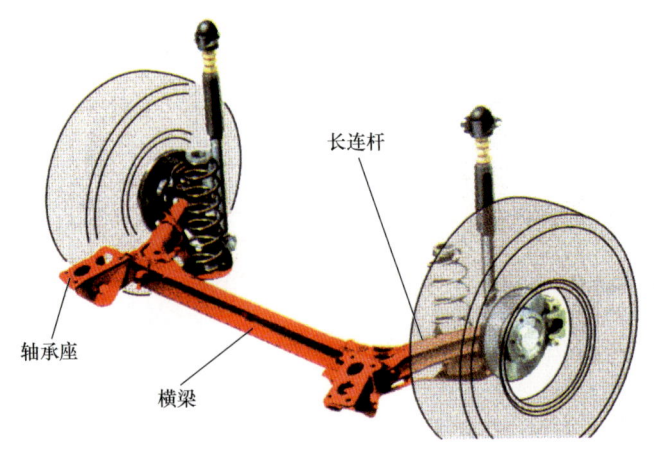

图 2-152　联合连杆硬轴

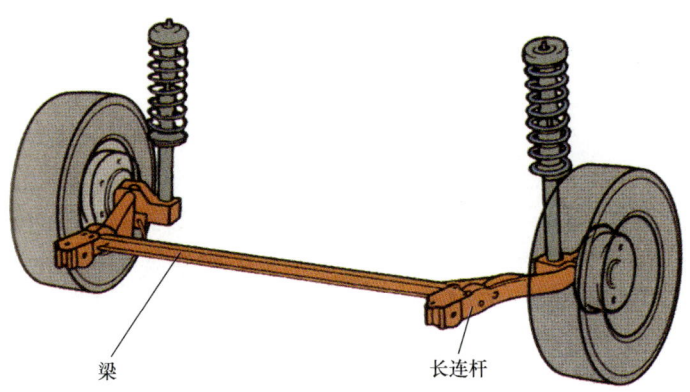

图 2-153　双连杆硬轴

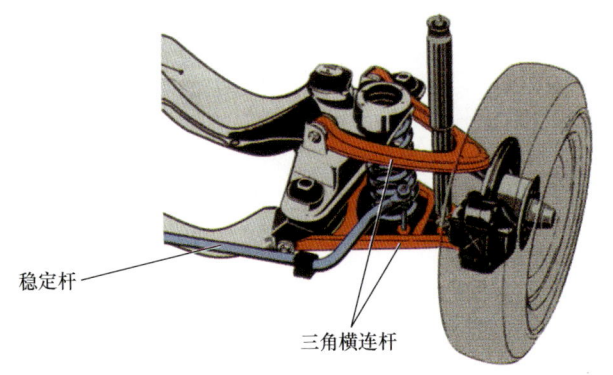

图 2-154　双横连杆悬架（不改变外倾，前束有所改变）

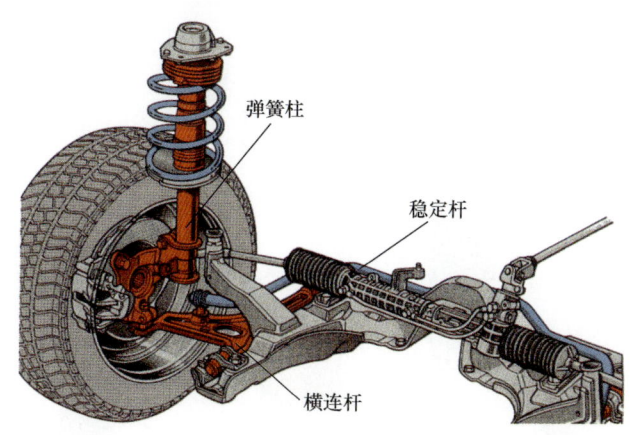

图 2-155　麦弗逊悬架

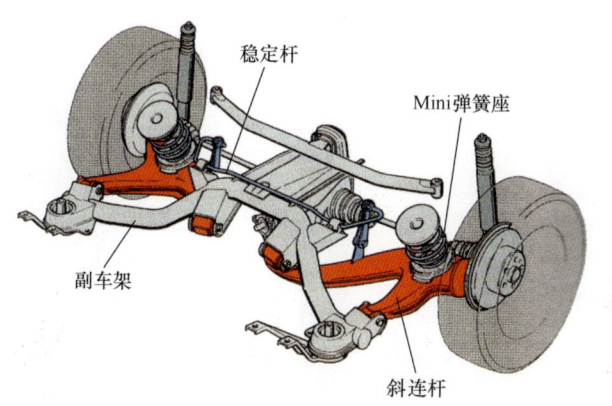

图 2-156　斜连杆后轴

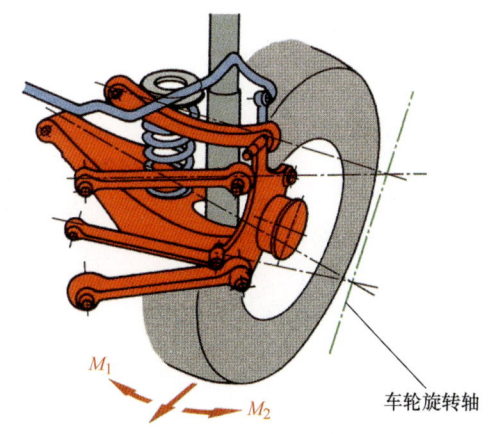

图 2-157　空间连杆轴

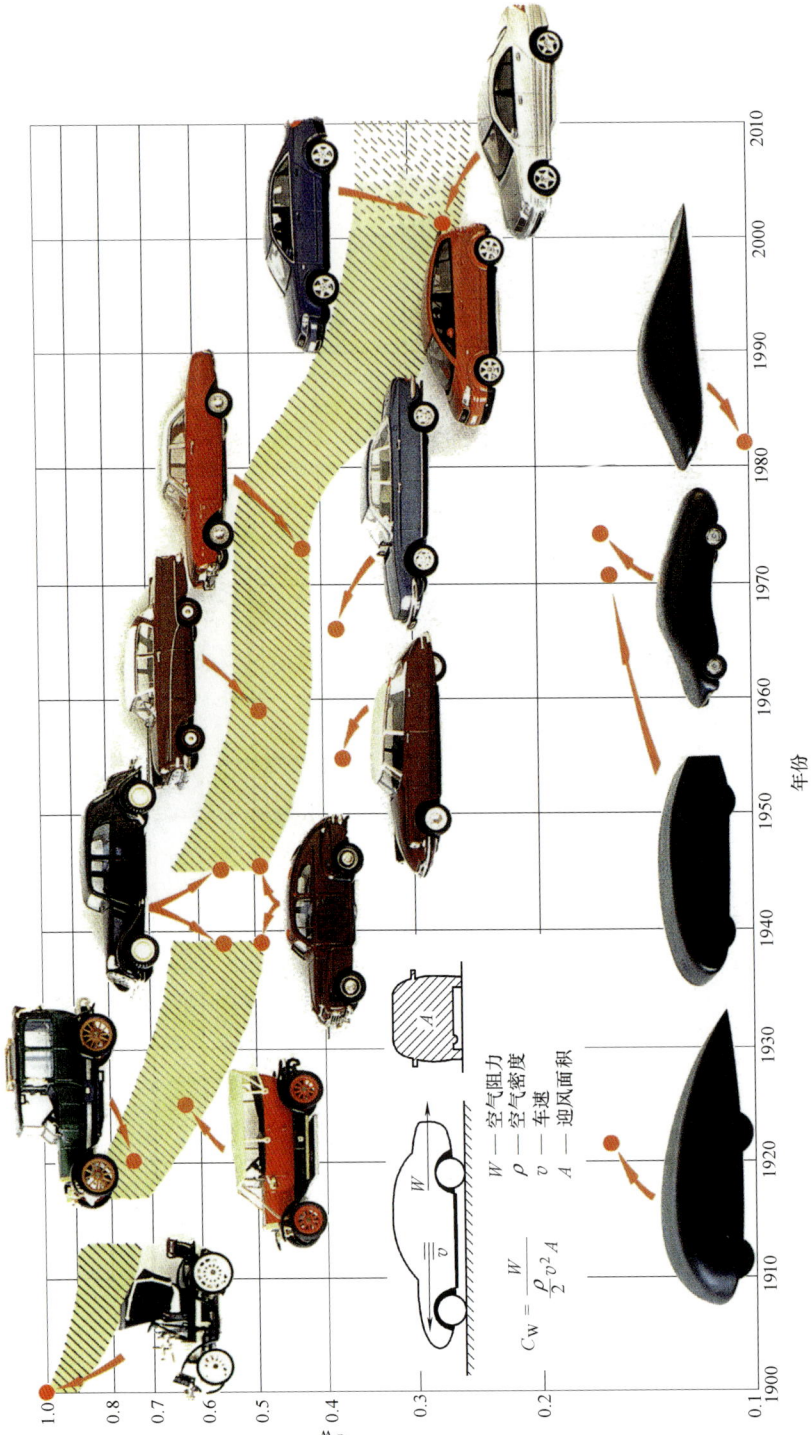

图 3-16　欧洲轿车设计中的空气阻力系数 C_W 值发展史

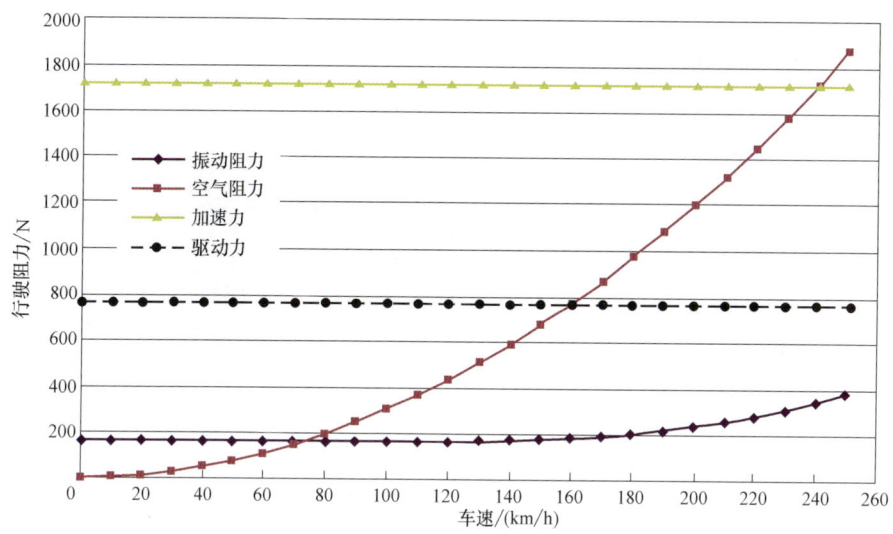

图 3-33 中级轿车的各种行驶阻力随车速的变化

图 3-43 奥迪 A2 具有上拱的车顶

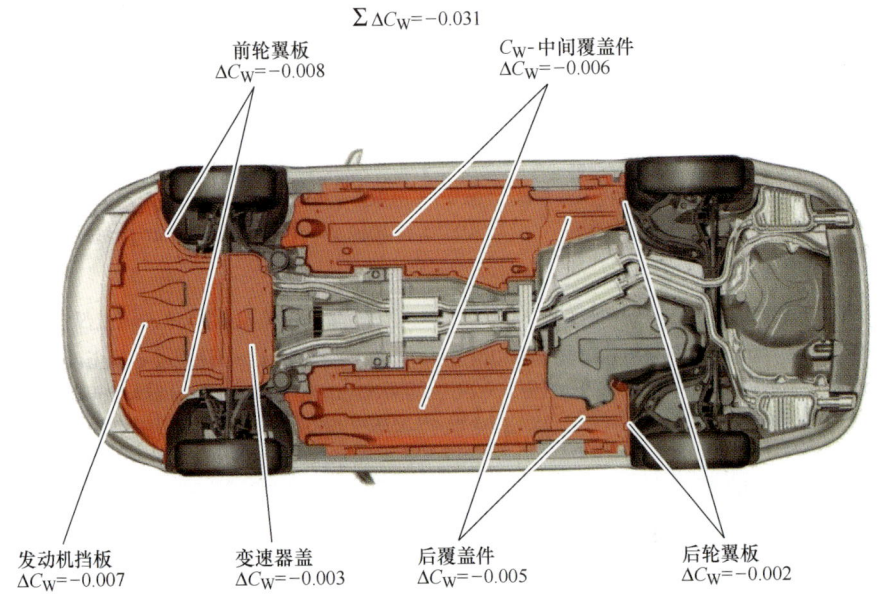

图 3-49　奥迪 A6 的底盘覆盖件

$\Sigma \Delta C_W = -0.031$

前轮翼板 $\Delta C_W = -0.008$

C_W-中间覆盖件 $\Delta C_W = -0.006$

发动机挡板 $\Delta C_W = -0.007$

变速器盖 $\Delta C_W = -0.003$

后覆盖件 $\Delta C_W = -0.005$

后轮翼板 $\Delta C_W = -0.002$

图 3-62　不同形式的流体墙

图 3-63　流体墙减少了回旋气流，提高了舒适性

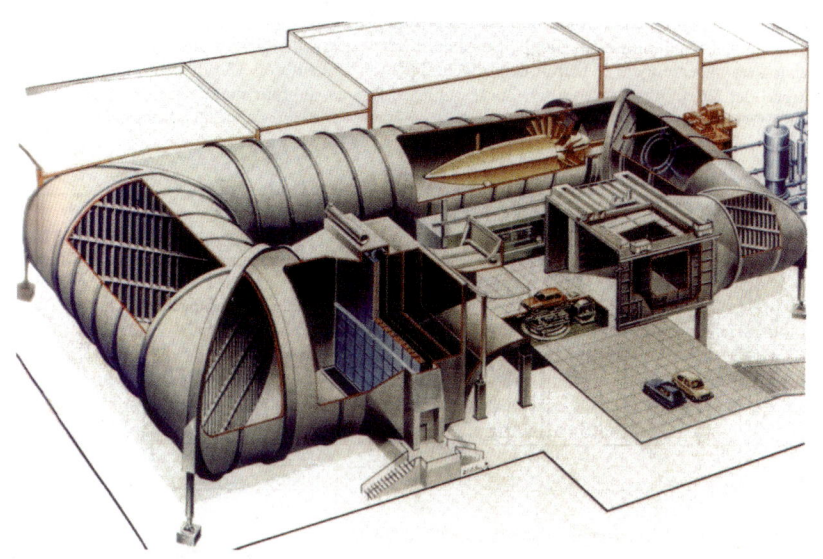

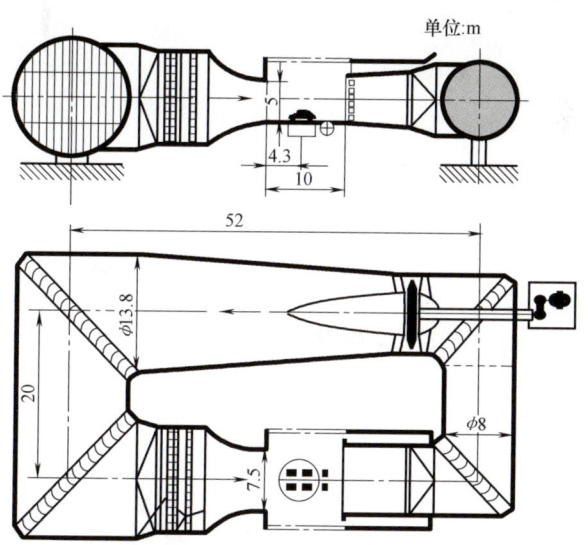

图 3-81 大众汽车公司风洞

图 4-6 带有平衡轴的四缸发动机方案

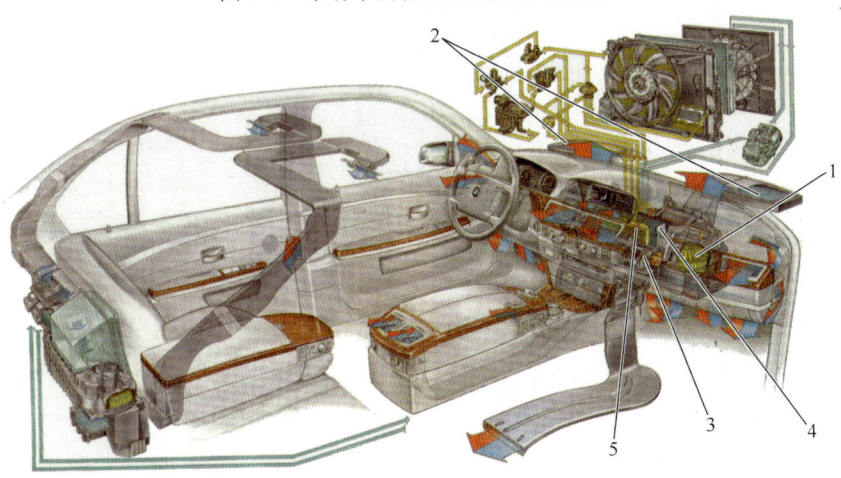

图 5-5 整车空调系统

1—径向风机 2—过滤器 3—空调 4—蒸发器 5—加热器

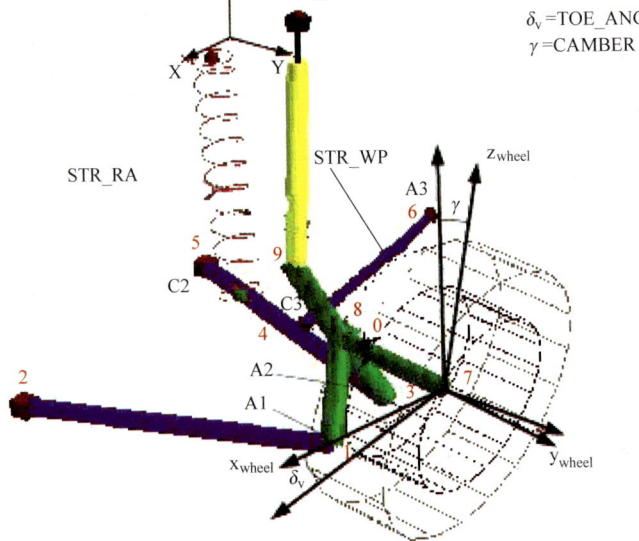

图 6-15 后轴悬架中间节点的连杆系统模型